深圳市人文社会科学重点研究基地
"深圳城市职业学院技能型社会研究中心"成果

技能型社会研究丛书

主编 杨 钋

政与技治 能

THE POLITICAL
ECONOMY OF
COLLECTIVE SKILL
FORMATION

集体主义技能形成的
政治经济学

[德] 马略斯·R. 布塞梅耶　克里斯汀·特兰普施　主编

Marius R. Busemeyer　Christine Trampusch

杨　钋　姜琳丽　译

陈　洁　校

社会科学文献出版社
SOCIAL SCIENCES ACADEMIC PRESS (CHINA)

"技能型社会研究丛书"编委会

目　录

介　绍

1　集体主义技能形成的比较政治经济学 ——————— *003*

第一部分　集体主义技能形成国家案例

第二部分　共同主题和当前挑战

丛书总序

2021年4月，全国职业教育大会在京召开，习近平总书记对职业教育工作做出重要指示，大会提出了建设技能型社会的理念与战略。指出：要加快构建现代职业教育体系，培养更多高素质技术技能人才，要提高技术技能人才社会地位，为全面建设社会主义现代化国家、实现中华民族伟大复兴的中国梦提供有力人才和技能支撑。同年10月，中办、国办联合下发《关于推动现代职业教育高质量发展的意见》，明确提出到2025年"技能型社会建设全面推进"，到2035年"技能型社会基本建成"。我们要高举"技能型社会"这面旗帜，加快构建面向全体人民、贯穿全生命周期、服务全产业链的职业教育体系，加快建设国家重视技能、社会崇尚技能、人人学习技能、人人拥有技能的技能型社会，让技术技能"长入"经济、"汇入"生活、"融入"文化、"渗入"人心、"进入"议程。

深圳，作为中国改革开放的前沿阵地和创新发展的典范城市，在技能型社会的探索与实践方面具有得天独厚的优势与丰富的实践经验，应该在理论争鸣、价值判断、实践探索中发出自己的声音，做到"理响全国"。深圳市人文社会科学重点研究基地是深圳市社科联针对学科前沿和社会经济发展中的重大理论与实践问题，组织高水平理论研究的科研平台，是聚集和培养高水平人才的学术高地，是开展高水平学术交流的重要窗口。2022年11月深圳城市职业学院（深圳技师学院）技能型社会研究中心正式获批为深圳市人文社会科学重点研究基地。该中心成立以来，汇聚来自深圳社科院、北京大学教育学院、南开大学周恩来政府管理学院、国家教育行政学院、深圳城市职业学院等学府的科研力量，来自教育学、社会学、政治学、管理学、心理学等学科的专家学者加入研究团队，形成合力；广泛开展技能形成体系研究；"双区"背景下高素质技术技能人才培养模式研究；"新时代"技能文化与价值引领研究等。依托该中心，研究团队组织了"中国技能文化与技能型社会建设"高端学术沙龙、"粤港澳大湾区通识教育研究""职业教育与技能教育融合创新"等高水平学术活动；成功申报了深圳市哲学社会科学规划课题"粤港澳大湾区文化交流合作研究"、广东省教育厅"技能型社会研究创新团队"。该中心融汇国内外技能型社会建设与研究的学者与智慧资源，针对技能型社会建设的国家战略需求、社会热点、难点问题以及学科前沿领域，开展深入系统的研究，通过搭建跨学科交流平台，促进技能型社会建设与研究理论创新和实践应用的深度融合，为政府决策提供科学依据，为社会进步贡献智慧力量。在技能型社会的构建过程中，扮演着理论探索者、政策建言者和社会引领者的多重角色。该中心系列学术活动的开展，从理论上丰富和充实"技能型社会"概念的内涵和解释力，从实践中探寻和挖掘中国技能型社会建设的本土路径；在培育深圳本土技能型社会研究学派，展示技能型社会研究的新理论、新成果，助推技能型社会研究向纵深发展方面，取得了丰硕的成果。

"技能型社会研究丛书"就是依托深圳市人文社会科学重点研究基地——深圳城市职业学院（深圳技师学院）技能型社会研究中心，在时代背景和研究团队的双轮驱动下出版的有关技能型社会的建设及理论研究的系列成果。

本丛书包括研究中心学者的译著、论著等学术成果。译著视域广阔，选择了德国、奥地利、瑞士、荷兰和丹麦作为集体技能形成系统的典范，探索集体技能形成系统的历史和政治根源，并分析当前挑战如何影响了它们的变化，为开展技能型社会建设跨国界、跨文化的比较研究提供理论和实践支撑。论著主要以技能型社会的内涵、特征、发展路径及影响因素，全球及国内技能型社会的最新发展趋势为研究对象，结合区域（如深圳等先行示范区、大湾区）的实践经验，开展深入的案例分析和实证研究，探讨技能型社会建设对社会经济、文化、教育等各个领域的深远影响，构建技能型社会建设的理论体系，为理论创新提供强有力的支撑。

本丛书突出学科的融合，将教育学、经济学、社会学、管理学、心理学等多学科的理论与方法融入技能型社会的研究，形成多元视角和综合性分析。丛书对于促进技能型社会中人的全面发展，推动技能型社会公平的提升，促进职业教育、继续教育等领域的人才培养模式和方法的创新，推动企业转型升级，赋能新质生产力，提供政策咨询，服务国家发展战略具有重要的意义。

本丛书的著者团队由来自不同高校、不同学科领域的专家学者组成，他们凭借强烈的责任感、深厚的学术功底、敏锐的洞察力和不懈的努力，在技能型社会的研究领域取得了显著成果。未来，团队将继续秉持开放包容、创新求实的科研精神，为技能型社会的建设与研究贡献更多智慧与力量。

本丛书的付梓面世凝聚了各方面的心血。深圳城市职业学院、北京大学教育学院等相关单位领导同志首倡丛书的创建，并全程给予了积极有力的推动和指导；各位专家学者凝心聚力进行了高水平的翻译、创作；深圳市社科联给与了支持指导；社科文献出版社为编辑出版花费了心血。在此一并谨致谢忱。受到时间、资源、水平的制约，丛书中难免会存在一些缺陷与不足，恳请各位读者提出批评建议，以便我们不断修订和完善。

期待本丛书向世界展示中国技能型社会的建设成就与深圳智慧，培养一批具有国际视野和本土情怀的学者群体，形成具有鲜明中国特色的本土学派，为全球技能型社会的构建提供中国方案与中国智慧。

丛书编委会

2024 年 10 月

中文版序一

陈洪捷*

　　近年来，我关注德国工业技术文化研究，倡导从文化的视角来理解德国何以成为全球领先的工业大国。工业技术文化是一种以工业和技术为核心的价值和信念体系，它赋予工业和技术以及企业发展以一种优先性，并确保其在政治、经济以及国际关系决策中享有核心地位。同时，它也赋予科学技术创新以及人才培养以优先性，因为技术的先进性是建立在技术知识与人才的基础之上的。对工业技术文化的研究，需要在两个方面展开：一个方向是探讨德国工业技术文化本身的形成过程及其特点，另一个方向是分析德国工业技术文化对社会其他领域产生了怎样的影响。

　　技术文化是一种对技术（以及工业和企业）以及技术原则的认同。这种认同不仅限于企业和工厂，而且会辐射到政治、经济和教育等领域。职业类和应用型教育作为产业的一个链条，更是以技术文化为基础。技能形成或者职业技术教育培训既是工业技术文化的有机组成部分，也深受工业技术文化的影响，它是工业技术文化研究中值得关注的新领域。

---

* 陈洪捷，北京大学教育博雅教授，北京大学中国博士教育研究中心主任，《北京大学教育评论》主编。

《技能与政治：集体主义技能形成的政治经济学》一书是近年来研究欧洲工业强国技能形成体系产生和演进的佳作。它不仅详实地阐述了工业技术文化及其相应人才培养体系在德国、奥地利、瑞士、丹麦和荷兰的发展，而且指出技能形成是历史的产物，它是一个动态的、偶然的和政治性的过程。从比较政治学的视角出发，此书提出政府和企业高度参与的集体主义技能形成体系是工业强国比较优势的基础。同时，集体主义技能形成体系的发展也面临着悖论。案例分析表明，集体主义技能形成并非自我维持且稳定的制度均衡，它们是易受影响和脆弱的制度安排，需要利益相关者提供持续的政治支持；各国技能形成体系的多样性取决于企业、中介组织和国家在提供和资助技能培训中的分工；这种分工具有争议性，关系到技能培训中各方的成本分担、企业自主权与国家监督的关系，以及普通教育与职业教育体系的关系。

我认为《技能与政治》一书在三个方面做出了有价值的贡献。首先，此书是跨学科视角下技能形成研究的典范，提出了新的研究议题。国家职业教育体系比较传统上属于比较教育和职业教育的研究领域。囿于教育学科的局限，研究者一直未能提出有穿透力的问题。跨学科视角的引入提高了研究深度，提出了一系列的新问题。例如，如何对不同国家的职业教育培训体系分类？为何集体主义技能形成体系具有多样性？如何解释这种多样性？哪些因素会导致集体主义技能形成体系的演进？

这些新问题之所以宝贵，是因为包括技能形成在内的工业技术文化研究本质上属于跨学科研究。跨学科研究不是若干学科简单相加，不是把各学科原有的研究问题搬入一个大筐，而是应该有自己独特的研究对象、理论基础乃至研究范式。《技能与政治》一书为工业技术文化研究找到了新的研究对象，即将国家在职业技术教育培训方面的制度安排及其动态演变纳入工业技术文化的分析范围。这既拓展了工业技术文化研究的视野，也提供了一个可供学习的跨学科研究范例。

其次，此书采用历史制度主义和行动者视角，提出了新的研究范式。《技能与政治》一书通过五个国家的案例分析，探讨了哪些政治、经济、文化和历史因素导致了国家特有的技能形成体系的出现，以及在历史的不同时期，哪些行动者参与了技能形成体系的建构。这种以行动者为导向的分析方法，不仅揭示出各国职业教育培训体系发展的制度逻辑，而且可以应用于对更广泛的工业技术文化议题的分析。

再次，《技能与政治》一书的翻译和出版对技能形成作为一个研究领域提供了有力的支持。任何研究领域的出现和发展都要经历一个过程，包括原创性理论文献的出现、关键性理论框架的扩展、实证文献的积累，以及与其他领域对话等。本书覆盖了关键性理论框架的扩展和实证文献的积累这两个核心环节，是研究领域发展的基石。此书翻译流畅、内容详实、可读性强。它对希望了解技能形成研究最新进展的读者大有裨益，对于相关领域的研究者和政策制定者也有一定的参考价值。

翻译不仅是学科知识的传播，也是研究领域发展的重要推动力。希望深圳城市职业学院技能型社会研究中心组织的"技能型社会研究丛书"能为职业教育研究和工业技术文化研究添砖加瓦，开辟新的研究方向。

2024 年 8 月

中文版序二

王　星[*]

研读《技能与政治： 集体主义技能形成的政治经济学》 中文版的一点感悟

两个月前的某一天，北京大学杨钋老师发微信告诉我，她们团队已经将 Marius R. Busemeyer 和 Christine Trampusch 2012 年出版的 *The Political Economy of Collective Skill Formation* 一书翻译成了中文，想让我写个中文版序。当时我欣然答应，因为这次写作不但让我有机会重温 10 年前在加拿大初读此书所带给我的知识冲击与阅读感受，而且我也觉得这本关于技能形成研究的重要著作能够翻译成中文是一件幸事。大家知道，在今天 AI 工具在学术研究广泛应用的时代，翻译一本学术书籍——这种"吃力不讨好"的知识搬运工作仿佛并不讨喜。可是，我们真的就应该将严肃的学术翻译工作交给机器吗？这不禁让我想起多年前一个学术前辈曾经告诉我说，一个学者在其学术生涯里应该有学术翻译的经历，这既是一种积累也是一种责任。有过学术著作翻译经历的学者都知道，在翻译一本书的

* 王星，南开大学社会学院教授，中国社会学会发展社会学专业委员会副理事长。

过程中，译者常常会陷入原书作者的写作逻辑之中而难以自拔：一方面这种逻辑跟随是译者深入理解书中观点并进行准确语言转换的必需，但另一方面也会在一定程度上约束译者自己的学术想象力。从这个意义上来说，我尤其对杨钋老师团队的工作感同身受并且由衷地敬佩，我也非常荣幸借此机会说一些自己在研读这本书过程中的感想。

　　近些年来，越来越多的学者开始重新思考"技能"议题并尝试将其带回到学术研究之中。众所周知，随着人力资本理论在经济学里取得基本共识后，技能议题就慢慢淡出了宏观经济学的理论视野。在社会学脉络中，经典社会学家多将技能置于劳动关系结构中来分析，他们将技能处理为一种劳动者对抗资本控制与剥削的武器。但随着福特主义和泰勒制在生产劳动过程中的广泛推行，劳动的去技能化和客观化成为社会学尤其是劳动过程理论的一个共识性判断。在此背景下，不可否认的是，技能议题研究在社会学尤其是劳工社会学理论框架中也逐渐被边缘化了。不过与人力资本理论和经典社会学理论的不同之处在于，当下技能形成的研究大量集中在政治学和应用社会学之中，关注的焦点也从人力资本理论中技能投资的一般抽象规律逐渐转向了技能形成的嵌入性及其制度变迁等议题。这些研究基本上会从技能形成的异质性事实出发，探寻造成技能形成异质性的制度成因，进而深入讨论多样性技能形成体系对经济发展与社会整合所产生的不同影响。在这本书中，作者依据国家卷入（或公共力量卷入）和企业卷入（或私有力量卷入）的程度差异，将国家技能形成体系划分为四种理想类型，即自由主义技能形成体系、集体主义技能形成体系、分隔主义技能形成体系以及国家技能形成体系。该书作者认为，尽管不同国家的技能形成体系具有不同的特性和功能，但是他们所要解决的问题却是相同的，即"技能供给的主体是谁？""谁主导了技能形成过程？""技能形成的成本由谁承担？"，以及"技能形成体系所造成的经济社会后果是什么?"。围绕这四个方面的核心议题，不同国家基于本国的经济社会事实和政治历史传统逐渐达成了不同的制度安排，从而形塑了技能形成实践过程中的国家、职业学校、行业协会、企业组织以及中介性社会组织的角色定位，由此也造就了国家技能形成体系的多样性。基于这样的理论框架，作者在这本书中对四种国家技能形成体系进行了细致的比较分析，讨论了技能形成体系——这种微观层面的制度安排——对一个国家的产业竞争力养成乃至社会分层所具有的重要功能。而且关键的是，作者在这本书中理性客观地指出，不同技能形成体系所支撑的产业竞争优势通常也是不同的，比如自由主义技能形成体系往往有利于信息产业的发展，但其所带来的劳动力市场分层不平等程度更高（原因在于自由主义集体形成体系中，工资的技能级差更大）；而集体主义技能形成体系更有助于推动制造业的发达，且劳动力市场分层平等化程度更高，但是劳动力市场则相对僵化导致年轻人就业机会较少。换言之，作者告诉我们，每种类型的技能形成体系事实上并没有优劣之分，它们更多是匹配于本国制度基础之上的产物。尽管这本书讨论的重点是集体主义国家技能形成体系，但在我看来，作者在技能形成上的理论建构同样具有非常重要的价值。

整体而言，在这本书中，作者通过对技能形成体系的理论建构将技能形成从劳动者个体知识经验层面拓展至组织行为层面，从而将微观的技能形成行为（个体或企业的）与国家比较制度优势之间的关系在学理逻辑上勾连在一起，由此将技能形成研究推到一个全新的理论高度。这本书无论在技能形成的理论对话方面还是在跨国的经验分析上都具有非常丰富的内容，也涉及了技能形成领域诸多重要的议题。我认为，除了上述理论贡献外，这本书还有如下三个方面的理论分析尤其值得我们去进一步关注。

首先是对技能宽度和技能密度的理论分析。在这本书中，作者在对话人力资本理论的基础上提出了对技能宽度和技能密度的理论分析。人力资本理论基于技能适用的空间范围将技能划分为特殊技能和一般技能两种类型，并依据这两个概念来解释企业或个体技能形成的选择行为。在作者看来，这种划分是依据劳动力市场中的地位分层来理解技能，而非基于技能的本质属性。在现实的技能形成过程中，特殊技能类型与一般技能类型往往没有清晰的边界，无论是技能使用方（比如企业）还是技能供给方（职业培训机构）都无法进行清晰的区分，这在一定程度上影响了这对概念的理论解释力。在这本书中，作者在特殊技能和一般技能概念基础上，将技能宽度和技能密度的概念引入技能形成的理论分析框架，并据此将带有公共性权威的技能认证体系纳入技能形成体系范畴，极大增强了技能形成理论的解释力。

其次是对技能形成体系所匹配的制度基础的分析。在这本书的整体分析上，作者一直坚持的立场是认定"技能形成体系是社会建构的"。正是基于这样的立足点，作者才能成功地将技能形成议题从微观层面拓展到中观乃至宏观的制度分析层面。在研究思路上，作者先是将国家技能形成体系划分为四种类型并分析了不同类型所导致的经济社会后果，然后将更多的研究精力放在不同技能形成体系成型乃至有效作用背后的深层次根源探讨之上。从这一点来说，作者超越了传统经济学的个体主义解释立场，从历史制度主义的视角出发，认为一个国家的技能形成体系并不是企业组织和社会组织能够随意选择或自发形成的，而是由劳动力市场治理结构和企业治理机制共同形塑的，这两个变量很大程度上决定了国家技能形成体系的类型和功能上的差异。比如在对集体主义技能形成体系成因分析上，作者认为德国的组合主义决策传统和强大的集体谈判机制为集体主义技能形成体系的成型并有效作用的发挥奠定了制度基础，进而使技能形成体系支撑了德国制造业的全球竞争优势。同时作者认为，正是因为这个原因也导致了那些同属集体主义技能形成体系的不同国家之间在技能形成行动策略上也会呈现出一定的异质性。

最后是对集体主义技能形成体系变化趋势的分析。在这本书中，作者系统分析了集体主义技能形成体系对高技能依赖型经济发展模式及高社会平等化程度的重要作用，但作者同时敏锐地指出，这种面向制造业的技能形成体系类型在工业经济向知识经济转型过程中可能会面临深层次的挑战和危机。比如，在德国去工业化的浪潮中，对劳动力市场的弹性要求越来越高，集体谈判机制出现了严重的去中心化趋势，对企业的约束力日渐式微；而服务业的兴起催生了大量低技能岗位，由此导致工资技能分级越来越多，冲击了传统的工资体系；另外，德国年轻人失业率不断上升，也对传统略显僵化的劳动力市场管制模式构成了极大压力。这些现实变化削弱了德国很多企业提供学徒岗位的能力及其参与技能培训的动机，进而也减少了其双元式技能培训模式对年轻人的吸引力，导致德国劳动力市场分层呈现明显的扩大化趋势，作者认为，所有这些变化事实上直接动摇了集体主义技能形成体系运行的制度基础。

当然，这本书涉及的议题非常丰富，其理论对话的深度和经验资料的阐释很具有说服力。除上述议题外，这本书蕴藏着技能形成领域中许多富有启发性和原创性的论述，比如包容性工会体制与技能形成关系的论述、职业教育与高等教育渗透性的论述、技能形成过程中的利益代表结构的论述以及技能形成与社会保护之间关系的论述等。当然，这里也只是我研读本书的一些粗浅感受，难免挂一漏万，不过我相信，这本书中对国家技能形成体系尤其是集体主义技能形成体系的理论建构与经验分析，对于我们理解中国技能形成体系的制度变迁过程乃至技能型社会建设议题都具有重要的理论参考价值。

王　星

2024 年 10 月 4 日于南开园

原版序言

凯瑟琳·西伦[*]

25 年前，对职业教育和培训抱有兴趣的政治科学家屈指可数。毕竟，这一直不是引人注目的话题。这个话题被留给了"教育界人士"和少数政策导向型的经济学家。然而，当下技能与培训已经成为政治经济学家和政治科学家争论的焦点，他们试图了解特定的"资本主义多样性"[①] 的过去、现在和可能的未来。

20 世纪 90 年代末到 21 世纪初，越来越多的学者开始关注技能研究。在此期间，涌现出大量揭示发达民主国家政治经济"模式"核心制度特征的研究。尽管在重点和论据上存在诸多差异，但几乎所有的分析都密切

---

[*]　麻省理工学院教授。

[①]　资本主义多样性（Varieties of Capitalism）理论肇始于 2001 年政治经济学家霍尔和索斯基斯编辑的《资本主义的多样性：比较优势的制度基础》一书。这本书探讨了如何对经济组织的不同方式进行分类、定性和分析。该理论提出世界范围内存在两种不同类型的资本主义市场经济，即自由市场经济（Liberal Market Economy，LME）和协调市场经济（Coordinated Market Economy，CME）。这两种类型可以通过企业之间以及企业与工会等其他参与者之间的主要协调方式来区分。协调的领域包括劳资关系、职业教育培训、公司治理、企业间关系和集体工资谈判。该理论为理解发达经济体之间的制度异同提供了一个新的框架，因为国家政治经济可以根据企业解决这五个领域协调问题的方式进行比较。这两种类型被认为是光谱两端的"理想类型"，多数国家可以依据这两种模式分类；即使在这两种类型中，国家政治经济体也可能存在显著差异。——译者注

关注培训制度（如 Berger 和 Dore，1996；Boyer 和 Hollingsworth，1997；Hall 和 Soskice，2001；Streeck 和 Yamamura，2001；等等）。从那时起，技能政治文献变得更为广泛和深入。例如，学术界出现了大量探讨行会传统如何影响欧洲政治经济发展及其长远后果的研究，特别是克劳奇（Crouch）1993 年的开创性工作，以及西伦（Thelen）2004 年的研究。此外，也有研究将培训制度与一系列当代社会研究联系起来，如社会和劳动市场分层的多样模式（Anderson 和 Hassel，2008；Ansell，2010；Iversen 和 Stephens，2008）、性别政治的不同模式（Estévez-Abe et al.，2001；Iversen 和 Rosenbluth，2010）、福利与社会政策改革的特殊路径（Iversen 和 Soskice，2001；Trampusch，2010），以及不同选举制度和政党动态（Busemeyer，2009b；Iversen and Soskice，2009）。

这个不断壮大的研究领域呈现的并非一成不变的智慧，而是一场充满活力且成效卓著的辩论。更准确地说，是一系列关于不同技能发展路径的起源与后果、关于维持或改变技能体系传袭的力量，以及关于培训制度与相关政治经济制度，特别是产业关系和社会政策之间的相互作用和因果关系的辩论。在整个过程中，德国模式始终居于举足轻重的位置。"德国技能机器"（Culpepper 和 Finegold，1999）一直受到众多充满钦佩之情的政策制定者的关注。对于学术界来说，吸引他们的是德国模式可以作为一个成功的、明显属于"非自由主义"培训体制的典型案例。本书的一个特色是克服了对德国模式的过度迷恋。同时，本书之所以在德国构思并开展研究，且特别关注德国背景下最初由政治科学家"发现"的集体主义技能形成体系①，绝非偶然。

---

① 根据资本主义多样性理论，集体主义技能形成体系（Collective skill formation system）国家的职前培训中企业参与的程度高，政府参与的程度也较高，代表性国家包括德国、瑞士和奥地利。集体主义技能形成体系的四个主要特征包括：第一，企业在职业培训提供和管理 （转下页注）

在这样一篇简短的序言中，不可能解决持续涌现的研究引发的所有辩论，也无法提供过去二十多年政治经济学和政治科学文献中技能研究的综合思想史。相反，我想尝试以一种高度概括的方式简要回顾该领域中的关键智识转折，这种回顾不可避免地也反映了个人可能稍有特殊性的理解。正是这一转折，为技能与培训议题进入先进工业国家政治经济学领域的主流讨论奠定了基础。

我首先将故事追溯到 20 世纪 70 年代末 80 年代初"民主法团主义"①文献的鼎盛时期。当时，政治经济学者（尤其是对劳动的政治经济学特别感兴趣的学者）认为他们发现了一个可以在保持高水平社会团结的同时实现卓越经济表现的万能的、永恒的解决方案（Cameron，1984；Hibbs，1978；Schmitter，1974 等）。随着意识形态领域内凯恩斯主义的

（接上页注①）方面参与程度高；第二，中介组织（如雇主协会和工会）在集体主义培训体系的管理和改革中发挥了重要作用；第三，集体主义技能形成体系提供可迁移的、经过认证的标准化的职业技能，得到全国劳动力市场的认可；第四，职业教育和培训同时在学校和企业内的工作场所开展，通常由双元制培训或者学徒制来完成。——译者注

① 法团主义（corporatism，民主法团主义、宏观法团主义、自由法团主义）是一种社会的宏观特质，是关于社会结构尤其是政治结构的学说。根据施密特尔的观点（Schmitter，1974），法团主义是一个利益代表系统，是一个特指的概念、模式或制度安排类型。它的作用是将公民社会中的组织化利益整合到国家的决策结构中。这个利益代表系统由一些组织化的功能单位构成，它们被整合进一个有明确责任（义务）的、数量限定的、非竞争性的、有层级秩序的、功能分化的结构安排之中。它得到国家的认可，被授予本领域内的绝对代表地位。作为交换，它们的需求表达、领袖选择、组织支持等方面受到国家一定的控制。根据管制力度之强弱，法团主义又可以区分为"国家法团主义"和"社会法团主义"两种类型。法团主义是一种利益协调和代表体系，它的双重作用是利益聚合和（被委托）推行政府政策。其中，特许的社会团体可以获得联邦政府并参与决策咨询的地位，它们在社会中的代表性范围也将得到承认和保护，并将进一步扩大。

宏观法团主义的特点是国家层面的工会和商业组织在社会经济体系管理中的整合，包括团体自我监管。在欧洲部分国家，它涉及有组织的资本、工会和国家代表在国家层面基于共识的政治谈判安排。

自由法团主义认为，资本主义企业是社会机构，应该要求管理者通过了解员工需求来实现净收入最大化。这种自由法团主义伦理与泰勒主义相似，但支持资本主义企业的民主化。自由法团主义者认为，让所有成员参与管理层的选举，实际上可以调和"道德与效率、自由与秩序、自由与理性"。自由法团主义 19 世纪末开始在美国获得追随者，涉及资本劳动合作的经济自由法团主义对福特主义产生了影响。——译者注

上升，在通货膨胀高涨和失业率高居不下的经济背景下，这个时期的文献密切关注有组织的劳动力在收入政治和宏观经济管理中的作用。到了20世纪80年代，宏观法团主义的大量文献普遍认为，只有当劳工运动具有广泛的包容性，并在一定程度上被直接纳入国家层面的三方谈判时，才能有效地协商并解决工资和收入分配问题。在这种谈判中，劳工组织、组织严密的雇主协会和国家代表可以共同协商出权衡利弊的方案。

简言之，法团主义文献的重点在于宏观经济指导和需求侧政治。成功的法团主义协商出现在以北欧国家为代表的一小部分国家中。其中，瑞典是经常被提及的明星国家。学者们在这些国家发现，强大的、集中的利益团体可以通过参与政策制定来达成协议，以实现低通胀、高就业、出色的经济增长和强有力的再分配。这些"世界市场中的小国家"（Katzenstein，1985）似乎找到了一种方法，不仅能在日益动荡的国际市场中生存，而且能繁荣发展。在更广泛的跨国研究中，与"非法团主义"国家或"低法团主义"国家的比较往往显得不够公允。

然而，"世界市场中的小国家"的成功模式刚刚确立，一些最具代表性的法团主义国家便迅速遭遇挑战。1983年，瑞典的雇主协会戏剧性地退出了法团主义谈判，宣称它们对于过分僵化的集中合同感到不满，转而通过分散化谈判寻求更大的灵活性（Pontusson 和 Swenson，1996）。20世纪70年代和80年代初，经济表现不佳的丹麦也经历了明显的"去中心化"过程（Iversen，1996）。同样处于挣扎状态的还有其他"最具法团主义特色"的小型民主国家。例如，荷兰在20世纪70年代和80年代陷入衰退和停滞，被称为"欧洲病夫"。总而言之，20世纪80年代初期是对欧洲最具法团主义色彩国家的严峻考验。这些曾被视为共识之岛以及平等资本主义避风港的国家，日益被看作"深陷困境的小国家"（Schwartz，1994）。

这些对动态发展的实证观察催生了一场富有成果的智识辩论。在此过程中，那些过去在主流法团主义文献中始终显得格格不入的学者的研究逐渐受到重视。这些学者推动了一个关键的智识转变，他们将法团主义文献的专注点从传统的工资谈判和宏观经济指导，转向对影响企业战略的制度安排的探讨，"特别是在供给侧，也就是在最广泛意义上定义的生产领域"（Streeck，1992）。这种新的视角并未完全取代之前对集体谈判的关注，而是将其置于一个更广泛的制度背景中，这一背景影响了企业在不同国家环境下可能或不可能采取的策略。在这些研究中，德国而非瑞典成为关注的焦点。对生产领域的关注拓宽了我们的视野，并囊括了共同决策和手工业行会等以前未经审视的异国特色（Streeck，1984、1989b）。

从需求侧向供给/生产侧的重心转移，与法团主义研究将重心从宏观层面转向微观/车间层面息息相关。因此，当大多数政治经济学家还在探讨如何最可靠地衡量宏观法团主义及其对国家经济表现的影响时，一小批来自社会学、经济学以及政治科学等不同领域的学者，在福特式大规模生产转向灵活专业化或多样化精细生产的背景下，开始聚焦工作场所发生的微观层面变化。不同的作者，如罗纳德·多尔（Ronald Dore）、霍斯特·克恩（Horst Kern）和迈克尔·舒曼（Michael Schumann）、迈克尔·皮奥雷（Michael Piore）和查尔斯·萨贝尔（Charles Sabel）、阿恩特·索尔格（Arndt Sorge）和马尔科姆·华纳（Malcolm Warner）、希拉里·斯蒂德曼（Hilary Steedman）和卡琳·瓦格纳（Karin Wagner）以及沃尔夫冈·斯特里克（Wolfgang Streeck）等，都以不同的方式和重点（但通常基于惊人相似的实证数据，并且几乎总是涉及与德国的比较），探索技术变革和生产重组在不同地区和国家背景下的发展情况。

在学术领域的外围，与宏观、国家层面法团主义文献相伴随的，是一系列详细且专注于微观层面的研究。通过这些研究，我们对巴登-符腾堡州的机床公司、艾米利亚-罗马涅的纺织和服装制造商、英德两国的水泵制造商，以及英日的汽车企业有了前所未有的深入了解。这些研究向我们展示了以往法团主义文献中被完全忽视的微观/车间层面的制度安排与实践。然而，正是这些因素在 20 世纪 80 年代和 90 年代经济市场的动荡中对企业追求竞争优势时所采取的调整策略产生了重要的影响。

在这些研究中，技能扮演了重要角色。不论是基于传统的大规模生产，还是在像巴西这样的"新兴工业化国家"，企业作为低成本生产者进入国际市场后，在成本竞争策略难以为继的情况下，培训制度被视为决定企业能否获取可依赖资源的重要因素。这一领域的早期著作中，斯特里克对技能、技术变革和生产组织的分析（Streeck，1983、1985、1987、1989a；Streeck 和 Sorge，1988）、索尔格和华纳对英德两国人力培训的比较分析（Sorge 和 Warner，1980），以及罗纳德·多尔和马里·佐科的《日本人如何学习工作》（Dore 和 Sako，1989）都广受关注。这些著作描绘了各国基于广泛且灵活的职业技能做出积极调整的景象。相反，对不太成功案例的分析也暴露出缺乏技能培训导致的问题。例如，费恩戈尔德和索斯基斯（Finegold 和 Soskice，1988）诊断出英国问题的核心在于低技能均衡综合症。麻省理工学院的"美国制造"项目（Dertouzos et al.，1989）同样指出，如果美国想要在制造业中重新获得竞争优势，就必须克服人力资本发展投入不足这一关键缺陷。尽管存在其他差异，所有这些早期分析都将技能与培训体制视为历史的产物，深深地嵌入包括集体谈判、产业关系和金融安排在内的密集的制度网络。

在后续的学术辩论中，一个关键的转折点是斯特里克 1989 年发表的论文《技能与新自由主义的局限》。上述许多以车间为中心的研究从未真正跳出车间层面来发展一套可以广泛应用的理论框架，斯特里克在这一时期的工作之所以突出，是因为他通过对国家层面制度基础设施的深入分析，成功地将微观层面与宏观层面重新联系起来。他指出，在缺乏强大社会和政治支持的情况下不太可能产生或维持由国家层面制度基础设施所支撑的战略。在斯特里克 1989 年的文章以及 1991 年更为详尽的后续版本《多样化质量生产的制度条件》中，提供了一个更为完整的有关"丰富的制度结构"的说明。在德国案例中，这种制度结构通过排除低工资低成本策略，不仅"迫使、诱导并赋能管理层实施更具挑战性的高附加值、多样化生产策略"，还使"更为困难的调整策略变得更有可能"（Streeck，1991）。多样化质量生产的核心在于将制度视为社会强加的约束，这些约束要求管理者不仅需要传授更多技能、分享更多信息（既包括与竞争对手，也包括与自己的员工），在社会凝聚力方面投入更多，也需要在管理特权上做出超出市场要求的更多让步（Streeck，1991）。这些洞见几乎被所有关于不同资本主义模式的比较研究广泛采纳。

如果说斯特里克对德国案例的处理将技能与培训带出了无人问津之地，自那时起，使这些议题始终处在先进资本主义国家政治经济学主流辩论中心地位的，无疑是大卫·索斯基斯（David Soskice）及其同事（特别是 Peter Hall 和 Torben Iversen，以及 Thomas Cusack 和 Ben Schneider）的合作研究。在他们基于自由市场经济与协调市场经济①之间的区别，并将其与通用技能和专用技能之间的广泛区别相关联的详尽研究中，技能扮演着核心的角色。并非所有人都同意这种对技能的描述（Culpepper，2007；Busemeyer，2009a），而且关于技能在资本主义不同模式的历史演变中的

---

① 资本主义多样性理论提出了两种类型的资本主义市场经济，即自由市场经济（Liberal Market Economy）与协调市场经济（Coordinated Market Economy）。这两种类型可以通过企业之间以及企业与工会等其他参与者之间的主要协调方式来区分。在自由市场经济国家（如美国、英国、加拿大、澳大利亚、新西兰、爱尔兰），企业主要通过等级制度和市场机制来协调。协调市场经济国家（如德国、法国、瑞典、奥地利）更加依赖非市场形式的互动。——译者注

中心性，确实存在一定的争论（不同意见参见 Kuo，2009；Martin 和 Swank，2012）。但可以肯定地说，在当代政治经济学的辩论中，技能这一议题已不再被忽视。

在这个意义上，20 世纪 80 年代早期的洞见继续以重要的方式塑造着当前的辩论。这些洞见已成为社会普遍接受的看法，也是我们自己分析的基础。我认为，本书中几乎所有的章节都以那个时期文献的核心论点为出发点。因此，在马克斯·普朗克（Max Planck）社会研究所进行本书的构思以及以此为基础召开会议是非常恰当和合适的。技能议题相关文献中的许多基本洞见都来自这个研究所。在这个知识故事的背景下，这里无疑是一个理想的地点并具有特定时代的视角。在这里可以回顾我们所掌握的知识，并思考我们还需要学习的内容。

目前还没有迹象表明，最初引起我们对技能关注的背景因素的变化会在短期内消失，包括雇主对"去中心化"的迫切需求、生产问题优势地位的上升，以及企业在快速技术变革背景下对灵活性的追求等。相反，除了这些既有的长期问题，新的发展还提出了关于培训的未来及其在富裕民主国家政治经济中扮演的角色等新问题。最初为制造业设计的技能体系能在多大程度上适应日益围绕服务业就业的经济？本书关注的集体主义技能形成制度能否在新自由主义的攻势中幸存？在富裕民主国家政治经济体中，技能培训机构与其他相关制度安排的因果关系是什么？本书基于过往洞见为这些问题提供了一些答案，并为未来的研究勾画了一个引人入胜的蓝图。

参考文献

Anderson, M. D. and Hassel, A. (2008). "Pathways of Change in CMEs: Training Re-gimes in Germany and the Netherlands. "Working Paper of the Hertie School of Governance, no. 17. Berlin: Hertie School of Governance.

Ansell, B. W. (2010). *From the Ballot to the Blackboard: The Redistributive Political Economy of Education.* New York: Cambridge University Press.

Berger, S. and Dore, R. , eds. (1996). *National Diversity and Global Capitalism.* Ithaca, New York: Cornell University Press.

Boyer, R. and Hollingsworth, J. R. , eds. (1997). *Contemporary Capitalism: The Embeddedness of Institutions.* New York: Cambridge University Press.

Busemeyer, M. R. (2009a). " Asset Specificity, Institutional Complementarities, and the Variety of Skill Regimes in Coordinated Market Economies. "*Socio-Economic Review* 7 (3): 375-406.

——(2009b). "Social Democrats and the New Partisan Politics of Public Investment in Education. "*Journal of European Public Policy* 16(1): 107-126.

Cameron, D. (1984). " Social Democracy, Corporatism, Labour Quiescence, and the Representation of Economic Interest in Advanced Capitalist Society. " In J. H. Goldthorpe, ed. , *Order and Conflict in Contemporary Capitalism.* London: Oxford University Press, 143-178.

Crouch, C. (1993). *Industrial Relations and European State Traditions.* Oxford: Clarendon Press.

Culpepper, P. D. (2007). "Small States and Skill Specificity: Austria, Switzerland, and Interemployer Cleavages in Coordinated Capitalism. "*Comparative Political Studies* 40 (6): 611-637.

—— Finegold, D. , eds. (1999). *The German Skills Machine: Sustaining Comparative Advan-tage in a Global Economy.* New York: Berghahn Books.

Dertouzos, M. L. , Lester, R. K. and Solow, R. M. (1989). *Made in America: Regaining the Productive Edge.* Cambridge, MA: MIT Press.

Dore, R. and Sako, M. (1989). *How the Japanese Learn to Work.* New York: Routledge.

Estévez-Abe, M. , Iversen, T. and Soskice, D. (2001)."Social Protection and the Forma-tion of Skills: A Reinterpretation of the Welfare State. "In P. A. Hall and D. Soskice, eds. , *Varieties of Capitalism: The Institutional Foundations of Comparative Advantage.* New York: Oxford University Press, 145-183.

Finegold, D. and Soskice, D. (1988). "The Failure of Training in Britain: Analysis and Prescription. "*Oxford Review of Economic Policy* 4(3): 21-53.

Hall, P. A. and Soskice, D. , eds. (2001). *Varieties of Capitalism: The Institutional Foundations of Comparative Advantage.* New York: Oxford University Press.

Hibbs, D. A. (1978). "On the Political Economy of Long-Run Trends in Strike Activity. " *British Journal of Political Science* 8(2): 153-175.

Iversen, T. (1996). "Power, Flexibility and the Breakdown of Centralized Wage Bargaining: The Cases of Denmark and Sweden in Comparative Perspective. " *Comparative Politics* 28(4): 399-436.

—— Rosenbluth, F. (2010). *Women, Work and Power: The Political Economy of Gender Inequality.* New Haven: Yale University Press.

—— Soskice, D. (2001). "An Asset Theory of Social Policy Preferences. " *American Political Science Review* 95(4): 875-893.

—— ——(2009). "Distribution and Redistribution: The Shadow from the Nineteenth Century. " *World Politics* 61(3): 438-486.

—— Stephens, J. D. (2008). "Partisan Politics, the Welfare State, and the Three Worlds of Human Capital Formation. " *Comparative Political Studies* 41(4-5): 600-637.

Katzenstein, P. J. (1985). *Small States in World Markets.* Ithaca, New York: Cornell University Press.

Kuo, A. (2009). Political Origins of Firm Strategies. Ph. D. diss. , Stanford University, Palo Alto.

Martin, C. J. and Swank, D. (2012). *The Political Construction of Corporate Interests: Cooperation and the Evolution of the Good Society.* New York: Cambridge University Press.

Pontusson, J. and Swenson, P. (1996). "Labor Markets, Production Strategies, and Wage Bargaining Institutions. " Comparative Political Studies 29(2): 223-250.

Schmitter, P. (1974). "Still the Century of Corporatism?" Review ofPolitics 36(1): 85-131.

Schwartz, H. (1994). "Small States in Big Trouble. " World Politics 46(4): 527-555.

Sorge, A. and Warner, M. (1980). "Manpower Training, Manufacturing Organization, and Workplace Relations in Great Britain and West Germany. " *British Journal of Industrial Relations* 18(3): 318-333.

Streeck, W. (1983). "Die Reform der beruflichen Bildung in der westdeutschen Bauwirtschaft 1969-1982: Eine Fallstudie über Verbände als Träger öffentlicher Politik. " WZB Discussion Paper IIM/LMP 83 - 23. Berlin: Wissenschaftszentrum Berlin für Sozialforschung.

——(1984). "Co-determination: The Fourth Decade. " In B. Wilpert and A. Sorge, eds. , *International Yearbook of Organizational Democracy.* London: John Wiley and Sons, 391-422.

——(1985). "Industrial Relations and Technical Change in the British, Italian and Germany

Automobile Industry. " WZB Discussion Paper IIM/LMP 85 - 5. Berlin: Wissenschaftszentrum Berlin für Sozialforschung.

——(1987). "The Uncertainties of Management in the Management of Uncertainty: Employers, Labor Relations and Industrial Adjustment in the 1980s. " *Work, Employment & Society* 1(3): 281-308.

——(1989a)."Successful Adjustment to Turbulent Markets: The Automobile Industry. "In P. J. Katzenstein, ed. , *Industry and Politics in West Germany.* Ithaca, New York: Cornell University Press, 113-156.

——(1989b). "The Territorial Organization of Intererests and the Logics of Associative Action: The Case of Handwerk Organization in West Germany. "In W. D. Coleman and H. J. Jacek, eds. , *Regionalism, Business Interests and Public Policy.* London: Sage, 59-74.

——(1991)."On the Institutional Conditions of Diversiied Quality Production. "In E. Matzner and W. Streeck, eds. , *Beyond Keynesianism.* Aldershot: Edward Elgar, 21-61.

——(1992). *Social Institutions and Economic Performance: Studies of Industrial Relations in Advanced Capitalist Economies.* London: Sage.

—— Sorge, A. (1988). "Industrial Relations and Technical Change: The Case for an Extended Perspective. "In R. Hyman and W. Streeck, eds. , *New Technology and Industrial Relations.* Oxford: Basil Blackwell, 19-47.

—— Yamamura, K. , eds. (2001). *The Origins of Nonliberal Capitalism: Germany and Japan.* Ithaca, New York: Cornell University Press.

Thelen, K.(2004). *How Institutions Evolve: The Political Economy of Skills in Comparative-Historical Perspective.* New York: Cambridge University Press.

Trampusch, C. (2010). "Co-evolution of Skills and Welfare in Coordinated Market Economies? A Comparative Historical Analysis of Denmark, the Netherlands, and Switzerland. "*European Journal of Industrial Relations* 16(3): 197-220.

原版前言

这本书的构思始于 2007 年 3 月，那时，马略斯接替克里斯汀承担了位于科隆的马克斯·普朗克社会研究所的职责；与此同时，克里斯汀前往伯尔尼大学就职。研究所内院如画的田园景观及其周边的景色令人陶醉，我们决定保持联系，并携手研究技能形成与职业培训的课题，这个研究项目由此得以稳步推进。2008 年 3 月，我们成立了教育与培训网络（NET），其目的是集合政治学或其他社会科学领域的青年学者与资深学者，共同深入探讨教育和培训体系的制度、政策及其演变，并着重于国际比较的视角。2007 年 9 月，我们在维也纳举行的"欧洲社会政策研究网络"（ESPAnet）会议上组织了一系列讨论，并在 2009 年 4 月于里斯本举办的"欧盟政治学研究联盟"（ECPR）联合会议和同年于波茨坦举办的欧盟政治学研究联盟年会上举办了专题讨论。会后，我们一致认同，现有文献与当前研究尚未深入挖掘出协调市场经济中集体主义技能形成体系的丰富性和多样性。我们确定了两个主要研究方向：探讨技能形成的多元化模式，以及理解技能形成体系与其他政治经济结构之间的相互关系。随后，我们围绕本书将涉及的主题进行了初步讨论，并与潜在的作者进行商议，从而使本书逐步成形。我们努力将潜力十足的年轻学者和该领域的知名专家集结在一起，一批不同背景的作者共同推动了这个项目的进展。

本书的成功离不开几位关键人物的贡献。马克斯·普朗克社会研究所自项目伊始便提供了至关重要的机构和"观念"支持。特别要感谢沃尔夫冈·斯特里克，作为马克斯·普朗克社会研究所的两位负责人之一，他不仅提供了大量的组织和财务资源，更是凭借他的想法激发了大量关于集体主义技能形成体系的政治经济学研究。作为一名艺术鉴赏家，沃尔夫冈还推荐了伦勃朗的作品《布商行会》，这幅画作已被用作本书（原版书——译者注）的封面。同样，凯瑟琳·西伦从项目开始便予以支持。作为所里的外部专家，她指导了一个研究德国职业培训体系近期制度变化的项目，马略斯正是在这个项目中开始了他对集体主义技能形成体系的探索。凯瑟琳·西伦定期慷慨地为本书和相关研究提供了宝贵的指导意见，无论是作为常客访问科隆，还是在马略斯担任哈佛大学欧洲研究中心的访问学者期间作为热情好客的东道主。在这方面，马略斯还想特别感谢凯瑟琳·乔·马丁和托本·艾弗森，马略斯在剑桥期间，他们几乎已将他视作自己的家人。

当然，我们也要向本书所有作者表示感谢，感谢他们在紧迫的截止日期内提交了高质量的稿件：凯瑟琳·乔·马丁、凯伦·安德森、克里斯蒂安·艾伯纳、玛格丽塔·埃斯特维兹-阿贝、菲利普·戈农、卢卡斯·格拉夫、托本·艾弗森、洛伦兹·拉斯尼格、马库斯·毛雷尔、莫伊拉·尼尔森、丹尼·奥德·尼赫伊斯、贾斯汀·鲍威尔和丽塔·尼古拉。2010年5月，我们在科隆举办了一次会议，各位作者在会上展示了他们的初稿，激发了建设性的讨论，大大提升了本书质量。我们特别感谢安尼亚·贾科比和西尔维娅·托伊伯参加了本书的会议讨论。此外，我们还要感谢牛津大学出版社的匿名审稿人，他们的指导提升了本书结构的连贯性。

每位学者都需要与其同行开展持续、批判性但最终是支持性的互动。我们借此机会感谢直接或间接地塑造和影响了我们对技能形成政治经济学的思考，并以各种方式支持了本项目的人：克劳斯·阿明格恩、佩珀·D. 卡尔珀珀、维尔纳·艾希霍斯特、帕特里克·艾门内格尔、阿希姆·戈尔雷斯、彼得·霍尔、卡斯滕·詹森、赫伯特·基奇尔特、安德烈·马赫、迪克·莫拉尔、马蒂亚斯·皮尔茨、大卫·鲁埃达、海克·索尔加、大卫·索斯基斯、卡斯滕·Q. 施耐德、卡尔·韦伯和斯特凡·沃尔特。

我们非常感谢牛津大学出版社的大卫·马森、瑞秋·普拉特和艾玛·兰伯特，以及马克斯·普朗克社会研究所编辑与公共关系部的阿斯特丽德·邓克尔曼、托马斯·波特和辛西娅·莱曼，他们在整个出版过程中给予我们协助和鼓励。我们还要感谢多娜·盖尔对本书进行了彻底而细致的（英语）编辑。感谢马克斯·普朗克社会研究所为会议、整个项目以及编辑过程提供了巨大的财务和行政支持，以及伯尔尼大学政治科学研究院为克里斯汀在过去四年中提供了一个非常安静舒适的环境，让她通过观察土拨鼠家庭成员间的沟通技巧来反思互动与协同的工作方式。感谢安妮·布里安在伯尔尼协助克里斯汀的工作。

经过近两年的不懈努力，随着克里斯汀重返科隆而马略斯启程前往康斯坦茨，我们的项目终于圆满完成。我们希望这本书能激发更多人对技能形成体系的兴趣，并促使技能研究在比较政治学的更广泛领域中占据一席之地。

马略斯·R. 布塞梅耶、克里斯汀·特兰普施

2011 年 2 月

加印序： 技能形成体系优化的四重挑战

杨 钋

《技能与政治：集体主义技能形成的政治经济学》（以下简称《技能与政治》）一书出版以来，激发了国内政策制定者和研究者对技能形成议题的兴趣。此书兼具理论性和话题性，诚如王星教授在序中所言，"这本书无论在技能形成的理论对话还是在跨国的经验分析上都具有非常丰富的内容，也涉及了技能形成领域诸多重要的议题"。在翻译此书的过程中，我也领略到此书的深度和广度，以及欧洲比较政治学者希望借技能形成议题挑战"资本主义多样性"理论的学术抱负。

"夫以铜为镜，可以正衣冠；以史为镜，可以知兴替；以人为镜，可以明得失"。在与学界同仁的交流中，大家反复提到的问题是这样一本对近代工业化以来欧洲国家技能形成体系发展的历史制度主义分析佳作，对我国现代职业教育体系的优化有何助益？借此书加印的机缘，我希望谈谈近年来北京大学职业教育学人对此问题的反思和相关研究进展。

《技能与政治》一书提出分析国家技能形成体系多样性的两个维度。一是成员的逻辑，是指技能投资中企业相互协调的能力和意愿，决定了企业对技能形成的参与程度。在企业协调过程中，中介组织可以强化企业的社会责任，鼓励它们形成"可信承诺"、参与集体技能投资。二是影响力的逻辑，关注国家和工会特征以及劳资权利平衡如何影响国家参与技能形成的程度。按照这两个维度，可以把发达工业化国家的技能形成体系分为四类，即国家主义技能形成体系（影响力逻辑高、成员逻辑低）、自由主义技能形成体系（影响力逻辑低、成员逻辑低）、分隔主义技能形成体系（影响力逻辑低、成员逻辑高）和集体主义技能形成体系（影响力逻辑高、成员逻辑高）。

在分类的基础上，《技能与政治》进一步提出，这四类国家在培训制度设计中均面临四个冲突：企业自主性与（准）公共监督的关系——谁控制、以企业为基础和以学校为基础职业教育培训体系的关系——谁培养、技能形成的资金支持——谁支付、职业教育培训体系与普通教育体系的关系——谁主导。

这四个冲突点也构成了优化我国现代职业教育体系所面对的四重关键挑战，影响着政府、企业、职业院校在技能形成过程中事权与支出责任的划分。其中，事权划分涉及企业与职业院校在技能培训内容和技能培训场所方面的分工；政府与企业在技能认证方面的分工；以及职业院校和普通教育机构在通用技能和专用技能培养方面的分工。支出责任划分涉及政府、职业院校和个人在技能成本分担方面的分工；以及不同层级政府之间培训成本的分担。识别和理解上述我国在这四个充满张力领域内的制度安排和实践经验，有助于认清我国向现代职业教育体系转型过程中的主要矛盾和潜在解决方案。

第一重挑战——围绕技能形成控制权产生的争夺

《技能形成与区域创新：职业教育校企合作的功能分析》（以下简称《技能形成与区域创新》）一书提出，建国以来，我国经历了从集体主义技能形成体系向国家主义技能形成体系的过渡，技能形成逐步从企业内部培训体系转移到企业外部的、以全日制职业教育学校为基础的技能养成体系。这一转型不是理性选择的结果，而是受到与职业教育培训体系配套的国家政治经济制度环境转型的深刻影响。在从计划经济向具有中国特色市场经济的转轨过程中，企业生产体制和治理机制、福利国家制度、劳动力市场制度、集体谈判和劳资关系等制度逐步转型，与之配套的技能形成体系也向着国家主义技能形成体系的方向调整。中央政府在形塑技能形成的环境和激励机制方面发挥了重要作用，地方政府在技能形成中同时扮演"制度供给者与资源配置者"和"技能形成创新的关键推动者"的角色。

在这一转型过程中，国家通过一系列政策重新界定了政府和企业对技能形成的控制权。最值得关注的是 2019 年中共中央办公厅、国务院办公厅印发的《关于深化现代职业教育体系建设改革的意见》（以下简称"意见"），意见提出现代职业教育体系建设要采用"一体两翼"的发展战略，即探索省域现代职业教育体系建设新模式（一体）、打造市域产教联合体和行业产教融合共同体（两翼）。

从技能形成控制权分配的视角来看，"一体两翼"体系的建立使地方政府在职业教育发展中的双重角色—即"制度供给者与资源配置者"和"技能形成创新的关键推动者"得到了制度化。"省域现代职业教育体系建设"意味着省级政府将成为支持职业教育的金融、财政、土地、信用、就业和收入分配等区域激励政策的提供者。"打造市域产教联合体"表明，市级政府是实体化运作的市域产教联合体的推动者，推动资金、技术、人才和政策等要素向产教融合项目流动。同时，"行业产教融合共同体"的建立有可能推动国家向社会中介组织的赋权，把行业教学标准、课程标准、教学装备标准等技能形成与认证的重要权利下放给行业组织，使其能行使对技能形成的准公共监督组织的职责。

在此背景下，北京大学与同济大学和北京师范大学合作，展开了对社会中介组织如何推进普职融通与产教融合的研究。在中国发展研究基金会的支持下，研究团队界定了三类技能形成中的社会中介组织，即公益基金会、企业内部培训机构和职业教育和技能培训机构。通过系列学术研讨会和在珠三角、长三角多个城市的调研，研究团队开展了对国内十余个职业教育相关的中介组织的案例分析，提炼出中介组织功能的分类方式，以及评价中介组织创新效能的分析框架。这一系列研究表明，在"一体两翼"发展战略的支持下，我国形成了丰富的技能形成生态体系，除了扮演双重角色的地方政府和肩负"准公共监督"责任的行业组织，部分非营利性组织和营利性培训组织也发挥了提供和匹配劳动力市场信息、促进有效技能形成、以及推动制度和体系建设的积极作用。

第二重挑战——技能供给主体问题，即企业工作场所培训和学校职业教育的竞争

《技能与政治》一书提出，企业主导的双元制培训、全日制学校职业教育、普通教育学校均可以承担技能养成的任务，它们之间存在竞争性关系。这些培养场所在技能内容、技能认证方式方面存在差异。在集体主义技能形成国家中，研究者关注企业双元制培训与全日制学校职业教育的竞争，以及双元制培训与普通高中教育的竞争。

我国采用了以全日制学校职业教育为主的培训体系，出现了多元化样态。近年来，北大团队对多元主体参与的、新技能培养模式进行了探索性研究。团队以企业新型学徒制为分析对象，探讨高职院校在与战略新兴产业的合作中，如何发展有效的工作场所技能形成模式。研究发现，地方政府、企业和职业院校受到不同制度逻辑的影响，在技能形成的三螺旋互动中形成了复杂关系，发展出平衡型和国家干预型两种模式。为了应对环境中的制度复杂性，政、校、企三个主体采用了多种组织策略。政府主要运用结构导向的区隔策略、情境导向的模糊策略、时间导向的渐进式策略；

企业采用了混合策略和适应性策略，使培训内容紧密贴合企业实际需求；职业院校和培训机构通过混合策略、区隔策略和即兴策略，确保了教育的专业性和培训的灵活性，并通过人员导向的招募策略和位置导向的场域迁移策略，提升了培训的专业性和适应性。由此可见，现代职业教育体系建设有可能超越传统的工作场所培训与学校培训的二元划分，出现企业内外部结合的技能养成模式。

企业主导的技工教育近年来逐步转型为全日制学校职业教育。北大研究团队对国内纳入高等学校序列的技师学院进行了分析，尝试从组织身份变革的视角探讨此类院校组织认同和组织声誉的构建，及其对有效技能形成的影响。以非学历的技能培训为使命的技师学院在转设或组建为高职院校过程中，出现技工教育边缘化的困境、面临诸多体制壁垒（如专业设置和师资认证）、部门接协同机制发展滞后等问题。这些挑战都与组织身份变革关系密切，说明从工作场所培训转向学校职业培训过程中出现了组织身份模糊等问题，需要探索创新性的解决方案。地方政府不同部门在技能形成中的协调将成为现代职业教育体系扩张和多元化过程中急需解决的关键问题。

第三重挑战——技能成本的分担

在企业新型学徒制案例中，地方政府通过不断迭代的专项性项目，引导企业与高职院校进行工作场所为基础的技能培训。具体而言，政府以补贴的形式来补偿学徒和企业在参与培训过程中消耗的成本，以激励学徒个人和企业参与培训。政府还负责协调及战略方向制定，综合使用税收减免、资金补助等具有导向性的扶持政策，引导院校和产业发展相结合。企业的成本主要体现在培训组织的直接费用及场地设备和员工的时间等间接成本。企业的成本还体现在人力成本上，包括支付学徒工资、提供必要的培训资源等。职业学校的成本主要体现在教育和培训资源的部分投入，主要包括院校导师的课酬、部分实训和考核的场地和设备使用等。技能形成中政府通过各种补贴承担了大部分成本，工作场所培训中的成本分担机制尚未建立起来。

在技师学院转设为高等学校的案例中，在人力资源和社会保障部门主管阶段，由地方政府人社部门、企业和学生共同分担技能培训成本。学生在完成培训后，通过相关测试，可以获得人社部门提供的技能认证。在这一阶段，学生学习的内容为行业专用技能，并通过工学交替模式进行学习，涉及到技师学院和企业两个培训场所。企业提供实际工作环境，承担了培训组织的直接费用及场地设备和员工的时间等间接成本。当技师学院转设或组建为高职院校后，由地方政府教育部门和学生分担技能成本，企业角色被边缘化。高职院校要求学生掌握通识性技能，以学校内部学习为主。政府按照生均拨款标准为学校提供培养经费，学生毕业时获得教育部门颁发的学历证书和人社部门提供的技能认证。伴随着技能通用性的提升，企业对技能控制权下降，同时它们在成本分担中的重要性也随之下降。

对企业新型学徒制和转设为高等学校的技师学院的分析表明，技能成本分担与技能控制权和技能培养场所密切相关。现代职业教育体系建设将引入更为多元的培养模式，需要解决政府不同部门在技能投资中的分工问题，以及企业与职业院校技能成本分担的问题，并将其与技能控制权联系起来。

第四重挑战——如何处理职业教育培训体系与普通教育体系的关系

现代职业教育体系建设强调"纵向贯通、横向融通"，2021年《关于推动现代职业教育高质量发展的意见》和2022年《关于深化现代职业教育体系建设改革的意见》均提出，要推进不同层次职业教育纵向贯通。《技能与政治》梳理了欧洲国家的四种职业教育与高等教育的衔接机制，包括职业教育培训课程的升级、引入双元课程、引入双资格证书和将职业技能作为高等教育的录取资格。1999 年以来，我国进行了多种纵向贯通的尝试，覆盖了上述四种模式①。

北京大学团队对职业教育与高等教育衔接的社会经济后果进行了广泛的研究。研究发现，首先，中高衔接推动中职学校转型，重新塑造社会分层和流动渠道。我国应试主义教育系统的强竞争主义特征转化为两次强制性分流，第一次分流是指初中毕业后学术教育和职业教育的普职分流，第二次分流是指中等职业学校内部的等级结构和教育构成的学术性筛选。当前，我国出现了通识化的中等职业学校，校内以学业筛选为主，技能筛选为辅，升学成为学生的优先选择。同时，中职学校内部学生在认知和技能发展方面已经出现较大差距，且转型中的中职学校通过分轨制、教学方式、实习实践和学校氛围影响学生认知水平、非认知水平和职业技能的发展。此外，不同的中高职衔接模式对高等教育阶段的学生发展产生显著影响，与常规的"3+3"分段培养学生相比，中高职贯通模式培养的高职毕业生收入较低，职业能力发展相对滞后。值得注意的是，技能大赛显著提升了获奖者获得本科教育机会的可能性，也提高了毕业后收入水平，以及获得高薪、对口、优岗和稳定工作的可能性。

中等职业教育也对学生发展产生了长期影响。研究发现，中等职业教育阶段认知、非认知和技能发展水平显著影响高等教育阶段的学业适应和

---

① 在职业教育培训课程的升级方面，20 世纪 90 年代末的高等教育扩张过程中，不少中职院校合并升级为高职高专院校；2014 年前后，部分高职高专院校合并升级为应用技术大学；2019 年以来，数十所高职高专院校升级为职业本科院校。引入双元课程意味着在全日制职业教育学校中引入学术性内容，学生可以通过考试获得高等教育入学资格或者通过贯通培养进入高等学校接受教育。我国倡导的中等职业学校与高等职业学校联合开展五年一贯制办学就属于这种模式。引入双资格证书是指学生在完成双元学徒制的过程中完成高中毕业文凭，我国部分中职起点的技工教育学校也为学生提供高中阶段课程，鼓励学生参加高中会考获得高中毕业生文凭。此外，少数职业学校学生可以通过在国家或者国际技能竞赛中获奖，赢得进入高等学校的入学资格或者本科教育机会。

人际与社交适应。第六，与普通高中升学的大专毕业生相比，中职起点的大专毕业生收入较低，原因是该群体的认知能力水平较低。上述研究表明，职业教育与高等教育衔接的方式对中等职业学校的发展、学生在高等教育阶段的发展，以及高等教育毕业后的发展至关重要。

优化现代职业教育体系是为了实现职业教育的现代化。当前，学术界对职业教育的现代化有两种观点。一是从体系转型视角，强调职业教育现代化是职业教育在全面深化改革背景下，面向经济社会发展需要，不断重塑使命、求变以增强"现代性"的过程。二是从功能视角，提出职业教育现代化是指基于职业教育发展基本规律，立足中国发展需求和本土实践，探索中国职业教育服务中国式现代化发展的过程。无论采用哪种观点，从《技能与政治》一书的观点来看，现代职业教育体系建设不属于国家技能形成体系的根本性变化，而是技能形成体系随着经济社会环境变化而出现的动态调整与优化。其目标应该是更好地处理培训体系设计中的四个关键问题—即企业自主性与（准）公共监督的关系（谁控制）、以企业为基础和以学校为基础职业教育培训体系的关系（谁培养）、技能形成的资金支持（谁支付）以及职业教育培训体系与普通教育体系的关系（谁主导），从而使技能形成体系更好地嵌入中国式现代化的发展进程。

面对 2035 年建成职业教育强国的发展目标，《技能与政治》不仅为我们动态把握技能形成体系发展提供了分析性框架，更为相关研究提供了理论指导，指导学者对社会中介组织在职业教育产教融合中的角色、政校企等多元主体应对技能合作制度复杂性的相应策略、地方政府不同部门在技能形成中的协调、政府不同部门在技能投资中的分工以及企业与职业院校技能成本分担、多种纵向贯通模式的效能及其社会经济后果等议题进行了丰富而卓有成效的研究。

为了促进技能形成领域研究的发展，我期待学界同仁尤其是青年学者能够持续围绕这四重挑战提出具有突破性和启发性的研究问题，从多学科视角深入探究技能形成创新的中国模式，为国家技能形成体系的优化和中国职业教育领域自主知识体系建设贡献智慧。

2025 年 9 月 8 日于燕秀园

介 绍

1 集体主义技能形成的比较政治经济学

马略斯·R.布塞梅耶

克里斯汀·特兰普施

众所周知，人力资本对提高国家经济表现、竞争力以及增强社会凝聚力与公平具有重要作用。近年来，全球化的知识型服务经济带来的挑战迫使各国政府和国际机构日益重视技能问题。政策制定者经常强调要投资教育和技能形成，但若人力资本真的是"众望所归"，为何它的创造如此困难？为何各国在人力资本生产的尝试中有如此大的差异？

近年来学术研究最有趣的结论之一是发现不论历史上还是当今时代，技能的发展和获得都不是无约束的理性选择的结果，而是受制于政治经济体的制度环境并反映在这种制度环境中（Finegold 和 Soskice，1988；Streeck，1992a，1996；Ashton 和 Green，1996；Culpepper 和 Finegold，1999；Hall 和 Soskice，2001；Thelen，2004，2008；Cusack et al.，2007；Iversen 和 Stephens，2008；Martin 和 Swank，2008；Busemeyer，2009a；Bosch 和 Charest，2010；Trampusch，2010a，2010b）。这些研究还指出"人力资本"不是千篇一律的，而是具有不同的类型和风格，各国的人力资本类型不同，其差异对各国经济竞争力和社会凝聚力具有重要的影响。

因此，技能形成领域的讨论不能与政治经济学其他领域的研究分开。对技能形成的政治和制度的研究能够揭示出政治经济发展的很多一般性问题。技能形成领域的变化对劳资关系、集体工资谈判、福利国家、劳动力市场等政治经济学相关领域的发展具有重要影响，反之亦然。本书未采用静态分析方法，后者将现存的、自我增强的技能均衡视为常态；相反，本书强调技能形成是一个动态的、部分偶然的、本质上是政治性的过程。不同于将技能形成的制度安排看作企业追求交易成本最小化的理性和实用性决策的产物，本书揭示出技能体系是"充满了张力"的制度安排（Mahoney 和 Thelen，2010），是持续不断的权力分配冲突中暂时性、争议性的解决方案。①

具体来说，本书研究的对象是集体技能主义形成体系（Collective Skill Formation Systems），常出现在协调市场经济（Coordinated Market Economies）国家中。这些体系因较低的青少年失业率和高质量的职业技能，并因此增强了经济体竞争力而备受国际观察家和学者的青睐（Finegold 和 Soskice，1988；Hall 和 Soskice，2001）。采用归纳性的典型案例选择策略（Gerring，2007），我们选择德国、荷兰、瑞士、奥地利和丹麦作为本书的案例，它们是集体主义技能形成体系的典范。典型案例"可以充当探究性角色"（Gerring，2007），本书的主要目标是基于典型案例来探索集体主义技能形成体系的历史和政治根源，以及当前的挑战如何影响其变化。

这些国家职业培训系统的主要特征是集体组织性，即在职业培训的技能形成过程中，企业、中介组织与国家通力合作。这意味着，首先，企业在工作场所培训中提供财务支持和行政支持；其次，中介组织在培训系统管理和改革中扮演了关键角色；再次，培训系统提供了可迁移的、经过认证的职业技能；最后，培训不仅在学校发生，也在企业中以双元学徒制的方式展开。

本书各章贯穿了三个主要观点。第一，集体主义技能形成体系并非自我维持且稳定的制度均衡。与此相反，它们是易受影响的甚至是脆弱的制度安排，需要利益相关者提供持续的政治支持。在制度安排不断的重新设计中，涉及了大量的历史偶然性，警示我们不应简单地对集体主义技能形成体系做事后的合理化解释。面对去工业化、欧洲化以及经济的结构变化等当代挑战，集体主义技能形成体系需适应变化以维系生存，但这些改革

---

① 感谢克劳斯·阿明格恩、凯西·乔·马丁和贾斯汀·鲍威尔提供的详尽意见。本章中提出的许多观点是在与凯瑟琳·西伦和沃尔夫冈·斯特里克的持续讨论中发展演变而来的。我们还要感谢参加 2010 年 5 月科隆书会的与会人员，他们提供了宝贵的反馈和意见。

总是带来改变体系本质特征的危险（见第三章对德国的分析，以及第十一章对欧洲化挑战的分析）。第二，各国技能形成体系的多样性主要取决于其企业、中介组织和国家在提供和资助技能培训方面的分工。第三，在集体主义技能形成体系中，这些分工尤具争议性。因为集体主义技能形成体系的历史和当代发展受到历史关键节点政治斗争的影响，这些斗争涉及四个令人头疼的冲突：国家、雇主、雇主协会和个人在培训中的分工（谁提供?），四者在培训资助中的责任（谁支付?），培训提供中企业自主权和政府监督的关系（谁控制?），以及职业教育培训和普通教育体系的关系。塑造这些政治斗争的决定性因素，一方面是企业的特征和商业阵营中的分歧（成员的逻辑），另一方面是国家和工会的特征以及劳资双方权利的平衡（影响力的逻辑）（Schmitter 和 Streeck，1999；Streeck 和 Schmitter，1985）。

本书分为两大部分。第一部分是国家案例研究，包括凯瑟琳·西伦和马略斯·R. 布塞梅耶在第三章对德国的分析，凯伦·安德森和丹尼·尼赫伊斯在第四章对荷兰的讨论，菲利普·戈农和马库斯·毛雷尔在第五章对瑞士的研究，卢卡斯·格拉夫、洛伦佐·拉斯尼格和贾斯丁·鲍威尔在第六章对奥地利的考察，以及莫伊拉·尼尔森在第七章对丹麦的案例分析，他们讨论了各国集体主义技能形成体系的历史来源和当前变化。在国家案例之前，凯瑟琳·乔·马丁撰写的第二章回顾了职业培训形成的重要历史时期。基于对丹麦、美国和德国的深入分析，马丁提出党派竞争和国家结构的政治特征影响了雇主协会的组织形态，以及它们的培训策略。

第二部分针对目前比较政治经济学文献的首要问题，讨论了贯穿各个国家的议题和当代挑战。它致力于讨论去工业化、职业培训和集体工资谈判之间的互动对培训体系分化的作用（第八章）、职业培训对教育系统的嵌入（第九章）、性别相关劳动力市场分层与职业培训的关系（第十章）、欧洲化过程对集体主义技能体系的影响（第十一章）。在前言中，凯瑟琳·西伦提出对资本主义的讨论必须涉及技能问题，并批判性地回顾了在马克斯·普朗克社会研究所内外对技能问题的讨论。沃尔夫冈·斯特里克撰写了总结性的第十二章，讨论了通用技能和专用技能之争。

第一章分为六个部分。第一部分，从劳动力市场经济学和制度主义政治经济学的视角讨论了集体主义技能形成体系的特性；基于对发达经济体技能形成体系的分类，第二部分强调了集体主义培训体系的核心特征；第三部分讨论了集体主义技能形成体系的多样性；第四个部分探讨了集体主义技能形成的政治经济学，分析了塑造其历史和当前发展的因果因素；第五部分联系本书的具体章节，探讨了横贯各国的集体主义技能形成体系的共同议题和当前的挑战；第六部分为结论。

一　制度和技能形成的经济学

劳动经济学家殚精竭虑地尝试解释集体主义培训系统的运行（Harhoff 和 Kane，1997；Acemoglu 和 Pischke，1998/1999；Wolter 等，2006）。从标准人力资本理论角度看（Becker，1993/1964），集体主义技能形成提出了几个问题：在学徒完成培训后可以自由离开企业的前提下，企业为何愿意为职前培训支付大部分的成本？为何适龄青少年群体中有一大部分人愿意接受职业培训而非普通高等教育，这一举措导致提供集体主义培训的国家与其他国家相比具有较低的高等教育入学率？（见第九章）

制度的角色为这些问题提供了部分解释。新制度主义劳动经济学（Acemoglu 和 Pischke，1998/1999）认为企业"非理性"地投资于技能培训的原因是"劳动力市场不完善"。由于德国等国具有较低的劳动力市场流动率，企业愿意投资技能培训的原因在于学徒留在培训企业工作的可能性高于具有灵活和高流动率的劳动力市场的国家。此外，企业可利用学徒制作为内部劳动力市场的筛选工具，识别具有"高潜力"的候选人并筛除那些"蹩脚的人"。

但是，这种对企业技能形成策略的事后理性化解释，顶多只能提供片面的答案；更为糟糕的是，它可能妨碍我们找到发达工业化国家中技能形成体系多样化的深层次原因。例如，阿西莫格鲁和皮施克（Acemoglu 和 Pischke，1999）将"劳动力市场的不完善"视为一个既定的外部因素，他们不能解释不同国家劳动力市场不完善的差异性，因此，他们最多只能对集体主义培训系统的存续提出不完善的解释。学术界仍不清楚企业是否愿意或者能够将这种不完善作为它们技能形成策略的一部分，或者这些不完善是否由政治和社会以及外在于人力资本形成的经济过程引起。

与此相反，传统的制度政治经济学研究（Streeck，1992a，1992b，2009；Hall 和 Soskice，2001；Thelen，2004）特别关注培训制度如何嵌入包含集体工资谈判、企业治理和财务、劳动力市场和福利国家政策，以及劳资关系等政治和社会经济制度的紧密网络。这些研究清晰地解释了企业技能形成策略的决定因素：紧密的制度约束网络向企业强加了鼓励它们投资技能培训的"有益约束"（beneficial constraints）。最为重要的是，"有益约束"通常意味着不同利益相关者——企业、工人及其法团代表和国家——之间的冲突。集体主义制度框架的建立不是企业寻找最优技能形成策略的理性化过程的结果。相反，培训制度深深植根于政治和社会历史，以学徒制为例，它的历史可以追溯到中世纪（Thelen，2004、2007、2008）。简言之，这类研究认为培训参与者的偏好是社会建构的产物，历史文献可以帮助我们理解这些偏好。

与此一致，本书的各章均基于历史制度主义的视角（historical-institutionalist perspective）开展研究。本书将技能形成体系的发展视为一个按照可观测的规律动态展开的政治过程，因此有可能推导出一般性结论。同时，技能形成体系的发展道路并非前定的，存在大量的偶然性，具体表现为制度设计和转型中的政治斗争。因此，尽管技能形成体系有着深厚的历史根源，当前仍然存在与主导模式有差异的制度安排。同时，保障这些制度安排稳定性的内在机制并不存在。相反，为了长期生存，制度需要从主要政治利益相关者那里获得持续的政治支持（Thelen 和 Kume，2006；Hall 和 Thelen，2009）。本书不同章节强调了关键节点的重要性，它们是政治经济体历史发展的临界点。这些临界点有可能会（也有可能不会）导致重新协商过去的制度和政治协议，同时开启政治领域的转型过程，为下一轮的再谈判做好准备。

在技能形成体系的发展过程中，我们考察了三个关键节点，它们导致各国采取了不同发展路径，这些关键节点决定了技能形成体系设计的基本决策。按照科利尔和科利尔（Collier 和 Collier，1991）的定义，我们将关键节点定义为"一段显著变化的时期，在不同国家通常以不同形式出现……它被认为会产生不同的后果"。对技能形成而言，第一个关键节点出现在 19 世纪末和 20 世纪初工业化和民主化的强化发展时期，此时国家形成和工业化发展的相对时机和顺序决定了劳资双方的产业和政治整合形态，以及全国劳动力市场的形成。第二个关键节点出现在 20 世纪 60～70 年代，此时第二次世界大战后的经济增长接近结束。在这个时期新法团主义范式① （neo-corporatist）和经济全球化逐渐兴起。当前经济和政治的全

---

① 新法团主义（Neo corporatism）是一种民主形式的法团主义，它支持经济三方主义，涉及强大的工会、雇主协会和政府作为"社会伙伴"来合作谈判和管理国民经济。部分文献强调新法团主义是一种组织市场经济的方式，在这种经济中，企业和工会的代表与国家相结合，协调通货膨胀、失业、劳动力市场监管和职业培训等经济问题。另一部分文献更多地关注有组织的利益如何融入政治和行政决策过程，以制定政策。二战后欧洲建立的社会法团主义体系包括德国的社会市场经济秩序体系、爱尔兰的社会伙伴关系、荷兰的圩田模式、意大利的协调体系、瑞士和比荷卢经济联盟国家的莱茵河模式以及北欧国家的北欧模式。——译者注

球化愈演愈烈，服务业和知识经济兴起，可以被视为第三个关键节点。其特征是劳动力市场管制的放松、劳资关系的分权化和技能需求的转移，它们都表明当代政治经济体处于关键的转型期。

二 技能形成体系的多样性

分类必然意味着对社会现实的简化，但它有助于厘清纷繁复杂的社会现实，也有助于更好地理解制度变化的过程。尤其是按照韦伯式的理想类型来进行分类时，这些分类不仅有助于理解变化的方向，还能展示社会行动者可选择的不同方案。培训的比较研究文献中，存在区分国家技能形成体系的多种分类法，体现出技能形成体系的真正形式包含了各种不同类型的元素（Finegold 和 Soskice，1988；Blossfeld，1992；Greinert，1993；Lynch，1994；Ryan，2000；Crouch 等，1999）。这些研究识别出培训制度设计差异性的几个关键维度，例如主要培训场所、技能标准化和认证的程度、职业学位系统的分层和差异化程度、国家角色，以及技能形成与诸如生产体系、劳资关系等其他社会经济制度的衔接。

在早期经典文献中，费恩戈尔德和索斯基斯（Finegold 和 Soskice，1988）区分了德国的高技能体系和英国的低技能体系，强调企业培训策略嵌入复杂社会经济制度网络的方式塑造了企业投资培训的激励机制。根据林奇（Lynch，1994）的研究，主导培训场所是区分不同技能形成体系的最主要维度，例如，职业教育培训发生在工作场所（德国和丹麦）还是学校（法国和瑞典）。布洛斯费尔德（Blossfeld，1992）在此基础上增加了两个维度——技能的标准化和认证以及职业培训的分层。

克劳奇等（Crouch 等，1999）以企业集体行动的悖论为出发点，强调了制度在解决这个问题中的角色，区分了三种职前培训的主导形式：第一种是直接政府干预，由政府经营或者资助职业学校提供技能，企业处于边缘化角色（瑞典和法国）；第二种是法团主义网络，雇主协会"偶尔与工会一起"（Crouch 等，1999）在培训的提供和管理中承担重要角色（德国）；第三种是市场，它导致了在职培训的盛行（美国）。

格雷内特（Greinert，1993）也采用了制度分析，但是与克劳奇等（2004）不同，他关注国家在技能供给中的角色，并区分了自由主义（美国、英国和日本）、官僚制（学校）模型（法国、瑞典、意大利）和双元学徒制（德国、瑞士和奥地利）。

近来，技能体系在比较资本主义研究中占据了突出地位。霍尔和索斯基斯（Hall 和 Soskice，2001）在对资本主义多样性（Varieties of Capitalism，VoC）的开创性研究中，将技能体系视为区分自由市场经济和协调市场经济的五大社会经济制度之一，因此与国家创新政策的具体策略和国家经济表现密切相关。众所周知，资本主义多样性文献同样强调了技能形成体系和政治经济领域毗邻制度之间的制度互补性（institutional complementarities），它们创造了互惠的互动效果（Estevez-Abe 等，2001；Iversen 和 Soskice，2001，2006；Thelen，2004，2008；Iversen，2005，2006；Cusack 等，2007；Iversen 和 Stephens，2008；Martin 和 Swank，2008；Busemeyer，2009a）

霍尔和索斯基斯（Hall 和 Sockice，2001）区分了具备不同技能形成体系的两种市场经济体。他们分类的关键维度是系统所提供技能的专用性（specificity），即通用技能或专用技能。在以美国为代表的自由市场经济国家（Liberal Market Economy，LMEs）中，普通教育系统特别是高等教育提供通用人力资本，与企业提供的在职培训互补。相反，类似德国的协调市场经济国家（Coordinated Market Economy，CMEs）特别强调职业培训而非高等教育。这种模式混合了企业中的工作场所培训和职业学校中的理论教育，通常采用双元学徒制，使之成为学术教育或学校教育的替代。资本主义多样性的其他分析超越了这种二分法，区分了三种技能专用性——企业专用（firm-specific skills）、行业或职业专用（industry-or occupation-specific skills）和通用技能（general skills），以及与之相关的三种技能形成体系（Estevez-Abe et al.，2001）。

致力于发展技能形成体系分类的学术努力取得了多方面的成果。第一，它们极大地帮助我们理解了不同国家技能形成体系的多样性。第二，这些分类背后的理论揭示了企业培训行为对技能形成体系动态政治经济学的重要性。第三，它们说明企业培训投资强烈依赖于"外在干预"，例如，雇主协会或者国家对培训提供或者资助的干预以及技能的认证和标准化。第四，资本主义多样性文献指出技能形成影响发达政治经济体的经济发展，但是它也受到其他社会经济制度演化和发展的影响。

"瑜"不掩"瑕"，本书也指出了现存文献的一些缺憾（见第十二章）。这些问题包括上述分类不能解释协调市场经济国家内部技能形成体系的多样性，以及具有相同技能形成体系国家之间的差异。自由市场经济与协调市场经济或通用技能体系与专用技能体系的区分过于宽泛，以至于不能解释每个类型中存在的不同技能制度（Anderson 和 Hassel，2007；Busemeyer，2009a；Trampusch，2010a，2010b）。此外，协调市场经济国家内部的差异大于自由市场经济国家之间的差异，以下将有更为详尽的说明。

除此之外，资本主义多样性文献对理解技能形成体系对政治经济体的影响更加感兴趣，而不是解释技能形成体系的政治和历史起源。早期文献明确排除了对起源问题的分析（Estevez-Abe 等，2001），近来情况发生了变化（Cusack et al.，2007；Iversen 和 Soskice，2009；Swenson，2002；Mares，2003）。然而，一些学者还是批评了资本主义多样性文献的静态和工具主义特征（Jackson 和 Deeg，2006；Bohle 和 Greskovits，2009；Streeck，2009，2010）。本书并非有意不介入这场争论，但我们也承认到目前为止，除了少数例外（例如 Theleen，2004），资本主义多样性文献未能对技能形成体系的政治和历史起源给予足够的注意，尤其是忽视了那些并非经常被当作"典范"来讨论的国家案例。同时，由于资本主义多样性文献强调不同"技能均衡"（skills equilibria）（Finegold 和 Soskice，1988；Hall 和 Soskice，2001）相互增强的制度互补性，它的理论工具对解释技能形成体系的转型和变化略显不足。

采取何种方法来阐释技能形成体系的多样性？集体主义技能形成体系与其他模式有何不同？哪些因素解释了不同技能形成体系的演化？为了回答这些问题，本书采用了历史制度主义和以企业为中心（firm-centered）的分析方法，该方法将企业、中介组织、国家在提供和资助技能培训方面的分工作为解释不同技能形成体系的差异和集体主义技能形成体系内部差异的主要因素。与劳动经济学家和其他学者一致（Hall 和 Soskice，2001；Crouch 等，1999），我们通过研究个体企业与其制度环境之间的关系，并考察这些技能形成体系安排如何促进解决无监管培训市场中典型的集体行动问题来发展论点。从这个出发点开始思考，可以清晰地看到解释集体行动问题的因素也在塑造不同技能形成体系的过程中发挥关键作用。简而言之，影响集体行动的因素同样对不同技能形成体系的发展产生了影响。

根据阐释雇主集体行动的理论（Schmitter 和 Streeck，1999；Martin 和 Swank，2004；Martin，2005），激励企业合作的原因有三个：企业间竞争的管制（在培训方面，防止相互猎头）、阶级冲突的动态发展与劳工流动，以及国家对经济的干预。如果我们假设这些潜在力量（它们本身受到工业化、民主化和劳动力市场组织的影响）解释了企业集体行动的原因，那么下一个问题就是雇主在资助和提供技能方面有哪些可以支配的制度性选择。

采用资本主义多样性文献以企业为中心的分析方法，基于布洛斯费尔德（Blossfeld，1992）、林奇（Lynch，1994）、克劳奇等（Crouch等，2004、1999）、西伦（Thelen，2007）、布塞梅耶（Busemeyer，2009a）的研究，我们得以区分以狭隘的在职培训为特征的自由主义方案（liberal solution）、以自治为特征的分隔主义方案（segmentalist solution）、以国家提供培训为特征的国家主义方案（statist solution），以及以企业、协会和国家合作提供和资助培训为特征的集体主义方案。

基于上述考虑，我们提出描述培训制度多样性的两个维度：第一个维度是在职前培训中企业的参与程度。这个维度与企业投资技能形成的意愿相关，特别是对职前培训的投资，更高的企业参与度可能意味着更高的培训专用性。但是我们也必须注意到企业对技能形成的高度投入意味着它们愿意投资于具有多重价值的、可迁移性的技能（Streeck，1996；Busemeyer，2009a）。

第二个维度是职业培训的公共承诺，即国家对职业培训的参与。这个维度包含很多方面：国家对职业培训的补贴，以及通过专业认证、标准化和制定职业培训标准文件（occupational training profiles）来监督技能形成的公共政策。在这个维度中，还可以包括教育系统的制度设计对职业教育培训作为高等教育替代方案的认可和支持程度。

总而言之，我们用一个2×2的矩阵来概括发达工业国家技能形成体系的多样性（见表1-1）。理论上，可以用不同方式对上述两个维度进行操作化定义。文献中最常用的方式是借助定性指标对国家进行分类（Aventur等，1999；Blossfeld，1992；Ryan，2000）。这些指标反映各国职业培训和教育系统的特征，例如，教育系统是否提供学术性学位之外的职业学位，或者是否存在学徒制等。定量指标可以更加精细地区分教育和培训系统，可惜很难获得相关数据。经合组织并不提供职业培训和教育支出的独立数据，此外中等职业教育和普通教育很难区分，它取决于教育系统的具体特征，企业参与也很难衡量。经合组织提供了参与高中阶段双元学徒制学生数量的数据，但是这个定义忽视了企业除学徒制之外的其他培训参与方式，例如以企业为基础的培训（日本）或者雇主提供的模块化的工作场所培训（英国）。第八章对如何测量这两个维度提供了更多的信息。现在，我们通过各国案例来介绍不同类型的技能形成体系。

表 1-1 发达工业国家技能形成体系

		企业对职前培训的参与	
		低	高
对职业培训的公共承诺	低	自由主义技能形成体系（美国等）	分隔主义技能形成体系（日本）
	高	国家主义技能形成体系（瑞典、法国）	集体主义技能形成体系（德国等）

自由主义技能形成体系主要通过市场由普通教育系统提供技能。在美国等国家，普通教育系统提供普通教育文凭，这些文凭与教育阶段的实习和暑期工作形成了互补，个人进入企业后在早期工作阶段接受更具体的在职培训。虽然高中有职业教育轨道（见第二章），它们的地位低于为进入大学做准备的普通教育轨道。高质量职业技能由社区大学或高等职业学校提供，它们与劳动力市场的制度联系有限，并要求学生支付学费。

日本是分隔主义技能形成体系最著名的代表，该国普通教育系统的制度设计与美国十分相似。日本与实行自由主义技能形成体系国家的差别在于日本企业参与其雇员技能培训的意愿要高得多。相当大比例的日本青少年离开普通教育系统后，立刻进入大企业的内部劳动力市场，随后接受一系列密集的技能培训，包括工作轮岗安排以及企业内部培训中心与职业学校提供的脱产培训。

瑞典或法国的教育系统是国家主义技能形成体系的最好案例。与自由主义技能形成体系和分隔主义技能形成体系不同，为了促进低学历的青年人融入教育系统和劳动力市场，公共政策制定者致力于支持职业教育与培训作为高等教育的可行替代品。在瑞典，高水平的公共承诺也表现为将职业培训与积极劳动力市场政策以及进一步培训进行系统性整合。为了促进教育流动，职业教育与培训完全与普通教育系统整合，允许和鼓励具有职业教育文凭者继续接受高等教育。以此类推，尽管政策制定者不断尝试扩展职业教育中工作场所的培训成分，整合体系的实际结果是雇主在技能形成中的参与非常有限。

我们强调本书的核心，即集体主义技能形成体系的特征。集体主义技能形成体系在技能形成体系的比较中占据了一个特殊的位置，因为它的特点是国家和企业对职业技能形成的高度承诺。当我们比较集体主义技能形成体系和其他技能形成体系时，这一特征就变得格外明显，因为企业参与和政府对培训的公共承诺经常相互矛盾。在分隔主义技能形成体系中，雇主对技能投资的高度承诺伴随着政府对企业培训非常有限的干预。在北欧国家中，社会民主党作为政治力量居于统治地位，因此政府对职业培训做出了高度承诺，这导致雇主在职前培训中处于边缘化地位（Nilsson，2008）。然而，集体主义技能形成体系将企业对培训的高度参与和国家对支持职业培训的高度承诺融合在一起。

集体主义技能形成体系的四大特征在本质上与企业和国家的合作相联系。第一，企业在职业培训提供和管理方面参与程度高。与其他国家相比，很大比例的企业愿意承担相当可观的职前教育培训成本。

第二，与此相关，中介组织如企业雇主协会和工会在集体主义技能形成体系的管理和改革中发挥了重要作用，这意味着国家和中介组织之间有特定分工。国家不过多干预日常培训组织工作，并授权给一些准公共机构

（如产业协会和商会或者第三方协会）来监督培训框架的执行，并根据变化中的技能需求更新培训框架。学者们指出在强化培训标准方面，这些"私人利益治理"① （Streeck 和 Schmitter，1985） 在强化培训标准方面比国家机构或者市场机制具有优势，因为它们能使所有利益相关者参与进来。

第三，集体主义技能形成体系提供可迁移的、经过认证的、标准化的职业技能，这些技能得到全国劳动力市场的承认。这意味着企业在制定培训内容方面需要遵循必要的国家标准，从而受到其限制。岗位技能的广度和可迁移性保障了工会对学徒制的支持，因为保护劳动力流动是工会权力的重要来源（Streeck，1994）。此外，至少一些中小企业雇主能从外部劳动力市场的存在中受益。

第四，职业教育和培训不仅在学校进行，也在企业中开展。这通常由双元制培训或学徒制来完成。这些项目混合了企业工作场所中的实践学习和职业学校或学院中的理论学习。学徒不被视为学生，而是受薪的企业雇员。

本书涉及的国家——德国、荷兰、丹麦、瑞士和奥地利——都属于集体主义技能形成体系国家。虽然存在许多共性，各国之间的重要差异尚未得到系统探讨。本书不是简单地描述这些差异和对这些差异进行分类，而是深入地探讨了各国技能形成体系的政治史，以此来全面解释差异的起源。各章记录了制度设计中的政治斗争，这些斗争导致了集体主义技能形成体系国家的不同发展路径。作者采用了此前讨论过的三个关键节点对它

① 私人利益治理（Private Interest Government）是指国家可以将某些公共政策责任下放给特定经济部门的利益协会。私人利益治理被认为是新法团主义的最极端形式（Cawson，1985；Hollingsworth et al.，1994；Schmitter 1990；Streeck，1992）。国家不仅将私营部门的利益协会纳入公共政策的制定，而且将国家的垄断政治权力也移交给后者。国家将其作用简化为对决策的正式"橡皮图章"（Streeck 和 Schmitter，1985）。私人利益治理在国家监管、市场经济或团结主义社区秩序失败的情况下效果最佳（Cawson，1985）。——译者注

们展开分析：工业化过程中培训体系的演化、20 世纪六七十年代的临界点和 20 世纪 90 年代中期日益强化的政治与经济的全球化。本质上，这意味着在技能形成体系发展的特定时刻，雇主、国家和（日益重要的）工会中，谁的利益占据了上风。在以下部分中，我们展示了对集体主义技能形成体系的分析，以此作为后续国家分析的理论框架。

三 集体主义技能形成体系的多样性

集体主义技能形成体系国家中，企业与国家参与的冲突是围绕职业教育培训改革政治斗争的核心，这些冲突以类似的方式得到了解决。与国家主义技能形成体系或自由主义技能形成体系相比，集体主义技能形成体系中的企业更多地提供并资助职前培训，而在其他系统中更多地将这个任务赋予国家或市场。在集体主义技能形成体系中，中介组织也发挥了更强的作用，这一特征使其有别于国家主义技能形成体系和自由主义技能形成体系，也有别于分隔主义技能形成体系。

与其他技能形成体系相比，在历史和当下，集体主义技能形成体系中的企业自主权与协会或国家"外在干预"有效性之间的关系，是职业教育培训改革中政治斗争的核心。理论上最有趣的一点是企业对职前培训的深入参与依赖于有益约束和集体行动资源的匹配方式。一方面，由于劳动经济学家指出的大量集体行动问题，最大限度地维持企业自主权并非有助于维系企业对培训的参与。另一方面，如果外在强加的限制过于严格地控制了企业参与培训的自主权，那么雇主对培训的参与也不可持续，正如我们在国家主义技能形成体系中看到的一样。

随着时间的推移，企业和雇主逐步学习如何将约束变为资源。参与管理集体主义技能形成体系并与其他雇主及工会合作，能为企业（特别是中小企业）带来实际利益，如社会安定和接受过高度培训并愿意合作的劳动力（见第二章）。以"私人利益治理"形式体现的雇主集体自治（Streeck 和 Schimtter，1985）可以促进如雇主协会等组织的形成，后者有助于限制工会和不合作的雇主。

尽管如此，培训系统是脆弱的制度安排。如果企业、协会和国家之间的分工发生变化，制度也可能发生变迁。根据对国家案例的分析，我们提出企业参与与国家在职业教育培训系统中角色之间的冲突经常围绕四个争论点展开。在集体主义技能形成体系中，这些争论点不断被讨论和再磋商，而在其他系统中，因为技能形成责任被更加明确地赋予了国家、市场或者企业，它们显得无关紧要。这四个争论点是企业自主性与（准）公共监督的关系、以企业为基础和以学校为基础的职业教育培训之间的关系、技能形成的资金支持、职业教育培训系统与普通教育系统的关系。

第一个争论点是企业自主性与（准）公共监督的关系——谁控制技能形成？所有集体主义培训形成体系国家中，企业培训的实施和提供都受到某种形式的公共监督，这意味着企业和国家必须就能力和责任的分配达成协议。公共监督包括技能的认证和标准化，以及职业岗位框架的形成。然而，各国监督的性质和程度相差很大，这表明"外部干预"程度的差异。监督机构可以是第三方机构，平等地代表受培训者、职业学校和培训企业（如丹麦和瑞士），或者雇主主导的行业协会（如德国）。

此外，监督程度依赖于公认培训规则的详尽程度。如前所述，在所有集体主义技能形成体系中，培训岗位由全国公认的技能认证构成，培训框架内容由法团主义的决策结构决定。然而，各国在赋予企业实施培训过程的灵活性方面有很大差异。瑞士和丹麦企业更加灵活（参见第七章；Wettstein 和 Gonon，2009），德国企业被要求遵循详细的规章制度，并受行业协会和劳资协会的密切监督。与德国相比，瑞士在培训执行方面更具灵活性，学徒工资制定方式更加分散化，导致瑞士的培训成本更低，企业更有能力用学徒来替代半熟练工人（Wolter 等，2006）。

企业自主权与（准）公共监督的关系引起争论的另一原因是大企业偏好技能认证的自主权。凯瑟琳·西伦和马略斯·布塞梅耶的第三章说明德国的技能形成体系目前正从严格的集体主义系统向着新系统转移，新系统能更好地满足大企业而非中小企业的技能需求。作者发现这种分隔主义倾向不仅存在于技能认证中，也表现为技能的标准化和岗位框架的日益差异化。该章说明这种发展的一个原因是集体谈判系统的分权化，这降低了企业按照广泛和统一的标准来进行培训的激励。

第二个争论点是以企业为基础和以学校为基础的职业教育培训之间的关系——谁提供技能形成？学徒制培训混合了工作场所培训和在职业学校中的理论学习。但是，在双元学徒制培训中，各国企业和职业学校在分工方面有很大差别。更为重要的是，与以学校为基础的职业教育培训相比，各国双元学徒制的相对重要性不同。学校培训在瑞典和法国居于主导地位，但在一些集体主义技能形成体系国家中也存在广泛的学校职业教育，主要在荷兰、奥地利、瑞士的法语区和丹麦。在奥地利、瑞士、丹麦和荷兰，以学校为基础的培训体系发展成为双元学徒制的"合法替代"（legitimate alternative），其原因是这些国家引入法国的观念、国家干预和私人行动。第六章表明，从历史上看，两种路径——以学校为基础和以企业为基础的职业教育培训——各自独立地发展起来，奥地利技能形成体系的形态受到法国国家主义的、官僚制的、以学校为基础的培训体系影响。1970 年以来，以学校为基础的培训在奥地利大规模扩张，迫使双元学徒制进行了现代化。学校培训扩张的原因是当许多大型国有企业私有化以后，它们退出了学徒制培训。其结果是只有相对少数的奥地利大型工业企业仍然参与学徒制培训，这意味着与德国相比，奥地利没有企业占主导地位、政府处于边缘地位的分隔主义技能形成体系倾向的社会基础。大型企业偏好学校培训，而小型企业仍然参与双元学徒制培训。此外，大型奥地利企业可从国外雇用技能工人以满足企业技能需求。

与其他国家不同，直到 20 世纪 80 年代，荷兰的学徒制培训发展仍然滞后（见第四章）。该国培训体系以学校培训为主，原因包括后发的工业化（商业利益组织的滞后）、缺乏作为行会后继者的手工业者组织。此外，在组织建立和创造集体工资谈判时期，企业和工会对利用职业培训作为组织工具不感兴趣。从历史上看，中小企业和荷兰的工会偏好学校培训，因为它们无法协调学徒制。然而第二次世界大战后，尤其是 20 世纪 80 年代以来，学徒制的重要性得到提高。这一方面是由于公共改革政策的支持；另一方面是因为雇主协会和工会改变了它们的策略，成为更为积极的学徒制参与者，并将职前培训的组织和资助（例如建立部门培训基金）纳入了集体工资谈判。值得注意的是，社会伙伴①在以学校为基础的培训管理中占据重要地位。与荷兰相比，丹麦、德国、奥地利和瑞士的强势工会与行会更为接近。这些协会在培训（特别是学徒制培训）中特别活跃，这导致了学徒制培训很早就在这些国家成为主导的培训模式。

第三个争论点是技能形成的资金支持——谁为技能形成支付经费？在其他技能形成体系中，职前教育培训经费在国家主义技能形成体系中由公

---

① "社会伙伴"（social partner）是欧洲常用的一个术语，指参与社会对话的管理层和劳工代表（雇主组织和工会），在某些情况下也指公共当局代表。社会伙伴在雇用童工关系的治理中发挥着关键作用，是劳资关系体系中的关键参与者。在大多数欧盟成员国，它们通过集体谈判或三方社会对话塑造工作条件并影响社会政策。它们是多层次治理体系中相互关联的部分，包括欧洲、国家、部门、地区（省或地方）、企业和机构层面。

社会伙伴关系（social partnership）是社会合作伙伴之间的合作原则，即商业和劳工的有组织利益。这是一个复杂的术语，可以以多种方式使用。在欧洲大陆，社会伙伴关系主要是指中央层级的雇主协会和劳工联合会之间的合作关系，以及它们与政府共同参与经济和社会管理任务。它的含义接近法团主义的概念。在英国，社会伙伴关系也被用来描述企业层面企业与劳工之间的合作关系。在这一层面，社会伙伴关系的具体表现是工会与个别企业管理层之间建立劳资伙伴关系。——译者注

共经费支付、在自由主义技能形成体系中由个人支付、在分隔主义技能形成体系中由企业支付。在集体主义技能形成体系中，初始职业教育培训的成本由企业、国家和个人分担。企业承担学徒制中工作场所培训的成本，国家支付职业学校和监管设施的费用，个人通过接受培训期间的低工资支付了成本。

不同时期各国利益相关者之间成本分担的模式不同。丹麦、荷兰和瑞士等国已经建立了再分配机制，向参与培训和未参与培训的企业征收培训附加费，用来支付学徒工资（参见各国章节）。由于雇主强势和有效的抵抗，德国引入类似机制的多次努力均以失败告终。同样，奥地利和丹麦为了鼓励雇主参与学徒制培训，向培训企业提供了慷慨的公共补贴，但是德国雇主反对政府提供公共培训补贴，因为它们害怕国家过多的干预。

学校培训和企业培训的混合指向了第四个争论点：职业教育培训系统与普通教育系统的关系——谁主导技能形成？这个问题也与职业技能的可迁移性和跨教育部门学徒制毕业生的流动相关。历史上学徒制培训是企业的责任，这意味着它是雇用的初始阶段，不属于教育。如前所述，随着时间的推移，国家对雇主提供的培训加以限制，其结果是在学徒制培训与普通教育系统之间建立起制度性的联系。在北欧国家主义技能形成体系中，为了提高教育和社会流动，改革者进一步推动了这个过程，将职业培训完全整合进入普通教育系统。在集体主义技能形成体系中，职业教育培训系统与普通教育系统的联系更具试探性。这些联系有两个具体形式：从义务中等教育到中等教育后培训的转移和从职业教育培训到高等教育系统的转移。

各国在这个方面的差异显著。作为瑞典的近邻，丹麦为寻找学徒制岗位失败的学生建立了一条以学校为基础的替代性培训路径，使得从义务教育到职业教育培训的转移更加简化（见第七章）。然而，丹麦职业教育培训和高等教育的相互渗透不如奥地利发达。通过引入导向职业学历和学术性教育机会的双证书制度，奥地利和瑞士提高了学徒制培训和高等教育的渗透性（见第九章）。德国学徒制培训系统与普通教育系统的联系较弱。近来，随着博洛尼亚进程（Bologna Process）和欧盟创建"欧洲资历框架"（European Qualifications Framework）① 的努力，职业教育和高等教育的联系变得更加重要。本书第十一章关于欧洲化进程的分析显示，职业学士学位的引入和国家资历框架的形成使得职业培训系统的利益相关者感受到提高职业教育与高等教育渗透的压力，这种渗透有利于保持职业教育对普通学校毕业生的吸引力。

四 解释多样性：集体主义技能形成体系的政治经济学

正如国家案例所述，培训企业的相对自主性和外在强制约束有效性之间的冲突经常围绕上述四个争论点展开，但是哪些因素可以解释集体主义技能形成体系国家不同的发展路径呢？

按照历史制度主义的传统，我们聚焦重要利益相关者和相关政治角色

---

① 博洛尼亚进程是 29 个欧洲国家于 1999 年在意大利博洛尼亚提出的欧洲高等教育改革计划，该计划的目标是整合欧盟的高等教育资源，打通教育体制。2010 年欧洲"博洛尼亚进程"签约国中的任何一个国家大学毕业生的毕业证书和成绩都将获得其他签约国的承认，大学毕业生可以毫无障碍地在其他欧洲签约国申请学习硕士阶段的课程或者寻找就业机会。该进程的目标是实现欧洲高等教育和科技一体化，建成欧洲高等教育区，为欧洲一体化进程做出贡献。
欧洲资历框架是一个区域资历框架的典范，旨在推动欧洲国家之间的教育合作与交流，促进人力资源的跨国流动。该框架由欧盟委员会于 2008 年正式实施，并在 2017 年进行了修订和重新发布，以适应教育发展的需要。欧洲资历框架的目标是通过建立统一的资格标准，实现欧洲范围内资历和学分的互认，从而促进劳动力的自由流动和终身学习型社会的建设。
哥本哈根进程是欧洲职业教育领域发生的具有重大意义的另一次改革，其目标是要促进欧洲各国职业教育的交流，建立一个欧洲职业教育区，并且在国际范围内优化欧洲职业教育体系。哥本哈根进程宣布了几项改革目标，并且实现了工具层面的统一，其中包括构建欧洲职业资历框架、欧洲职业教育学分转换系统、共同质量保障框架和发展核心技能以及推行欧洲通行证等。——译者注

在技能形成体系制度框架的不断设计与重构中的政治冲突。通过对本书国家章节的简要综述，我们确定了关键参与者，并对它们在技能形成体系发展中的利益和角色提出了假设。在这个过程中，我们采用了与情境相关的历史分析视角。这意味着这些章节的目的在于通过历史档案材料、二手文献或采访记录相关行动者和行动者联盟的立场，而不是假设它们具有可以客观定义的经济利益。行动者和行动者联盟的立场可根据具体情境变化，它们会基于对过去斗争结果的反思来调整自己的偏好和政治策略。尽管偏好随环境变化，我们仍可以识别出政治经济学分析中的首要分歧（overarching cleavages）。我们可以利用这些分歧来构造有关上述四个争论点的政治冲突的讨论。

回到表1-1中提出的技能形成体系类型，图1-1说明了解释技能形成体系多样性的方法。在坐标轴上，我们放入企业参与和国家参与两个维度，它们与上述四个争论点相关，也是企业参与和国家在集体主义技能形成体系中角色冲突的核心。

哪些要素决定了企业和国家对职业教育培训的参与程度？企业和雇主相互协调的能力和意愿在很大程度上决定了企业的参与程度，本章提出的一个维度是"成员的逻辑"（logic of membership）（Schmitter和Streeck，1999；Streeck和Schmitter，1985）。当雇主之间协调程度高时，企业更愿意进行技能投资，因为它们遭遇猎头的风险极大地降低（Busemeyer，2009a）。中介组织强化了企业的社会责任，鼓励它们参与集体项目（如学徒制培训）。我们认为企业参与职业教育培训程度的政治冲突在很大程度上与企业特征和商业阵营内部的分歧有关。

另一个维度是"影响力逻辑"（logic of influence），它与国家参与程度以及国家和工会特征、劳资权力平衡有关。强有力的工会和集权制国家结构显著地影响了北欧国家主义技能形成体系的建立（Busemeyer，

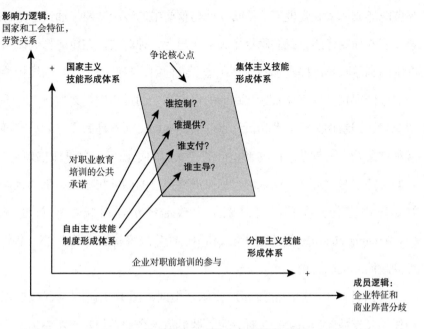

图 1-1　解释技能形成体系多样性的方法

2009a），尽管法国的案例说明强有力的工会不是一个充分条件。在集体主义技能形成国家中，奥地利和丹麦的案例说明统一的相对有力的工会运动若与相对集权的国家结合在一起，可以创造出一类技能形成体系，其中国家的角色甚至比德国或瑞士更加包罗万象。

由此可见，有关技能制度设计的冲突在四个政治竞技场中展开：（1）企业特征和商业阵营中不同"资本的部分"之间的权利平衡（成员的逻辑）；（2）工会阵营中的权力政治；（3）劳资双方的整体权利平衡；（4）政党竞争和国家结构的动态演化。后面三个领域属于"影响力逻辑"。

第一，由于雇主在职业培训的提供和实施中扮演了如此重要的角色，雇主阵营的分歧对职业培训改革具有重大影响。正如西伦（Thelen，2004）指出的，工业和手工业部门关于技能形成问题的矛盾导致技能形成体系采取了不同的发展路径。从历史上看，学徒制的根源来自手工业部门。当技能体系发展到某个时刻，社会开始讨论以手工业为基础的技能形成方式是否应该扩展到经济的其他部门、是否应该保留在手工业部门中，或者随着传统手工业贸易组织的衰败而萎缩。如以英国为代表的自由主义技能形成国家，出现了第三种情况（Gospel，1995），但是这种情况并未出现在集体主义技能形成国家。在这类国家中，更受关注的问题是学徒制是否应该限于经济的传统部门（如奥地利），或是工业与手工业部门是否应该合作发展出具有部门专门性的制度安排和灵活学徒制培训的一般框架。

所有集体主义技能形成体系都找到了通过中介组织来协调不同雇主利益的方式。但是这种协调的具体结果依赖于工业和手工业部门、大企业与中小型企业、以出口为导向和以国内市场为导向部门之间的权力分布（Culpepper，2007；Trampusch，2010a）。从本质上看，政治经济体的商业结构与培训系统的发展有关，但是，这种关系并非确定性的，因为在商业结构和技能形成之间具有相互作用关系，企业的生产策略和特定类型企业的生存依赖不同类型的人力资本。然而，在中小型企业占主导的国家（如奥地利和丹麦），学徒制培训与传统经济部门的关系更加密切（特别是奥地利）。这些国家扩张了以学校为基础的职业教育来满足对不同类型技能的新需求，而不是将双元学徒制模型迁移到服务业部门。

正如第三章和第五章所述，由于德国和瑞士的混合经济结构，这两个国家长期以来存在不同的技能形成模型。这两章表明大企业总是偏爱以企业为基础的技能形成模型，而中小型企业偏好以学徒制为代表的集体解决方式。这可以用中小型企业的组织利益来解释，即中小型企业协会在学徒制中的作用相当于私人利益治理，任何削弱这种培训体制的努力也会影响这些协会本身。第三章说明，当以出口为导向的德国大型企业利益占上风时，其技能形成体系就被推向分隔主义方向，类似于日本企业的技能形成策略，而在其他时候，集体主义技能形成体系占上风。最近，瑞士的商业部门中也出现了分隔主义倾向，银行和保险业大型企业成功游说政府放松了对培训项目的管制（Trampusch，2010c）。瑞士1998年以来的改革导致了双元学徒制的弱化，因为该国政府引入了一个递减学时的学校模型（degressive school model，学徒制第二年和第三年的在校时间缩短），并且提升了企业在技能认证方面的地位。一般来说，瑞士拥有一个宽松的总体制度框架，它以部门—专门性解决方案来应对面向国内市场的手工业部门和在国际市场上活跃的银行和保险业的不同需求（Trampusch 和 Mach，2011）。同样，荷兰提供了一个与奥地利和丹麦不同的有趣历史案例。荷兰中小型企业偏好以学校为基础的职业教育制度而非学徒制，因为它们感觉自己无法协调学徒制系统（见第四章）。

第二，工会阵营的分歧也很重要。从历史上看，手工业者工会和工业工会的差异非常重要。强势的手工业者工会利用学徒制来限制手工业者进入熟练岗位的机会。其结果是不同社会阶层就技能形成问题展开竞争（Thelen，2004），这促使雇主降低了对技能劳动力的依赖，从而最终导致了学徒制的衰落，正如英国所发生的情况。相反，强势的工会是集体技能形成体系中重要的利益相关者。值得强调的是在技能形成体系发展的早期阶段，实际上工会参与非常有限，它们也未必支持双元学徒制系统。例如丹麦的总工会倾向于支持以学校为基础的培训，而手工业者工会支持学徒制培训（见第七章）。

与丹麦不同，奥地利、德国、瑞士和荷兰的工会在培训系统的形成阶段并未积极参与（Trampusch，2010b）。这可能是由于瑞士和荷兰的集体谈判和福利国家发展很慢，以至于与其他国家相比，工会融入政治和劳资关系系统的程度低得多。历史文献表明，瑞士和荷兰的工会对利用参与失业保险而不是通过参与职业培训来获得政治和经济影响力更感兴趣（Trampusch，2010b）。简言之，我们同意罗斯坦（Rothstein，1992）的观点，即技能形成的政治学特别是工会在培训系统方面的立场，主要由它们组织建设的逻辑决定。

第三，除了相关阵营中的矛盾，劳资双方的总体平衡也是一个核心问题。当然，这一动态关系不仅因国家不同而不同，还会随时间推移而变化。雇主在培训的提供和实施中维护自己的自主性，而工人阶级努力施加外在影响力。雇主倾向于投资企业专用性技能，而工会要求投资多方面的技能（Streeck，1994，1996），并要求对这些技能进行权威认证，以便工人能在其他企业使用这些技能。

企业提供培训的范围和内容的利益冲突对培训制度设计具有很大的影响。当商业尤其是大企业阵营力量强大时，政府和中介组织难以施加外在限制，反之亦然。由于我们讨论的是集体主义技能形成体系，不同制度安排可以缓解劳资双方的矛盾。劳资关系结构中阶级冲突的制度化也会影响培训体系的形态。例如，从初始阶段开始，丹麦的集体工资谈判就对培训进行了规范（Trampusch，2010b）。第七章显示，集体谈判制度包容结构的广泛性对丹麦培训系统的发展具有很大影响。20世纪80年代的荷兰雇主协会和工会通过双向、跨部门的培训经费来组织和资助培训，经双方同意的开拓性的决策过程也拓展到了培训领域。

第四，国家和政党发挥了关键作用。一方面，教育系统是倾向于职业培训还是普通教育对国家的形成过程具有重要作用。另一方面，国家和政治行动者作为党派性的政策制定者可以干预社会冲突。

对第一个原因，参考斯坦·罗坎（Stein Rokkan）对国家发展的分析，对教育系统形成的历史研究非常清晰地表明了国家在教育系统形成的早期阶段非常重要（Green，1990；Clarke 和 Winch，2007）。首先，职业培训系统的建立与国家劳动力市场和国家资本主义经济体系的建立交织在一起。

其次，政府不仅致力整合劳动力市场，教育和培训也是"发展国家认同"和公民身份的重要手段（Clarke 和 Winch，2007）。

对第二个原因，国家在斡旋和政策制定中的角色与它在当下政治经济体中的角色相关。正如马丁和西伦（2007）所述，在协调市场经济国家中，政府参与是"形成和维系广泛的全国性联盟的关键，这个联盟联系而非分裂不同利益群体"。国家在支持和管理协调方面发挥了关键作用，法团主义的决策结构是集体主义技能形成体系的有机组成部分。但这也意味着国家自觉地将准市场责任（如青少年培训）授权给商业部门。法团主义决策的具体形态取决于劳资双方的权利平衡和商业协会及其成员之间的权利平衡。国家介入仍是关键因素，面对这些挑战，国家不仅能够在采取官僚等级制治理或双方协商式治理方面做出根本决定，而且可以促进组织结构松散的利益集团或者有意识地支持一些利益集团来设定利益主体竞争的舞台。后者依赖于政府系统内部的政治权力平衡，即政党可以通过支持一个政策解决方案而非另一个方案来发挥重要作用。

政党施加多大的影响力取决于政府系统的制度结构。在荷兰和丹麦，政治权力集中在占据统治地位的多数派手里，而在联邦制系统中（如德国或瑞士等混合政体国家）能行使否决权的参与者数量更多。此外，各政党对职业教育培训系统中学习发生的场所有不同的偏好。奥地利（见第六章）和丹麦（见第七章）的案例、分析教育系统之间联系的第九章说明，社会民主党更加偏好以学校为基础的培训而不是企业培训，而基督教民主党派更喜欢工作场所培训（Busemeyer，2009a）。由于自由派、保守党和社会伙伴的反对，丹麦的社会民主党未能扩展学校培训的范围。在奥地利，学校培训的重要性可以追溯到 20 世纪 70 年代社会民主党的改革政策。我们注意到政党对双元学徒制培训系统的作用小于其在以学校为基础的培训系统中的影响力，因为国家在以学校为基础的培训系统中发挥了更大的作用，这使得政党的作用更明显。相反，双元学徒制培训受到劳资关系发展的强烈影响和法团主义政策制定的制约。第六章关于奥地利的研究很好地说明了这一点。

第二章说明了政党竞争和国家结构如何塑造了培训系统。马丁阐述了两个问题：第一，通过比较德国与丹麦以及德国与美国，她说明了作为协调市场经济国家，德国的集体主义技能形成体系的形成与在自由市场经济国家中不同。第二，通过本书的国家案例，她说明了为何丹麦与德国的发展方向不同。她指出联邦主义的重要性和政党体系的结构是重要的解释变量。以美国为代表的两党制系统中，缺乏一个全面代表商业利益的政党，这迫使商业集团不得不与两党合作，并与其他选民群体竞争。加上分权化的政治和经济系统，这使得采用协调型的技能形成体系不太可能成功。在比例代表制系统中，商业集团更可能与商业政党合作（例如丹麦保守党）。这促进了雇主之间的合作与广泛雇主联盟的建立。马丁认为，这是集体主义技能形成体系得以稳定的基石。由于强势的联邦主义和地区差异，德国雇主之间的合作远不如丹麦密切。德国的北部邻居丹麦可以在宏观层面进行协调，而在德国，产业部门、地区或者两者之间中观层面的协调更加有效，该协调过程也包含了一个强势的以企业为基础的组成部分。政治制度的差异可以解释为何德国发展出一个差异更大的培训系统，有时该系统中不同培训模型之间充满张力。

总之，本章识别出培训制度设计的四个冲突：企业自主性与（准）公共监督的关系、以企业为基础和以学校为基础的职业教育培训的关系、技能形成的资金支持以及职业教育培训系统与普通教育系统的关系。此外，基于对成员逻辑和影响力逻辑的区分，我们提出集体主义技能形成体系的政治由企业特征和商业阵营内分歧的具体形式和代表程度、工会阵营中的权力政治、劳资双方权利的总体平衡以及政党竞争和国家结构的动态演化决定。因此，不同时期内这些政治和制度变量的不同设定，可以解释集体主义技能形成国家不同发展路径的出现。

五　集体主义技能形成体系的共同问题和挑战

尽管上文和国家分析章节提到很多差异，但集体主义技能形成国家面临一系列共同挑战。经济结构调整和全球化等挑战影响所有发达经济体，而另一些挑战只影响本书提到的这些国家。此外，各国应对这些共同挑战的政策不同，本书的国家章节进行了详细介绍。当比较集体主义技能形成体系时，我们找到了一些与系统的具体制度特征相联系的共同性。集体主义技能形成体系的多样性和共性研究是本书第二部分的核心，这些章节分析了贯穿各国的相似主题，例如技能培训和集体工资谈判的互动如何影响去工业化对劳动力市场分层的影响（见第八章）、职业培训与普通教育系统尤其是高等教育的联系（见第九章）、与性别有关的劳动力市场分层与职业培训之间关系（见第十章）、欧盟对集体主义技能形成体系变化的影响（见第十一章）。基于不同的视角和不同的比较框架，这些章节主要讨论了集体主义技能形成国家之间的差异、与其他技能形成国家的差异以及它们在应对共同挑战时反应的差异。

1. 从工业经济到服务与知识经济

毋庸置疑，经济结构调整对技能形成体系的发展具有深远的影响。职业培训尤其是双元学徒制培训，深深植根于工业经济。因此可以推测，集体主义技能形成体系受到去工业化力量的影响，该体系与这些力量互动的方式将与其他技能形成体系有很大的不同。已有文献对去工业化对集体主义技能形成体系的影响提出了不同的看法。

一种看法认为服务业的兴起和与之相应的企业技能需求变化是企业长

期以来退出双元学徒制培训的重要影响因素（详见 Busemeyer，2009b）。在工业生产中，实用技能和手工作业受到重视，而在服务部门岗位中，社会和管理技能与理论知识更加重要。以学校为基础的培训或者在职培训能够比学徒制更好地提供这些技能，而双元制被认为过于昂贵或理论性不足。因此，人们普遍认为双元制的流行限制了经济向服务业经济调整的能力（Anderson 和 Hassel，2007），导致了较低的工作岗位增加、提供了较少的青少年人力资本发展机会，加剧了劳动力市场的分层和不平等。从这个较为悲观的角度，我们可以预期随着去工业化的持续，企业会进一步退出培训，同时集体主义技能形成体系将无法充分利用服务与知识经济兴起所带来的工作岗位增加和经济增长的潜力。

资本主义多样性文献（Estévez-Abe et al.，2001；Hall 和 Soskice，2001）及其先驱者（Streeck，1992a，1994，1996）提供了一个不同的更加乐观的分析。集体主义技能形成体系的盛行被视为协调市场经济国家的主要资产，能够为其制造业企业在世界市场中形成生产高质量产品的竞争力做出贡献。德国和瑞士等国的大规模制造业部门的存在不是它们适应服务业经济失败的表现，而是这些国家在制造业方面优势的表现，双元制培训对此做出了重要贡献。此外，此类教育系统为具有不同禀赋的年轻人提供了不同的机会，这对降低劳动力市场的不平等做出了积极的贡献（Estévez-Abe et al.，2001），使得年轻人能顺利地从学校转移到工作岗位，降低了青少年失业率（Allmendinger，1989；Gangl，2003）。在美国等不具备灵活职业培训的国家，未能进入大学的年轻人面临极低的工资和高度的就业不安定性。在集体主义技能形成体系中，具有更多"实操"天赋的年轻人有机会接受职业培训，可以作为熟练工人找到收入不错的工作。

第八章分析了不同类型的培训制度与集体工资谈判的互动如何塑造去

工业化对劳动力市场分层的影响，探讨了这些表面上相互矛盾的观点。作者发现，培训制度和集体工资谈判的集中性之间存在很强的互动作用。当且仅当集体工资谈判高度集中时，企业对培训的高水平参与或政府对职业教育培训的高度承诺可以降低以工资离散程度和青少年失业率衡量的劳动力市场分层。当集体工资谈判的集中度处于中等水平时，企业在培训中的主导地位实际上会提高劳动力市场分层，因为它限制了企业外部年轻人接受职业培训的机会。此章又从另一个角度说明在职业培训和集体工资谈判的集中度之间不存在内在的制度性互补。尽管双元制培训需要嵌入法团主义制度框架内以便于提高企业参与培训的积极性，但这些制度安排的具体形态不是事先预定的，可能导致各种劳动力市场分层结果。

2. 学术性漂移

除了劳动力市场分层，从工业经济向服务业经济的结构转型常常与高水平学术能力需求的提升联系在一起，这对雇主和面对教育选择的年轻人同样成立。随着教育期望的提高和接受高等教育障碍的消除，高等教育学生注册率的提高成为横扫所有发达工业经济体的大趋势之一（Stevens et al.，2008）。在集体主义技能形成国家中，这个趋势不如其他国家那么显著（参见第九章）。对此有很多不同的解释。一种观点认为高等教育的民主化进程受到更加"保守的"教育系统的阻碍，例如德语国家的以中等教育早期分流为特征的教育系统（Powell 和 Solga，2011）。另一种观点认为，在拥有强势职业培训的国家中，高等教育的收入溢价可能比较低，鼓励更多人倾向于接受职业教育而非高等教育。尽管"学术性漂移"的程度可能低于其他技能形成体系，但在集体主义技能形成体系中，这仍是一个显著的趋势，构成了对这些国家特殊的挑战。

其中的一个挑战是需要高水平理论技能的雇主可能日益认识到职业教育培训系统形成这些技能的局限性。企业与其投资于双元培训系统，不如采用其他培训模式获得人才，例如雇用具有很强学术能力的普通高中毕业生并对其进行在职培训，或者发展新的、灵活地混合了大学教育和工作场所培训的模式（所谓的双轨学习项目，dual study program），德国已经出现了这种新模式（Bosch，2010）。集体主义技能形成体系面临的另一个挑战是年轻人越来越不愿意接受职业培训，因为高等教育机构颁发的文凭被认为是应对劳动力市场风险更好的保障。集体主义技能形成国家高等教育毕业生的失业率较低、工资收入高。

这些发展带来的关键问题是高等教育就学机会的扩张导致职业培训从"顶端"遭到侵蚀。过去，处于技能分布中间层次的人会选择职业培训，而现在他们倾向于选择高等教育。这会对企业的培训投资策略产生影响：当高等教育机会仅限于一小部分人时，企业可以为职业培训找到高能力的中等教育毕业生。然而当更大比例的高能力的学校毕业生选择了高等教育时，学徒制申请者群体的构成也会发生变化，过去这个群体中包含具有不同学术能力和实践天赋的年轻人，而现在学徒制申请者中包含了越来越多的具有较低学业文凭、无法接受高等教育的年轻人。当雇主不断抱怨学徒缺乏"可培训性"时，他们对高等教育毕业生的偏好和不愿投资职业培训的倾向不断增强。

正如第九章所述，集体主义技能形成体系不是简单地通过扩大公立大学的规模来增加高等教育的就学机会。在这些国家中，高质量职业培训鼓励企业在世界市场的高质量商机中采用了特殊的生产策略（Hall 和 Soskice，2001，Streeck，1992a）。因此，企业和其他利益相关者愿意保留职业培训的优势，并增加它的理论内容。提高职业培训和高等教育的可渗透性也是保持职业教育对高水平中等教育毕业生吸引力的一种方式。第九章说明最近德语国家提高了职业教育对普通教育系统的嵌入性，以往这些国家年轻人从职业教育向高等教育的流动性非常低。奥地利和瑞士已经实施改革以提高具有职业教育文凭者进入高等教育的机会。德国还没有采取类似的措施。根据第九章的分析，这是由于德国很大比例的中等教育毕业生愿意选择职业教育而不是高等教育。一方面，这说明了德国双元制系统持续的吸引力。另一方面，它降低了对职业教育毕业生开放高等教育机会的政治压力。德国职业教育毕业生接受高等教育有困难，但是具有学术文凭者可以自由选择是否进入大学。

3. 性别问题

作为服务业扩张和高层次教育就学机会扩张的结果，与女性教育成就的提升一致，女性劳动力市场参与率显著提高。这个趋势横扫所有工业化国家，但是集体主义技能形成国家面临着特殊的挑战。第十章表明集体主义技能形成体系中双元制的主导地位对女性造成了障碍（Estévez-Abe，2005，2006）。由于双元制培训的目的是形成职业技能，青年女性不愿意选择这种培训，因为它意味着在家庭原因导致的职业生涯中断后，个人会面临很高的失业或者持续失业的风险。同样，该章提出在集体主义技能形成体系中，雇主也不愿接受女性进入职业培训，害怕因为女性选择离开劳动力市场而失去她们的投资。除了对技能投资的经济成本—效益分析，文化和涉及本书中多数国家的保守福利国家模式也降低了女性的劳动力市场参与率。当然作者也区分了集体主义技能形成体系内部的重要差异。比较丹麦和德国，丹麦对以学校为基础的培训的重视降低了职业培训中的性别偏见。

然而，正如教育扩张一样，集体主义技能形成国家中也出现了女性劳动力市场参与率提高的趋势。从长期来看，它可能有助于这些培训系统的转型。例如，德国教育水平的提高和女性对服务业岗位的偏好，促进了青年女性在不断扩张的社会、教育和健康部门劳动力市场中地位的提高。但是，当企业不愿再雇用学徒，受教育程度较低的青年男性面临着接受职业培训的挑战，这导致他们只能进入吸引力较小的、工作不稳定的手工业部门。

4. 欧洲化问题

工业经济的第四个大趋势是经济全球化。全球化过程包括很多方面，其中一些与当前的讨论联系更紧密。在教育领域，学者们注意到国际组织（如经合组织或联合国儿童基金会）在政策制定方面的作用愈加重要（Jakobi 和 Martens，2007；Walkenhorst，2008；Powell 和 Solga，2010）。对于本书更重要的是教育政策的欧洲化（Europeanization of education policy）。虽然 1992 年的《马斯特里赫特条约》特别禁止统一各成员国的教育系统，欧洲层面决策已经成为各国改革的重要推动力量。博洛尼亚进程对高等教育部门改革的推动是一个突出的范例。第十一章显示职业培训领域也受到欧洲化的影响。这个过程不只限于欧盟成员国，对其他国家（如瑞士）也产生了作用（Gonon，1998；Bieber，2010；Trampusch，2010c）。

诚如在其他领域，集体主义技能形成体系受到欧洲化过程的独特影响。欧盟仍然正式禁止教育系统的统一化。因此，欧盟政策制定者诉诸"软性"治理模式，如开放式协调方式（open method of coordination，OMC）、政策建议或指导。欧盟政策工具（如欧洲资历框架或者欧洲职业教育和培训学分系统，European Credit System for Vocational Education and Training，ECVET）的目的是提高教育文凭的可比性和提高学生与学徒的流动性，而不是统一教育文凭。但在一些方面，它们与集体主义技能形成体系背后的规范和政治逻辑相矛盾（Trampusch，2009）。在这些国家中，职业培训是围绕"职业"（Berufsprinzip）概念来组织的，这意味着技能形成过程与劳动力市场和培训企业需求存在某种程度的分离。双元制培训提供的技能包含企业专用成分，但它们的目标是更加广泛的职业类型，并能在企业之间迁移（Estévez-Abe et al.，2001；Busemeyer，2009a；本书第十二章）。与此相反，欧洲技能资历框架与欧洲职业教育和培训学分系统的目的在于定义个人的培训模块，这些模块可以自由组合，并用来定义个人的技能框架。一些批评者指出（Busemeyer，2009b）职业技能的形成不能整齐地划分为单个的培训模块。相反，培训应该整合入工作过程。这个观点与工会的政治利益有相似之处，工会害怕企业会利用模块系统来停止提供综合培训，并开始选择那些最适应它们需求的培训模块，这些培训经常达不到以往综合培训的水平。第十一章分析了有关欧洲化性质和范围的政治冲突如何在集体主义技能形成国家中产生影响。

在本书总结部分，沃尔夫冈·斯特里克批判性地反思了通用和专用技能的区别，并为技能分类提供了全面的分析框架。基于本书其他章节提出的一系列议题，斯特里克还讨论了政治和历史对技能形成体系发展的影响。

六　结论

本章详尽地阐释了集体主义技能形成体系的概念，说明了其如何以及其为何在国际比较中占据了特殊的位置。与国家主义技能形成体系、自由主义技能形成体系和分隔主义技能形成体系不同，在集体主义技能形成体系中，技能形成的责任不是清晰地赋予国家、市场或者企业，而是由利益相关者分享。这常常导致对制度安排的再协商和转型，即国家只能部分地控制这个过程，因为劳动力市场行动者和它们的协会在集体主义技能形成体系的管理和改革中扮演着重要角色。因此，集体主义技能形成体系中的制度变化过程使得我们有机会观察这些政治经济体的总体动态，而不仅局限于职业培训领域。本书的目的是记录和解释历史上和当下集体主义技能形成体系的制度变化，并提高我们对培训、劳动力市场、集体工资谈判和政治制度之间制度性联系的认识。

参考文献

Acemoglu, D. and Pischke, J. -S. (1998). "Why Do Firms Train? Theory and Evidence. " *Quarterly Journal of Economics* 113(1): 79‒119.

—— ——(1999) . "Beyond Becker: Training in Imperfect Labour Markets. " *Economic Journal* 109(453): F112‒42.

Allmendinger, J. (1989). "Educational Systems and Labour Market Outcome. " *European Sociological Review* 5(3): 231‒250.

Anderson, K. M. and Hassel, A. (2007). Pathways of Change in CMEs: Training Regimes in Germany and the Netherlands. Paper prepared for the American Political Science Association Meeting, Chicago, IL.

Ashton, D. and Green, F. (1996) . Education, Training and the Global Economy. Cheltenham, UK: Edward Elgar.

Aventur, F. , Campo, C. and Möbus, M. (1999) . "Factors in the Spread of Continuing Training in the European Community. "*Cereq Training & Employment* 1998(35): 3‒6.

Becker, G. S. (1993) . *Human Capital: A Theoretical and Empirical Analysis with Special Reference to Education*. Chicago: University of Chicago Press.

Bieber, T. (2010). "Europe à la Carte? Swiss Convergence towards European Policy Models in Higher Education and Vocational Education and Training. "In M. R. Busemeyer and C. Trampusch, eds. , Berufsbildungs-und Hochschulpolitik in der Schweiz, Österreich und Deutschland. Special issue Swiss Political Science Review 16(4): 773‒800.

Blossfeld, H. -P. (1992). "Is the German Dual System a Model for a Modern Vocational Training System?"*International Journal of Comparative Sociology* 33(3‒4): 168‒181.

Bohle, D. and Greskovits, B. (2009). "Varieties of Capitalism and Capitalism 'tout court. ' " *Archives Européennes de Sociologie* 50(3): 355‒368.

Bosch, G. (2010) . "The Revitalization of the Dual System of Vocational Training in Germany. " In G. Bosch and J. Charest, eds. , *Vocational Training: International Perspectives*. New York: Routledge, 136‒161.

——Charest, J. (2010). *Vocational Training: International Perspectives*. New York: Routledge.

Busemeyer, M. R. (2009a). "Asset Specificity, Institutional Complementarities and the Variety of Skill Regimes in Coordinated Market Economies. "*Socio-Economic Review* 7 (3): 375-406.

——(2009b). Wandel trotz Reformstau: Die Politik der beruflichen Bildungseit 1970. Frankfurt a. M. Campus.

Clarke, L. and Winch, C. (2007). "Introduction. " In L. Clarke and C. Winch, eds. , *Vocational Education: International Approaches, Developments and Systems*. London: Routledge, 1-17.

Collier, R. B. and Collier, D. (1991). *Shaping the Political Agenda: Critical Junctures, the Labor Movement, and Regime Dynamics in Latin America*. Princeton: Princeton University Press.

Crouch, C. , Finegold, D. and Sako, M. (1999). *Are Skills the Answer? The Political Economy of Skill Creation in Advanced Industrial Countries*. Oxford: Oxford University Press.

Culpepper, P. D. (2007). "Small States and Skill Specificity: Austria, Switzerland, and Interemployer Cleavages in Coordinated Capitalism. "*Comparative Political Studies* 40 (6): 611-637.

—— Finegold, D. , eds. (2004) [1999]. *The German Skills Machine: Sustaining Comparative Advantage in a Global Economy*. New York: Berghahn Books.

Cusack, T. R. , Iversen, T. and Soskice, D. (2007). "Economic Interests and the Origins of Electoral Systems. "*American Political Science Review* 101(3): 373-391.

Estévez-Abe, M. (2005). "Gender Bias in Skills and Social Policies: The Varieties of Capitalism Perspective on Sex Segregation. " *Social Politics: International Studies in Gender, State and Society* 12(2): 180-215.

——(2006). "Gendering the Varieties of Capitalism: A Study of Occupational Segregation by Sex in Advanced Industrial Societies. "*World Politics* 59(1): 142-175.

—— Iversen, T. and Soskice, D. (2001). "Social Protection and the Formation of Skills. "In P. A. Hall and D. Soskice, eds. , *Varieties of Capitalism: The Institutional Foundations of Comparative Advantage*. Oxford and New York: Oxford University Press, 145-183.

Europe: The Integration of Youth into EU Labour Markets. Oxford: Oxford University Press, 107-128.

Finegold, D. and Soskice, D. (1988). "The Failure of Training in Britain: Analysis and Prescription. "*Oxford Review of Economic Policy* 4(3): 21-53.

Gangl, M. (2003). "The Structure of Labour Market Entry in Europe: A Typological

Analysis. " In W. Müller and M. Gangl, eds. , *Transitions from Education to Work in Europe: The Integration of Youth into EU Labour Markets*. Oxford: Oxford University Press, 107-28.

Gerring, J. (2007) . *Case Study Research: Principles and Practices*. Cambridge: Cambridge University Press.

Gonon, P. (1998). Das internationale Argument in derBildungsreform: Die Rolle internatio-naler Bezüge in den bildungspolitischen Debatten zur schweizerischen Berufsbildung und zur englischen Reform der SekundarstufeII. Berne: Peter Lang.

Gospel, H. F. (1995) . "The Decline of Apprenticeship Training in Britain. " *Industrial Relations Journal* 26(1): 32-44.

Green, A. (1990) . *Education and State Formation: The Rise of Education Systems in England, France and the USA*. Houndmills: Palgrave.

Greinert, W. -D. (1993) . Das " deutsche System " der Berufsausbildung: Geschichte, Organisation, Perspektiven. Studien zur Vergleichenden Berufspädagogik. Baden-Baden: Nomos.

Hall, P. A. and Soskice, D. (2001) . "An Introduction to Varieties of Capitalism. " In P. A. Hall and D. Soskice, eds. , *Varieties of Capitalism: The Institutional Foundations of Comparative Advantage*. Oxford: Oxford University Press, 1-68.

——Thelen, K. (2009) . "Institutional Change in Varieties of Capitalism. " *Socio-Economic Review* 7(1): 7-34.

Harhoff, D. and Kane, T. J. (1997). "Is the German Apprenticeship System a Panacea for the US Labor Market?" *Journal of Population Economics* 10(2): 171-196.

Iversen, T. (2005) . *Capitalism, Democracy, and Welfare*. Cambridge: Cambridge University Press.

——(2006) . "Responses and Some Agenda Items for the Future Study of Democratic Capitalism. " *Labor History* 47(3): 439-449.

——Soskice, D. (2001) . "An Asset Theory of Social Policy Preferences. " *American Political Science Review* 95(4): 875-893.

—— ——(2006) . "Electoral Institutions and the Politics of Coalitions: Why Some Democracies Redistribute More than Others. " *American Political Science Review* 100 (2): 165-181.

—— ——(2009) . "Distribution and Redistribution: The Shadow of the Nineteenth Century. " *World Politics* 61(3): 438-486.

——Stephens, J. D. (2008) . "Partisan Politics, the Welfare State, and Three Worlds of Human Capital Formation. " *Comparative Political Studies* 41(4-5): 600-37.

Jackson, G. and Deeg, R. (2006). "How Many Varieties of Capitalism? Comparing the Comparative Institutional Analyses of Capitalist Diversity. "MPIfG Discussion Paper 06/ 2. Cologne: Max Planck Institute for the Study of Societies.

Jakobi, A. P. and Martens, K. (2007). "Diffusion durch Internationale Organisationen: Die Bildungspolitik der OECD. "In K. Holzinger, H. Jörgens and C. Knill, eds. , Transfer, Diffusion und Konvergenz von Politiken Special issue Politische Vierteljahresschrift. 38: 247-270.

Lynch, L. M. (1994). *Training and the Private Sector: International Comparisons*. Chicago: University of Chicago Press.

Mahoney, J. and Thelen, K. (2010). "A Theory of Gradual Institutional Change. " In J. Mahoney and K. Thelen, eds. , *Explaining Institutional Change: Ambiguity, Agenda, and Power*. Cambridge: Cambridge University Press, 1-37.

Mares, I. (2003). *The Politics of Social Risk: Business and Welfare State Development*. Cambridge: Cambridge University Press.

Martin, C. J. (2005). "Corporatism from the Firm Perspective. "*British Journal of Political Science* 35(1): 127-148.

——Swank, D. (2004). "Does the Organization of Capital Matter? Employers and Active Labor Market Policy at the National and Firm Levels. " *American Political Science Review* 98(4): 593-611.

—— ——(2008). "The Political Origins of Coordinated Capitalism. "*American Political Science Review* 102(2): 181-198.

——Thelen, K. (2007). "The State and Coordinated Capitalism: Contributions of the Public Sector to Social Solidarity in Post-Industrial Societies. "*World Politics* 60(1): 1-36.

Nilsson, A. (2008). "Vocational Education and Training in Sweden. "*Bulletin of Institute of Vocational and Technical Education* 5/2008: 78-91.

Powell, J. J. W. and Solga, H. (2010). "Analyzing the Nexus of Higher Education and Vocational Training in Europe. "*Studies in Higher Education* 35(6): 705-21.

—— ——(2011). "Why are Higher Education Participation Rates in Germany So Low? Institutional Barriers to Higher Education Expansion. "*Journal of Education and Work* 24 (1): 49-68.

Rothstein, B. (1992). "Labor-Market Institutions and Working-Class Strength. "In K. Thelen and S. Steinmo, eds. , *Structuring Politics: Historical Institutionalism in Comparative Analysis*. Cambridge: Cambridge University Press, 33-56.

Ryan, P. (2000). "The Institutional Requirements of Apprenticeship: Evidence from Smaller EU Countries. " *International Journal of Training and Development* 4(1): 42-65.

Schmitter, P. C. and Streeck, W. (1999). "The Organization of Business Interests: Studying the Associative Action of Business in Advanced Industrial Societies. "MPIfG Discussion Paper 99/1. Cologne: Max Planck Institute for the Study of Societies.

Stevens, M. L. , Armstrong, E. A. and Arum, R. (2008). "Sieve, Incubator, Temple, Hub: Empirical and Theoretical Advances in the Sociology of Higher Education. " *Annual Review of Sociology* 34: 127-151.

Streeck, W. (1992a). "On the Institutional Conditions of Diversified Quality Production. "In W. Streeck and E. Matzner, eds. , *Beyond Keynesianism: The Socio-Economics of Production and Full Employment*. London: Edward Elgar, 21-61.

——(1992b). *Social Institutions and Economic Performance: Studies of Industrial Relations in Advanced Capitalist Economies*. London: Sage.

——(1994). "Training and the New Industrial Relations: A Strategic Role for Unions?. "In M. Regini, ed. , *The Future of Labour Movements*. London: Sage, 250-269.

——(1996). "Lean Production in the German Automobile Industry: A Test Case for Convergence Theory. "In R. Dore and S. Berger, eds. , *National Diversity and Global Capitalism*. Ithaca, NY: Cornell University Press, 138-170.

——(2009). *Re-Forming Capitalism: Institutional Change in the German Political Economy*. Oxford: Oxford University Press.

——(2010). "E Pluribus Unum? Varieties and Commonalities of Capitalism. " MPIfG Discussion Paper 10/12. Cologne: Max Planck Institute for the Study of Societies.

—— Schmitter, P. C. (1985). "Community, Market, State and Associations? The Prospective Contribution of Interest Governance to Social Order. "In W. Streeck and P. C. Schmitter, eds. , *Private Interest Government: Beyond Market and State*. London: Sage, 1-29.

Swenson, P. A. (2002). *Capitalists against Markets: The Making of Labor Markets and Welfare States in the United States and Sweden*. Oxford: Oxford University Press.

Thelen, K. (2004). *How Institutions Evolve: The Political Economy of Skills in Germany, Britain, the United States and Japan*. Cambridge: Cambridge University Press.

——(2007). "Contemporary Challenges to the German Vocational Training System. " *Regulation & Governance* 1(3): 247-260.

——(2008). "Skill Formation and Training. "In G. Jones and G. Zeitlin, eds. , *The Oxford Handbook of Business History*. Oxford: Oxford University Press, 558-80.

—— Kume, I. (2006). "Coordination as a Political Problem in Coordinated Market Economies. "*Governance* 19(1): 11-42.

Trampusch, C. (2009). "Europeanization and Institutional Change in Vocational Education and Training in Germany and Austria. "*Governance* 22(3): 369-95.

——(2010a). "Employers, the State, and the Politics of Institutional Change: Vocational Education and Training in Austria, Germany and Switzerland." *European Journal of Political Research* 49(4): 545-573.

——(2010b). "Co-evolution of Skills and Welfare in Coordinated Market Economies? A Comparative Historical Analysis of Denmark, the Netherlands, and Switzerland." *European Journal of Industrial Relations* 16(3): 197-220.

——(2010c). "The Politics of Institutional Change: Transformative and Self-Preserving Change in the Vocational Education and Training System in Switzerland." *Comparative Politics* 42(2): 187-206.

—— Mach, A., eds. (2011). *Switzerland in Europe. Continuity and Change in the Swiss Political Economy*. London: Routledge.

Walkenhorst, H. (2008). "Explaining Change in EU Education Policy." *Journal of European Public Policy* 15(4): 567-587.

Wettstein, E. and Gonon, P. (2009). Berufsbildung in der Schweiz. Berne: hep.

Wolter, S. C., Muehlemann, S. and Schweri, J. (2006). "Why Some Firms Train Apprentices and Many Other Do Not." *German Economic Review* 7(3): 249-264.

第一部分

集体主义技能形成国家案例

2 政治制度与集体主义技能形成体系的起源

凯瑟琳·乔·马丁

一 引言*

本章探讨了 20 世纪初各类集体主义职业培训体系的出现，试图理解当工业革命促使社会与传统手工业彻底决裂、各方力量都在努力寻找应对工业生产崛起的国家策略时，政治体制如何在这个关键时刻调节社会对技能培训的需求。本章解释为什么一些集体主义技能形成国家（比如丹麦）会在较早时期就发展出全国性技能资历框架，在职业培训中赋予政府强大的权力，将培训和以学校为基础的技能教育监管权交给社会合作伙伴，并且创造出可迁移的行业专用技能。同时，为什么像德国这样的国家未能建立全国性技能资历框架，极力减少政府在职业培训中的角色，更多地将技能提升的控制权交给企业学徒项目，并且创造出企业专用技能。此外，本章还探讨了集体主义技能形成国家与像美国这样的自由主义技能形成国家之间的差异。美国曾尝试建立以学校为基础的工业化培训体系，它非但未能成功地开发出经认证的技能，反而仅提供了有限的学徒岗位。

国家间职业培训体系的差异反映出各国在关键历史时期的政治争斗。职业培训体系受到国家战略和结构的制约，尤其是政党制度和联邦制的程度。这两个国家特征极大地影响了国家对职业教育的承诺和雇主集体行动的能力。

首先，政治特征影响了政府持续地进行社会支出的能力。就多党制和两党制而言，得益于比例代表制的引入，多党制之下的政策妥协和协商往

---

* 作者感谢马略斯·R. 布塞梅耶、克里斯汀·特兰普施、伊达·朱弗尔、约根·芬克、皮娅·科特，以及参与马克斯·普朗克社会研究所"技能体系的比较政治经济学"会议嘉宾的重要见解。

往比实行多数代表制的两党制①更为稳固和持久。这是因为多党制需要多方进行妥协和协商，而两党制常常伴随着剧烈的政策摇摆。在联合政府中达成的各种政策共识持久性强，只要政府结构保持稳定，不发生剧变，国家在福利方面的支出也会持续增长。就集权制和联邦制国家而言，集权制国家由于权力集中，制定全国性的调控政策和社会干预措施会更为简单；联邦制国家强化了部门和经济分权，将权力分散到地方政府，这可能导致整体社会支出减少。

其次，政府结构对雇主采取集体行动的组织能力具有关键性影响。最明显的影响就是政府如何通过政治规则来制定鼓励策略，创建具有包容性的高层雇主协会。换句话说，政府的组织方式和制定的政策能够影响和激励雇主协会的形成。相应地，雇主协会的性质对20世纪初职业技能的形态和发展起到了关键作用，这是因为不同雇主协会解决某些集体性难题（例如如何促进工商业对技能培训的支持）的能力不同。

如前所述，政党制度和联邦制对高层雇主协会的发展具有举足轻重的影响。20世纪初，多党制国家的右翼政党意识到它们难以在选举中赢得多数票。比起通过立法程序，他们认为商业利益群体更容易通过民间协商赢得对工人和农民阶级的斗争。因此，它们培养民间法团主义渠道，并将

---

① 两党制（Two party Politics）是资本主义国家中实行两个主要政党交替执掌政权的制度。早在17世纪英国资产阶级革命时，议会中就形成了两个政治派别，即辉格党和托利党，两党交替执掌政权。后来形成一种制度，流行于英美等国。采用两党制的国家，通常由在议会中特别是下议院中占有多数议席或在总统选举中获胜的一个政党作为执政党组织政府（内阁），代表资产阶级整体利益，以国家的名义行使阶级统治权。在议员或总统的竞选中失败而不参加政府的另一政党，则作为反对党，监督政府的政策实施，牵制执政党行政活动。

多数代表制（Majoritarian System），也称为相对多数代表制或简单多数制，是一种选举制度，其中获得本选区最多选票的候选人或其所代表的政党当选，无须超过半数或达到一定的比例。这种制度要求在前几轮投票中，候选人必须获得绝对多数票才能当选，而在最后一轮中，由在上一轮投票中获得最多选票的两名候选人进行竞选，获得相对多数票的候选人当选。——译者注

政策制定权下放给民间社团。在中央集权制国家中，雇主协会愈发变得高度集权和包罗万象；而在联邦制国家中，雇主协会在产业和地方层次相当强大。在两党制国家中，雇主分散于不同的党派，尽管政治家与商界形成了同盟，但因为期望在选举中获得绝对的优势，他们并未将雇主组织起来反对其他社会群体中的竞争者，也没有向雇主协会下放权力的动机（Martin 和 Swank，2008，2012）。因此，多党制下的集权国家形成了高度协调的法团主义雇主协会；多党制下的联邦国家形成了具有中等程度的产业和部门协调功能的雇主协会；而两党制下的国家倾向于发展多元主义的雇主协会。

反过来，雇主协会的不同模式影响了多元经济参与者在政治斗争中的联盟，以及解决雇主内部分歧的方式。这一时期存在众多的政治与经济分歧，如商业与农业的对立、资方与工人的矛盾、大工业巨头与小手工业生产者的差异、社会合作伙伴与专业教育家之间的分歧、社会合作伙伴自治的意愿与国家干预之间的权衡，以及国家层面政府干预与联邦制下地方政府干预的对立等。

雇主协会的组织结构是这些分歧的政治表达。雇主协会克服部门分歧的能力，参与对学徒制和以学校为基础的技能培训内容的行业监管能力，以及生产行业专用、可迁移技能的能力，对技能培训体系的斗争产生了影响。政治斗争的性质和雇主协会的组织方式决定了培训的场所（包括学校培训和工作场所培训整合的方式）、专用技能的类型（企业或是行业）、专用资产的可迁移性以及国家补贴的水平。

在拥有高度协调的宏观法团主义雇主协会的国家，社会合作伙伴在相对较早的时期就被赋予了监管和为职业教育发放文凭的重要责任。在实施部门协调的集体主义技能形成国家中，企业或者行业协会拥有很大的控制权。与部门协调国家相比，宏观法团主义国家更愿意与雇主和劳工建立合作伙伴关系，更加依赖学校培训，创造出行业专用技能而非企业专用技能。在拥有全国性雇主协会的国家，雇主更愿意接受对职业培训的高水平支出，因为他们深度参与政策制定过程，并且相信政策产出会满足他们的商业需求。

德国、丹麦和美国的比较案例分析表明，政治制度塑造了高层雇主协会的模式，后者又对职业培训体系形成产生了重大影响。

以德国为例，其联邦体制加深了轻、重工业之间深层的、地域性的、部门之间的分工。因而 19 世纪的德国并没有形成统一的全国性工商业雇主组织。在魏玛时期，尽管在职业培训领域出现了为雇主和劳工阶级创建全面监管机构的努力，但由于既有的高层雇主协会和政党间的竞争，这些努力受到很大制约，导致先进行业的企业家未能从手工业部门夺取培训的控制权。

丹麦的集权政府和政党系统对不同经济群体的全面覆盖，意味着商人、农民和工人阶级各自形成了自己的政党。出于对民主进程的担忧，右翼政党创建了强有力的全国性的工商业和劳工组织，并将部分决策权力下放给这些民间政策制定渠道。这是因为该党派认为相较于在议会中与工农阶级对抗，与工人阶级在议会外的法团主义渠道进行直接合作的损失更小（Martin 和 Swank，2008）。由社会合作伙伴组成的职业培训监管委员会沿袭了劳工关系的早期模式，这使得社会合作伙伴更容易控制技能证书和学校培训学习的内容。该委员会控制意味着雇主相信学校能够传授真正的技能、以学校为基础的职业教育能够形成行业专用技能而非企业专用技能，雇主也能够接受国家对职业培训的高支出。

在美国，两党制竞争以及联邦制竞争导致工业界中雇主和工会自治的缺失。因此，专业的学校改革者引导了培训体系的发展，他们将职业培训纳入公立学校教育体系。

本章的观点对理解现代关于劳动力市场二元论和团结主义的讨论具有深远意义（Martin 和 Thelen，2007；Swank 和 Martin，2009）。20 世纪初形成的丹麦模式满足了各行各业工人的技能需求，为团结主义政策的出现奠定了基础。丹麦不仅在高技能的学徒培训中，而且在所有技能层次的培训中都更加依赖学校培训（见第七章）。这种教育体系形成了一种关心所有体力工人技能需求的传统，并帮助丹麦避免了德国工人群体中内部人与外部人的矛盾。

二 职业培训制度的多样性

在本书第一章中，布塞梅耶和特兰普施指出，各国职业培训体系各不相同。这主要表现在两个方面：一是企业对发展多元技能的意愿和参与度；二是公共部门对技能形成体系的投入程度。这种高低参与的组合衍生出四种独特的体系模式：（1）自由主义技能形成体系中，企业和国家参与度均相对较低；（2）国家主义技能形成体系中，企业参与度低，但国家参与度高；（3）分隔主义技能形成体系中，企业参与度高，但国家参与度低；（4）集体主义技能形成体系中，企业和国家的参与度都很高。

上述四种模式的差异对职业培训体系的各种特征产生了影响。例如，在培训地点方面，国家主义技能形成体系更倾向于依赖学校进行培训，而不是企业，分隔主义技能形成体系正相反。在技能认证方面，完全建立在企业培训基础之上的体系更倾向于发展不可迁移的技能。在公共补贴方面，在国家参与度高的体系中，公共津贴的水平也明显更高。

综上所述，集体主义技能形成体系主要存在于协调市场经济体中，它与自由主义技能形成体系相比，具有四大显著特点：（1）雇主参与培训管理；（2）以雇主协会为代表的中介组织发挥关键作用；（3）培训能够提供可迁移的、可获得资格认证的职业技能；（4）双元制体系将企业学徒制培训和学校培训相结合。

即便在集体主义技能形成体系内部，各国在这些维度上也存在差异。例如，在表 2-1 中，德国更趋近于右上角（与日本更相近），表示其国家对职业培训的参与度较低，企业对职业培训的参与度和控制度较高。相反，丹麦更趋近于左下角（与瑞典和法国更为接近），国家对职业培训的参与度高，而企业参与度低。企业和国家对职业培训的参与度的差异带来了技能形成体系的差别，例如可迁移专用技能的种类。由此，德国工人主要具备企业专用技能，而丹麦工人具备可以用于行业其他企业的行业专用技能。当前，德国的企业专用技能大约包含 300 种职业岗位，而丹麦的行业专用技能只包含 80～100 种职业岗位（Estévez-Abe et al.，2001；Busemeyer，2009）。

表 2-1 技能形成体系的多样性

	企业对职业培训的参与度低	企业对职业培训的参与度高
	学校培训主导； 学徒制发挥补充作用	学徒制主导； 学校培训发挥补充作用
国家对职业培训的参与度低 未经认证的、不可迁移的技能	普通技能/教育； 部分企业内部实践培训； 学徒制少见； 典型国家是英国、美国	分隔主义体系 典型国家是日本
国家对职业培训的参与度高 经过认证的、可迁移的技能	学校培训主导； 部分培养熟练技能工人的学徒制； 典型国家是瑞典、法国	双元制职业培训模式包括学校培训和学徒制培训； 典型国家是德国、丹麦

采用双元制职业培训模式的国家，在以企业为基础的学徒制和以学校为基础的教育培训方面存在差异。德国的企业学徒制对培养技能工人最为重要，而采用双元制的其他国家（如丹麦和奥地利）相对而言更加依赖学校培训。各国都有各自的监督机制，以确保学校培训和工作场所学徒培训之间的协调，明确两个领域中教育培训的内容，并使之适应政治经济体的广泛变化。丹麦在 1921 年和 1937 年的法案中已经建立起由雇主和工会管理职业培训的全国性系统，而在德国，直到 1969 年才通过了相应的立法。即便有了这些法规，德国企业仍然在很大程度上自主地定义技能的内容。

职业培训制度多样性的核心问题是各国的技能形成体系为何存在分歧，尤其是为何在协调市场经济国家内部存在这些分歧？在这些协调市场经济国家中，为何德国的集体主义技能形成体系居于主导地位？为回答上述问题，需要深入理解这些集体主义技能形成国家在核心利益相关者的参与程度，以及在职业培训的设计方面存在差异。

三 技能形成体系的政治决定因素

本章认为，国家政治特征对集体主义技能形成体系的演化具有决定性影响，因为这些特征影响了政府对培训的投入程度以及雇主根据其集体目标和具体计划开展行动的能力。多党制和政府的集权化使国家能够投入更多的社会支出。与多数选举系统（majoritarian systems）相比，多党比例代表制系统能覆盖更广泛的不同利益集团，因此，各党派可以向其选民保证实现政治承诺，这种提供可信承诺的能力增强了选民对政党的信任（Kitschelt，1993；Cusack et al.，2007）。在比例代表制下，雇主更愿意支付较高的税收，并默许国家对财政拨款决策的控制，因为他们感到所付出的代价物有所值。多党制体系往往较少发生剧烈的政策转变，因为联合政府会形成相对持久的共识立场，这使得政府干预更受雇主们的欢迎。此外，政府权力的集中化显然会使国家结构更具全国性和包容性。相反，联邦制强调地区分权，地方政府为了在"逐底竞争"中吸引到商业投资，可能会降低社会开支。

包括政党体系和联邦制在内的政治结构，通过建立多种形式的、包容性的雇主协会，间接地影响了集体主义技能形成体系的发展。这些形式包括宏观法团主义雇主协会、部门协调的雇主协会和多元主义的雇主协会（Martin 和 Swank，2008，2012）。多党制可以在更大程度上覆盖特定团体的利益，因此雇主群体更可能属于某一个政党。相反，在联邦政府系统中，商业党派更可能是地方性组织。代表雇主的商业党派通过聚焦选民的共同目标和对成员做出可信承诺来激发合作，承诺党派纲领将忠实于选民关切的内容（Kitschelt，1993；Cusack et al.，2007）。联合政府在多党制中较为常见，这进一步鼓励竞争性的利益集团为组建政府而进行合作，并促成稳定的政策产出。商业党派的领袖更有动力将政策制定权下放至民间渠道，因为他们难以赢得选举的多数席位，商业党派更有可能在与劳工阶级的直接协商中而非在议会程序中获得有利的政策结果。

相比之下，两党制体系倾向于发展成为包罗万象的党派，它们将形形色色的选民群体纳入党派之内。雇主分散在各党派中，党派致力于培养竞争性的商业协会，导致雇主认为没有单一的党派可以为他们"代言"。雇主也不太相信党派领袖，因为党派的立场会为吸引中间选民而经常摇摆（Downs，1957）。党派领袖也不愿意将政策制定的权力下放给民间机构，因为他们不太认同这些机构，也希望赢得彻底的、完全的竞选胜利。

联邦制也会极大地影响全国范围的高层雇主协会的出现。中央集权政府会促成全国性、集权化政党的出现，这是因为这些国家的政治活动主要发生在国家层面，同时这些国家也会产生具有良好组织的法团主义雇主协会（Coleman，1987）。与此相对的，在权力分散的联邦制体系下，各个地区的政党和公共政策在实质内容和意识形态上往往存在差异。这种地域性的差异催生了地区性的分散协会，因为大部分的政策制定活动发生在地区层面（Hawley，1966）。集权制政党体系更加可能形成以阶级为基础的政治集团，而联邦制政党体系更可能基于阶级、地区、宗教或种族等因素的组合来划分选民集团，更有可能在同一党派中同时包括雇主和劳工代表（Van Kersbergen 和 Manow，2009）。

因此，在不同的国家体制之下，可能存在多种类型的雇主协会。首先，中央集权的多党制国家易于形成覆盖面广、高度协调的雇主协会，政府干预程度高，因此又属于"宏观法团主义"。这种体制会将大部分政策制定权下放给全国性协会。但在劳资关系中，政府仍扮演着重要角色，因为雇主相信商业政党会通过政治途径为他们争取利益。其次，不论是中央集权还是分权的两党制国家，都会出现多元化的雇主代表机构，没有任何单一团体能够代表全体商业利益集团。这种政党体制不太可能将决策权交给商业协会或工会，因为政党有望赢得选举多数，因而无须向雇主组织下放政策制定权。再次，联邦制、分权的多党制更倾向于在行业层面实现雇主之间的高度协调，即部门协调。但是，全国性雇主协会的影响力较小，国家介入也较少。同时，由于存在明显的部门分歧，联邦多党制国家中难以形成专门为商业服务的国家党派。尽管右翼政治家可能希望将政治权威赋予商业界，但由于缺少统一的商业党派，雇主更加抵制国家的监管（Martin 和 Swank，2008）。

包容性的雇主协会在职业培训的发展过程中扮演了重要的角色，因为它们有助于解决集体行动问题。集体主义技能形成需要一种机制来克服"搭便车"行为，即企业试图免费享受培训的利益。技能形成体系的差异与企业对抗自主权受限的能力有关，而过度的自主权会导致培训供应不足（见第一章）。当然，对雇主自主权的限制需适度，雇主为了集体利益而积极行动的能力也非常重要，高度协调的雇主协会可以帮助企业达成积极利益。过低的自主权将导致雇主对培训过程参与不足，此时培训只能依赖国家。因此，集体主义技能形成体系需要一种机制，使得雇主能够参与技能培训的合作生产、技能认定和技能形成的监督过程。

全国性雇主协会的具体形式可以从三方面影响集体主义技能形成体系，即培训场所和规模、技能资产形式及其可迁移性、培训和公共支出的水平。

首先，全国性雇主协会的形式影响培训场所和规模。企业控制的学徒制更加关注熟练技能工人而不是非熟练技能工人。当包容性的雇主协会和工会做出培训决定时，由于工会为其代言，非熟练技能工人可能获得更多的培训。此外，工业学校最初是为了满足非熟练技能工人的需要而发展起来的，他们无法从旧的、行会控制的学徒制系统中获得培训。在宏观法团主义国家中，这些学校的培训内容主要由社会合作伙伴组成的职业培训监管委员会决定，旨在形成与真实工作内容相关的对非熟练技能工人帮助更大的技能。更具包容性的全国性雇主协会跨越了部门和地区的差异，形成了更加具有包容性的技能系统，为更多的工人提供了技能培训。

其次，全国性雇主协会的形式对技能资产的形成及其可迁移性具有关键性影响。对培训机构内容的程序性监管影响了专用和通用技能的发展，以及企业技能和行业技能的发展。尤其是包容性雇主协会更有可能在学校培训系统中将从培训中获得的技能与企业的真实需求联系起来。这对以学校为基础的技能培训的发展至关重要，因为学校课程可能无法传授适当的技能。自由市场经济国家通常缺乏强有力的雇主协会来提供可迁移的、可认证的职业技能，这并非偶然现象。此外，当通过集体谈判和三方协商政策渠道来发展以学校为基础的培训机构时，相对于专业教育家的利益，社会合作伙伴的需求可能会受到更多的关注。

再次，全国性雇主协会的性质对确定培训公共津贴水平、解决集体行动难题以及让雇主了解人力资本投资的积极信息都有影响。雇主对获得熟练技能劳动力的兴趣可以成为通过立法、三方委员会和集体谈判来创造集体主义技能形成体系的最主要政治支持（Martin 和 Swank，2004）。罗斯坦（Rothstein，1988）曾指出，参与法团主义监督委员会的雇主被拉拢来支持增加他们选区内的政府部门预算，这是福利国家扩张的一个原因。参与包容性雇主协会的雇主更有可能容忍更高的税收负担，从而为技能培训和技能水平更高的劳动力大军提供更多的津贴。此外，一旦协调的劳工关系建立起来，雇主对利用学徒作为廉价劳动力的意愿会降低。雇主协会和工会致力于通过维护和平的劳工关系来保持它们对政策制定的管辖权，这也成为维持学徒制的动力，因为学徒制是劳动力市场关系的一部分。

对技能形成体系政治决定因素的关注并不是有意排除其他影响因素。事实上，雇主对某些专用技能的偏好也受到工业化进程和劳工关系的影响。职业教育与培训的发展与全国性劳动市场的形成交织在一起（Clarke 和 Winch，2007），技能形成体系也与失业保险机制同步发展（Trampusch，2010）。资本主义多样性与选举制度的类型共同变化（Martin 和 Swank，2008；Iversen 和 Soskice，2009），两者都与职业培训系统的诞生息息相关。

可以想见在那些拥有大型企业和寡头产业的国家，少数大企业主导着每一个行业领域，因而会出现更多的企业专用技能培训。大企业寻求保持对培训的控制权，据此可以理解德国为何拥有更多以企业为基础的培训。丹麦拥有一个更具集体主义特征的以学校为基础的培训系统，这是因为它的中小企业较难提供内部培训，且这些企业从相同的劳动力市场中招聘员工（关于丹麦的"小农经济"，参见 Kristensen 和 Sabel，1997）。

尽管这种观点有很大的价值，但 20 世纪初企业规模的跨国差异与 100 年后的情况截然不同。尽管企业规模被认为是法国工业化发展缓慢和德国工业化发展迅速的原因，但学者（Kinghorn 和 Nye，1996）指出，实际情况恰恰相反。美国工业行业企业的平均工人数量是 67 人，英国是 64 人，法国是 26 人，德国是 14 人。如果仅聚焦在员工超过 1000 人的大型企业工作的工人，拥有不同职业培训系统的国家中的大型工厂员工的比例却相对接近：美国为 14%、英国为 12%、加拿大为 9%、瑞典为 8.8%、德国为 8.6%、法国为 8.5%、奥地利为 8.3%。德国学徒制起源于手工业领域，这些领域的企业规模远小于大型工业部门。瑞典的企业规模大于丹麦，但是它更加依赖于以学校为基础的职业培训。因此，为了更好地理解职业培训的演变，需要更深入地研究其他因素，从历史记录中寻求答案。

一些国家存在明显的地区经济差异和宗教分歧，在这些国家引入全国性的技能形成体系更加困难。由于经济差异而导致政治分歧的国家，比因地区和宗教差异而使得阶级分歧复杂化的国家，更容易促成劳工关系中的阶级妥协（Van Kersbergen 和 Manow，2009）。联邦制国家极大地加剧了经济差异和宗教分歧。地区经济差异使得美国无法形成全国性的产业政策，20 世纪初的制造企业面临着相似的问题。尽管 85% 的大型工业企业位于美国的东北部，它们的利益一直被主要来自南部和西部农业州的立法者所阻挠（Bensel，2000；Martin，2006）。

此外，劳工组织对技能形成体系的演化和产业技能的具体性质产生了巨大的影响（见第十二章）。正如特兰普施（2010）在技能体系的历史比较分析中指出的，聚焦雇主对集体主义技能形成体系的偏好，并不影响对劳工组织指导工人政治偏好的关注。事实上，许多国家的产业组织和劳工组织共同发展，应该被视为相互增强的解释变量。再者，前工业化时期的行会为工业生活创造了一个重要的传统，强化了熟练劳动力和非市场竞争。行会抑制了雇主间的工资竞争，为熟练技能形成打下了坚实基础，并推动了以技能为基础的出口部门的发展（Galenson，1952；Unwin，1966；Thelen，2004）。

虽然对前工业化时期行会的关注解释了为何专用技能使得技能体系、福利体系、劳工关系和企业策略之间的联系变得显而易见（Cusack et al.，2007；Iversen 和 Stephens，2008；Martin 和 Swank，2008；Trampusch，2010），但这些论据不足以完全解释协调市场经济体内部技能形成体系的差异。同时，行会内部因各种手工业部门的分歧出现了纷争（Bruun，1931）。此外，19 世纪晚期手工业技能和工业技能的脱节日益明显，此时工业化已经开始瓦解以手工业为基础的技能培训。工业革命要求为非熟练产业工人提供新型培训，形成了对非密集型的学校培训的需求，导致了集体主义技能形成国家之间更大的分化。行会学徒制对熟练产业工人的技能非常重要，而其他类型培训如学校培训对半熟练产业工人的技能形成变得重要起来（Boje 和 Fink，1990；Greinert，2005）。

最后，强调党派结构在因果意义上的显著性，并不意味着忽略政党的具体内容。正如艾弗森和史蒂芬斯（Iversen 和 Stephens，2008）所指出，基督教民主党和社会民主党都倾向于高额的社会福利支出，但前者对低社会地位工人的关注不如后者那么强烈。在第二次世界大战后，社会民主党比基督教民主党更加支持非熟练产业工人的技能发展（Iversen 和 Stephens，2008）。党派间的这些差异可能导致技能形成体系的不同。

四　技能形成体系的黎明

现在开始讨论 19 世纪末 20 世纪初丹麦、德国和美国技能形成体系的缘起。在这一关键历史阶段，工业资本主义的兴起带来了对新技能及相关培训机构的需求。首先，本章分析政府的政治属性如何决定了全国性雇主协会的发展。其次，讨论这些协会的具体形式如何影响社会合作伙伴在劳动力市场政策中的自治能力。再次，分析对产业工人新技能日益增长的需求，支持产业教育和培训的商业运动，以及工业实业家为在技能培养过程中获得影响力所做的努力。最后，本章深入探讨了为实现自治的产业运动如何影响了职业培训系统的各个维度，包括对学徒制和学校培训的监管机制。早期职业培训的斗争塑造了各国特定的技能形成形式。表 2-2 列出了三国与职业培训相关的主要法案。

表 2-2　丹麦、德国、美国与职业培训相关的主要法案

	丹麦	德国	美国
1850 年	1857 年《自由贸易法》：剥夺了行会的权力	1869 年《贸易和工业法典》：剥夺了行会的权力	—
1880~1899 年	1889 年《学徒法案》：重新引入师傅和学徒之间的合同；雇主必须将学徒送至学校，强制性参与 1891 年建立"技术学校协会"，包括教学大纲和教科书等	1897 年《手工业贸易保护法》：恢复行会对学徒制的传统控制	—
1900~1929 年	1921 年《学徒法案》：雇主协会和每个行业的工会可以要求教育部举办对三方合作培训非常关键的学徒制考试 20 世纪 20 年代首个职业委员会成立	20 世纪 20 年代起草的立法未能通过	1917 年的史密斯-休斯法案 1926 年《高中教育法案》
1930~1949 年	1937 年《学徒法案》：将职业委员会变为法定机构，创办学徒制协调理事会，要求学徒接受义务教育	纳粹行动	—

	丹麦	德国	美国
			续表
1950~1970 年	1956 年《学徒法案》：废除学徒制人数限制以控制高青少年失业率；将夜校改为日间学校，提高教育标准；职业委员会协助课程开发	1969 年《德国职业教育法》	—

1. 丹麦

丹麦职业教育培训系统认证技能的水平高，采用了双元制培训模式，其中学校培训占主导地位，学徒制居于从属地位。社会合作伙伴在决定职业培训内容及其监管方面起到了至关重要的作用。这种模式沿袭了 1899 年的"九月劳资协议"（September Compromise of 1899）① 所确立的丹麦劳工关系模式。在初期，社会合作伙伴只负责规定职业教育的内容，从而使得产业代表能够与劳工阶层结成联盟，共同建立一个集体主义技能形成体系，并由产业代表及劳工代表合作开发真正的职业资格证书（Nielsen 和 Cort，1999；见第七章）。

为何丹麦集体谈判中的协调水平如此之高？为何丹麦在初期就发展出雇主和劳工强有力的联合监管？为何丹麦的手工业部门没有像德国手工业部门那样保留对培训的掌控？为何与德国技能形成体系相比，丹麦的技能形成体系更加强调以学校为基础的培训？要理解丹麦技能形成体系的复杂性，必须从产业界与劳工间的高度协调来审视（Juul，2005；Trampusch，

---

① 1899 年 9 月，丹麦雇主联合会（DA）和丹麦工会联盟（LO）签署了"九月劳资协议"，这是规范丹麦劳资关系的第一份基本协议，签署至今已有 100 多年。作为妥协的结果，集体谈判被集中起来，并引入了国家争端解决体系。该协议是雇主发起的大规模封锁的结果，目的是阻止工会分散的工业冲突战略，并巩固雇主指挥和分配工作的权力。尽管该协议可以被视为雇主的战略胜利，但从更广泛的角度来看，谈判流程的制度化对双方都有利。妥协创造的模式提高了中央组织水平，从而共同确保了对劳动力市场立法的广泛影响，尤其是对福利国家发展的影响。——译者注

2010），这也反映了丹麦的国家特色（Martin 和 Swank，2008）。

首先，丹麦宏观法团主义的兴起深受集权的、多党制的政治结构的影响，尤其是右翼党派希望将政策制定权从议会层面转移到民间渠道。在这个集权的、多党制的系统中，党派代表性具有针对性和差异性。右翼党派及其后续的保守人民党（Det Konservative Folkeparti）在此期间成为工商业利益的代表，而社会民主党（Socialdemokraterne）代表劳工，自由党（Venstre）代表农民。出于对社会民主党权力上升的担忧，右翼党派最初试图通过与农民党派（自由党）形成联盟来抵抗劳工激进主义；但结果是它失去了近 1/4 的议会席位（Nørgaard Petersen，1979）。随后，右翼党派创立了首个全国性雇主协会，即 1896 年成立的雇主联合会（后来成为丹麦雇主联合会，DA），旨在实现自己的选举目标，并将大部分的政策制定权下放给社会合作伙伴。为了在工人赔偿问题上展现统一的商界立场并寻求一套自治制度，雇主协会发起了一场恢复手工业部门地位的运动（见 Agerholm 和 Vigen，1921）。

其次，丹麦早期将广泛的工商业部门统一到雇主协会中，满足了雇主和工人对产业自治的期望。雇主鼓励各行各业的工会建立一个与雇主联合会对等的全国性组织，即丹麦工会联盟（LO），并与之达成协议。根据该协议，雇主保留了对工作组织方式的控制权，而劳资矛盾由一个专门的仲裁法庭裁决（Due et al.，1994）。

再次，工业企业对管理半熟练工人的技能发展越来越感兴趣。1857年的《自由贸易法》终结了行会对学徒考试及合同的控制，这也导致了学徒制考试的衰落。恰在此时，工业生产的发展带来了对新型技能和不同类型技能的需求。日益扩大的技能缺口促使工业实业家寻求对学徒制更为规范的管理，因为他们担忧社会主义组织会接手并控制技能培训。于是工业学校如雨后春笋般涌现，有些由地方行会建立，用以取代学徒制培训；

有些工业学校（如铁路学校）是为了培训无法参加熟练工考试的大量非熟练技能工人而建立。此外，1889 年的《学徒法案》为熟练技能工人合同制定了新的规范（Boje 和 Fink，1990）。

因为雇主想要从行会手中夺取对学徒的控制权，丹麦 1889 年颁布的《学徒法案》形成了一个不稳定的体制（Juul，2009）。1850 年，手工业部门控制了 80% 的非农业劳动力；到了 1903 年，工业部门的国民收入份额超过了手工业部门；1916 年工业部门的国民收入份额已经达到了手工业部门的 1.5 倍。受泰勒式生产技术的推动，熟练的班组长与非熟练技能工人之间的差异日益扩大。与学徒制培训相比，技术学校培训更能满足非熟练技能工人的需求（Boje 和 Fink，1990）。

最后，早期成立的包容性、全国性雇主协会为工业企业创造了条件，使其能够着眼于工业技能的培养，并逐步从手工业部门的手中夺取培训的控制权。1909 年，铸造行业面临技能短缺问题。尽管过去技术学校已经为工人提供了替代学徒制培训的技能教育，但由于技术的快速演化和行业的深度专业化，雇主协会与工会均认为不能将教育内容的决策权完全交给学校单方面决定。因此，雇主协会与工会共同成立学徒委员会，为哥本哈根技术学校制定了教育方案，通过三方协商来解决行业面临的技能短缺问题。与传统教育方式相比，这一模式强调由社会各方共同确定技能教育内容，随后它也被工业和手工业教育广泛采纳（Boje 和 Fink，1990）。

第一次世界大战后，企业采用集体工资谈判的方式来应对工人加薪的强烈要求，其中，职业培训成为缓和矛盾的重要策略（Vigen，1946）。1921 年的《学徒法案》进一步推动了现代职业培训体系的发展，但并未发展成由社会合作伙伴共同参与监督的完备体系。该法案赋予由社会合作伙伴构成的职业技能监督委员会更大的权力，由其来监管学徒及工匠的考核，并且将政策延伸至非熟练技能工人（Boje 和 Fink，1990）。鉴于行业利益的多样性，党派联盟决定将学徒制的控制权赋予每个行业的社会合作伙伴，这项提案最终在中-右党派联盟的支持下得以通过（Agerholm 和 Vigen，1921）。

1921 年的《学徒法案》将社会合作伙伴的控制权扩展到学徒制，但是学校职业技术教育不受它们的控制，中等专业学校以自发且多元的方式发展起来，极少受到监管。因此，1937 年的《学徒法案》建立了行业职业委员会以及由社会合作伙伴代表参与的学徒制协调理事会，这些机构获得了监管基于学校和基于工作场所的职业培训的权利。雇主协会和工会双方对保障职业培训达到一定教育标准达成一致，此前，雇主协会不希望资助学校培养的新学徒，而工会不希望接纳只想着以失业基金为生的非熟练技能工人。

职业委员会的结构借鉴了旨在指导职业培训的金属行业学徒委员会的经验。但是自由党投票反对这项法案，认为该法案过于依赖人际关系来行事；而保守人民党虽支持法案的广泛视野，但是最终也投票反对该法案，因为它限制了企业接纳学徒的权利（Juul，2009）。尽管如此，丹麦雇主联合会的领导层仍支持这项法案。他们认为职业委员会是一个非常有价值的开展培训和教育的机构，能提高学徒制的质量，这是一项雇主和工人齐心合力参与的社会行动（Vigen，1946）。丹麦雇主联合会的《雇主》（*Arbejdsgiveren*）杂志（1937）写道："建立在由导师指导的实习基础上的牢固的职业教育，对技术手工业的未来至关重要……雇主和工人都高度重视一种有序的学徒关系。"

2. 德国

德国实施以双元制为主的职业教育系统，学校教育为以企业为基础的学徒制提供补充课程。德国学校在培训中的角色比丹麦薄弱。小型手工业企业主宰着技术培训，利用学徒作为廉价劳动力，而大型企业从这些小型企业获得技能劳动力。全国统一的职业培训体系建立较晚，直至 1969 年才出现了全国性的劳资双方共同监管的完备机制，以便持续向行业机构进行授权。此外，多年来主要由联邦各州主管教育事务，因此德国教育体系的不均衡性十分明显（Smart，1975）。

德国的职业培训体系反映了该国适度的部门协调，后者又受到政治体制的影响。由于存在多个高层雇主协会之间的竞争以及部门协调，德国雇主难以在职业培训中达到自治。尽管 19 世纪 90 年代产业协作在整个工业世界流行一时，对形成全国性产业政策的期待驱使其他国家的雇主联合起来，此时德国雇主却在忙着相互竞争。20 世纪初，一些企业选择了以福利资本主义方式为自己的员工提供培训（Dunleavy 和 Welskopp，2007）。这使得后续全国性职业培训体系的建设变得更为复杂，而德国技能发展的主导权仍然由手工业部门和希望开展内部培训的大企业掌控。

首先，德国的政治特征决定了只能出现部门协调而非全国性协调。联邦制和地方主导的政党导致了政治分裂，后者妨碍了全国性商业党派的出现。雇主分散在各个党派中，没有一个资产阶级代言人能统一商业界的声音。德国的政党体系无法全面覆盖各个社会利益集团，因而无法激励官僚和政治家创立一个国家级的雇主协会。相反，党派活动家创建了竞争性的雇主协会。

德国工业联合会（Centralverband Deutscher Industrieller，CDI）由自由保守党领袖与俾斯麦（Bismarck）共同创立，而工业家联盟（Bund der Industriellen，BdI）由国家自由党的古斯塔夫·施特雷泽曼（Gustav Stresemann）创建。1918 年德国革命爆发之前，关注商业发展的官僚试图将雇主统一起来，成立国家层面的德国工业协会（Reichsverbandder Deutschen Industrie，RDI）。与工业协会和雇主协会不同，商业协会仍然散布在各个政党之中，并因地区不同而分属于不同政治派别（Pollock，

1929；Ritter，1990）。党派政治削弱了第一次世界大战后劳资双方制定应急计划的努力，使得雇主不信任党派系统，导致德国工业联合会内部就领导权和政策发生了严重的内讧（Gatzke，1954；Wolff-Rohe，2001）。由于不存在商业党派限制了成熟宏观法团主义的出现，德国工业联合会一直是一个相当松散的国家级协会，而真正的政策制定权掌握在行业层面的组织中（Rogers 和 Dittmar，1935）。德国的政治结构加深了两个方面的分歧，一是产业内部企业间的经济分歧，二是轻工业和重工业之间因地域而产生的产业间的分歧（Herrigel，1996）。

其次，由于 19 世纪以来行业协会竞争和占主导地位的地方性协调，直到 20 世纪，德国雇主仍无法形成一个全国的自治体系。第一次世界大战后，为了避免更为激进的议会改革，同情商业集团的官僚倾向于培养并赋权民间法团主义的政策制定渠道。德国产业界在一战后处于防御状态，它们将法团主义视为重新夺回权力的途径（Maier，1975）。官僚们担心议会协商的过程中会产生社会改革甚至革命，因此他们将经济民主视为社会主义的替代品（Bruun，1931）。约瑟夫·克特（Joseph Koeth）上校曾在战争中担任战争办公室的原材料部门负责人，后来负责复员军人办公室的工作。他希望将复员军人管理权和经济管制的政策制定权尽可能多地交给产业界和劳工组织。为此，他主张产业委员会实行自治（Feldman，1975；Maier，1975）。这意味着在每个行业内建立企业协会，而这些协会属于一个负责行业自治的全国性团体。具体做法是将已建立的雇主协会整合进入德国工业协会，而克特本人也离开政府成为这个新组织的管理者（Redlich，1944）。但是全国层面的行业自治从未实现，德国工业协会的领袖保罗·西尔弗贝格（Paul Silverberg）1922 年提到，这个协会只是一个结构松散的国家级协会，对其成员、分支机构和单个企业几乎没有约束力，并且"里面充斥着空谈"（Mierzejewski，2002）。

再次，新兴产业利益集团强烈要求建立一个传授产业技能的培训体系；但是德国职业培训的早期历史反映了行业之间的强势竞争。19 世纪中期，行会对学徒制的控制被取缔以后，1897 年的《手工业贸易保护法》建立了强制性的手工业行会（Handwerkskammern）作为技能的认定机构（Greinert，2005）。当时的德国政府不希望劳工获得技能的控制权，同时在手工业团体的游说和各方党派的强烈推动下，学徒制的控制权重新归于行会（Hansen，1997；Thelen，2004）。

由于以行会为基础的职业培训系统无法充分地满足工业界企业的技能需求，掌握前沿技术的行业成为倡导产业工人培训的领导者。1908 年，德国工程师协会（Verein Deutscher Ingenieure，VDI）与德国机械制造业协会（Verband Deutscher Maschinenbauanstalten，VDMA）联合创立了德国技术学校委员会（Deutscher Ausschuss für Technisches Schulwesen，DATSCH），致力于发展适用于各行业的专用培训教材（Hansen，1997；Thelen，2004）。对产业技能的需求也促使德国工程师协会积极推动技术学校、继续教育机构以及生产学校的扩张，其中建筑行业学校的扩张最令人瞩目，到 1911 年，德国已经拥有一个完备的学校职业培训体系（Greinert，2005）。

20 世纪初的 10 年，随着大型企业的扩张，众多企业也开始发展内部培训体系。大型企业开始以学徒制或工厂学校的方式来创设员工培训项目。然而，这些大型企业无权颁发技能证书，因为这是行会的特权。因此，大型企业开始推动建立一个由工商会控制的、与行会体系并行的技能发展系统（Thelen，2004）。

最后，20 世纪 20 年代，政府试图建立一个由劳资双方共同参与监管的全国产业技能认证系统，但这一提案未能形成法律。第一次世界大战导致技能差距加大，一方面是因为众多熟练工人在战争中丧生，另一方面是因为越来越少的年轻人选择参与学徒制——1907 年 14～18 岁男性中有近 2/3 参与学徒制，到 1917 年这一比例降至不足 40%（Hansen，1997）。此外，工人的不满和泰勒式管理导致了产业工人培训的重大变革（Greinert，2005）。第一次世界大战结束后，由于技能短缺，中央劳工协会（ZAG）提议进行广泛的技能培训改革，创立一个劳资双方共同参与的监管委员会来管理技能认证过程。德国贸易部和劳动与经济部也支持建立有关职业培训的国家法律。1922 年和 1923 年的法案为 1969 年德国培训系统的最终确立奠定了基础。

然而，因雇主间的内部矛盾未能达成一致，魏玛政府建立全国职业培训体系的努力以失败告终。虽然这一改革得到了德国技术教育委员会及金属制造业的大力支持，它们希望劳资双方构成的监管委员会能够参与产业自治、技能认证及培训标准化。但是这些先进的行业不敌重工业部门和小手工业者的联盟，后者捍卫传统学徒制体系以反对工人阶级日益增长的力量。手工业部门因害怕失去廉价的劳动力而反对产业学徒制，大企业满足于企业内部的培训。双方都惧怕有组织的劳工力量（Thelen，2004），因此，在劳工部听证会上，雇主协会和工会都支持行业自治。但是，由德国工商业代表会议（Diet of German Industry and Commerce）代表的大企业反对向企业施加任何限制，反对政府对培训施加任何管制。此外，该提案出现在经济停滞阶段，魏玛政府的提案无疑受到这个倒霉时机的影响，最终未能通过（Hansen，1997）。

在工业资本主义发展的黄金时期，德国缺乏以组建国家级的雇主协会来规避民主化威胁的全国性商业政党。这导致在 20 世纪 20 年代，当战时合作的氛围迅速消散时，全国范围的行业合作变得更为困难。德国未能成功创建劳资监管委员会的原因在于手工业部门独享学徒制的控制权，以及手工业部门利益与雇主利益之间的历史纷争。大企业在 20 世纪初采取的分隔主义策略，强化了它们采取内部培训的倾向。资本主义阵营内部的内讧使得德国雇主难以发展监管学校培训课程的渠道，因而也延续了对学徒制的偏好。

3. 美国

与丹麦和德国一样，许多美国先进技术企业致力于在工作场所建立技能发展制度，但这些努力并未取得成功。19 世纪的美国拥有庞大的职业学校系统，而且雇主非常希望其员工具备可迁移的、经过认证的技能。在 20 世纪 20 年代福特主义流行之前，这对于美国制造业来说是一个重要问题。但当政策的注意力从地方层面转向全国层面时，职业学校并未被系统性地纳入新兴的教育体系。20 世纪初，85% 的大型工业企业位于东北部。令人意外的是，这些制造业巨头未能实现它们追求的建立内部技能发展制度的目标。

美国之所以缺乏职业培训，部分原因在于其政治格局和较为薄弱的雇主协会与工会组织。在美国，学校董事会而非社会合作伙伴负责决定职业教育的内容。缺乏社会合作伙伴的持续参与构成了对真正的技能资格发展的阻碍。此外，工业界也未能联合劳工联盟来建立集体主义技能形成体系，并且被农业利益集团打败。美国的两党制格局制约了高度协调的、国家级雇主协会的形成和与之相伴的法团主义政策制定渠道的演化。尽管雇主起初对达成更高层次的协调表示出浓厚的兴趣，美国却未能形成类似丹麦的劳资合作模式和非官方的政策制定渠道。

第一，美国的两党制联邦政治竞争模式并不利于形成一个强大且包容的全国性雇主协会来维护企业的集体利益。1896 年，威廉·麦金利（William McKinley）参选总统，尽管他得到了东部和中西部雇主的大力支持，但是南部和西部的工业家在内战后不愿意为共和党投票，也不愿意加入有黑人成员的政党。麦金利与其商业盟友试图创建一个全国性的、包容性的雇主组织——美国制造业协会（NAM）——来支持他的竞选，并作为推广共和党产业发展政策的全国性政治动员工具。美国制造业协会最初的政策立场代表了产业合作的理念，与大洋彼岸欧洲雇主的方向相似。该协会试图游说政府建立商业部，并且以真正的法团主义方式成为产业与政府协作中商业界的合法代言人。但由于以部门和地区为主导的两党制政治竞争模式的动态发展，美国制造业协会的法团主义愿景并未实现。南部和西部的议员反对美国制造业协会的立法提议（如成立商务部、给予美国制造业协会全国性的许可证），因为他们认为这些政策偏袒东部和中西部制造业企业（Martin，2006）。

第二，美国制造业协会曾被寄予厚望，希望其在国家向工业资本主义过渡过程中发挥核心作用，但它未能成为产业自治的关键机构，这意味着美国建立产业层面协调机制的努力遭受了重大的挫折。到19世纪末，美国制造业协会逐渐式微，直到1903年，该组织才以反对工会的身份重返政治舞台。这一关键节点不仅揭示了美国政治经济中协调努力的失败，还强化了雇主的自由主义倾向。此外，这一转折也使得劳工组织对雇主协会（特别是美国制造业协会）的公共政策立场产生了深刻的质疑，认为雇主协会决心要压制劳工阶级的权益。

第三，19世纪90年代到20世纪初，美国与其他先进工业国家一样，热衷于通过集体机制培养职业技能。许多雇主认为，要想成为一个工业强国，美国需要拥有技能和具备"工业智慧"的员工。因此，他们大力支持从六年级开始，将教育体系划分为两条路径：普通教育和职业教育（Cohen，1968）。众多的管理者加入了"体力工作培训运动"，倡导将实践技能融入公立学校的教育内容。美国制造业协会的职业教育委员会提议参照德国模式，为蓝领工人创立工业学校。为此，1906年成立的全国工业教育促进协会整合了各方利益，旨在协调职业教育在整个教育体系中的定位。作为宣传活动的一部分，全国工业教育促进协会邀请了德国职业教育家凯兴斯泰纳赴美巡回演讲，向美国人介绍德国的成人业余补习学校（New York Times，1910）。此外，全国工业教育促进协会为马萨诸塞州、纽约州、康涅狄格州和新泽西州制定了职业教育立法提案，鼓励各州为学生提供职业教育机会，并且敦促联邦政府为新兴成人业余补习学校提供财政支持（New York Times，1914）。

与此同时，左派对工业运动抱有疑虑。由于单一学术教育轨道只能惠及少数学生，职业教育因此被视为民主的教育机会，但杜威等人担心这会创造一个双轨制教育体系（Cohen，1968）。专业学校改革者与劳工组织一起，支持将职业教育整合入综合中学。为了避免出现双轨制教育体系，美国劳工联合会努力提高普通学校的实践教学内容，更倾向于建立同时设立学术型教育和职业教育轨道的公立学校，而非独立的职业学校（Greinert，2005）。

第四，1917 年《史密斯-休斯法案》获得通过，美国对职业教育的支持达到顶峰。该法案批准开展全国层面的职业教育，联邦政府拨款给州政府支持全日制和非全日制职业教育，并建立联邦职业教育委员会进行监管。但是，联邦政府同时授权州政府自主决定职业教育的形式，即是单独成立职业学校还是将其并入综合中学，只有少数州采取了双轨制教育形式（Kantor 和 Tyack，1982；Benavot，1983）。

1920 年美国制造业在国内生产总值中的比重已远超农业，尤其是东北部制造业在国内生产总值中占了压倒性的份额。然而，50%的《史密斯-休斯法案》提供的联邦经费补贴给了农业工人，仅有 40%用于工业工人。各州对利用该法案来培养具备认证的技能劳动力的态度各异。南方的农业精英坚决反对为南方非洲裔种植园工人开展可迁移的、可认证的技能的全国性项目，与北方的工业利益集团形成对立。这些农业精英之所以获胜，是因为他们获得南方民主党人的支持，这些民主党人掌握着参议院立法委员会的关键席位。他们利用州政府的权利来反对更为灵活的技能培训政策修正案（Margo，1990；Werum，1997）。尽管雇主们渴望建立一个能提供真正的可认证、可迁移技能的集体主义技能形成体系，但他们的努力受到了农业精英的反对。两党制的政治竞争模式和美国国会的架构都不利于这一目标的实现。

1917 年《史密斯-休斯法案》通过后，仅有 8 个州建立了职业学校。由于缺乏协调劳资双方的有序机制，社会合作伙伴对学校教学内容的影响大打折扣。因此，美国没有形成提供认证技能的学校课程体系。1926 年的《高中教育法案》将职业教育重新纳入主流教育体系，职业教育作为独立轨道的尝试也画上了句号。

五　结论

20 世纪初，工业雇主对职业培训产生了浓厚的兴趣。他们希望掌控培训过程，在中等教育阶段实施职业教育和普通教育分轨，确保技能认证密切结合产业需求。尽管如此，当低技能的产业工人成为劳动力主体时，即便是集体主义技能形成国家内部也开始出现分歧。以丹麦为例，雇主和工会很快通过政府授权获得了自治的权限。丹麦雇主更偏向于为初级产业工人提供学校培训，而不是学徒制。这是因为新兴产业部门需要培训半熟练工人，而传统的学徒制度并不适应这一需求（Boje 和 Fink，1990）。与此相反，在德国，技能发展的主导权仍集中在传统手工业部门，或逐渐转移到单个企业中。

这种分歧源于国家层面雇主协会的差异，深刻地反映了国家政治特征的不同。丹麦全国性的雇主协会涵盖了广泛的商界代表，使雇主和劳工能够合作，确保行业自治，并保护他们在劳资关系中的司法自治权，以抵御农业利益集团和国家的干预。因此，丹麦比德国更早地赋予职业委员会监督职业培训的正式权力。这反过来促使行业专用技能的产生，对学校课程内容更多的监督，以及更加依赖学校而不是企业来提供培训。在德国的多党制和联邦制体系下，雇主的地域特色明显，且分布于各个政党和彼此竞争的全国性雇主协会中，业界的分歧更为显著。在第一次世界大战后的变革和民主化进程中，由于党派体制的薄弱，右翼政治家和官僚把劳资关系的政策制定权交给了行会。因此，要构建一个全国性职业培训的公共政策框架变得尤为困难。在美国的两党制和联邦制的政治背景下，社会精英在两党间的分布呈现明显的地域特色。工业企业主导了东北部的共和党，南方富裕的农业利益方控制了民主党，劳动力没有明确的党派归属。在此条件下，工业和农业产业之间存在显著分歧，而这种分歧在职业培训上也得到了体现，反映了两者截然不同的需求。这一论点对研究职业教育很重要。

第一，它揭示了前工业化时期技能对现代职业培训的影响。尽管在历史上行会对学徒制度和雇主之间非工资性竞争具有影响，但现代双元制职业培训体系中的学校部分（包括它与学徒制培训相结合和提供可认证技能的能力）受到国家政治特征和随后产生的雇主协会形式的巨大影响。

第二，这一论点有助于阐释为何丹麦和德国在控制劳工激进主义时选择了不同策略。两国均把技能的控制权交给手工业协会和企业委员会，这都被视为抵御民主化改革的策略，而政治竞争的结构深刻影响了右翼党派的策略选择。在德国，右翼党派希望控制劳动力，并通过两种手段来实现这一目标。一是通过早期福利制度的发展；二是将技能管理权交给新的手工业协会。丹麦在早期阶段由复兴的行会掌握技能的控制权，但后来为避免民主化改革和中左翼（或农民/劳工）的潜在联盟，改革者把政策制定权转移到了学徒委员会，因为右翼认为这样的损失远比在议会中与农业和农民对抗时的损失小。

第三，这一论点深化了我们对当今的劳动力市场二元主义与团结主义发展差异的理解。社会合作伙伴的协同方式会影响培训系统的灵活性和适应性，特别影响技能培训适应经济变化和满足各地区特定需求的程度。全国性的雇主协会往往更能整合制造业和服务业，平衡各行业在职业培训框架下的多样化需求，协助工人从衰退行业转到新兴行业，并在经济和代际变迁中重塑商业组织的群体定位。

那么，在后工业制造业崛起威胁到低技能工人贡献的时代，为何丹麦和德国在提高长期失业者的技能和就业状况上走向了不同的路径（Martin和Thelen，2007）？本章指出，丹麦在大约一个世纪前通过解决劳资关系和职业培训的争端，在某种程度上为这些团结性政策做了铺垫。丹麦更多地依赖学校来培训各个技能层次的工人，而不仅仅是高技能的学徒。这种做法确保了对所有体力工作者技能需求的重视，从而避免出现德国工人群体中内部人（熟练劳动力）与外部人（非熟练劳动力）的对立。

参考文献

Agerholm, S. and Vigen, A. (1921). *Arbejdsgiver Foreningen Gennem 25 Aar*, 1896 – 1921. Copenhagen: Langkjaers bogtrykkeri.

Arbejdsgiveren(1937). "Lærlingeloven." *Arbejdsgiveren* 38(26 November)24: 385–390.

Benavot, A. (1983). "The Rise and Decline of Vocational Education." *Sociology of Education* 56(2): 63–76.

Bensel, R. (2000). *The Political Economy of American Industrialization*. New York: Cambridge University Press.

Boje, P. and Fink, J. (1990). "Mesterlære og teknisk udannelse I Danmark 1850-1950." *Erhvervshistorisk Årbog*. Aarhus: Erhvervsarkivet.

Bruun, H, (1931). "Arbejdsgiverforeninger i Danmark i AArene 1862 - 1898." In P. Engelstoft and H. Jensen, eds., *Bidrag til Arbejderklassens og Arbejderspørgsmaalets Historie i Danmark fra 1864 til 1900*. Copenhagen: Gyldendalske Boghandel, Nordisk Forlag, 352-409.

Busemeyer, M. R. (2009). "Asset Specificity, Institutional Complementarities and the Variety of Skill Regimes in Coordinated Market Economies." *Socio-Economic Review* 7 (3): 375-406.

Clarke, L. and Winch, C. (2007). "Introduction." In L. Clarke and C. Winch, eds., *Vocational Education, International Approaches, Developments and Systems*. London: Routledge, 1-17.

Cohen, S. (1968). "The Industrial Education Movement, 1906-17." *American Quarterly* 20 (1): 95-110.

Coleman, W. D. (1987). "Federalism and Interest Groups." In H. Bakvis and W. M. Chandler, eds., *Federalism and the Role of the State*. Toronto: University of Toronto Press.

Cort, Pia. (2002). *Vocational Education and Training in Denmark*. Luxemburg: Office for Official Publications of the European Communities.

Cusack, T., Iversen, T. and Soskice, D. (2007). "Economic Interests and the Origins of Electoral Systems." *American Political Science Review* 101(3): 373-391.

DA—Korrespondance, General udgånde 1896 6 30 til 1899 9 21, Erhvervsarkivet, Aarhus, Denmark.

Downs, A. (1957). *An Economic Theory of Democracy*. New York: Harper.

Due, J., et al. (1994). *The Survival of the Danish Model*. Copenhagen: DJOEF Publishing.

Dunleavy, C. and Welskopp, T. (2007). "Peculiarities and Myths: Comparing US and German Capitalism." *German Historical Institute Bulletin* 41(Fall): 33-64.

Estévez-Abe, M., Iversen, T. and Soskice, D. (2001). "Social Protection and the Formation of Skills." In P. Hall and D. Soskice, eds., *Varieties of Capitalism: The Institutional Foundations of Comparative Advantage*. Oxford: Oxford University Press, 145-83.

Feldman, G. (1975). "Economic and Social Problems of the German Demobilization, 1918-19." *Journal of Modern History* 47(1): 1-47.

Galenson, W. (1952). *The Danish System of Labor Relations: A Study in Industrial Peace*. Cambridge, MA: Harvard University Press.

Gatzke, H. (1954). "The Stresemann Papers." *Journal of Modern History* 26(1): 49-59.

Greinert, W. -D. (2005). *Mass Vocational Education and Training in Europe*. Luxembourg:

CEDEFOP.

Hannah, L. (n. d.). *Logistics, Market Size and Giant Plants in the Early Twentieth Century: A Global View.* Unpublished manuscript, Tokyo University.

Hansen, H. (1997). Caps and Gowns. Ph. D. diss. , University of Wisconsin, Madison.

Hawley, E. (1966). *The New Deal and the Problem of Monopoly.* Princeton, NJ: Princeton University Press.

Herrigel, G. (1996) . *Industrial Constructions: The Sources of German Industrial Power.* Cambridge: Cambridge University Press.

Iversen, T. and Stephens, J. D. (2008). "Partisan Politics, the Welfare State, and Three Worlds of Human Capital Formation. "*Comparative Political Studies* 41(4–5): 600–637.

—— Soskice, D. (2009). "Distribution and Redistribution: In the Shadow of the Nineteenth Century. "*World Politics* 61(3): 438–486.

Juul, I. (2005). *På sporet af erhvervspædagogikken.* Copenhagen: The Danish University of Education.

——(2009) . " Fra lavsvæsen til fagligt selvstyre: Arbejdsgivelserne indflydelse på erhvervsuddannelserne i perioden 1857–1937. "*Økonomi & Politik* 82(3): 3–14.

Kantor, H. and Tyack, D. , eds. (1982). *Work, Youth and Schooling: Historical Perspectives on Vocationalism in American Education.* Palo Alto: Stanford University Press.

Kinghorn, J. R. and Nye, J. V. (1996) . "The Scale of Production in Western Europe: A Comparison of the Official Industry Statistics in the United States, Britain, France and Germany, 1905–1913. "*The Journal of Economic History* 56(1): 90–112.

Kitschelt, H. (1993). "Class Structure and Social Democratic Party Strategy. "*British Journal of Political Science* 23(3): 299–337.

Kristensen, P. H. and Kjær, P. (2000). "The Craft Origins of Modern Management. " In H. Byrkjeflot et al. , eds. , *The Democratic Challenge to Capitalism: Management and Democracy in the Nordic Countries.* Bergen: Fakbokforlaget.

—— Sabel, C. (1997) . "The Small-Holder Economy in Denmark. " In C. Sabel and J. Zeitlin, eds. , *World of Possibilities: Flexibility and Mass Production in Western Industrialization.* New York: Cambridge University Press, 344–378.

Maier, C. (1975). *Recasting Bourgeois Europe.* Princeton, NJ: Princeton University Press.

Margo, R. (1990). *Race and Schooling in the South.* Chicago: University of Chicago Press.

Martin, C. J. (2006). "Sectional Parties, Divided Business. "*Studies in American Political Development* 20(2): 160–184.

—— Swank, D. (2004). "Does the Organization of Capital Matter?. "*American Political Science Review* 98(4): 593–611.

—— ——(2008). "The Political Origins of Coordinated Capitalism. "*American Political Science Review* 101(2): 181-198.

—— ——(2012). *The Political Construction of Corporate Interests: Cooperation and the Evolution of the Good Society*. New York: Cambridge University Press.

—— Thelen, K. (2007). "The State and Coordinated Capitalism. "*World Politics* 60(1): 1-36.

Mierzejewski, A. (2002). "Der Reichsverband der Deutschen Industrie 1919 – 1924/25. " *Enterprise & Society* 3(1): 202-203.

National Association of Manufactures(NAM)(1926). "Reports of Officers: Annual Address of President Edgerton. " In *Proceedings of the Thirty-first Annual Convention of the National Association of Manufacturers of the United States of America*. New York: NAM. *New York Times*(1910). "To Lecture on Education. "29 October, p. 18.

——(1914). "Plan to Train the Workers. "19 April, p. 12.

Nielsen, S. and Cort, P. (1999). *Vocational Education and Training in Denmark*. Thessaloniki: CEDEFOP.

Nørgaard Petersen, J. (1979). "Brydninger i Højre 1894-1901. "*Historie/Jyske Samlinger*, Bind Ny række, 13(1979-1981)4.

Pollock, J. (1929). "The German Party System. "*American Political Science Review* 23(4): 859-891.

Redlich, F. (1944). "German Economic Planning for War and Peace. "*Review of Politics* 6 (3): 315-335.

Ritter, G. A. (1990). "The Social Bases of the German Political Parties, 1867 – 1920. " In K. Rohe, ed. , *Elections, Parties and Political Traditions: Social Foundations of German Parties and Party Systems*, 1867-1987. New York: Berg, 27-52.

Rogers, L. and Dittmar, W. R. (1935). "The Reichswirtschaftsrat. " *Political Science Quarterly* 50(4): 481-501.

Rothstein, B. (1988). "State and Capital in Sweden. "*Scandinavian Political Studies* 11(3): 235-260.

Smart, K. (1975). "Vocational Education in the Federal Republic of Germany. "*Comparative Education* 11(2): 153-163.

Swank, D. and Martin, C. J. (2009). The Political Foundations of Redistribution and Equality in Postindustrial Capitalist Democracies. Paper presented at the annual meeting of the American Political Science Association, Toronto, Canada.

Thelen, K. (2004). *How Institutions Evolve*. Cambridge: Cambridge University Press.

Trampusch, C. (2010). "Co-evolution of Skills and Welfare in Coordinated Market

Economies? A Comparative Historical Analysis of Denmark, the Netherlands, and Switzerland. "*European Journal of Industrial Relations* 16(3): 197–220.

Unwin, G. (1966). *The Gilds and Companies of London*. London: Frank Cass.

Van Kersbergen, K. and Manow, P. , eds. (2009). *Religion, Class Coalitions, and Welfare States*. Cambridge: Cambridge University Press.

Vigen, A. (1946). *Arbejdsgiver Foreningen Gennem 50 Aar.* Copenhagen: Langkjærs Bogtrykkeri.

Werum, R. (1997). "Sectionalism and Racial Politics: Federal Vocational Policies and Programs in the Predesegregation South. "*Social Science History* 21(3): 399–453.

Wolff-Rohe, S. (2001). *Der Reichsverband der Deutschen Industrie 1919 – 1924/25*. Frankfurt a. M. : Peter Lang. 67.

3

德国职业培训制度从集体主义到分隔主义的变化

凯瑟琳·西伦

马略斯·R.布塞梅耶

一 引言

长期以来，德国职业培训体系被视为维持国家制造业竞争力的核心制度，也是解决长期困扰私营部门培训中集体行动难题的典范（Finegold 和 Soskice，1988；Streeck，1989；Hall 和 Soskice，2001；Culpepper，2003；Cusack et al.，2007；Brockmann et al.，2008）。与盎格鲁-撒克逊国家的自由市场经济不同，德国传统上高度重视企业发展，大力出资开展职业培训。与日本以企业为主的培训方式不同，德国强调集体性参与，这确保了培训的质量和内容满足全国统一的高质量标准。

表面上看，德国的职业培训体系在过去 20 多年里似乎成功地适应了政治经济环境中的主要变化。职业培训体系为信息技术等新兴职业制定了专门的培训框架，并根据技术和其他方面的进步不断提高培训质量（Bosch，2010）。然而，细心的观察者普遍认为，这些积极的调整措施也伴随着一些令人担忧的趋势，最显著的是参与培训的企业逐渐减少，培训岗位供给的周期性短缺（Greinert，2001；Baethge 等，2007；Thelen，2007；Busemeyer，2009b；Busemeyer 和 Trampusch，2010）。基于以上分析，本章进一步探讨了这些趋势如何导致德国职业培训体系逐步偏离"集体主义"方向，而趋向于包容性较低的分隔主义技能形成体系。集体主义趋向的职业培训体系关注发展广泛的可迁移的职业技能，而分隔主义趋向的职业培训体系重视服务企业特定的内部需求、迎合大型企业的培训需求，而不是全国劳动力市场的需求。

在全盛时期，德国多元化、高质量的生产模式取得了巨大成功。这一生产模式建立在一系列嵌入式的激励制度和制约制度之上。沃尔夫冈·斯特里克认为，这一模式既"强制"也"促进"了德国企业追求高质量、高报酬、高附加值的生产方式。职业培训体系是这一模式的核心，它要求企业按照职业技能框架来培训它们的工人，职业技能框架的内容、质量、课程采用全国统一标准，企业须严格执行。通过强制雇主"过度培训"和赋予工人"超出当前产品或劳动力市场需求"的更广泛技能，德国培养出了一个拥有广泛技能、灵活应变的工人群体，这成为该国在快速变化的市场环境和先进的技术中取胜的关键竞争优势（Streeck，1991）。简言之，为了使企业参与培训，德国职业培训体系硬性施加集体标准，这些标准不仅予以鼓励而且强烈地要求雇主提供高于市场要求的培训。

然而，在德国的自愿参与职业培训体系中，无人能够强迫企业参与培训。[1] 因此，仅从职业培训系统本身来看，很难解释企业为何会接受上述集体培训机制。德国模式的其他特征，特别是集体工资谈判，历来发挥着至关重要的支持作用。经济学家阿西莫格鲁和皮施克（Acemoglu 和 Pischke，1998，1999）认为，德国等国家的雇主之所以愿意参与非企业专用技能培训，与集体工资谈判带来的劳动力市场不完善和工资压缩有关。

集体工资谈判带来的工资矫平降低了熟练工人的工资，并提高了企业培训投资的回报率。同时，这也为提高不熟练但工资相对较高工人的生产力提供了激励（见第八章）。[2] 通过降低企业之间互相挖走熟练员工的吸引力，并降低员工离职的意愿，集体工资谈判进一步促进了企业对培训的参与。在这样的背景下，企业特别是大型企业可以利用学徒制作为内部劳动力市场的筛选机制。德国的职业培训体系一方面提

①　例如在丹麦，可以对非培训企业征收培训税以补贴培训企业，但在德国这从未成为可能。

②　斯特里克（1991：52）还强调了"高而平均的工资水平促使雇主更愿意投资于员工的培训和再培训。以此为一种途径，调整员工的生产力，使之与外部固定的高劳动成本相适应"。总体而言，他强调在建立和维护"多样化高质量生产"策略所依赖的制度方面，社会期望和责任比单纯的经济动机更为重要。

供了企业参与培训的强有力激励措施，另一方面也对培训内容和质量施加了强制性限制，各种因素的混合构成了德国技能形成模式的传统特征。

近年来的趋势侵蚀了这些"有益约束"，导致了集体工资谈判的分权化，也带来了提升培训灵活性的压力。随着作为德国传统培训模式核心的制造业的衰退、服务业的兴起及国际市场竞争的加剧，不同企业之间、不同行业之间的利益差异不断加大，对劳动力市场和薪资制度灵活性的压力也随之增强。

德国的统一固然很重要，但它的效果不过是强化了德国西部的发展趋势。随着集体工资谈判的分权化和低薪行业的增长，薪资差距扩大，这对德国职业培训制度产生了威胁。一方面，它们减少了总体的培训激励措施；另一方面，为了适应职业的不断分化，职业培训制度需要具备更多的灵活性，以满足不断增长的对变通的需求。[①] 在青少年失业率上升和对学徒制的需求持续增长的背景下，由于缺乏其他全日制学校培训的选择，政府为了让企业参与培训，对培训制度进行了逐步调整以满足它们的要求。这导致德国集体主义技能形成体系的外部支持变得更加松散，而职业培训制度开始向分隔主义的方向偏移。

本章讨论分三步展开。首先，本章界定了德国职业培训体系的核心特征，强调这些特征不仅从传统上使它区别于盎格鲁-撒克逊国家的培训模式，也有别于以日本为代表的分隔主义培训模式。其次，本章回溯了德国技能形成体系发展的过程：它肇始于技能认证的制度化（19世纪90年代至1900年），随后是技能的标准化（20世纪20年代至30年代）和职业

---

① 我们的论点与托本·艾弗森及大卫·索斯基斯（Iversen 和 Soskice，2009）在"劳动力市场双轨制"辩论中提出的论点一致。他们在迈克尔·沃勒斯坦之前工作基础上扩展，认为工资差距的扩大是由近期技术和生产方式的变化引起的，这些变化降低了熟练工人、半熟练工人和不熟练工人之间的互补性。

技能框架的深化和扩展（20世纪70年代至80年代），这个过程形成了现在德国的集体主义技能形成系统。这三个方面与第一章提出的集体主义技能形成体系的决定性特征相关，一方面，认证和标准化提高了职业技能在企业间的可迁移性；另一方面，深化和拓展学徒制培训彰显出企业和国家对此类技能形成的高度承诺。再次，在历史回顾之后，本章开始讨论近年来职业培训体系中出现的趋势，考察它们对技能认证、技能标准化、职业技能框架深化和扩展的影响，以便于解释分隔主义倾向再现的原因。这里的分析依赖于一手材料，以及2006~2008年笔者开展的25个半结构化访谈，访谈对象来自工会、雇主和政府机构。在德国劳动力市场新兴的两极化背景下，本章结尾部分对这些新发展的含义进行了讨论。

二 比较视角下的德国技能形成体系

在资本主义多样性的框架下（Hall和Soskice，2001），德国的技能形成体系缺乏包容性，而向着以企业为导向的微妙转变并非显而易见。资本主义多样性文献明确区分了以通用性技能为特征的自由市场经济和以企业或行业专用技能为特征的协调市场经济（Hall和Soskice，2001；Iversen，2005）。这是一种非常有意义的分类，但它忽视了协调市场经济体之间的差异（Estévez-Abe et al.，2001；Anderson和Hassel，2007；Bosch和Charest，2008；Busemeyer，2009a；见第一章和第二章）。

在此前研究中，笔者曾区分了两种"协调"培训体系。第一种是全国性系统，围绕着职业劳动力市场上可迁移技能的生产来进行组织。第二种是以企业为中心的系统，围绕着内部劳动力市场特别是大企业的内部劳动力市场来组织。我们将其称为集体主义技能形成体系和分隔主义技能形成体系（Thelen 和 Kume，1999；Thelen，2004；Busemeyer，2009a）。[①]
集体主义形成体系和分隔主义技能形成体系有三大显著区别：首先，在集
体主义技能形成体系中，企业的整体参与度非常高。在以日本为代表的分
隔主义技能形成体系中，主要是大型企业为自身招聘目的而进行培训；而
集体主义技能形成体系传统上依赖于更广泛的企业参与，包括中小型企
业，它们时常进行"超出了需求"的培训。其次，集体主义技能形成体
系更强调与职业劳动力市场和技能认证的紧密联系，这有助于增强技能的
可迁移性，而分隔主义技能形成体系倾向于为内部劳动力市场进行培训。
最后，集体主义技能形成体系中的培训内容和质量受到国家权威或准公共
机构（如工商业协会）的监管，以确保其技能内容和质量的标准化，这
在分隔主义技能形成体系中是缺失的。

　　不同培训模式嵌入独特的制度基础之中，并得到特定制度结构的支
持。分隔主义技能形成体系的特征在于企业层面强调社会合作伙伴关系，
其中包括较强的就业保障。[②] 而集体主义技能体系依赖于行业或国家层面
的社会合作伙伴关系，以实现跨所有雇主的强大协同效应，这些雇主聘用
具有相同职业技能的劳动力。这种合作不只是局限在为支持企业培训投资
而进行的集体工资谈判，也包括技能定义和认证方面的协作。相较于分隔
主义技能形成制度，集体主义技能形成制度更多地依赖国家支持，以保证
实施集体定义的标准，并支持可迁移技能的培训，如通过学校培训来补充
企业培训。瑞典和法国等国实行集体主义技能形成体系，职业教育主要在
学校中组织，国家的参与度高。而在另一些国家，例如德国，企业培训占

---

① 霍尔和索斯基斯（Hall 和 Sockice，2001）确实对基于团体的协调和基于行业的协调进行了区
　分，但他们没有详细说明这种区别在培训实践中如何体现。

② 分隔主义技能形成制度的稳定性在一定程度上依赖于协调，特别是在大型培训企业之间进行协
　调至关重要，主要目的是避免它们在招募入门级员工时相互之间展开价格竞争（Busemeyer，
　2009a）。此外，核心企业与其供应商之间也需要进行协调，它们的生产系统紧密相连。

据主导地位，以学校培训为补充，政府授予社会合作伙伴准公共权力，允许它们实施自治（Streeck 和 Schmitter，1985）。

三　德国集体主义技能形成体系的历史发展

在之前的研究中，我们曾经追溯了德国技能形成体系的起源和演化，包括历史上集体主义技能形成体系压倒分隔主义倾向时期的政治氛围和过程（Thelen，2004）。简言之，我们注意到三个对建立德国今日技能形成体系基础而言非常重要的过程，即技能的认证、标准化及技能拓展与加强的技能框架。此处再次简要回顾这些核心历史发展过程，这是因为如今德国技能形成体系向分隔主义转变的趋势对这三个维度都产生了巨大的压力。

虽然这三个过程的历史深深交织在一起，我们还是可以定义其大概的发展顺序。第一个过程是技能的认证，受到大、小企业对培训控制权竞争的推动，19 世纪前后已经产生。第二个过程是技能的标准化，在魏玛共和国早期劳工组织正式合并后，这个过程受到了集体工资谈判集中化的巨大推动。第三个过程是技能的拓展与加强，自 1969 年工会被接纳为培训系统的正式参与者以后开始出现。因此，早期的发展主要由雇主推动，后来工会才参与进来。

技能认证问题始于 19 世纪晚期，当时小型手工业企业与新兴的大型制造企业产生了分歧。小型手工业企业行会，在传统上集体控制着学徒制，而大型制造企业试图建立基于内部劳动力市场的分隔式的技能培训方式。国家政策明确支持更加集体化的技能培训方式。1897 年的德国立法授予手工业商会以广泛的准公共权力来管理手工业学徒制的内容和质量，支持手工业培训体系的发展。由于缺乏技能认证的权利，大型制造业企业发现在招聘有潜力的年轻人时处于劣势。到了 20 世纪初，这些大型企业已放弃将培训内部化，质疑手工业行会对学徒考试和技能认证的垄断权利。在此过程中，为了在自身产业协会的集体控制下促进和监督职业培训，大型企业建立了另一套培训体系。

20 世纪 20 年代，由于产业层面集体工资谈判的制度化以及熟练工人和非熟练工人之间工资矫正的实施，技能标准化开始逐渐出现（Mosher，2001）。由于上述原因，工资压缩使得培训时间显著延长，这种情况在金属加工行业尤为显著（Thelen，2004）。在此期间，与大型企业相比，中小企业不具备培育内部劳动力市场的条件，因此选择通过其行业协会来创建并推广标准化的技能框架，进而形成一个共用的技能储备池。这些中小企业提前行动，在行业协会正式获得技能认证权利之前，就已经开始大张旗鼓地推动技能的标准化。这些措施带动了手工业企业的行动，此时面对日益增加的系统化和统一化培训，手工业协会致力于保持其对技能认证的垄断，它们开始制定和传播自己的标准化培训资料，这些资料与为工业岗位设计的培训资料类似（Pätzold，1989：266）。

随着 1969 年《德国职业教育法》（BBiG）的出台，劳工组织被纳入培训体系的治理结构中，第三个过程——技能拓展与加强得到了发展。20 世纪 50 年代后期，在金属加工行业工会集体谈判制度化之后，集体工资谈判逐步集中到全国层面。同时，集体工资谈判促进了工资的压缩，工会利用其在培训系统中的制度化角色来推动形成更加具有包容性的培训框架。产业内和产业间集中化的集体工资谈判和工资压缩，加大了企业投资培训的动力，这些培训采取了新的更加宽泛的职业框架。此外，学徒的工资已与集体协议的工资水平挂钩，从而实现了不同企业间学徒收入的标准化。然而，其他集体主义技能形成体系不具备这种特点（见第五章对瑞士的讨论）。

大部分标准化的职业培训时间被延长到至少三年，单一的职业框架使得企业和学徒几乎没有选择不同专业的余地。第二次世界大战期间，为缓解技能短缺的压力，德国首次引入了以两年学徒制为基础的短期低技能培训，这种培训在战后仍被保留下来。然而，1972 年工会权力得到强化之后，地方劳工代表开始反对从这种短期学徒制中聘用学徒。因此，在短期学徒制中接受培训的学徒比例从 1980 年的 14.5% 下降到 1995 年的 2.7%（参见 Zedler，1995；Stooß，1997）。①

集体工资谈判在这一时期促进了技能培训的增加，它不仅缩小了熟练工人与非熟练工人的工资差距，还直接将职业资格与集体工资协议的工资级别相关联。这意味着，只要工人拥有职业资格，企业就需要支付相对较高的工资，而不考虑他们实际的工作内容（Busemeyer，2009b）。因此企业调整了策略，更倾向于转向高技能、高附加值的生产。劳资双方合作压低了学徒的工资，即使通过整合不同培训框架提升培训档次后，情况也没有改变（Streeck 等，1987；Hilbert 等，1990）。

集体工资谈判的发展有助于形成广泛和统一的技能形成体系，同时也包含了一定程度的非正式的灵活性。正如集中化的集体工资谈判在形式上可能显得严格，但也为协议外的工资浮动留有余地。同样地，虽然技能形成体系对技能的质量和内容设定了严格标准，但也为不同类型的企业在培训组织方面提供了变化的空间。在这个时期，大型企业发展出昂贵的、独立的培训机构，而小企业将学徒制与生产整合起来，可以通过将学徒作为廉价劳动力而获得净利益（Neubäumer，1999；Beicht 和 Walden，2004）。

此类差异和灵活性对在危机中稳定系统至为重要。例如，当经济衰退时，对大型企业而言，学徒制意味着非常高的净成本，倾向于削减培训人数以降低成本，而这部分过剩的学徒会被小型企业尤其是手工业部门所吸

---

① 在建筑业和某些服务行业（比如"店铺职员"这一职位）中，两年学徒制一直很普遍，且基本上未引起较大争议。

纳，后者可以从雇用这些廉价劳动力中受益。在这种被称为"双元部门模型"的现象中（Soskice，1994；Neubäumer，1999；Neubäumer 和 Bellmann，1999），手工业中完成培训的学徒也经常转入工业和服务业的半熟练工人岗位。这个系统有时也会遇到麻烦，例如 20 世纪 70 年代的石油危机和 80 年代人口转型带来的挑战。当寻常的稳定机制无效时，政府仍然可以依赖强有力的雇主协会对企业施加压力，提高它们接纳学徒的数量（Casey，1991；Baethge，1999）。

四 德国职业培训体系渐进的制度变化

本章的核心论点在于，当企业面临日益严峻的成本压力，集体谈判覆盖率的降低、低工资部门的出现以及集体工资谈判的分散化，使得工资不平等进一步恶化时，这些新的发展和变革打破了原本稳定的均衡状态，提供学徒制岗位的企业数量减少，仍在提供培训的企业要求提高培训标准和职业框架的灵活性，政府采用的策略是满足这些企业的需求，从而将其挽留在学徒制体系中，但这实际上是加剧而不是减缓了培训体系的分隔主义趋势。

为了阐述这个观点，下文将讨论德国培训系统中的张力，并将它们与集体谈判和劳资关系的趋势联系起来进行分析。接下来，我们会考察近期培训中的主要变革，这些变革影响了集体主义技能形成体系的制度基础。正如可以通过一个大概顺序识别出技能模式是如何构建的（技能认证、标准化和技能拓展），培训系统的破坏也有一个大概相反的顺序：从广泛的、统一的技能到日益差异化的技能，从技能标准化到模块化，从集体组织的技能认证到对更加分散化考试的需求。虽然传统集体系统的形式结构仍然完好，但在表面的稳定背后，当前的变化正在悄悄地将德国的技能制度从集体主义传统中拉出来，转向一个以企业为中心的分隔主义的模式。

1. 背景：压力之下的培训系统

自 20 世纪 90 年代早期开始，文献详细记载了德国培训模式面临的问题。一些问题可以归为东西德统一带来的冲击，但多数张力是系统性的，与长期趋势有关。由于制造业一直是德国培训系统的核心，服务业企业没有像制造业企业那样全身心地"拥抱"学徒制体系。因此，工业化就显得非常重要（Culpepper 和 Thelen，2008；Busemeyer，2009b）。

近年来，三个重要的发展推动了德国培训体系向分隔主义转移的倾向。首先也是最为重要的是提供学徒制培训的企业的比例显著下降。表3-1 提供了 1993~2006 年企业参与学徒制培训的情况。

表 3-1　德国参加学徒制培训的企业占比（按企业规模和经济部门分列，1993~2006 年）

单位：%

部门	企业规模（人）	占比			1993~2006 年变化百分比（%）
		1993 年	2002 年	2006 年	
消费品和投资品、建筑业、农业、采矿业（传统手工业）	1~9	46.6	18.2	16.8	-64
	10~49	66.9	39.4	40.1	-40
	50~199	80.7	67.3	71.8	-7
	200~499	84.8	82.0	87.3	+3
	500 及以上	94.5	92.6	86.9	-8
秘书、酒店和餐饮、公共部门、银行业（传统服务业）	1~9	18.2	13.8	13.2	-27
	10~49	44.3	35.7	37.5	-15
	50~199	64.4	70.7	70.1	+9
	200~499	79.3	84.2	84.0	+6
	500 及以上	77.4	92.4	91.8	+19
新的服务部门（社会服务、信息技术、媒体）	1~9	28.5	18.1	18.3	-36
	10~49	34.0	37.4	31.5	-7
	50~199	38.4	50.0	52.7	+37
	200~499	44.5	65.9	64.7	+45
	500 及以上	85.1	83.8	84.4	-1
总计		35.3	26.2	25.8	-27

注：仅含西德公司。

资料来源：IAB Establishment Panel。

在各个经济部门和各种规模的企业中，自 1993 年至 2006 年，参与学徒制培训的企业比例从 35% 降至 26%，大概下降了 1/4。[1] 尤其在消费品和投资品，建筑业、农业、采矿业等小企业，少于 10 名员工的小企业培训率骤降 64%，而 10~49 名员工的企业下降了 40%。大型制造业企业的培训学徒比例仍然稳定。服务导向等经济部门中，小企业（50 人以下）也呈现类似的下降，但起始点较低，下降趋势也不那么明显。尽管其初始培训规模较小，大中型的服务业企业增加了培训力度。[2] 从 1993 年开始，不同经济部门培训参与率的差异不断缩小（Hartung 和 Schöngen，2007），参与培训的主体已从小企业转为大中型企业。

其次，经济基础的转移和企业参与大量减少的结果是年轻人对学徒制岗位结构性和持续的过度需求（Baethge et al.，2007）。尽管高等教育日渐受到年轻人的青睐，但学徒制仍是他们的首选。企业提供的培训名额有限，导致了培训机会的配额限制。如今，这种限制已经十分严重，处于"等待中"的学徒申请人数几乎与成功申请到位置的人数持平（Busemeyer，2009b；参考 BMBF/BIBB，2009）

这些发展已经促使所谓的"过渡系统"的出现（Baethge et al.，2007）。这是一个由政府资助，结合培训、教育及劳动力市场政策于一体的系统，目的是帮助初次未能找到学徒制岗位的学生更顺畅地从学校教育过渡到职业培训。图 3-1 详细呈现了自 1993 年以来不同教育选择的变化趋势。最上方的曲线代表从 1992 年至 2008/2009 年"正常"培训（企业内双元制

---

① 对民主德国（以下称东德）职业培训问题的全面讨论超出了本书的范围，但培训参与率在地区上有显著差异。东德的参与率通常低于联邦德国（以下称西德），尽管近年来有所趋同（参见 Busemeyer，2009b）。

② 这些观察结果与《联邦职业培训报告》（Berufsbildungsbericht，BMBF，2008：17）中的最新数据吻合。从 20 世纪 90 年代末开始，从事服务行业的学徒人数已经超过了从事手工行业的学徒人数。然而，相对于就业人数来说，服务业中的学徒培训普及程度较低。

培训）呈逐年下降的趋势。相应的，下方的虚线代表在同一时间段内，选择政府资助的"过渡系统"的年轻人数量持续增加，这意味着越来越多的年轻人选择了无法获得完整职业资格的学校和工作场所培训。到了2004/2005年，两条曲线几乎相交，意味着选择"过渡系统"的年轻人数与成功获得学徒制岗位的人数几乎持平。近期研究（Beicht et al.，2007）显示，大部分进入"过渡系统"的年轻人最终都能获得学徒岗位。根据最新估计，每年新签订的学徒合同约有60万份，但每年仍有15万~20万名的青年长期未能获得学徒制岗位的机会（Friedrich，2006；Ulrich，2006）。

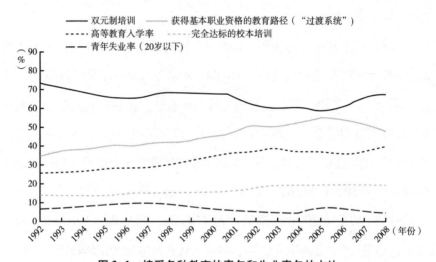

图3-1　接受各种教育的青年和失业青年的占比

资料来源：联邦教育和研究部（2010：25）。

最后，传统上，当学徒市场暂时面临危机时，国家和协会采用集体机制增加培训名额，现在这种方法已经失效了。过去，国家可以依赖强有力的雇主协会向它们的成员施加压力，以提高培训的数量来满足需求。现在，产业界对这样的请求会提出以更加灵活的培训为前提条件。由于受到成本加大的压力和技术变化的限制，企业越来越不愿意过度培训，并且热衷于提高培训系统的灵活性，改变其无差异化、低回报的现状（KWB，1999，2006；BDA，2006，2007）。大型汽车工业企业的情况能够反映这一大趋势（Lacher，2007；Zeller，2007）。在 20 世纪 80 年代，这些企业常从手工业部门招聘半熟练或不熟练的学徒（Soskice，1994；Neubäumer，1999；Neubäumer 和 Bellmann，1999）。但如今，适合手工业学徒的职位已经被外包或优化了（Jaudas et al.，2004）。与此同时，企业现在寻求的某些技能更加专业化，更倾向于为这些职位培训自己的员工，而不是依赖外部的劳动力市场而后再为新员工提供培训（访谈 EMP - 1，EMP - 2，EMP - 4）。汽车工业的这些变化也得到了一项有 1400 家企业参与的广泛调查的证实（Bellaire et al.，2006）。

2. 制度互补：集体工资谈判和培训

历史上，集体工资谈判、集权化、工资压缩与企业培训投资之间存在紧密联系。以 20 世纪 20 年代金属加工行业为例，产业层面集体工资谈判的制度化和随之而来的工资压缩，促进了该行业培训水平的显著上升（Thelen，2004）。到了 20 世纪 60~70 年代，这种模式在全国范围内得到复制，在德国金属工人工会（IG Metall）领导下的典型集体工资谈判被确立下来。在此期间，以企业为基础的培训达到第二次世界大战后的顶峰，标志着德国模式的巅峰时期。

与此相对，自 20 世纪 90 年代起，集体谈判逐渐呈现分裂趋势，该趋势受到三大过程推动（Hassel，1999）。首先，集体谈判覆盖率的持续下降，这不仅是因为去工业化和服务业中工会会员比例的下降，也由于小型工业企业中的工会会员数量下降。其次，低工资部门的出现，其原因在于公共政策的影响，例如"迷你就业"政策的出台[①]。最后，在每个产业部

---

① 特别参见 Schnabel（2005）。

门内部，集体工资谈判被分散化。图3-2清晰地展示了从1995年开始集体工资谈判覆盖率的稳步下降。在西德，集体工资谈判覆盖的工人比例从20世纪90年代中期的70%下降到2005年的不足60%。

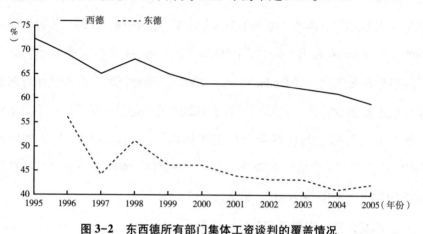

图3-2　东西德所有部门集体工资谈判的覆盖情况

注：数据显示了集体工资谈判所覆盖的工人/雇员的比例。
资料来源：IAB Employment Panel（Schnabel，2005：19）。

与此相应的趋势是工资收入离散程度的提高。图3-3报告了这一变化趋势，它展示了全日制工人总收入（不包括资产性收入和自我雇用者）90分位数点与10分位数点的比率（D9/D1），以及50分位数点与10分位数点的比率（（D5/D1），1990年的比例被定义为1）。后者与我们的论点更为相关，因为它抓住了低收入区间的特征，蓝领工人主要聚集在这个区间。

集体工资谈判与职业培训的重要性已逐步获得了认识（例如，Hall和Soskice，2001），但两者的制度联系和互补性尚未得到深入理解。本章以及第八章希望进一步阐明这一关系（关于历史分析，见Trampusch，2010a）。在本章引言部分，我们详细讨论了集体工资谈判如何创造了"有益约束"机制（Streeck，1989，1991，1997），进而"推动并协助"企业参与培训。然而，集体工资谈判的逐渐瓦解和分权化趋势，放松了这

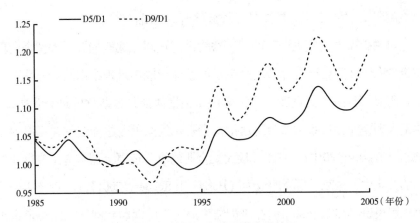

图 3-3   德国工资差距的发展情况

注：统计不含资产性收入和自我雇用所获收入，以 1990 年数据为基数（1990 年 = 1.00）。
资料来源：经合组织就业展望。

些约束，进而导致了前文描述的培训体系遭受的负面影响。

过去，企业因外部因素强制要求支付相对于技能水平而言较高的工资成本，所以不得不提高非熟练工人的生产率。随着工资的离散程度提高，企业现在更多地按照工人岗位的技能水平为工人支付工资。依赖高技能劳动力的企业支付相对较高的工资溢价，但预计会减少培训投入，以专注于满足自己的需求（包括学徒数量和培训内容）。促使企业提升非熟练工人技能和进行过度培训的激励措施已经大大减少了。

以企业退出集体工资谈判和培训这两个系统为标志，集体谈判削弱和培训参与减少的同时出现不是偶然的巧合。早先我们看到德国的最小型企业更容易放弃培训，在集体谈判中也出现了类似的现象，谈判的削弱主要是由于小型企业的退出（Thelen 和 van Wijnbergen，2003）。与此相反，大企业仍然参与这两个系统，要求在现行制度内提高培训的灵活性和加速分权化。这些大企业仍然可以从降低的工资协调中获益。大企业并未要求完全废除集体谈判，一个重要原因是工资协调帮助它们避免了被其他企业

"挖墙脚"，并减少了高技能员工频繁跳槽的动机。

过去强调"过度培训"的"有益约束"逻辑已逐渐消失，大型企业现在更倾向于按照自己内部劳动力市场的技能形成需求来组织培训，展现出更为明显的分隔主义逻辑。这种变化受到集体谈判分散化的进一步推动，这是大型企业面对雇主协会时地位得到强化的原因。这种变化并不仅限于德国（Traxler，2010），它还导致大型企业的工厂理事会在与全国或行业协会的关系中，被赋予更大的权力（Hassel 和 Rehder，2001）。尽管核心企业仍积极投资学徒制培训，但在培训结束后，工厂理事会向其施压要求留下这些学徒，结果是企业现在倾向于挑选高质量的学徒，而不是采取过去"过度培训"的方式。这些企业对学徒进行更为严格的筛选，选出具有高潜力的学徒，并在渗透性下降的内部劳动力市场中增加企业专用技能的培训，而无法负担这种新的、高成本职业培训的小企业退出了这个系统，导致资质较低的学徒申请者更难获得任何培训机会（见第八章）。

五　德国培训模式的转型

上述发展改变了德国培训系统的制度逻辑和特征，集体主义框架日益受到来自分隔主义逻辑的压力。在培训系统的边缘部分，双元制培训的相关性逐渐降低，一些企业仍以学徒制培训为手段替代半熟练劳动力，但完成学徒制培训并不意味着会获得稳定的高技能岗位，也有的企业干脆停止培训。在培训系统的核心部分，学徒制仍然是招募核心劳动力的重要工具。然而，技能形成体系内的企业现在施加压力要求提高培训内容的灵活性，并将其作为继续参与的前提条件。[①] 我们将这个变化与塑造了德国培

---

① 可以认为，自 2004 年起，由于对更灵活的培训方式的需求得到了满足，学徒人数已经趋于稳定（参见图3-1）。

训模式的三个过程——技能认证、标准化和技能拓展与加强——一起来讨论。在每一个发展过程中，企业日益寻求将技能与差异化的工作岗位相匹配。我们将以相反的顺序来讨论这三个过程，这也是培训系统中新出现的顺序。

1. 从广泛和统一的技能到差异化培训

如前所述，20 世纪 70 ~ 80 年代职业技术培训中出现了向着更加广泛的岗位技能框架发展的趋势，这体现在要求不高的两年制学徒制的逐渐萎缩。在这个时期，工会呼吁按照丹麦模式，取消专用技能培训框架，而引入宽泛定义的通用岗位培训。虽然这些呼吁当时没有得到回应，[①] 但拓宽职前培训的趋势一直延续到 20 世纪 80 年代，要求只在学徒制的后半程才进行专业化训练。

20 世纪 90 年代，进行差异化培训的呼声越来越高。[②] 最初因为工会的强烈反对，他们认为两年制学徒制是"死胡同"（DGB，2006），这些提议并未被采纳。但学徒市场的恶化促使人们开始寻求能够降低青少年失业率的办法，同时也在努力寻找应对培训市场需求危机的解决方案。根据专家小组的建议（Vogler-Ludwig 等，2003），第二届社会民主党-绿党联合政府坚定地支持雇主，于 2003 年重新推出了两年学徒制。[③]

通过与传统学徒制的对比，观察两年制学徒制项目可以发现培训内部方式的日益差异化。如图 3-4 所示，从 2004 年开始，传统三年制学徒制

---

① 德国各联邦州政府也提出了相似的建议（KMK，1998）。

② 早在 20 世纪 80 年代末期，联邦政府就已经强调了在培训体系中实现更大差异化的必要性，一方面是为有才能的人增设额外技能，另一方面是为更注重实践的人设置不那么高要求的培训项目（首次提出于德国联邦议会，1987 年，并多次被提及）。

③ 这种对企业学徒制采取的更灵活的方法，与社会民主党-绿党联合政府早先为解决青年失业问题而采取的政策一脉相承，这也要求青年能够更灵活地接受不同种类的工作机会。例如，1998 年政府的"JUMP"计划更加积极地鼓励青年接受各种工作，包括低技能工作，而不仅仅是推动他们进入学徒培训计划（Busemeyer，2009b）。

的新合同数量基本维持稳定，而两年制学徒制的新合同数量从 2004 年的 36048 份增长到 2008 年的 53071 份，增长了近 50%（BMBF/BIBB，2009），因此两年制学徒制占新培训合同的 8.6%。[1] 两年制学徒制兴起的重要原因是短期学徒制比传统学徒制更便宜，东德政府资助的企业外培训中大量采用了两年制学徒制（Busemeyer，2009b）。这种趋势不仅在公共部门有所体现，在第二届社会民主党-绿党联合政府将两年制学徒制推广到服务业部门之外后，这一趋势变得更为明显。

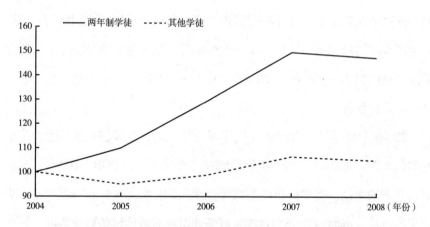

图 3-4　2004～2008 年德国的两年制学徒与其他学徒的相对增长

注：以 2004 年数据为基数，2004 年 =100。

资料来源：联邦教育和研究部/联邦职业教育研究所，2009。

除了短期学徒制，2005 年的《职业培训法案》也重新引入了"阶梯制学徒制"模式，即学徒从较简单的初级阶段培训开始，然后进入下一阶段培训。这个设计的初衷是使学徒可以在完成初级阶段培训后自主决定是否继续培训。但随着两年制学徒制的引入，出现了新的培训模型：两年制的简单职业培训和更高级的培训形式同时存在，是否需要在更高的岗位

---

[1] 　1995 年两年制学徒的数量大约为 20000 人（BMBF，2006）。

中继续培训的决定权由企业掌握，不在学徒手中。虽然工会更希望学徒有选择权，但企业倾向于控制进入下一阶段培训的权力，最后企业赢得了控制权，现在企业可以先通过短期学徒制聘用学徒，然后决定是否向这些学徒提供长期的更具挑战性的培训（KWB，2006；BDA，2007）。换言之，在过去，雇主们要么选择长期的高水平的学徒制培训，要么不提供培训；而现在，雇主们的选择范围已经扩大，可以根据实际需要在多种培训方式中做出选择。

2. 从标准化到模块化与灵活化以及职业培训的欧洲化

20 世纪 90 年代和 21 世纪初，人们不仅开创了新的简化培训方式，还希望已有的培训体系内部可以更加灵活。近期对近 2000 家参与培训的德国企业的调查显示，不同规模的企业在尝试通过让学徒更多地参与生产来降低培训成本。这种做法使得实际的教学和实践时间缩短，有时甚至还会减少培训设施。然而，企业却能够因学徒在生产中的贡献而受益（Neubäumer et al.，2010）。① 事实上，通过采用这种将培训与企业生产流程紧密相连的方式，企业的培训成本确实降低了 1/3。

这些做法引发了关于培训内容灵活性的争论，尤其与"模块化"概念紧密相关的争论，比如将以往整体性的岗位培训分割为小块（"模块"），企业可以从中"挑选和选择"。② 以往的培训法令要求学徒从事

---

① 这项调查是由 BIBB 进行的，涵盖了 1900 多家企业。这些降低成本的努力非常成功。从 2000 年到 2007 年，培训的净成本下降了大约 1/3，从 20000 欧元降至 13000 欧元（Neubäumer et al.，2010）。

② 大型企业由于对同一职业中的专业工人有更高的需求，并且具备提供这些专业培训的能力，因此在相当大程度上受益于此。虽然小型企业可能无法提供与大型企业相同范围的专业培训，但如果它们有特定的技能需求，也可能从中受益。然而，当企业依赖于职业劳动力市场或需要具有更广泛技能的工人时（这在手工艺行业中很常见），它们的受益会减少。虽然工会原则上可能支持扩大学徒的选择范围，但担心全面模块化会导致企业仅为了满足其即时需求而提供培训，而不是全面培养学徒的技能（德国联邦政府，1997，第 22 页；德国工会联合会，2007，第 5 页）。

一些与企业业务不太相关的任务，现在企业更希望学徒能够在特定的企业中参与并思考实际生产流程，这被称为"过程导向"（访谈 EMP-4；ST-3）。20 世纪 90 年代中期，关于模块化的讨论热火朝天，但是此时的基督教民主联盟政府并未积极参与讨论，它尊重社会合作伙伴在职业培训领域的自主权（Bundesregierung，1996）。社会合作伙伴之间最初达成的妥协要求在学徒制培训的早期提供宽泛的核心技能，后期提供有限的专用技能培训选择（Baethge，2003：577），这样既满足了企业对更加专业化技能的要求，也满足了对具有劳动力市场相关性的通用技能的关注。2004 年金属和电气行业内岗位的改革进一步强化了这一"过程导向"趋势（Gesamtmetall，2005；访谈 ST-3）。

尽管政府委任社会合作伙伴来处理这些问题，[①] 但职业教育培训政策的"欧洲化"进程也推动了模块化的讨论。通过讨论如何使得各国的教育文凭具有可比性，欧洲化进程打开了改革各国培训制度的机遇窗口（Martens 和 Wolf，2006；Trampusch，2009；参见第十一章对欧洲化的深入讨论）。为了使文凭在各国之间具有可比性，欧盟开发出一个通用的框架，该框架包含"欧洲资历框架"（European Qualifications Framework，EQF）和"欧洲职业教育和培训学分系统"（European Credit Syste for Vocational Education and Training，ECVET）。各国的培训条款必须明确规定，学徒在其他国家接受的培训可以转化为多少本国学分。模块化是将整体工作岗位拆分为一个个如同组件般的技能模块，它使得这种跨国比较更为便捷。

3. 认证：考试组织的冲突

除了重新引入两年制学徒制和模块化外，德国产业界正在推动考试组织方式的改革。在传统的集体主义技能形成制度中，考试起到了整合各方

---

① 一个例外是 2005 年新颁布的《德国职业培训法》（BBiG），该法允许企业通过提供额外的资格证书（超出一般框架内学徒的最低要求）来增加培训差异化的机会。

利益的关键作用。每种职业都有其对应的考试委员会，各委员会由本地的工商业代表、劳工代表组成，也包括少量本地职业学校教师参与。参与委员会是自愿的且不提供报酬，在实践中，大企业往往可以派遣更多员工作为志愿者参与。这些参与者通常是职业培训的专家，如培训师或人力资源部门员工，以保证考试的高质量。

现在，这种集体制度安排正面临多方面的挑战。一方面，大型企业越来越不愿意派遣带薪员工来担任考试委员会的无偿志愿者（访谈 EMP-9）。更加重要的是，多数企业对考试的内容和组织感到不满意，并且开始对工商业协会对这个领域的垄断地位发起挑战（访谈 EMP-9；EMP-3）。如前所述，企业及其协会力图使培训的组织和内容与企业内部的真实工作过程相匹配。因此，他们认为考试应该考查学徒解决真实世界问题的能力，这被称为"过程能力"（process competence），达到这一点的最好方式是将考试的主要责任从以工商业协会为基础的考试委员会转移到企业（访谈 EMP-9）。这些企业明白，在企业层面而不是工商业协会进行考试可能会降低职业资格的可比性，但更灵活的培训所带来的实际工作经验和益处远超其缺点（访谈 ST-3；EMP-10）。

无疑，工商业协会坚守传统考试体制，强调组织考试和授予职业资格证书是其存在的核心理由（访谈 EMP-3）。手工业部门也反对改革考试程序，一方面是因为它们与工商业协会的情况相似；① 另一方面是因为手工业部门中的企业规模普遍较小，并且这些企业高度依赖大型企业参与考试委员会。由于注意到协会环境的变化，手工业部门的代表以"团结"为理由来捍卫集体主义的、以工商业协会为基础的考试制度（访谈 EMP-14）。②

---

① 手工业部门的利益代表分为两部分：一方面，手工业商会是具有广泛职责的公法实体，特别负责组织考试和颁发证书。另一方面，行会是代表特定行业利益的自愿组织。然而，在联邦层面，两者之间实际上存在一种事实上的个人联盟（Streeck，1992：第108页及以下）。

② 企业级的考试管理也是模块化更广泛的一部分。

六　改革的政治学

随着集体工资谈判范围的收缩和劳工关系的去中心化，职业教育和培训的改革策略也发生了变化（Busemeyer，2009b）。在这些复杂的互动中，集体工资谈判的消失有利于权利平衡的重新组合，这相应地促进了劳资关系的进一步变化。如前所述，大型企业特别热衷于在上述三个方面推进变革。德国的大型企业，尤其是大型汽车制造商，已经站在改革的前列，致力于推动两年制学徒制来满足它们对差异化生产过程的需要。同样的，在模块化的议题上，最为激进的提议来源于偏向大型工业企业利益的德国雇主协会总会（Bundesvereinigung der Deutschen Arbeitgeberverbände，BDA）。总会主张用模块化（Ausbildungsbausteine）方式来消解和重整当前的培训规则（BDA，2006），建议将两年制学徒制作为默认的基础，两年制学徒制可以通过进一步的培训或转入完整的三年制学徒制项目来获得额外的文凭（"2+X"）①（BDA，2007）。此外，这些大型企业也积极利用欧洲化进程以及欧洲职业教育和培训学分系统工具，来推动传统双元制的改革（见Trampusch，2009）。②

在许多问题上，手工业部门强烈反对大型企业的策略，但它们的影响力由于小企业参与率的下降而削弱。如前所述，手工业企业的利益与大型企业往往非常不同，它们不是为了以后的聘用，而是为了获得额外、灵活、便宜的劳动力（Wagner，1999；Thelen，2004）进行培训。因此，手工业部门对两年制学徒制表示怀疑（Esser，2006：93-94），因为短期培

① 这种模型尤其在汽车行业得到了积极推广，实际上，"2+X"模型被戴姆勒集团的职业培训政策代言人Dietmar Eger称为"戴姆勒模型"。

② 对汽车行业大型企业的一项调查清楚地表明，正是大型且面向出口的企业在推动欧洲化进程。

训剥夺了学徒在第三年对生产成本做出的贡献。手工业企业的协会代表，即德国中小企业联合总会（Zentralverband des Deutschen Handwerks，ZDH），对模块化也持批判立场（访谈 EMP-2）。尽管它并不反对对岗位框架制度进行灵活性的改革，但坚持这些改革必须在常规的培训改革范围内进行。该协会主张必须保留工作岗位的整体"身份"，避免提供不完整的职业资格，以保持企业层面之上职业文凭的可比性（访谈 EMP-14）。①

工会的角色充满了矛盾。一般来说，工会反对所有使培训灵活化的努力。例如，德国金属工业工会（IG Metall）和服务行业联合工会（ver. di）之类的工会已经拒绝参与涉及两年制学徒制的岗位框架制度改革（访谈 EMP-8）。工会对模块化也持有相当怀疑的态度。针对欧洲层面的发展，工会进行了一项相当具有批判性的研究，提出当前的双元制恐怕要被完全取消（Drexel，2005）。工会的主要立场模棱两可，可称为批判性的支持或者支持性的批判态度（Ehrke，2006；Kuda 和 Strauß，2006）。

此外，工会支持取消广泛的培训以及与之相伴的高层次通用技能培训。例如在金属制品加工工业部门，工会已经在 2003～2004 年与雇主达成了新的集体谈判协议框架，称为普福尔茨海姆（Pforzheim）协议。该框架进一步弱化了职业资格与工资之间的联系，而加强了工资收入与工作岗位所需实际技能之间的联系。这意味着，雇主现在可以向半熟练岗位、拥有常规职业资格的员工支付更低的工资，这会降低他们进行"技能提升"投资的意愿。

为了理解工会的矛盾立场，必须意识到它们面临的困境。一方面，在

---

① 德国工商业联合会（DIHK）作为工商业协会的全国性组织，采取了一种中间立场，提议在不放弃"职业原则"的同时灵活化双元制培训系统，并承诺不全面模块化。由于其广泛的组织基础，尤其因其在双元制培训管理中的核心作用，DIHK 更致力于保持当前培训系统的相关性和完整性。职业教育和培训是地方工商业协会的"最重要支柱"，是商会权力的重要来源。

许多年轻人等待学徒岗位时，工会很难完全反对培训的灵活化。在这个意义上，工会就像国家一样，虽然不情愿，仍然要满足培训灵活性的要求，以保留以企业为基础的培训。但另一方面，当提出减少企业培训、增强和扩大学校培训时，工会又常常与雇主合作，捍卫传统的培训体系（DGB，2006；IG BCE，2007）。它们的理由是只有以企业为基础的培训才能带来稳定的工作。只要没有可行的全日制学校培训方案，高质量的培训仍完全掌握在私营部门手中，这种观点就不无道理。同时，由于工厂理事会和其雇主只招聘预期在培训后能长期雇用的学徒，这确实维护了劳动力市场内部人的特权地位，防止市场被大量获得认证的熟练工人所"充斥"。① 这种现象进一步导致了我们此前描述的循环，即在限制学徒培训名额的背景下，提高了高技能者的工资，并降低了低技能者的工资。

最后，政府政策曾经在历史关键时刻选择支持集体主义技能形成体系，但现在越来越支持培训体系的灵活性和模块化。在青少年失业率不断提高、社会完全依赖企业来支持培训的条件下，各级政府正在改变政策来迎合企业调整培训体系的需求，希望以此将企业保留在培训系统中。在社会民主党-绿党第二届联合政府支持下，最富戏剧性的政府行动是重新引入了两年制学徒制。在模块化的问题上，德国政策制定者也不再坚守原有特立独行的立场，而是与大型工业雇主结盟，在欧洲职业教育与培训改革中扮演领导者角色（Brunner et al.，2006；Kuessner 和 Seng，2006；Trampusch，2010b；访谈 ST-1）。德国联邦政府教育和研究部的"职业教育与培训基本问题"部门负责人彼得·蒂尔（Peter Thiele）提出："德国希望并努力在欧洲保持领先地位，以维护其独特的双元制培训体系的存续，甚至可能成为这一体系的领导者"（Thiele，2009）。

---

① 我们感谢托本·艾弗森强调了这一方面的重要性。

为了支持这个项目，来自基督教民主联盟的联邦教育和研究部部长安尼特·沙万（Annette Schavan）在新的联合政府成立后不久，就组建了一个"创新圈"（Schavan，2006）。这个团队包括工会和雇主的代表，以及一些"独立"的科学家，以此降低可能来自"阻挠派"的意见。影响"创新圈"讨论的基础是教育和研究部委托完成的政策论文，该论文强调了对模块化的需求，只提出了两种很激进的建议（Euler 和 Severing，2006）。"创新圈"并没有企图颠覆现存的岗位框架，而是建议为 10~12 个最普通的工作岗位发展培训模块，帮助此前未能接受培训的年轻人得到培训的机会（Innovationskreis，2007）。联邦教育和研究部还建立了一个示范项目，用于发展欧洲职业教育和培训学分系统。当前的政策建议不仅注重岗位框架的模块化，而且允许在不同的培训场所（如企业、培训中心等）进行单独模块的培训。这为企业提供了按照短期的需求提供部分、模块化的职业培训的机会，而无须承诺三年或更长时间的学徒制培训（IG Metall，2007）。

七 总结和展望

总之，对广泛而统一的技能、岗位框架的标准化和技能认证等重要维度的分析表明，德国的职业培训体系正在经历细微而显著的变化，朝着分隔主义方向发展。这些变化的根源在于集体工资谈判制度、劳动力市场和政策的变革。这些变革降低了大企业进行高标准的、统一技能培训的动力，并且这一情况导致了工资和工作条件之间的差距进一步加大。这种趋势在学徒制市场的结构危机中尤为明显，进一步提高了培训企业对职业培训体系改革的要求，以满足其对更多差异化技能的需求。

随着政治和社会经济环境的转变，国家的角色也发生了改变。在之前的集体主义技能形成制度中，国家能够将准公共责任——如青年培训——

委托给社会合作伙伴，而自己担任中立的裁判者（Streeck 和 Schmitter，1985；Hilbert 等，1990）。但是，这种法团主义制度安排的可行性依赖于社团参与者履行义务的意愿和能力。在此是指企业是否能提供充足的培训岗位。学徒制市场上结构化的、持久的危机显示近年来企业没有履行它们的责任。由于担心企业进一步退出培训，政府近年来成为改革的主导，推动培训系统转型以满足企业需求，期望激励企业提高提供更多学徒岗位的意愿。相对于发展全日制的学校培训，政府更倾向于支持"过渡系统"，旨在满足低学历青年的过度培训需求，直至出生率下降带来的人口结构变化解决这一问题。但是，即使未来培训的供需恢复平衡，目前这种在学徒短缺时进行的结构调整也无法轻易被逆转。

作为结语，值得指出的是，本章论述的德国培训体系的趋势与劳动力市场二元化趋势高度一致并相互强化。正如哈茨改革（Hartz Reform）加大了稳定雇用的工人与不断增长的"非典型"或"非常规"工人之间的鸿沟（Palier 和 Thelen，2010），对于许多青年来说，由国家为补足培训名额短缺而实施的"过渡系统"并未带来稳定的就业（Beicht et al.，2007；Fuchs，2008）。除了低工资和低技能陷阱的存在，德国培训体系的分隔主义趋势具有自我增强能力。传统上，在德国学业成绩差的学生有很强的动力在学校努力学习以获取一个学徒岗位，这个岗位可以成为通向相对高收入、稳定就业的保证（Soskice，1994）。但随着学徒名额减少，学业基础最薄弱的学生既无法获得稳定的学徒岗位，也失去了学习的动力，早早地被排除在教育和培训之外（Solga，2005）。当大型企业仅为满足自己的需求进行培训，小企业不愿意提供学徒制培训，而国家又拒绝建立全日制学校培训或者企业外的替代性培训时，我们预测无法在早期获得高质量学徒岗位的学生可能面临成为社会底层的"非常规"或"非典型"工人的很大风险。

虽然我们只强调了培训和集体工资谈判制度之间的相互依赖关系，实际上德国近来的劳动力市场和福利政策也促进了分隔主义逻辑的发展。如前所述，分隔主义逻辑系统强烈依赖本地的就业保护，以支持企业对专用技能的投资。与此相反，集体主义技能形成体系传统上与慷慨的失业福利相联系，允许技能工人保持一段时间的失业状态而不必被迫接受低技能岗位（Estevez-Abe et al.，2001）。2000 年以来德国的劳动力市场模式和福利改革的核心政策向保障现有工人的工作安全方向进行了倾斜，同时大幅度地削减了失业救济期限，从三年缩短到一年。这种提升就业保障和削弱失业保障的策略，激励企业和员工共同投资于更多的企业专用技能，进一步加强了我们所描述的趋势。一些学者认为当前职业培训的灵活性提高了系统应对新经济环境的能力（Finegold 和 Wagner，2002；Bosch 和 Charest，2008；Bosch，2010）。这种观点或许成立，但随着这种灵活性的提高，受教育者与未受教育者之间的差距也逐渐扩大。

参考文献

Acemoglu, D. and Pischke, J. -S. (1998). "Why Do Firms Train? Theory and Evidence." *Quarterly Journal of Economics* 113(1): 79–119.

—— (1999). "Beyond Becker: Training in Imperfect Labour Markets." *Economic Journal* 109(453): F112–42.

Anderson, K. M. and Hassel, A. (2007). Pathways of Change in CMEs: Training Regimes in Germany and the Netherlands. Paper prepared for the Annual Meeting of the American Political Science Association, Chicago, IL.

Baethge, M. (1999). "Glanz und Elend des deutschen Korporatismus in der Berufsbildung." Die Mitbestimmung Online 4: 15, http://www.boeckler.de/163_ 18761.html (accessed February 9, 2011).

—— (2003). "Das berufliche Bildungswesen in Deutschland am Beginn des 21. Jahrhunderts. " In K. S. Cortina, J. Baumert, A. Leschinksy, K. U. Mayer and L. Frommer, eds. , Das Bildungswesen in der Bundesrepublik Deutschland. Reinbek: Rohwohlt, 525-580.

—— Solga, H. and Wieck, M. (2007) . Berufsbildung im Umbruch: Signale eines überfälligen Aufbruchs. Berlin: Friedrich-Ebert-Stiftung.

Beicht, U. and Walden, G. (2004). "Kosten der Ausbildung. " In U. Beicht, G. Walden, and H. Herget, eds. , *Kosten und Nutzen der betrieblichen Berufsausbildung in Deutsch-land.* Bielefeld: Bertelsmann, 21-168.

—— Friedrich, M. and Ulrich, J. G. (2007) . "Steiniger Weg in die Berufsausbildung: Werdegang von Jugendlichen nach Beendigung der allgemeinbildenden Schule. " Berufsbildung in Wissenschaft und Praxis 2/2007: 5-9.

Bellaire, E. , Brandes, H. , Friedrich, M. and Menk, A. (2006) . Zweijährige Ausbildungs-gänge: Eine Chance für Jugendliche mit schlechten Startchancen? Betriebsbefragungen zu neuen Berufen. Bielefeld: Bertelsmann.

Bosch, G. (2010) . "The Revitalization of the Dual System of Vocational Training in Germany. " In G. Bosch and J. Charest, eds. , *Vocational Training: International Perspectives.* New York: Routledge, 84-109.

—— Charest, J. (2008) . "Vocational Training and the Labour Market in Liberal and Coordinated Market Economies. " *Industrial Relations Journal* 39(5): 428-447.

Brockmann, M. , Clarke, L. and Winch, C. (2008) . "Knowledge, Skills, Competence: European Divergences in Vocational Education and Training (VET)—The English, German and Dutch Cases. " *Oxford Review of Education* 34(5): 547-567.

Brunner, S. , Esser, F. H. and Kloas, P-W. (2006). "Der Europäische Qualifikationsrah-men: Bewertung durch die Spitzenverbände der deutschen Wirtschaft. " *Berufsbildung in Wissenschaft und Praxis* 35(2): 14-17.

Bundesministerium für Bildung und Forschung (BMBF) (2006). Berufsbildungsbericht 2006. Bonn: BMBF.

—— (2008). Berufsbildungsbereicht 2008. Bonn: BMBF. —— (2010). Berufsbildung-sbereicht 2010. Bonn: BMBF.

Bundesministerium für Bildung und Forschung, Bundesinstitut für Berufsbildung (BMBF/ BIBB) (2009). Datenreport zum Berufsbildungsbericht 2009. Bonn: BMBF, BIBB.

Bundesregierung (1996) . Unterrichtung durch die Bundesregierung: Berufsbildungsbericht 1996. Bundestagsdrucksache 13/4555.

—— (1997). Reformprojekt Berufliche Bildung: Flexible Strukturen und moderne Berufe, Un-terrichtung durch die Bundesregierung. Bundestagsdrucksache 13/7625.

Bundesvereinigung der Deutschen Arbeitgeberverbände (BDA) (2006) . "Ausbildung mö-glich machen! "Programm zur Verbesserung der Rahmenbedingungen für mehr Ausbildung. Berlin: BDA.

—— (2007) . Neue Strukturen in der dualen Ausbildung: Beschluss des BDA-Ausschusses Bildung/Berufliche Bildung und des BDA-Arbeitskreises Berufliche Bildung. Berlin: BDA.

Busemeyer, M. R. (2009a) . "Asset Specificity, Institutional Complementarities, and the Variation of Skill Regimes in Coordinated Market Economies. " *Socio-Economic Review* 7(3) : 375-406.

—— (2009b) . Wandel trotz Reformstau: Die Politik der beruflichen Bildung seit 1970. Frank-furt a. M. Campus.

—— Trampusch, C. (2010) . Liberalization by Exhaustion: Transformative Change in the German Welfare State and Vocational Training System. Paper presented at the Biannual conference of the Council for European Studies, Montreal, Canada.

Casey, B. (1991) . "Recent Developments in the German Apprenticeship System. " *British Journal of Industrial Relations* 29(2) : 205-22.

Culpepper, P. D. (2003) . *Creating Cooperation: How States Develop Human Capital in Europe*. Ithaca, NY: Cornell University Press.

—— (2007) . "Small States and Skill Specificity: Austria, Switzerland, and Interemployer Cleavages in Coordinated Capitalism. " *Comparative Political Studies* 40(6) : 611-37.

—— Thelen, K. (2008) . "Institutions and Collective Actors in the Provision of Training: Historical and Cross-National Comparisons. " In K. U. Mayer and H. Solga, eds. , *Skill Formation: Interdisciplinary and Cross-National Perspectives*. Cambridge: Cambridge University Press, 21-49.

Cusack, T. , Iversen, T. and Soskice, D. (2007) . "Economic Interests and the Origins of Electoral Systems. " *American Political Science Review* 101(3) : 373-91.

Deutscher Bundestag (1987) . Unterrichtung durch die Bundesregierung: Berufsbildungsbe-richt 1987. Bundestagsdrucksache 11/98.

Deutscher Gewerkschaftsbund (DGB) (2006) . Beschlüsse zur Bildungspolitik: 18. Ordent-licher DGB Bundeskongress, 22-26. 05. 2006. Berlin: DGB-Bundesvorstand.

—— (2007) . Stellungnahme des Deutschen Gewerkschaftsbundes (DGB) zum Arbeits-dokument der Kommissionsdienststellen: Das europäische Leistungspunktesystem für die Berufsbildung (ECVET) . Ein europäisches System für die Übertragung, Akku-mulierung und Anerkennung von Lernleistungen im Bereich der Berufsbildung. Berlin: DGB-Bundesvorstand, February 26, 2007.

Deutscher Industrie-und Handelskammertag (DIHK) (2007). "Dual mit Wahl": Ein Modell der IHK-Organisation zur Reform der betrieblichen Ausbildung. Berlin: DIHK.

Drexel, I. (2005). Das Duale System und Europa: Ein Gutachten im Auftrag von ver. di und IG Metall. Berlin: ver. di.

Ehrke, M. (2006). "Der Europäische Qualifikationsrahmen: Eine Herausforderung für die Gewerkschaften. " *Berufsbildung in Wissenschaft und Praxis* 35(2): 18-23.

Esser, F. H. (2006). "Vollzeitschulische Berufsausbildung: Bedrohung oder Herausfor-derung für das duale System?" In A. Zöller, ed. , Vollzeitschulische Berufsausbildung: Eine gleichwertige Partnerin des dualen Systems? Bielefeld: W. Bertelsmann Verlag, 91-98.

Estévez-Abe, M. , Iversen, T. and Soskice, D. (2001). "Social Protection and the Formation of Skills: A Reinterpretation of the Welfare State. " In P. A. Hall and D. Soskice, eds. , *Varieties of Capitalism: The Institutional Foundations of Comparative Advantage.* New York: Oxford University Press, 145-183.

Euler, D. and Severing, E. (2006). Flexible Ausbildungswege in der Berufsbildung. Bonn: Bundesministerium für Bildung und Forschung, Innovationskreis berufliche Bildung.

Finegold, D. and Soskice, D. (1988). "The Failure of Training in Britain: Analysis and Prescription. " *Oxford Review of Economic Policy* 4(3): 21-53.

——— Wagner, K. (2002). "Are Apprenticeships Still Relevant in the Twenty-first Century? A Case Study of Changing Youth Training Arrangements in German Banks. " *Industrial and Labor Relations Review* 55(4): 667-685.

Friedrich, M. (2006). Jugendliche in Ausbildung: Wunsch und Wirklichkeit, Chancen der Jugendlichen erneutverschlechtert Berufgsbildung in Wissenshaft und Praxis 35 (3): 7-11.

Fuchs, T. (2008). Was istgute Arbeit? Anforderungen an den Berufseinstieg aus Sicht der jungen Generation: Ergebnisse einer repräsentativen Befragung von Berufseinsteigern im Alten zwischen 18 und 34 Jahren mit abgeschlossener Berufsausbildung. Stadtbergen: Internationales Institut für Empirische Sozialökonomie.

Gesamtmetall (2005). Die neuen M + E-Berufe: Informationen für Ausbilder. Berlin: Gesamtmetall.

Greinert, W. -D. (2001). "Krise und Umbruch des Dualen Systems der Berufsausbildung in Deutschland: Zwei Szenarien. " In H. Schanz, ed. , Berufs-und wirtschaftspädagogische Grundprobleme. Baltmannsweiler: Schneider, 185-94.

Hall, P. A. and Soskice, D. (2001). "An Introduction to Varieties of Capitalism. " In P. A. Hall and D. Soskice, eds. , *Varieties of Capitalism: The Institutional Foundations of Comparative Advantage.* Oxford: Oxford University Press, 1-68.

Hartung, S. and Schöngen, K. (2007) . "Zur Entwicklung der betrieblichen Ausbildungs-beteiligung in ausgewählten Dienstleistungen. " In H. Dietrich and E. Severing, eds. , Zukunft der dualen Berufsausbildung: Wettbewerb der Bildungsgänge. Bielefeld: Bertelsmann, 25-59.

Hassel, A. (1999) . "The Erosion of the German System of Industrial Relations. " *British Journal of Industrial Relations* 37(3): 483-505.

—— Rehder, B. (2001) . "Institutional Change in the German Wage Bargaining System: The Role of Big Companies. " MPIfG Working Paper 01/9. Cologne: Max Planck Institute for the Study of Societies.

Hilbert, J. , Südmersen, H. and Weber, H. (1990) . Berufsbildungspolitik: Geschichte—Organisation—Neuordnung. Opladen: Leske + Budrich.

IG Metall (2007) . Frankfurter Erklärung: Lernen und Arbeiten in europäischen Kernberufen. Frankfurt a. M. : IG Metall.

Industriegewerkschaft Bergbau, Chemie, Energie (IG BCE) (2007) . Offensive: Bildung: Grundsätze, Handlungsfelder, Empfehlungen. Hannover: IG BCEO.

Innovationskreis berufliche Bildung (2007) . 10 Leitlinien zur Modernisierungund Struk-turverbesserung der beruflichen Bildung: Empfehlungenund Umsetzungsvorschläge. Berlin: Bundesministerium für Bildung und Forschung.

Iversen, T. (2005) . Capitalism, Democracy and Welfare. Cambridge: Cambridge University Press.

—— Soskice, D. (2009) . Dualism and Political Coalitions: Inclusionary versus Exclusionary Reforms in an Age of Rising Inequality. Paper presented at the Annual Meeting of the American Political Science Association, Toronto, Canada.

Jaudas, J. , Mendius, H. G. , Schütt, P. , Deiß, M. and Miklos, J. (2004) . Handwerk—nicht mehr Ausbilder der Nation? Übergangsprobleme von der handwerklichen Ausbildung ins Beschäftigungssystem. Munich: Institut für Sozialwissenschaftliche Forschung.

Kloas, P. -W. (1997) . " Modularisierung in der beruflichen Bildung: Modebegriff, Streitthema oder konstruktiver Ansatz zur Lösung von Zukunftsproblemen?" In P. -W. Kloas, ed. , Modularisierung in der beruflichen Bildung: Modebegriff, Streitthema oder konstruktiver Ansatz zur Lösung von Zukunftsproblemen? Bonn: Bundesinstitut für Berufsbildung.

Kuda, E. and Strauß, J. (2006) . "Europäischer Qualifikationsrahmen: Chancen oder Risiken für Arbeitnehmer und ihre berufliche Bildung in Deutschland?" WSIMittei-lungen 11/2006: 630-637.

Kultusministerkonferenz (KMK) (1998) . Überlegungen der Kultusministerkonferenz zur

Weiterentwicklung der Berufsbildung, verabschiedet von der Kulturministerkonferenz am 23. 10. 1998. Bonn: SekretariatderStändigenKonferenz der Kultusminister der Länder in der Bundesrepublik Deutschland.

Kuratorium der Deutschen Wirtschaft für Berufsbildung (KWB) (1999). Flexibilität und Wettbewerbsfähigkeit: Zukunftsorientierte Weiterentwicklung des Berufsbildungssystems. Bonn: KWB.

—— (2006). Mehr Flexibilität, Durchlässigkeit, Praxisbezug: Neue Impulse fürdie berufliche Bildung. Bonn: KWB.

Küssner, K. and Seng, E. (2006). "Der EuropäischeQualifikationsrahmen: Eine deutsche Stellungnahme. " *Berufsbildung in Wissenschaft und Praxis* 35(2): 11–13.

Lacher, M. (2007). "Einfache Arbeit in der Automobilindustrie: Ambivalente Kompetenzanforderungen und ihre Herausforderung für die berufliche Bildung. " In H. Dietrich and E. Severing, eds. , Zukunft der dualen Berufsausbildung: Wettbewerb der Bildungsgänge. Bielefeld: Bertelsmann, 83–96.

Martens, K. and Wolf, K. D. (2006). "Paradoxien der Neuen Staatsräson: Die Internationalisierung derBildungspolitikinder EU und der OECD. " *Zeitschrift für Internationale Beziehungen* 13(2): 145–176.

Mosher, J. (2001). *Labor Power and Wage Equality: The Politics of Supply-Side Equality.* Ph. D. diss. , University of Wisconsin, Madison.

Neubäumer, R. (1999). DerAusbildungsstellenmarkt der Bundesrepublik Deutschland: Eine theoretische undempirische Analyse. Berlin: Duncker & Humblot.

—— Bellmann, L. (1999). "Ausbildungsintensität und Ausbildungsbeteiligung von Betrieben: Theoretische Erklärungen und empirische Ergebnisse auf der Basis des IAB-Betriebspanels 1997. " In D. Beer, ed. , Die wirtschaftlichen Folgen von Aus-und Weiterbildung. Munich: Ham pp, 9–41.

—— Pfeifer, H. , Walden, G. , and Wenzelmann, F. (2010). "Production Processes, Tasks and Skill Requirements and their Influence on the Costs of Apprenticeship Training. " Unpublished manuscript. BIBB, Bonn.

Palier, B. and Thelen, K. (2010). "Institutionalizing Dualism: Complementarities and Change in France and Germany. " *Politics & Society* 38(1): 119–148.

Pätzold, G. (1989). "Berufsbildung: Handwerkliche, Industrielle und Schulische Berufserziehung. " In D. Landewiesche and H. -E. Tenorth, eds. , Handbuch der deutschen Bildungsgeschichte: Die Weimarer Republik und die nationalsozialistische Diktatur. Munich: C. H. Beck.

Pohlmann, H. (2008). "Muss die duale Berufsausbildung grundlegend verändert wer-den?"

Die berufsbildende Schule 60(4): 107–110.

Reglin, T. and Schöpf, N. (2007). ECVET im Automotive-Sektor: Untersuchung zu den Erfordernissen der Erprobung eines Credit-Systems für die Berufsbildung in der deutschen Automobilindustrie. Nuremberg: Forschungsinstitut Betriebliche Bildung.

Schavan, A. (2006). Rede der Bundesministerin für Bildung und Forschung, Dr. Annette Schavan, MdB, anlässlich der verbundenen Debatte zum Thema "Neue Dynamik für Ausbildung. "Berlin: Deutscher Bundestag, October 20, 2006.

Schnabel, C. (2005). Gewerkschaften und Arbeitgeberverbände: Organisationsgrade, Tarifbindung und Einflüsse auf Löhne und Beschäftigung. Discussion Paper 34. Nuremburg Friedrich-Alexander-Universität Erlangen-Nürnberg.

Solga, H. (2005). Ohne Abschluss in die Bildungsgesellschaft: Die Erwerbschancen gering qualifizierter Personen aus soziologischer und ökonomischer Perspektive. Opladen: Barbara Budrich.

Soskice, D. (1994). "Reconciling Markets andInstitutions: The German Apprenticeship System. " In L. M. Lynch, ed., *Training and the Private Sector: International Comparisons.* Chicago: University of Chicago Press, 25–60.

Stooß, F. (1997). Reformbedarfinder beruflichen Bildung: Gutachten im Auftrag des Landes Nordrhein-Westfalen. Düsseldorf: Ministerium für Wirtschaft und Mittelstand, Technologie und Verkehr des Landes Nordrhein-Westfalen.

Streeck, W. (1989). "Skills and the Limits of Neo-Liberalism. " *Work, Employment & Society* 3(1): 90–104.

—— (1991). "On the Institutional Conditions of Diversified Quality Production. " In E. Matzner and W. Streeck, eds., *Beyond Keynesianism: The Socio-Economics of Production and Employment.* London: Edward Elgar, 21–61.

—— (1992). Social Institutions and Economic Performance: Studies of Industrial Relations in Advanced Capitalist Economies. London: Sage.

—— (1997). "Beneficial Constraints: On the Economic Limits of Rational Voluntarism. " In J. R. Hollingsworth and R. Boyer, eds., *Contemporary Capitalism: The Embedd-edness of Institutions.* Cambridge: Cambridge University Press, 197–219.

—— Schmitter, P. C. (1985). Private Interest Government: Beyond Market and State. London: Sage.

—— Hilbert, J., van Kevelaer, K. -H., Maier, F. and Weber, H. (1987). Steuerung und Regulierung der beruflichen Bildung: Die Rolle der Sozialpartner in der Ausbildung und beruflichen Weiterbildung in der Bundesrepublik Deutschland. Berlin: edition sigma.

Thelen, K. (2004). *How Institutions Evolve: The Political Economy of Skills in Germany,*

Britain, the United States and Japan. Cambridge: Cambridge University Press.

—— (2005). "Training and Skill Formation." In G. Jones and J. Zeitlin, eds., *The Oxford Handbook of Business History*. Oxford: Oxford University Press.

—— (2007). "Contemporary Challenges to the German Vocational Training System." *Regulation and Governance* 1(3): 247–60.

—— Busemeyer, M. R. (2008). From Collectivism towards Segmentalism: Institutional Change in German Vocational Training. MPIfG Discussion Paper 08/13. Cologne: Max Planck Institute for the Study of Societies.

—— Kume, I. (1999). "The Rise of Nonmarket Training Regimes: Germany and Japan Compared." *Journal of Japanese History* 25(1): 33–64.

—— Van Wijnbergen, C. (2003). "The Paradox of Globalization: Labor Relations in Germany and Beyond." *Comparative Political Studies* 36(8): 859–880.

Thiele, P. (2009). "Reformerfordernisse des deutschen Berufsbildungssystems im Kon-text europäischer Bildungszusammenarbeit." In Bildungsforum 21, ed., Bildungspoli-tischer Handlungsbedarf durch die Europäisierung der Berufsbildung. Policy—Politische Akademie 28, Bonn: Friedrich-Ebert-Stiftung, 13–15.

Trampusch, C. (2009). "Europeanization and Institutional Change in Vocational Education and Training in Germany and Austria." *Governance. An International Journal of Policy, Administration andInstitutions* 22(3): 371–397.

—— (2010a). "Co-evolution of Skills and Welfare in Coordinated Market Economies? A Comparative Historical Analysis of Denmark, the Netherlands, and Switzerland between 1870 and 1940." *European Journal of Industrial Relations* 16(3): 197–220.

—— (2010b). "Employers, the State, and the Politics of Institutional Change: Vocational Education and Training in Austria, Germany, and Switzerland." *European Journal of Political Research* 49(4): 545–573.

Traxler, F. (2010). "The Long-Term Development of Organised Business and Its Impli-cations for Corporatism: A Cross-National Comparison of Membership, Activities, and Governing Capacities of Business Interest Associations, 1980–2003." European Journal of Political Research 49: 151–173.

Ulrich, J. G. (2006). "Wie groß ist die 'Lehrstellenlücke' wirklich? Vorschlag für einen alternativen Berechnungsmodus." *Berufsbildungin Wissenschaftund Praxis* 35 (3): 12–16.

Vogler-Ludwig, K., Düll, N., Leitzke, S. and Letzner, V. (2003). Ausbildung für einfache Berufe: Identifizierung von Tätigkeitsfeldern mit weniger komplexen Anforderungen als Basis zur Schaffung neuer anerkannterAusbildungsberufe mit abgesenktem Anforderungsniveau. Kurzfassung desEndberichts, Gutachten fürdas Bundesministerium für Wirtschaft und Arbeit. Munich: Economix Research & Consulting.

Wagner, K. (1999). "The German Apprenticeship System under Strain. " In P. D. Culpepper and D. Finegold, eds. , *The German Skills Machine: Sustaining Comparative Advantage in a Global Economy*. New York: Berghahn Books, 37−76.

Zedler, R. (1995) . "Zweijährige Ausbildungsberufe in der Metall-Industrie. " *IBV-Informationen* 49: 4333−4335.

Zeller, B. (2007) . "Neue Qualifikationsanforderungen an derSchnittstelle von einfacher Arbeit und Facharbeit am Beispielder Elektroindustrie. " In H. Dietrich and E. Severing, eds. , *Zukunft der dualen Berufsausbildung: Wettbewerb der Bildungsgänge*. Bielefeld: Bertelsmann, 61−82.

4 荷兰迈向集体主义技能形成的漫长道路

凯伦·安德森

丹尼·奥德·尼赫伊斯

荷兰的经济和社会制度在很大程度上偏离了社会科学中的理想类型。该国的福利国家模式很难放入艾斯平－安德森①提出的"福利世界"② 分类中，它的政治经济体混合了自由市场经济和协调市场经济的特征。荷兰的技能体系也难以被清晰归类，它不能被简单地归为以学校为基础的培训和以工作场所为基础的双元制体系。与其他协调市场经济体不同，荷兰职业教育培训体系主要以学校为主导。自第二次世界大战后，以工作场所为基础的培训比例逐渐提高。此外，荷兰技能形成体系更强调通用技能，而非特定的岗位专用技能。

本章深入探讨了荷兰职业教育培训体系的起源及其后续发展，描述了该国如何在早期选择了以学校为主的职业教育培训体系，以及第二次世界大战后转向双元制体系。与近期历史制度主义文献相一致，本章强调环境、时间和发展序列在解释荷兰职业培训轨迹中的重要作用（例如Trampusch，2000）。具体而言，荷兰早期职业培训发展受到了多因素的影响，包括行会消亡后手工业部门的弱化、后发的工业化、原型民主时期自由主义的主导地位，以及教育中的政府干预模式。在前工业化、原型民主时期，小企业雇主在缺乏类似德国的专业组织保护的情况下，提供了未经协调的、低技能的工作场所培训。19 世纪 50~60 年代，小企业和地方政府合作创立手工业学校（ambachtsscholen），以便为手工业提供更为先进的培训，并通过进口劳动力来满足高技能劳动力的有限需求。从 1870 年

---

① 艾斯平－安德森是意大利特伦托大学比较的社会制度教授。他曾在哈佛大学和佛罗伦萨的欧洲大学任教，研究集中在社会民主、比较的社会政策、福利国家和劳动力市场等问题。他是《反市场的政治学》（*Politics against Markets*，普林斯顿大学出版社，1985 年）和《福利资本主义的三个世界》（*The Three Worlds of Welfare Capitalism*，波利蒂出版社和普林斯顿出版社，1990 年）的作者，还是《变化着的阶级》（Changing Classes，塞奇，1993）一书的合著者和编者。译者注。

② 荷兰的福利国家是一种混合体，结合了"保守/法团主义"和"社会民主"特征（参见Esping-Anderson，1990）。

开始的工业革命全面改变了这个局面，工业革命导致大规模企业雇主出现，它们需要高技能劳动力。这些工业雇主开始呼吁实施工作场所培训，但是手工业学校享有先发优势，小型企业仍然在经济中居于主导地位，它们通过手工业学校来满足它们有限的培训需求。荷兰从 1891 年开始资助手工业学校，1919 年出台了规范这些学校的立法，20 世纪 20 年代手工业学校已经在荷兰站稳了脚跟。

后发工业化意味着与其他西欧国家相比，荷兰雇主和工人组织起来的时间较晚。20 世纪早期，以学校为基础的培训体系已经建立，这些培训机构得到国家的支持、受到国家的监管。此时，小型企业仍然掌控劳动力市场。在此历史背景下，职业教育和培训的组织化偏好逐渐浮现。20 世纪初，大型企业开始引入正式的学徒制培训，但是发展缓慢。1919 年、1963 年和 1994 年的三次培训立法，进一步确立和强化了国家在职业教育培训体系中的角色，同时建立了培训内容和技能认证的制度框架。

荷兰技能形成体系的发展轨迹提供了后续制度选择取决于早期决策的典型范例。荷兰早期选择了以学校为基础的职业教育培训体系，这决定了在后续改革过程中各参与方如何确定它们的利益。尽管在 20 世纪初，大型工业雇主具有较大的经济影响力，但以学校为基础的教育培训体系已经较牢固，压制了工业雇主对建立更完善学徒制体系的呼声，后者不得不建立在已有学校培训体系之上。荷兰案例还揭示出，雇主对不同类型培训的偏好取决于国家参与的特定模式。当国家提供培训支持时，小型企业普遍更偏好集体主义的学徒制培训，而大型企业更倾向于以工作场所为基础的培训（见第三章）。在缺乏国家支持的情况下，小型企业更偏向于选择以学校为基础的职业培训，因为以工作场所为基础的培训成本太高；大型企业的选择与此不同，只要它们可以从工作场所培训中获取一定的收益，大型企业通常愿意资助并提供此类培训。

本章通过追溯荷兰技能形成体系的历史根源，论述了以下观点。下一节描述了当前荷兰的职业教育培训体系，并强调以学校为基础的培训与以工作场所为基础的培训之间的关系。继而，回溯荷兰职业教育培训体系的历史发展，并重点分析薄弱的手工业者组织、早期自由主义的主导地位以及后发工业化的影响如何互动。本章还分析了以学校为基础的职业教育培训体系的出现和 20 世纪上半叶学徒制体系的发展；此后，分析了第二次世界大战后，荷兰技能形成体系的发展，强调了双元制教育轨道的重要性。

一 当前职业教育培训体系的描述

荷兰职业教育培训体系的显著特点是学校教育占据主导并享有较高社会地位。在该体系中，政府通过管理控制和财政资助两种形式强势参与其中，而工会和雇主的参与得到制度保障。与德国等协调市场经济国家相似，在初等教育结束后，荷兰将中等教育清晰地区分为普通教育（或称为理论教育）与职业教育。在荷兰，5~16 岁属于义务教育阶段；对于未获得有效初始职业资格证书的学生，义务教育延续到 18 岁。初等教育一般在 12 岁结束，此后学生被分流到三种不同的中等教育轨道。

1. 大学预科（voorbereidend wetenschappelijk onderwijs，VWO）：学制六年，其对象是准备进入研究型大学（wetenschappelijk onderwijs，WO）学习的学生。

2. 普通中学（hoger algemeen voortgezet onderwijs，HAVO）：学制五年，其对象是准备进入高等职业教育（hoger beroepsonderwijs，HBO）应用技术大学学习的学生。

3. 初级中等职业教育（voorbereidend middelbaar beroepsonderwijs，VMBO）：学制四年，其对象是准备进入职业高中（middelbaar beroepsonderwijs，MBO）学习的学生。

荷兰教育培训体系允许学校在中等教育准备阶段的最初一年或两年内融入不同的教育轨道，从而允许学生推迟选择自己未来的教育路径。此外，还允许已经完成较低层次教育（如初级中等职业教育或普通中学）的学生在两年内升入并完成较高层次的教育（普通中学或大学预科）。最后，许多学生在完成了大学预科教育之后，接受了应用技术大学的高等职业教育，而另一些学生在完成了普通中学教育之后，继续在高中阶段的职业教育机构（职业高中）接受教育。

约60%的小学毕业生进入初级中等职业教育学校，另外的20%进入普通中学，还有20%进入大学预科。大约有3/4的接受初级中等职业教育的学生进入职业高中学习（高中阶段职业教育包括四个层次，学制为1~4年）。许多普通中学的毕业生也进入职业高中学习，这是最受16岁后继续学业学生欢迎的教育选择。

高中阶段的职业教育包括两个平等但不同的教育轨道，即以学校为基础的轨道（beroepsopleidende leerweg，BOL）和以工作场所为基础的轨道（beroepsbegeleidende leerweg，BBL）。这两个轨道均结合了学校学习和工作场所学习，但二者的比例和实施方式有所差异。以学校为基础的轨道包含20%~60%的工作场所学习，以工作场所为基础的教育轨道包括超过60%的工作场所学习。以学校为基础的教育轨道最受欢迎，大约2/3的接受高中阶段职业教育的学生选择这种方式（参见附录表4-A1的统计数据）。然而，近几十年来，以工作场所为基础的教育轨道越来越受欢迎（例如Maes，2004；Onstenk，2010）。

与此同时，政府致力于推广双元制教育（Onstenk，2010），导致在以学校为基础的教育轨道中，工作场所培训的实际数量逐渐增加，2005年约占课程的一半。因此，诸如欧洲统计局（Eurostat）和经济合作与发展组织（OECD）这样的国际组织已开始将荷兰视为双元制教育系统，在这一系统中，学校教育与工作场所培训结合得相对紧密（Eurostat，2003；OECD，2004；Wolbers，2003）。欧洲统计局报道，74%的荷兰高中阶段学生混合了学校教育和工作场所培训。值得注意的是，多数学生是通过以学校为基础的教育轨道参与工作场所学习，这意味着他们不是学徒而是实习生，一般工作时间较短（3~6个月），并且不签署劳动合同。①

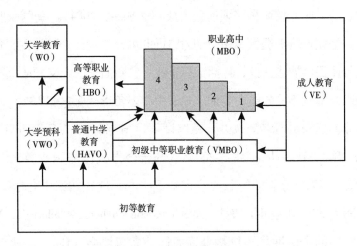

图 4-1 荷兰职业教育体系

注：阴影区域中的数字表示高级中等职业教育的教育年限。

图4-1展示了职业教育与普通教育（或称学术教育）之间的关系。荷兰职业教育培训体系以公立教育为主，是由区域组织的培训中心承办，其目的是保障中等职业教育能满足劳动力市场需求。大部分中等职业教育

---

① 在选择工作场所学习轨道的学生中，约有30%没有签订工作合同，只签订了学徒合同（Bronneman-Helmers，2006）。

机构的教学由 43 个区域培训中心（Regionale Opleidingscentra，ROCs）提供①。因为这些培训中心的规模较大且具有地域特点，它们比过去众多分散的职业学校能更有效地建立与劳动力市场联系。区域培训中心的规模各不相同，学员人数从 2000 名到 24000 名不等（Maes，2004）。此外，荷兰还有 12 个农业培训中心和 13 个服务于绘图、交通运输等行业的行业专业院校。1996 年以来，私立学校也可以提供高级中等职业教育，但是区域培训中心仍然占据主导地位。

荷兰技能形成体系的核心特征是雇主和工会与以学校为基础的培训体系的紧密联系。正如一位专家指出，有组织的劳动力市场和教育之间的密切合作是荷兰职业教育和培训理念的核心（Maes，2004）。全国职业培训知识中心是联系培训提供者和劳动力市场的中介机构。它们的主要职责是为特定行业提供技能认证，包括招募企业、监督质量、定义职业框架以及定义与职业框架相关的能力要求。知识中心还负责确保它们所在行业有足够的学徒名额和实习名额，以及将培训项目与劳动力市场需求匹配起来（Maes，2004；Hoevels et al.，2006）。社会合作伙伴与职业教育培训代表负责管理 17 个行业内的职业培训知识中心。这些知识中心依据 1994 年的《教育和职业培训法案》（Wet educatie en beroepsonderwijs，WEB）建立，它们的全国性代表机构是荷兰职业教育协会（Colo）。教育督查（Onderwijsinspectie）作为教育、文化和科学部的一部分，监督区域培训中心和私立教育机构的教育质量。

荷兰的教育和劳动力市场研究中心（Researchcentrum voor Onderwijs en Arbeidsmarkt，ROA）每两年发布一次劳动力市场发展预测。荷兰职业教育协会利用教育和劳动力市场研究中心的数据来预测

---

① 它们可以称为英语中的"社区大学"。

行业技能需求。区域培训中心根据这些信息来调整课程和招生规模，以适应不断变化的劳动力市场需求。荷兰的工作和收入中心（Centrum Voor Werk en Inkomen，CWI）负责对失业人员进行再培训，有时会与教育和劳动力市场研究中心、荷兰职业教育协会合作帮助失业者寻找工作。

中央政府为地方政府的成人教育提供经费，直接资助区域培训中心所提供的职前培训，同时也为企业的培训提供资助。2002 年，中央政府共向区域培训中心提供了 20 亿欧元，这些中心得到一次性拨款资助。年满 16 周岁的学生向中央机构（IBG）而不是区域培训中心支付学费。在子女满 18 周岁以前，父母可以领取儿童津贴；此后，学生可以得到教育奖学金。行业培训经费（Onderzoek en Ontwikkelingsfunsen，O&O）是集体工资谈判的一部分，用于支付在职继续教育和培训，而不是职前培训的费用。工资总额的 0.1% 到 0.64% 用于支付行业培训基金，大约有 40% 的荷兰企业参与这个培训基金项目。区域培训中心的学生可自行支付学费，同时也有资格获得公共教育贷款。

荷兰职业教育培训体系最引人注目的特征之一是企业雇主之间的协调直到 20 世纪 80 年代才出现。直至 1994 年《教育和职业培训法案》的出台，企业才被正式纳入全国职业教育培训体系。此前，荷兰只有零散无序的职业学校，企业无法系统性地影响这些学校的课程。《教育和职业培训法案》的早期版本提出，改革中的职业教育培训体系要替代学徒制体系并继承它的功能，雇主和工会仍然运行着学徒制体系，并力图保持现状。

企业与工会一起经营着学徒制体系，它能提供可以迅速进入生产过程的熟练技能工人。学徒工资通过集体谈判决定，一般至少相当于最低工资或者青少年最低工资①。企业可以从国家得到财政支持（学徒工资可以进行税前减免），也可以从行业培训基金中得到支持（专家访谈，2007年6月）。然而，荷兰技能形成体系中，企业的技能需求并非总能很好地被整合到职业教育培训体系中。20世纪70年代，企业抱怨职业教育培训体系对劳动力市场所需技能的关注严重不足。1994年的《教育和职业培训法案》改革旨在解决这一问题。改革的具体措施包括赋予企业和工会更大的权利，让它们能更多地参与制定职业教育培训的内容以及技能认证标准。改革还强调基于工作场所的培训在整个教育路径中的重要性，这一点在以学校为基础的教育路径中也得到了体现。

工会对职业教育培训采取了务实的态度。工会在职业教育培训内容和技能认证与劳动力市场需求匹配的问题上表现得较为灵活，更关注学徒的工资和工作条件②。以学校为基础的职业高中教育轨道的社会地位，高于以工作场所为基础的职业高中教育轨道，因而荷兰技能形成体系中以学校为基础的培训居于主导地位。学徒制虽然缺乏吸引力，但仍然是被广泛接受的一种技能培养模式。这两条路径对于青年人来说均可行。实际上，从历史上来看，荷兰的青少年失业率一直比较低。职业高中教育委员会（MBO Raad）报告，大约3%的职业高中毕业生在毕业六个月后尚未就业。拥有较高文凭（第三级或第四级证书）的毕业生比拥有较低文凭（第一级或第二级）③的毕业生失业率更低（BVE Raad）④。

---

① 完整的最低工资（目前标准是1416欧元每月）只适用于23岁以上的劳动力。22岁的青年工人得到这个工资标准的85%，21岁得到72.5%，20岁得到61.5%，19岁得到52.5%，18岁得到45.5%，17岁得到39.5%，16岁得到34.5%，15岁得到30.0%。

② 2005年全部津贴相当于2亿欧元或者每个学徒1400欧元。每个学徒得到的最高补贴是2500欧元（参见Bronneman-Helmers，2006）。

③ 专家访谈，2007年6月。

④ 高中阶段的职业教育授予四种文凭：第一级代表最低，第四级代表最高。

二 职业教育培训体系的历史发展

1. 18世纪和19世纪

四个关键因素塑造了荷兰职业教育培训体系的历史发展，即行会系统的消亡、后发的工业化、早期荷兰国家形成过程中自由主义的主导地位，以及国家学校系统的出现。劳工和雇主协会在强大的自由主义国家背景下发展起来，后者认为职业培训没有必要。19 世纪中叶，小企业和地方政府联手建立了手工业学校，但这些学校很快被证明无法满足大型工业企业的需求。到 20 世纪初，国家为新兴的手工业学校提供了有限支持，同时，大型企业也加大了它们在工作场所培训方面的努力。

行会的消亡伴随着荷兰第一次民主试验和集权制国家的出现①。在经历了几十年的萧条之后，1798 年宪法废除了当时的行会系统（Brouwer Anker，1895）。荷兰历史学者对行会消亡如何影响了技能发展持不同意见。一派学者认为此时出现了培训的真空状态，这为 19 世纪荷兰经济发展带来了灾难性影响（De Groot，1921；Goudswaard，1981）。另一派学者认为与在行会系统中一样，工作场所继续培训劳动力，但是它们失去了正规行会的保护（Dodde，1985）。本章无意在此评判这一历史争论，就本章的目的而言，关键问题是行会消亡后手工业者在招募学徒时，不必再征得同僚们的同意。行会系统被严重弱化了，尽管一些行会幸存下来，但没有出现类似德国的商会。如同在丹麦，尽管行会已经失去了大部分的组织能力，但它们仍然进行了重组，这种重组经常围绕行会的福利功能进行，

---

① 1795 年标志着 1579 年建立的荷兰联邦的结束。新的"Batavian Republic"（属于法兰西共和国的附属国）将七个省统一形成一个集权制国家，这个共和国 1806 年灭亡，此时荷兰被置于法国的直接统治之下，并被命名为荷兰王国（Kingdom of Holland）。1815 年，荷兰王国正式建立（Kingdom of the Netherlands）。

比如为寡居者提供津贴和为伤病者提供补偿。当时荷兰没有其他机构出面提供培训，所以旧行会手工业者在失去行会制度保障的情况下继续培训工作。鉴于行会的垄断远大于它们的培训职能，对手工业者来说，继续培训学徒并不困难。简而言之，这个分散、不受监管的系统继续以与旧行会制度大致相同的水平提供技能培训。

19 世纪早期，多数工人在工作场所获得基本技能。想成为工匠的手工业者通过在职培训获得技能，而更有野心和更加富裕的工人进入绘图学校（艺术和设计院校，tekenacademies/tekenscholen）的夜校进行学习。这些学校出现在 18 世纪中期和晚期，主要针对行会外的工人。到 19 世纪早期，一些绘图学校幸存下来，它们开始向白天工作的手工业者提供晚间课程。尽管名字有别，这些学校以教授绘画、制图和几何为主（Wolthuis，1999），学校教师是从前行会中的大师（ambachtsmeesters）。19 世纪颁布的一系列法律旨在管理这些学校的活动。例如，1817 年的法令规范并促进了这些学校的发展，地方政府在管理中扮演了重要的角色。1829 年颁布的另一项皇家法令针对的对象是手工业者的继承者和将成为经理和主管的人，该法令将绘图学校的教学范畴从美术领域拓展到了工业领域（Wolthuis，1999）。

在此背景下，起源于行会系统的绘图学校进行了重构，借用学者（Streek 和 Thelen，2005）的术语，它们"转向新的目的"，以便于在行会学徒制解体时提供某些技能培训。手工业大师不是推动这一发展的唯一角色。18 世纪晚期成立的一些社会组织也对 19 世纪出现的以学校为基础的培训起到了推波助澜的作用。1832 年，公共福利协会（Maatschappij tot Nut van't Algemeen）向荷兰经济学会（后改称荷兰工业促进协会）在 22 个城市建立的技术学校提供了资助[1]。这些新学校面临多重障碍，尤其是

---

① 经济学会的名称后来改为荷兰工业促进协会。

在经费方面。但是正如下一节指出的，它们成为日渐成形的职业教育培训体系的重要组成部分（Wolthuis，1999）。

在国家形成的初期，荷兰的自由党居于主导地位，但它并没有积极推动培训制度的发展。这种谨慎的态度主要基于两点考虑，首先，无论对手工业大师还是普通工人，专业资格都既无必要，也不值得拥有（Goudswaard，1981）。其次，政府并没有把为手工业提供日常教育和培训作为其工作目标。因此，1817 年和 1829 年的法令赋予当时处于困境中的绘图学校合法地位，自由党政策也为限制政府过度卷入职业培训设定了一个先例。

到 19 世纪中期，普通教育与职业教育尚未整合起来。政府把加强对普通教育体系的控制作为集权化的一部分，而以学校为基础的职业培训体系发展很不平衡，与政府的教育体系也没有太多的联系。19 世纪 50 年代，手工业学校在国内不同地区兴起，旨在满足完成初等教育的 12~14 岁年轻人的教育需求。这些早期的手工业学校在一定程度上取得了成功（De Groot，1921），并且迅速开始增加课程。与传统的绘图学校不同，这些学校将理论学习和实践培训相结合，提供的课程包括砌石、房屋粉刷、排版、家具制作、木工和编织等。这些手工业学校起步缓慢，因为它们只提供日间课程，许多学生在完成一年学业后就辍学了（Dodde，1993）。尽管存在各种困难，有学者（De Groot，1921）注意到这些以学校为基础的培训项目很快被认为是进入工作场所必需的先修课程。

由于荷兰工业化进程启动较晚，雇主协会和工会很晚才开始组织起来。小规模手工业者在荷兰创建了多个重要组织，如工人阶级协会①（Maatschappij voor de Werkende Stand）、建筑促进协会（Maatschappij tot

————————
① 这是一群小手工业雇主。

Bevordering van de Bouwkunst）和工业家和小商业所有者协会（Vereniging van Industriëlen en Werkbazen）。这些组织在 19 世纪 60 年代创建了最早的手工业学校，并在后期手工业学校网络的形成和发展中扮演了重要角色。在法律上，大多数手工业学校由基金会组织建立，而雇主通常担任这些基金会的董事会成员。到 20 世纪初，这些学校的董事会开始扩充并接纳工人阶级代表和专家（Trip，1977）。

手工业学校与重要的学校教育改革同期出现。1863 年荷兰《中等教育法》（Middelbaar onderwijswet）的发布是普通教育体系发展的里程碑，但它几乎没有涉及职业教育。自由主义政府并不热衷于帮助经济部门解决培训劳动力问题，认为职业培训应该是工业界的职责。相反，政府的职责是为从工作场所学到的技能提供基本理论知识方面的补充，当时，认为应该在工作场所获得职业资格的观点仍居主导地位（Dodde，1993）。公共福利协会试图游说政府在《中等教育法》中加入职业技术教育内容，但是没有取得成功（Wolthuis，1999）

尽管存在各种局限，新的法律还是为手工业者面临的培训问题提供了部分解决方案。该法律要求居民超过 1 万人的城镇设立"社区公民日间学校"（burgerdagscholen）和"社区公民夜校"（burgeravondscholen）①，提供以理论知识为主的职业技术教育。该法律的理念是，以学校为基础的职业教育应该提供适合各行各业的通用课程，而不是为某一个行业进行专门培训。由于很多儿童从 12 岁开始工作，社区学校应该负责为他们提供日间或者晚间的课程（Boekholt 和 De Booy，1987）。正如有学者（Wolthuis，1999）指出，1863 年立法考虑的职业教育受众是中产阶级，包括工匠和农民，以学校为基础的职业培训将较低社会阶层排斥在外。

---

① "公民"的翻译有些误导，因为该法律针对的是资产阶级，而非所有公民。

　　这些新兴的社区学校不得不与现存的绘图学校和手工业学校竞争。表4-1展示了1870~1900年不同类型职业学校及其学生的数量。社区日间学校不太成功，但是社区夜校数量逐步增长。手工业学校逐步发展，到了1895年，它的增长速度远远快于社区夜校。1863年立法并没有阻止产业界继续游说政府介入职业技术教育。1872年，荷兰工业和贸易协会（Nederlandsche Maatschappij voor Nijverheid en Handel）要求政府建立公办职业学校，但是自由派部长直言不讳地回应，政府直接主办职业教育是不被允许的，1863年立法已经将职业技术教育与培训的职能交给行业部门（Meijers，1983）。1863年立法为在普通教育体系之外发展职业教育奠定了基础，职业教育体系包括新兴的社区学校、已有的绘图学校和初期的手工业学校。后续职业教育培训体系的发展锚定于这样的预期：建立以学校为基础、以理论为导向的职业培训，作为获取在职技能的补充。

表4-1　荷兰以学校为基础的职业培训的发展情况（1870~1900年）

单位：所，人

年份	社区日间学校		社区夜校		绘图学校		手工业学校	
	学校数	学生数	学校数	学生数	学校数	学生数	学校数	学生数
1870	5	208	32	3339	—	—	2	214
1875	5	330	33	3642	35	3477	4	473
1880	4	204	34	3830	35	3545	6	553
1885	1	46	38	3847	38	3787	10	672
1890	1	51	37	4652	43	4174	14	996
1895	1	44	37	5510	51	6160	20	2499
1900	1	37	42	6981	82	8653	21	3181

资料来源：Doode（1993）。

总而言之，社会经济发展推动了荷兰 19 世纪前半期的教育政策发展（Doode，1993）。18 世纪末 19 世纪初，荷兰出现了经济停滞，且由于法国对荷兰的占领，经济问题恶化，只有农业部门得到了持续发展。1810 年 45% 的劳动力在农业部门就业[①]，20% 在手工业和工业部门就业（Doode，1993）。小企业占统治地位，工人技能水平不高（Idenburg，1964）。所有的公民都能接受非强制性的初等教育，但是中等教育被社会精英[②]垄断。对于多数在小规模作坊和农业部门就业的劳动者而言，人们普遍认为必要技能应该从工作场所获得，这种观点在小规模农户中特别盛行，这意味着经济部门参与者对职业教育几乎没有需求，技能培训对学习一门手艺或者在工厂工作不是必要条件。部分雇主对职业学校也持怀疑态度，因为他们只需要廉价劳工，而不是技能工人，或者他们害怕学校教育会培养出一批不服管教的工人（Doode，1993）。对于逐渐衰弱的中产阶级，包括早期的行会成员及其家庭，绘图学校和后来的手工业学校提供了专门迎合他们需求的职业教育培训。

2. 19世纪晚期

19 世纪，荷兰并未致力于建立公共或者集体化的职业教育培训体系。在此期间唯一产生持久性影响的举措是 19 世纪 60 年代手工业学校的创建。然而在其存在的最初几十年里，这些学校相当边缘化，全国范围内的学生数量仅数百人。其他形式的职业教育（如绘图学校和社区学校）也不过培训了几千名学生（参见表 4-1）。此时，荷兰也没有任何正式的学徒制体系。企业一如既往地通过简单的在职培训获得技能劳动力，对正式文凭或者职业资格完全不在意。

此时，荷兰以农商经济为主，多数企业可以通过这种方式满足技能需

---

① "Nijverheid" 指的是涉及使用和加工原材料的工作，所以它包括了大小工业。

② 这部分精英包括贵族、资产阶级和高层公务员。

求。与其他欧洲国家相比，荷兰工业化开始得相当晚。工业部门在全体劳动力中的比重一直较低，从 19 世纪中叶的 1/4 逐渐提升到 1899 年的 1/3（Griffiths 和 Van Zanden，1989）。工业企业生产的多数产品满足当地市场和区域市场的需求，生产这些产品不需要具有高技能的劳动力。此外，企业规模相当小，它们难以建立正式的学徒制或者允许它们的工人去接受日间培训。1850 年在荷兰 47 个行业中，32 个行业企业的平均规模小于 5 人。大约 80% 的工人所在企业的员工数少于 10 人。直到 1889 年，这一比例仍然维持在 77.5%（De Jonge，1976）。

19 世纪末，原有在职培训方式已无法满足许多企业的需求。19 世纪 90 年代，荷兰开始了大规模的工业化进程，导致更大规模和专业化工业企业的出现。1909 年，45% 的产业工人在拥有 10 名以上员工的企业工作，其中近 1/3 的工人在拥有超过 50 名员工的企业工作。在新的经济背景下，缺乏专业教育和培训成为一个问题。荷兰一度流行从国外引进劳动力来满足技能需求（Dodde，1993）。然而，从长远看，投资劳动力的学校教育和培训是更有效的解决方式。

荷兰的工业化进程始于 19 世纪 90 年代，后发且迅速的工业化意味着世纪之交的前后十年成为荷兰职业教育培训体系的关键形成期。在这期间，工业学校及其学生的数量增长迅速，这一发展得到了政府的经费支持。在此时期，荷兰做出了以学校为基础培训的"制度选择"。其实 1890 年前后，荷兰仍然有机会采取双元制培训体系，学校内接受培训的学生数量仍然很少，重要工业部门仍然偏好学徒制而不是学校培训。但是到了 20 世纪 20 年代，工业学校得到了极速发展，几乎没有企业还偏好学徒制，以学校为基础的职业培训体系由此稳固地建立起来。

在这一时期，大多数世俗或宗教派别的政党，仍持这样的观点，即最好将面向工业的实用教育交给工业界自行处理。直到第一次世界大战后，这种观点才发生了明显的改变。在此期间，选择以学校为基础的职业培训体系主要受到产业行动的影响，并被新兴雇主协会与工会的职业偏好所驱动（Trampusch，2010），这些行动和偏好在很大程度上反映了荷兰当时的经济结构。在这个时期，荷兰经济主要由小型企业构成，后者由于自身规模较小且对学徒制度不熟悉，难以发展出正规的学徒制体系，更倾向于实施以学校为基础的职业培训体系（Vonck，1977）。因此，它们与对学校培训持怀疑态度的大企业截然不同。

19 世纪 90 年代至 20 世纪初的 10 年间，手工业学校与学徒制的关系成为工业界的关注焦点。例如，1895 年荷兰工业促进协会（Nederlandse Maatschappij ter bevordering van Nijverheid）展开了一场辩论，讨论手工业学校与工作场所的学徒制哪一种更能满足企业的技能需求。大部分企业支持手工业学校，尽管大型机械化工业企业与小型手工业企业之间的看法存在明显差异。小型手工业企业认为，学员不适合在手工业工场进行培训；而大企业认为学校提供的实用培训有限，对工厂来说最好的技能培训是在企业内进行的培训。当然，类似于施托克集团（Stork）这样的大企业也认识到对青少年进行通识教育的重要性（Nederlandse Maatschappij ter bevordering van Nijverheid，1895）。总体而言，这次争论得出的结论是学校培训是更合适的形式。原则上，工业界应该促进手工业学校的发展，在没有手工业学校的地方，应促进学徒制与夜校教育的融合发展（Meppelink，1961）。有学者（Wolthuis，1999）认为，这场辩论的结论有效地终结了试图将学徒制度置于手工业学校之上的尝试。

新兴的工会和左翼党派也开始倾向于支持手工业学校而不是学徒制。1900 年工会和左翼党派召集的全国大会提出了有关学徒制的几大问题，最主要的问题包括雇主缺乏培训所需资源、学徒从事的工作与他们的培训无关、学徒被当作廉价劳动力，以及企业学徒制体系对学徒上夜校的要求太高。这次会议的结论是明确支持学校培训，当然也有少数工会代表捍卫学徒制（Wolthuis，1999），这表明对此的意见分歧由阶级立场决定，主要取决于工人和雇主所在产业的类型和企业规模。

学徒制扩展的最后一个障碍是许多企业反对政府对学徒制合同施加的管制（荷兰工业促进会，1895）。这在1919年的《工业教育法》（Wet op het nijverheidsonderwijs）中变得非常明显，该法案规定向正式雇用学徒的企业提供补贴。该法案也将手工业学校的补贴从总成本的50%提高到70%。两种补贴都与政府规制相关，必须得到有关部门的批准。尽管这些规定并未阻止20世纪20~30年代手工业学校的发展，但是有理由相信它们在一定程度上使企业不愿意正式雇用学徒（Ellerman，1972）。1919年法案实施后的20年中，手工业学校（此时更名为工业学校，nijverheidsscholen）的学生数量从大约1万人增长到7万人。相比之下，被正式聘用为学徒的工人和学生的数量在20世纪20~30年代从未超过3000人（参见表4-2）。

表4-2　荷兰职业学校和学徒制的发展情况（1900~1938年）

单位：所、人

年份	手工业学校、职业日间学校和工业夜校		学徒制
	学校数	学生数	学徒数量
1900	138	17774	无数据
1930	458	60841	2542
1938	425	73003	2614

资料来源：Meijers（1983）。

1919年《工业教育法》促进了手工业学校体系的发展。手工业学校注册学生数量快速上升，同时课程持续时间也从2年延长到3年。这使得更多学生有了更长的学校学习时间。1935年政府出于预算考虑将课程周期缩短为2年，此举引起很大争论，第二次世界大战后这个决定很快被推翻。值得注意的是，即使在 20 世纪 30 年代，精密金属加工、汽车工程或电气工程等专业的学生，仍然可以选择三年期的学习。这一趋势也持续到了战后，即根据学生能力和专业的不同，工业学校的学制逐渐出现差异。

1919 年法案也改善了技能供给方面的协调性。20 世纪初期，荷兰的职业培训是由快速扩展的工业学校、设计学校和并不充分的学徒制混合而成，它们之间缺少有效的协调。1919 年法案促进了对现有供给方式的整合，并使职业教育培训体系更加贴近地区需求。该法案规定，工业学校得到的津贴必须经过政府部门的批准，并要接受政府部门对规章、课程、时间表、学校建筑质量和员工薪酬的督导。1899 年政府已经建立了学校督导队伍，但是法案对学校教学的内容和资格认证并未做出具体规定，为产业界提供了创办或扩展学校的动力。

3. 第二次世界大战后时期

第二次世界大战后，荷兰政府实施了积极的工业化政策，核心是提升职业教育和培训的质量与规模。根据学者（Meijers，1983）的观点，正是在这个时期，政府开始深刻认识到职业教育的重要性，并首次决定打破"实用工业教育应由产业界自行负责"的传统观念。从那时起，政府积极努力改善以学校为基础职业教育的质量。数十年后，政府才开始致力于工作场所培训质量和规模的提升。尽管如此，这并没有阻碍学徒制的稳步发展。第二次世界大战后的最初几十年中，学校职业教育的学生和学徒数量显著增长。

第二次世界大战后，雇主和工会也更积极地介入职业教育。荷兰的法团主义在第二次世界大战前已经打下基础，20 世纪 50 ~ 60 年代得到迅猛发展，法团主义制度开始深入渗透到劳动力市场的各个层面。劳动基金会（Stichting van de Arbeid）成为最高层次的双边和三边社会经济议题的讨论平台。荷兰社会经济委员会（Sociaal Economisch Raad，SER）根据三方讨论结果，向政府提供咨询和建议。20 世纪 60 年代集体协议的覆盖范围迅速扩大，覆盖了劳动力市场的 90%。学徒制培训在集体协议中的重要性逐渐提升；社会合作伙伴一致同意适度扩张学徒制培训，而政府通过提供税收激励来促进扩张。

第二次世界大战后，政府对技能发展的关注明显体现为学制的延长。1949~1975 年，荷兰通过几次立法将义务教育的年龄上限从 13 岁提升到 16 岁。20 世纪 50 年代末期，大多数工业学校重新开始提供三年制教育；20 世纪 60 年代中期，几乎所有学校都引入了四年制教育。延长学制的趋势与职业学校内部的分化相匹配。学校提供不同的"教育层级"，不同层级的课程和所需年限根据学生能力和专业的差异而有所不同。

1975 年政府将四年制职业教育纳入义务教育之后，职业教育培训体系的分化趋势更加明显。20 世纪 70 年代后期，政府认为四年制中等教育对工人来说是不够的，鼓励未来的产业工人去继续接受日间的高中阶段职业教育。为了实现这一目标，政府只能允许这些职业学校内部出现较高程度的分化。这导致学校四个教育层级之间的功能分化不断加剧，每一个层级需要 1~4 年的额外教育（职业技能培训）（参见图 4-1）。

政府参与职业教育培训的另一个结果是学校课程中通识教育内容的提高，此举的目的是帮助学生为产业就业做好准备。这个战前继承下来的学校教育体系最关注的是手工业者和手工业，该体系主要提供短期的专业化或者"职业"课程，这些课程逐渐被带有更多理论性质的通识课程所取代。这种取代背后的逻辑是现代工业需要帮助人们在复杂、迅速变化、机械化的工业中工作，并给予他们更多流动性技能（Dodde，1985；Westerhuis，2007），产业雇用双方都支持这种思路。荷兰工业联盟（Verbond van Nederlandse Ondernemingen，VNO）等雇主联盟和大型企业（如飞利浦等）在 20 世纪 50~60 年代提高学校课程中通识教育比例的呼声较大（Meijers，1983；Wolthuis，1999）。它们得到了主要工会组织完全的支持，这反映在社会经济委员会（Sociaal-Economische Raad，1958）的政策建议中。多数教育界代表也支持提高课程中的通识教育比例（Meijers，1983）。

教育向更加"通识化"方向发展这一观点得到了广泛支持，原因是它能解决政策制定者面临的另外两个关键问题。第一个问题与职业技术教育密切相关。政府担负着为产业提供合格劳动力的责任，越来越担心手工业学校无法与其他更加通识化的教育类型竞争。提高课程中通识教育的比例被看作增强竞争力的有效途径。部分教师工会持有不同观点，提醒说这种教育通识化会导致工业学校失去它们的特色和地位（Meijers，1983）。第二个问题与第一个问题相关。初等教育在 12 岁结束，学生不得不在相当小的年龄，在职业技术教育和三种普通教育之间进行选择。通过在职业教育轨道中纳入"过渡性"（第一年）通识教育的做法，学校实际上让学生能够推迟一年进行选择和分流。20 世纪 50 年代，"过渡性"（第一年）通识教育的做法成为一种惯例。此后，学校开始提供两年甚至三年的过渡期，与此同时，在过渡年中混合不同类型的教育也成了惯例。

1963 年荷兰的《中等教育法》（Wet op het voortgezet onderwijs，非正式的称呼为 Mammoth Law，Mammoetwet）正式明确了职业教育培训中延长学制、增加内部分化和教育通识化的趋势。该法案一方面正式确立了政府保证产业界所需实践教育的责任，另一方面继续区分"普通"教育和"职业"教育，它所创立的教育结构大部分持续到今天。如图 4-1 所示，该法案区分了三种层次的普通教育：大学预科教育（VWO）、普通中学教育（HAVO）和初级中等职业教育（VMBO）。它将这三种普通教育与职业教育清晰地区分开来。政府为强调职业教育与普通教育相比，具有较低的社会经济地位，将工业学校的名称改为低级技术学校（Lagere Technische School，LTS），这种较低的地位后来成为一个社会问题。

通过将所有类型的中等教育纳入 1963 年的《中等教育法》，荷兰政府强调了其对职业教育的责任。该法未涉及任何关于学徒制的内容，政府以此表明态度，即学徒制是产业界的责任。1968 年通过的《学徒系统法》（Wet op het leerlingwezen）进一步支持了这一观点。该法案的主要目的是为工作场所培训和学校教育相结合的模式设立规则，规定学徒每周四天在工作场所接受培训，一天在学校学习。依照当时荷兰盛行的法团主义实践，该法基本上允许社会合作伙伴通过集体协定来确定学徒制的细节。此外，它要求企业围绕行业来构建所有学徒制体系，加强了当时的趋势，该法亦为企业提供了一定的财政支持。国家补贴的水平与 1919 年《工业教育法》规定相同，大约在整个学徒制培训期间提供 200 荷兰盾（Trip，1977）。政府对学徒制培训补贴水平如此之低，实际上也表明产业界应自行负责学徒制的费用。

幸运的是，产业界承担起了这个重任。在第二次世界大战后的最初几十年，正式注册在学徒制体系中的工人数量大幅提升。1945~1964 年，学徒的数量从 5500 人激增至 70000 人，分布在 30 多个行业中（Trip，1977；Wolthuis，1999）。当然，这些工人参与学徒制项目是对低级技术学校教育的补充而非替代。学徒人数迅速增加的原因首先在于人们越来越相信必须通过继续教育来补充低级技术学校的教育。其次，人们认识到这些学生无法通过日间学校继续接受教育。与当时的 70000 名学徒相比，1964 年低级技术学校仅招收了 16400 名日间学校学生，中等职业教育和高等职业教育招收了 16000 名学生（Wolthuis，1999）。直到 20 世纪 80 年代，16 岁以上的学生继续接受日间教育才成为惯例。当时政府已经通过日间学校和学徒制体系大量投资于继续教育。

20 世纪 80 年代，政府政策调整的一个重要特色是对青年 16 岁之后的日间继续教育进行投资，这也是第二次世界大战后延长学制趋势的延伸。1970 年政府第一次提出投资青年（16 岁以后）日间继续教育的必要性（Karstanje，1988），当时政府尚未感到此事的迫切性。20 世纪 70 年代后期和 80 年代初，这种局面发生了变化，荷兰经历了 20 世纪 30 年代以来最严重的经济危机。由于经济危机、国家竞争力下降、青少年失业率上升以及学徒制数量大幅下降，政府开始重新审视现有职业教育体系的重大缺陷。这引发了一场影响深远的职业教育体系重构，而不是最初仅仅以促进青年 16 岁之后的日间继续教育为目标。

20 世纪 80 年代，教育系统的两大问题引发了广泛关注。第一个问题是低级技术学校未能为学生进入劳动力市场做好充分准备。改进这一问题的提案不仅主张延长学制，还强调重新审视低级技术学校的课程内容。主要观点认为学校过于关注"社会文化层面"，例如降低社会不平等和促进学生的个人发展，但是对核心技术课程关注不够（Meijers，1983）。雇主们在不同的场合表达了对于学校教育体系与劳动力市场缺乏良好匹配的担忧（Van der Klink，1999）。第二个紧密相关的问题是低级技术学校无力与普通中等教育竞争生源。此前几十年，部分教育界代表已经警告提高低级职业教育的通识教育成分会导致此类教育失去自己的地位（Meijiers，1983）。他们的观点得到了证实，低级职业教育越来越被认为是最低级的中等教育。由于学生能够从中等普通教育（MAVO）转入职业高中（MBO），低级职业教育的吸引力进一步下降。从 20 世纪 80 年代中期开始，低级技术学校的注册人数大幅下滑（Wolthuis，1999），这些学校的辍学率也居高不下（Bronneman-Helmers，2006）。

第一个问题的解决方案是鼓励青年 16 岁之后继续接受日间教育，但主要以工作和学习相结合的"双元制"形式实施。投资"双元制"教育的理念最初由知名的瓦格纳委员会（Wagner Committee）① 提出，该委员会在 80 年代初建立，旨在为政府的工业政策提供咨询，得到了广泛的社会支持（Van Dellen，1984）。为了建成双元制系统，政府在随后几年里推出了几个重要项目，其中包括：创建为期两年实践性强的短期中等职业教育课程（Kort-MBO）；投资建立更多中等职业学校；并向学生指明接受低级职业教育已经不能满足进入劳动力市场的技能要求。政府为向学生传递这一信号，将"低级技术学校"更名为"预备职业教育"（voorbereidend beroepsonderwijs，VBO）。政府也通过引入产业培训基金和增设与社会合作伙伴的合作来加大对学徒制系统的投资。这些项目取得了显著成功。1980~1990 年，接受学徒制培训的学生数量翻番，16 岁之后继续接受日间教育变得更为普遍。后者在一定程度上也是一个自然的社会现象，因为年轻人为了应对 20 世纪 80 年代的经济危机，普遍选择延长在学校的受教育时间（Wolthuis，1999）。

1994 年的《教育和职业培训法案》（Wet educatie en beroepsonderwijs，WEB）得到了议会和社会合作伙伴的广泛支持。该法案创立了以学校和工作场所为基础的两条教育轨道。这两条轨道都将学校和工作场所的教育结合起来，但程度有所不同。该法案规定，要获取正式获取进入劳动力市场的资格，需要完成几年的中等职业教育。该法案促进了不同层级的中等职业教育的整合，使学生更容易在职业教育培训体系内流动。为了方便结合学校和工作场所的教育，该法案将现有学校整合为较大的区域培训中

---

① "瓦格纳委员会"通常指的是在荷兰成立的一个特别委员会，负责研究和建议荷兰劳动法的改革。该委员会由荷兰前社会事务和就业大臣、经济学家维尔纳·瓦格纳（Werner Wagner）领导，因此而得名。瓦格纳委员会 2003 年成立，目的是对荷兰的《劳动法》进行根本性改革，以提高荷兰劳动力市场的灵活性和竞争力。该委员会提出了一系列建议，包括减少解雇保护、简化集体谈判制度、提高劳动力市场的透明度等。这些建议引发了广泛讨论和争议，尤其是在工会、雇主和政府部门之间。最终荷兰政府并未完全实施委员会提出的所有建议而是采纳了部分建议对《劳动法》进行了一定程度的改革。

心。该法案还创建了密集的制度网络，将雇主和工会与学校教育系统连接起来。这也部分恢复了 1963 年《中等教育法案》颁布之前的情况，即多数学校由雇主和工会来经营。这些发展得到了教育代表、雇主和工会的广泛支持。

更具争议的决定是将中等普通教育和预备职业教育合并。这一措施明显是为了提升低级职业教育的社会地位，因为这类教育被证明无法与普通教育竞争生源。简单来看，这种做法有一定道理，因为这两种教育的多数毕业生此后接受了中等职业教育。此外，学校越来越普遍地在初等教育之后提供包含通识教育课程的"过渡期"。因此，很多学生在小学毕业后的第三年和第四年才选择进入中等普通教育或预备职业教育（Van der Veen，1996）。这促进了预备职业教育学校的创建，它们吸收了荷兰约 60% 的 12～16 岁的学生（CBS，2007）。然而，预备职业教育的创立并没有改善荷兰低级职业教育的形象。相反，正如几位教育专家的预测，预备职业教育迅速获得了与此前低级技术学校相似的坏名声（Bronneman-Helmers，2006）。

三　结论

本章强调了荷兰为何在早期阶段选择了以学校为基础的职业教育，以及这种选择如何塑造了随后技能形成体系的制度化发展。以学校为基础的职业教育起源于行会衰弱导致的培训缺口。更为确切地说，小型手工业雇主继续培训工人，却缺乏行会的制度性保障，小企业继续提供低技能的培训，需要高技能劳动力的雇主可以从国外聘用人才。直到 19 世纪 70 年代的工业革命起飞时期，地方企业和政治家才联手建立了手工业学校，它们提供小规模雇主无法提供的培训。20 世纪初，学徒制作为一个次优选择逐渐出现。此外，第一批职业教育和培训学校深受手工业的影响，这在一定程度上限制了以工厂生产模式为基础的职业教育培训体系的发展。这些以手工业为导向的学校主要是中产阶级的教育机构，并成为大多数学生追求的标准职业教育途径。直到第二次世界大战后，工业企业家试图将这些手工业学校转变为更符合工业需求的学校，但其努力大多以失败告终。

学校培训的出现产生了很大的社会反响，使学校作为最主要职业培训场所的地位得到了巩固。学校成为各利益相关方关注的制度焦点，因为它们成为分工的核心，即政府负责资助和管理职业学校中的理论教育，雇主来提供实践培训。只要各利益相关方始终将理论教育视为职业培训的核心，且理论教育需要工作场所培训的补充，职业学校的统治地位就得到了保障。直到第二次世界大战后，政府、工会和雇主才改变了它们对以学徒制为基础培训的看法。正如本章所述的，从 20 世纪 60 年代开始，基于学徒制的双元制教育的重要性不断提升。

荷兰培训机构发展的一大显著特征是技能认证和技能提供从未引发真正的政治分歧。19 世纪，非正式的培训方式主导手工业部门；技能提供的水平普遍较低，手工业者作为一个有组织的经济团体也较为薄弱。19 世纪中期，地方商人和政治家联手建立了第一批手工业学校。手工业学校出现之后直至 20 世纪初，关于技能的政治讨论才逐渐显现，那时新兴的工业雇主开始呼吁提供更多的工作场所培训，但是为时已晚，手工业学校已经稳固建立起来，工业雇主也没有准备好参与斗争。1919 年的《工业教育法》正式确立了手工业学校的主导地位，并将学徒制定位为一个较弱的备选方案。

附 录

表 4-A1 不同层级和路径教育的在校生数

单位：1000 人

	1995~1996 年	2000~2001 年	2005~2006 年	2006~2007 年
初等教育	1477	1547	1549	1549
特殊教育（初等）	58	52	48	46
特殊教育	35	46	59	62
中等教育（所有形式）	894	894	940	943
以学校为基础的职业技术教育和培训	320	299	347	355
以工作场所为基础的职业技术教育和培训	116	153	134	141
基础教育	125	125	104	99
成人教育	6	4	5	10
高等职业教育	271	313	357	366
大学教育	178	166	206	208

资料来源：荷兰中央统计局。

参考文献

Boekholt, P. T. F. M. and De Booy, E. P. (1987). Geschiedenis van de school in Nederland. Assen: Van Gorcum.

Bronneman-Helmers, R. (2006). Duaal alsideaal? Leren en werkeninhet beroeps-en hoger onderwijs. The Hague: SCP.

Brouwer Anker, A. J. M. (1895). De Gilden. The Hague: Loman & Funke. (Central Bureau joor de Statistick). (2007). Jaarboek onderwijs in cijfers 2008. Den Haag: CBS.

De Groot, H. J. (1921). Nijverheidsonderwijswet. Alphen aan den Rijn: N. Samson.

De Jonge, J. A. (1976). De industrialisatie in Nederland tussen 1850 en 1914. Nijmegen: Socialistische Uitgeverij Nijmegen.

Dodde, N. L. (1985). Beroepsonderwijs in Nederland gedurende de 19e en 20e eeuw. Rotterdam: Erasmus Universiteit.

——(1993). Dag, mammoet! Verleden, heden en toekomst van het Nederlandse schoolsysteem. Leuven-Apeldoorn: Garant.

Ellerman, T. A. (1972). Het Nederlandse leerlingwezen. Den Bosch: Malmber.

Esping-Andersen, G. (1990). *The Three Worlds of Welfare Capitalism.* Princeton, NJ: Princeton University Press.

Eurostat (2003). Key Figures on Vocational Education and Training. Luxembourg: European Centre for the Development of Vocational Training.

Goudswaard, N. B. (1981). Vijfenzestig jaren nijverheidsonderwijs. Assen: Van Gorcum.

Griffiths, R. and Van Zanden, J - L. (1989). Economische geschiedenis van Nederland. Utrecht: Spectrum.

Hövels, B. W. M., Visser, K. and Schuit, H. (2006). Over "hamers" en "vasthouden" gesproken: Vijfentwintig jaar middelbaar beroepsonderwijs in Nederland: terugen vooruitblik. 's-Hertogenbosch: ACOA.

Idenburg, P. J. (1964). Schets van het Nederlandse schoolwezen. Groningen: Wolters.

Karstanje, P. N. (1988). Beleidsevaluatie bij controversiële onderwijsvernieuwing. Utrecht: Academisch Proefschrift.

Maes, M. (2004). Vocational Education and Training in the Netherlands: Short Description. Luxembourg: CEDEFOP.

Meijers, F. (1983). Van ambachtsschool tot LTS. Nijmegen: Socialistische Uitgeverij Nijmegen.

Meppelink, H. P. (1961). Technisch vakonderwijs voor jongens in Nederland in de 19de eeuw. Utrecht: Elinkwijk.

Nederlandse Maatschappij ter bevordering van Nijverheid (1895). Nationaal Congres omtrent het vakonderwijs en de vakopleiding voor toekomstige werklieden in Nederland. Amsterdam: Munster.

Organisation for Economic Co-operation and Development (OECD) (2004). Education at a Glance: OECD Indicators 2004. Paris: OECD.

Onstenk, J. (2010). "Coaching and Collaborative Work-Based Learning in Dutch VET: The 'TEAMstages' Project." In F. Rauner and E. Smith, eds., *Rediscovering Apprenticeship: Research Findings of the International Network on Innovative Apprenticeship* (INAP). Heidelberg: Springer, 161-70.

Sociaal-Economische Raad (1958). Advies voor de Commissie voor vakopleidingsaangelegenheden over devraag, welkemaatregelenzouden moeten worden getroffen om deopleiding tijdig en op de juistewijze aan te passen aan de eisen diedeversnelde technische ontwikkel-ing, i. c. de automatiseringstelt. The Hague: SER.

Streeck, W. and Thelen, K. (2005). "Introduction: Institutional Change in Advanced Political Economies. " In W. Streeck and K. Thelen, eds. , *Beyond Continuity: Institu-tional Change in Advanced Political Economies*. Oxford: Oxford University Press, 1–39.

Thelen, K. (2004). *How Institutions Evolve: The Political Economy of Skills in Germany, Britain, the Untied States, and Japan*. Cambridge: Cambridge University Press.

Trampusch, C. (2010). "Co-evolution of Skills and Welfare in Coordinated Market Economies? A Comparative Historical Analysis of Denmark, the Netherlands and Switzerland. " *European Journal of Industrial Relations* 16(3): 197–220.

Trip, W. C. S. Laman (1977). Hetleerlingswezen in Nederland. Brussels: Commissie van de Europese Gemeenschappen.

Van Dellen, H. , ed. (1984). Een nieuwe elan. Deventer: Kluwer.

Van derKlink, M. (1999). Effectiviteit van werkplek-opleidingen. Academisch Proefschrift: Universiteit Twente.

Van der Veen, C. (1996). Recht doen aan verscheidenheid: opzet en ontwikkelingsperspectief van de afsluiting MAVO en VBO. The Hague: Commissie MAVO/VBO Aansluitend Onderwijs.

Vonck, B. M. J. L. (1977). De historische fundamenten van het leerlingwezen. Academisch Proefschrift: Oosterhesselen.

Westerhuis, A. (2007). "The Role of the State in Vocational Education: A Political Analysis of the Concept of the History of Vocational Education in the Netherlands. " In L. Clarke and C. Winch, eds. , *Vocational Education: International Developments and Systems*. London: Routledge, 21–33.

Wolbers, M. H. J. (2003). "Combinaties van werken en lerenonder jongeren in Europa. " *Tijdschrift voor Arbeidsmarktvraagstukken* 21(2): 129–139.

Wolthuis, J. (1999). *Lower Technical Education in the Netherlands 1798–1993: The Rise and Fall of a Subsystem*. Garant: Leuven & Apeldoorn.

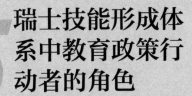

5 瑞士技能形成体系中教育政策行动者的角色

菲利普·戈农
马库斯·毛雷尔

一 引言

在对技能的政治经济学分析中，瑞士被作为集体主义技能形成体系的典范（Trampusch，2010）。这个体系的主要特征是将以企业为基础的学徒制培训作为瑞士职业教育培训系统的核心。在中等教育层次，瑞士私营部门对技能形成的贡献高于任何其他经合组织国家（BBT，2009）。已有文献也指出，技能制度与国家政治经济制度框架其他各方面密切相关，瑞士具备协调市场经济国家特征，例如以高水平集体工资谈判协调企业之间的密切关系（Armingeon，2011；Soskice，1999；Trampusch，2010）。然而，资本主义多样性文献也对瑞士作为协调市场经济国家提出了质疑。在比较各国的制度一致性时，瑞士得分低于其他国家。这是因为瑞士的政治经济制度框架包含了大量自由市场经济体对雇主较为友好的特征，例如较低的就业保障和缺乏对长期雇佣关系激励制度的监管（Kenworthy，2009）。

在某种程度上，瑞士正在逐渐转变为自由市场经济国家，其技能形成体系也经历着这种转变。一方面，卡尔珀珀（Culpepper，2007）认为传统上瑞士的技能形成体系由工作场所内的产业专门化的培训主导，而第二次世界大战后的几十年来，瑞士开始转向强调宽泛的、更加通用的技能培训，这些变化是大企业在瑞士政治经济中占主导地位的结果。另一方面，特兰普施（Trampusch，2010）提出，尽管有证据表明大型国际化企业推动了变革和转型，瑞士也存在一种强烈的渐进式改变倾向，这种倾向不会从根本上改变传统技能形成体系的制度基础，且受到中小型企业代表的支持。

此外，本章指出了资本主义多样性文献中忽视的部分历史因素，特别是整个教育系统的结构性发展和专家所起的作用。职业教育培训系统的变革与社会和经济政策领域的国际辩论和趋势紧密相关（Green，1992；Gonon，1998）。依据历史制度主义的逻辑，本章进一步提出中小型企业（Small and Medium-sized Enterprises，SME）在培训政策制定中的历史重要性几乎没有减弱。对中等教育和高等教育层次更宽泛的学术导向课程需求的增加，并不是企业家成功游说的结果，而是由个体意愿推动，也是全球高等教育大众化的产物。

本章前两部分概述了瑞士集体主义技能形成体系和政治经济制度的基本特征。继此之后，通过分析与培训相关的制度，并将它们与政治经济背景及教育系统的整体发展趋势相联系，本章深入剖析了瑞士集体主义技能形成体系的发展轨迹。最后，本章与以往研究进行对话。

二 瑞士集体主义技能形成体系概述

多数关于瑞士技能形成体系的文献聚焦高中阶段培训，这也是本章的核心。瑞士高中阶段接受职业教育培训的学生比例达到 66%，按照国际标准，也达到了相当高的水平。特别值得注意的是，瑞士各地区之间存在强烈的差异，德语区选择职业教育与培训的学生比例远远高于法语区或者意大利语区。在法语区或意大利语区，更多的学生倾向于进入学术导向的精英学校，以获取瑞士的学术学士学位（Swiss Academic Baccalaureate，BBT，2009）。

目前，瑞士职业教育与培训体系为初中毕业生提供了 200 多个职业培训项目（BBT，2009）。学生可以选择参加学制三至四年的职业教育培训文凭项目，或者进入较为宽松的两年制职业教育文凭项目（BV，2002）。自20 世纪 90 年代中期以来，职业教育文凭项目学生在通过相应的入学考试后，可选择注册联邦职业学士学位[①]（Federal Vocational Baccalaureate）课程（SBR，2009）。

多数职业教育证书和文凭项目的学生要经历学徒制培训，该模式结合了工作场所培训和在校职业教育。一般而言，学生每周在校学习时间为1~1.5 天。在瑞士某些地区，尤其是法语区，以学校为基础的职业教育更加重要。这种教育模式的特点是以公立学校内的工作场所培训为特色（Wettstein 和 Gonon，2009）。

获得职业教育培训文凭以后，学生可进一步接受非学术型高等教育层次的专业教育和培训（Professional Education and Training，PET）。他们可选择参加联邦职业教育培训文凭考试（Eidgenössische Berufsprüfung）或高级联邦职业教育培训文凭考试（Höhere Fachprüfung）。在职业文凭之外，获得联邦职业学士学位者，还可以进入应用技术大学（Fachhochschulen）学习。瑞士学术学士学位毕业生可以无条件进入传统大学和联邦理工学院学习，联邦职业学士学位毕业生在完成额外的衔接课程后，也可以进入传统大学和联邦理工学院学习（Hoeckel et al.，2009）。

与瑞士教育系统的其他部分相比，职业教育培训系统受到联邦层面的严格监管。议会负责通过与职业教育培训相关的法案，而具体的法令需由瑞士联邦委员会或瑞士联邦专业教育和技术办公室（BBT）批准。在职业教育培训政策实施过程中，各州可以制定自己的法案和法令。与此同时，专业组织在职业教育培训法案、计划以及与企业相关的规定和指南形成方面发挥着主导作用。由于一部分企业以国内市场为导向，而另一些企业以出口

[①] 欧洲国家的职业学士学位（vocational baccalaureate），也称为与学科挂钩的大学入学资格，它与普通高中毕业文凭有较大的区别。职业学士学位为应用技术大学和大学的专业课程打开了大门，但无法提供大学所有专业领域的学习机会；普通高中毕业文凭使学生有权在所有大学的所有专业领域学习。职业学士学位挂钩的大学学科一般侧重于技术、商业、社会工作或者设计等。——译者注

市场为导向，因此代表大中小型企业的专业组织之间或者之内，经常出现有关职业教育培训问题的激烈辩论。综合来看，雇主在职业教育培训发展中发挥了更重要的作用，工会在政策形成和实施方面作用较小。

瑞士职业教育培训系统的特殊之处在于将政治权威集中在联邦层面。事实上，瑞士宪法明确规定教育系统的管理权限在州政府手中，州政府可以制定本地区的义务教育法以及学术性普通高中和大学的法律（Schweizerische Eidgenossenschaft，2009）。2006年，联邦宪法修订，部分调整了联邦政府针对职业教育和普通教育两种监管框架之间的差异，为各州教育系统协调发展奠定了基础（Gonon，2009）。

三 瑞士政治经济制度轨迹

瑞士是具有混合法团主义政治经济结构的国家。一方面，中央政府主导国家治理；另一方面，在劳资关系领域，延续着工商业协会和工会的自治传统（Mach 和 Trampusch，2011）。

瑞士技能发展政策中，商业利益组织在经济政策的制定和实施过程中居主导地位，这种主导地位自19世纪中期瑞士联邦形成时就已确立。1848年瑞士联邦的建立和新宪法的通过，无疑是当代瑞士政治经济发展的关键转折点。这部宪法源于新教自由州和瑞士中部较为保守州之间的对立。它奠定了一个新政治实体，即瑞士联邦的制度基础。联邦政府专注于对外关系和经济发展，而在很多国内政策领域（例如教育和社会保障等）赋予州政府极大的自主权（Dändliker，1904）。当时，瑞士工业化转型已经启动，但与19世纪欧洲其他国家存在显著差别。瑞士的工业化出现较早，采用了相对分权的形式（Fueter，1928）。

19 世纪瑞士联邦政府层面的经济政策主要致力于消除国际商品和服务贸易中的障碍。瑞士联邦成立之初，个人常推动此类政策的变化，尤其是来自城市地区的实业家兼政治家，他们与只关注本州内市场的手工业者形成了利益冲突。19 世纪 70 年代开始，不同经济参与者为了更好地影响经济和社会政策而组织起来，这一举动得到政府明确的支持（Hauser，1961）。事实上，这些新兴组织在中央政府资助下成立和扩展，因为政府一直在寻找合作伙伴，以便于提供营业额和就业人口方面的数据（Armingeon，1997）。

这个时期成立的重要组织包括瑞士产业联合会（Schweizerischer Handels-und Industrieverein，SHIV）、瑞士雇主联合会（Zentralverband Schweizerischer Arbeitgeberorganisationen，ZSAO；后来命名为 Schweizerischer Arbeitgeberverband，SAV），以及瑞士工商联合会（Schweizerischer Gewerbeverein，SGV，后来改名为 Schweizerischer Gewerbeverband）。瑞士产业联合会代表了大型出口导向型企业的利益，该协会从 1870 年开始就整体经济政策对联邦政府进行游说。瑞士雇主联合会成立于 1880 年，逐渐成为社会政策制定的关键参与者。瑞士工商联合会在 1879 年重建，代表了对大企业自由观点持批评态度的中小企业（Werner，2000）。短时间内，这些组织成为联邦政府层面政策制定的重要参与者。所有政党都在州级选区扎根，它们逐步在全国范围内建立起相似的能力，从而使它们能够沿着连贯合理的路线影响联邦政府层面的政策制定（Werner，2000）。在第二次世界大战前夕的数十年里，这些组织通过与公共行政部门的直接沟通和接触，稳步增强了它们的影响力。这些公共行政部门起草了许多需要政府批准的法规，同时也为商业组织提供了法律咨询服务，其中一些法规在议会中成功地通过。

19 世纪最后 30 年，企业家在国家层面形成了相当具有影响力的协会，而代表工人利益的工会发展相对缓慢。潜在的重要原因是在很长的时间内，产业部门按照行业系统组织，因而在新兴行业中采取以阶级为基础的行动几乎不可能（Fluder et al.，1991）。19 世纪 30~40 年代兴起的第一批全国劳工组织（Gruetli 协会），具有政治、文化和教育目标，明确地受到手工业工人和小型贸易企业雇员的支配（Widmer，1992）。19 世纪后50 年中发展出不少行业工会，但大多数代表了特定行业利益，削弱了形成一个强有力的联邦劳工组织的基础。直到 1873 年，瑞士才形成了第一个全国性工会组织，即瑞士工人联合总会（Allegemeiner Schweizerische Arbeiterbund），它统一了大量异质性的工会和工人福利组织，运行了几年后被瑞士工会联合会（Schweizerischer Gewerkschaftbund，SGB）取代（Dommer 和 Gruner，1988）。当瑞士工人联合总会 1920 年消亡时，瑞士工会联合会才在正式政治进程中取得了一定地位。但是，它下属几个主要工会的分裂削弱了它的力量，这些工会的政治取向相当温和。例如瑞士金属加工工人和钟表工人工会（Schweizerischer Metall-und Unrenarbeiter Verband，SMUV），非常温和、倾向于妥协。只有少数工会非常激进，例如瑞士建筑业和木工工会（Schweizerischer Bau-und Holzarbeiterverband，SBHV）（Oesch，2007a）。

虽然瑞士工人缺乏能够代表其利益来游说政府的强有力的组织，但是劳工因素成为瑞士政治经济的重要组成部分。19 世纪 90 年代前后，自由党和保守党代表形成一致意见，为了遏制社会主义运动的发展，必须与劳工阶层达成妥协（Werner，2000）。瑞士公益联盟（Schweizerische Gemeinnuetzige Gesellschaft，SGG）影响了这些党派的看法，该联盟由关注社会发展的自由派爱国者组成，他们十分关注快速工业化对社会和政治的重大影响。在此背景下，19 世纪 80 年代通过了《工厂法案》，这是第一部维护产业工人权利的联邦法律。它是瑞士政治经济发展路径偏离曼彻斯特自由主义①的奠基石之一。

随着时间的流逝，工会更加积极地参与了社会政策的制定。一方面，在20世纪早期，它们开始制订各种计划，为成员提供更好的社会保障措施，例如失业和健康保障计划等。起初，这些计划得到了联邦政府的资助；几十年后，它们被联邦政府立法提供的强制性工人保障计划所取代。另一方面，1937年金属行业劳资双方取得历史性妥协之后，工会代表开始直接与雇主接触，以解决新兴争端并进行集体工资谈判，不再需要政府干预。集体谈判制度促进了劳资关系的协调发展。按照国际标准，瑞士因罢工行动而损失的工作日数极少（Humbel et al.，1987）。工会在社会政策的制定中扮演了一定角色，但是它们对经济政策其他方面立法的影响力仍然很小。

20世纪经济政策制定过程中的议会讨论主要由雇主主导。大型企业和中小型企业通过组建联盟来迫使劳工代表退出谈判，这种机制通常被称为新法团主义。受到20世纪90年代经济衰退和国家经济结构显著变化的影响，新法团主义经历显著的变化（Rüegg，1987；Oesch，2007b）。第一，制造业对经济的贡献从1991年的33%下降到了1996年的27.9%，这意味着该部门工作岗位数量减少了14%（Fluder 和 Hotz-Hart，1998：264）。第二，不少瑞士大型企业，不论是在第二产业还是第三产业，都扩大了国际业务和资本输出。1990~1996年，这些企业仅在海外就创造了30万个工作岗位（Oesch，2007b）。第三，新的企业开始在非传统经济部门中崭露头角，例如信息和通信技术企业。这些结构性变化对瑞士的政治经济治理以及劳资关系产生了深远影响：由于制造业的地位下降，工会的

---

① 曼彻斯特学派是英国19世纪初的资产阶级自由主义经济学派。1820年创立，因在曼彻斯特商业会馆开会得名。其成员为资产阶级激进派和积极支持自由贸易政策的人士，多为工商业者。鼓吹自由贸易，要求废除《谷物法》和保护性关税，主张自由放任的经济政策。领导人为科布登和布赖特，他们创立了反《谷物法》同盟。——译者注

成员数量减少，从而减弱了这些组织的政治影响力（Oesch，2007b）。此外，瑞士经济的国际化意味着更多的企业对参与商业协会以及通过集体谈判解决劳工问题热情不高（Oesch，2007b）。多年来，很多企业开始要求在集体工资谈判中拥有更多的自主权，逐渐削弱了商业协会和工会的传统作用（Oesch，2007b）。但当这一趋势导致因罢工而损失的工作日数明显增加时，很多雇主开始意识到集体谈判实际上是一种保护机制，防止低薪的外国竞争者进入瑞士诸多的经济部门。因此，他们重拾了对集体工资谈判的兴趣（Oesch，2007b）。

20世纪90年代，瑞士政治经济的显著变化是法团主义的逐渐式微。在议会前的协商过程中，雇主和劳工代表往往未能达成协议（Oesch，2007b）。其结果是有关经济和社会政策的重要议题（如失业保险和养老金制度的改革）需要在议会中达成共识。这不仅提升了政党作为政治参与者的重要性，也加剧了公共政治讨论的两极分化（Häusermann et al.，2004）。

尽管联邦政府逐渐尝试减少各类协会，但在新法律的实施过程中这些协会仍扮演着重要角色。以2002年《职业培训法案》的制定为例，瑞士政府原本计划让独立且中立的专家担任相关委员会的委员，但雇主协会反对这一计划，并成功确保足够数量的私营部门的代表进入委员会（Oesch，2007b）。

四 集体主义技能形成体系的发展

1. 第二次世界大战前职业教育培训系统的发展

当联邦议会通过了为手工业、工业教育学校和课程提供财政资助的决议以后，涌现出两个对未来政策制定发挥决定性作用的新角色。第一个是

1810 年建立的瑞士公益联盟，它对瑞士的社会和文化生活产生了巨大的影响。这个组织的成员发起成立了许多有关青年人、妇女、人道主义行动的社会组织，有关政治议程的所有问题都在联盟中进行了讨论（Hunziker，1897）。针对职业教育培训，1879 年瑞士公益联盟成立了一个特别委员会为瑞士寻找改革榜样。新教牧师约翰·雅各布·克里斯廷格（Johann Jakob Christinger）主持的委员会，针对德国南部成人补习学校的报告受到瑞士慈善协会重要的影响。总而言之，该委员会相继发表了四项声明，明确支持以学校为基础的职业教育的发展和壮大。

瑞士工商联合会是另一个重要的角色。瑞士工商联合会发起了支持瑞士职业教育与培训系统发展的运动，得到了官方的支持。该协会将这一运动视为国家干预主义角色的一部分，以协助手工业部门更有效地与国际企业和大型工业企业竞争。为了找出最佳的职业教育与培训发展道路，瑞士工商联合会委托不同领域专家开展了 12 项研究。教师、政治家和其他专家纷纷提出了建议，所有建议指向了同一方向（Gonon，2008）。

瑞士工商联合会最有影响力的建议由海因里希·本德尔（Heinrich Bendel）提出。在 1883 年的研究中，他坚决呼吁联邦政府不仅为工业和商业成人业余补习学校、技术学校（Fachschulen）、公开培训工作坊（öffentliche Lehrwerkstätten）和教学样本（Mustersammlungen）提供充足的补贴，还应支持教师培训机构的建设。瑞士工商联合会将邻邦巴登-符腾堡视为发展职业技术教育组织及工业促进政策的典范。此外，他提出实施强制性的学徒制评估（包括测试学徒从工业和商业成人业余补习学校学习的新技能），对全国职业培训的设立和高质量发展都产生了积极的影响（Bendel，1883）。

基于这些建议，瑞士工商联合会决定学徒的最终考试，不仅应该包括实用技能，也应该包括通识知识，以便整合工作场所和学校的教育过程。

克里斯金格（Christinger）和本德尔（Bendel）、大学教授奥托·亨齐克（Otto Hunziker）、教师兼瑞士工商联合会的支持者马克斯·沃尔芬格（Max Wolfinger）和瑞士公益联盟的代表组成了五人委员会。该委员会由瑞士联邦政府任命，负责在全国范围内遴选接受政府补贴的职业学校和职业培训项目（Gonon，2008）。

本德尔也成为联邦政府职业教育问题的专家。他认为1896年日内瓦举办的瑞士全国博览会是一个好机会，可用来"调查和考察整个商业和工业教育的组织、课程和服务"。另外，他建议采取额外措施培训教师，并将学徒师傅置于政府监督之下（Gonon，2008）。

除了为专业教育机构和教育课程提供资助，由政府资助、瑞士工商联合会监督实施的学徒制评估考试也成为职业教育培训改革的基石。1877年巴塞尔小型商业和贸易协会成功引入了学徒制评估。此后几年，学徒制评估逐渐在全国发展起来，并成为众多提供培训的小型企业的选择（Gonon，2009）。这些发展对小型企业和贸易企业产生了巨大的影响，但是它们与大企业的利益不一致。作为企业培训的补充，为学徒提供课堂教学的重要性与日俱增。与此同时，学徒毕业考试评估也得以发展。除了商业领域，1890年以后职业教育与培训拓展到工业、甚至家政和农业部门（Späni，2008）。商业、农业和大型工业企业已达成共识，致力于关注职业教育而非贸易保护主义。大型工业企业越来越努力地招聘合格的员工，并开始重视职业教育与培训。瑞士工业机械协会（Vereinigung Schweizerischer Maschinenindustrieller）从1882年开始在这方面发挥了示范和引领作用。

1884年出台的《联邦政府关于中小商业和工业企业职业教育培训的决议》起初并不引人注目，但是后来对职业教育培训系统产生了影响。该决议主要基于瑞士公益联盟和瑞士工商联合会的意见。决议关注中小商业企业，但是也通过支持培训工作坊和专门职业学校支持了大型工业企业的发展（Gonon，2009）。这一时期，不仅是培养商科专业人才的商业学校经历了独立的发展过程，基础的商业学徒制也得到了发展。商业学校的课程通常在晚间举行。20 世纪初，随着国家学徒法规的制定，日间课程逐渐展开。这些学校通常由年轻商人创建的商业协会（kaufmännische Vereine）资助。

从 1891 年开始，银行家等专业人士参与职业教育政策的制定。1895 年，家政教育也开始通过特定的资助得到联邦层面的支持。农业职业教育培训长期以来包含在农业法律的范畴内，并由联邦农业部（Federal Department of Agriculture）主管。从 1884 年开始，农业职业教育培训便因另一项资助而获得补贴。虽然自 1903 年起，联邦政府开始为卫生部门的职业教育培训提供了资助，但直到不久前，卫生部门的教育培训仍一直作为红十字会的独立分支机构进行管理（Wettstein 和 Gonon，2009）。

鉴于教育至今仍然属于州政府的管辖范围，联邦政府部门或者联邦政府本身日益增大的影响力并非显而易见。19 世纪 80 年代早期，有关瑞士教育系统集权化的政治讨论之后，联邦政府采取的任何致力于协调学校和教育的举动都会成为高度敏感的政治话题。在这次讨论中，支持赋予联邦政府更大自由裁量权的一方完全失败。成人业余补习学校最初属于基础教育，联邦政府强调州政府不应该放弃为商业成人业余补习学校和工业成人业余补习学校提供支持的任何权利，而且州政府可以自由决定是否接受联邦政府提供的资助。但是来自联邦政府的资助与联邦政府对受资助学校和课程进行审查的权力联系在一起，这种实地检查一般按照区域原则由州政府选报的专家来开展。

在此背景下，州政府的学徒制立法对职业教育未来的发展尤为重要，因为这些立法明确强调保护未成年人和实施就业措施。最早的州政府法律起源于纳沙泰尔（1890 年）和日内瓦（1899 年），随后瑞士德语区（巴塞尔和苏黎世，1906 年）和提契诺（1912 年）也陆续推行了类似的法律。值得注意的是，学徒制发展得到了瑞士公益联盟成员创立的地方性组织的支持，它们帮助学徒找到培训机会，成为职业指导机构的先驱。考虑到多元化需求及职业培训对教育系统和国家经济的重要性，不断有人呼吁建立全面的职业教育立法系统，但是此类立法直到 20 世纪才出现（Gonon，2009）。

瑞士议会 1930 年 6 月 26 日通过了第一部《职业教育法》，自 1933 年开始实施。这部法律最终确立了联邦政府和州政府对未成年人的保护、对小企业的支持，以及对工业培训和职业学校扩张的支持。同时，它要求所有学徒必须接受一年培训，并且必须为学徒提供书面合同。法律规定州政府对所有为学徒提供培训的企业进行监督。《职业教育法》保留了熟练手工业工匠证书考试，规定专业协会可以要求将此考试作为学徒培训的强制组成部分，且最终考试可以授予能力资格证书。该法律的另一项创新是规定所有学徒必须接受义务教育，具体组织形式由各州自行决定。

该法律的前置期相当长，直到 1933 年才开始实施。职业教育问题本应该在 1908 年的商业立法中解决，但是由于社会各界对在小型商业领域之外培训年轻人更感兴趣而被迫放弃。社会各界同意共同制定一部包括若干经济部门和利益相关方的更广泛立法。主要社会组织都接受了联邦委员会的邀请，参与新法律的起草工作。一方面是瑞士工会联合会和瑞士工商联合会的代表，另一方面是大工业企业（SHIV）和小企业（SGV）的代表。事实证明这个方法是可行的。议会前的专家委员会报告表明，尽管两者存在不同意见，20 世纪 20 年代中期大小企业的协调水平相当高（Bauder，2008）。在向议会呈送议案之前，所有的矛盾和问题都得到了解决。在协商过程中，联邦层面各党派的意见远远不如社会合作伙伴和工商业代表的意见重要。各个协会在职业教育与培训中的角色得到了承认，并被立法加以确认。根据1928年的职业教育报告，这些协会不仅定义了技能工作岗位的要求，而且积极参与了实施。

这些立法决定了联邦政府、州政府和与职业教育培训相关协会的互动方式，并规定由联邦政府制定指导原则，由州政府执行联邦政府法律。此外，1930年成立的联邦工业、贸易和劳工部下设专业的培训部门（Wettstein 和 Gonon，2009）。总体而言，考虑到提高所有州的职业教育培训质量和保持具备国际竞争力的经济环境的需求，建立一个职业教育培训系统，让各州、联邦政府、专业协会以及社会合作伙伴在中等教育层面发挥创造性作用，被证明是达成共识的坚实基础（Wettstein 和 Gonon，2009）。

2. 第二次世界大战后职业教育培训系统的发展

第二次世界大战后到1973年经济危机前，瑞士经历了强劲的经济增长。第二次世界大战后的几十年成为经济和教育持续改革的阶段。经济增长在很大程度上是因为全球市场对瑞士制造产品的需求不断增加，为了满足不断增长的劳动力需求，瑞士大量引进了来自国外的非熟练工人（Hoffmann-Nowotny，1973）。在苏联人造卫星上天之后，瑞士政策制定者开始担忧缺乏本国工程师和其他学术人员可能无法维持国家的经济增长。在这个背景下，一方面，许多州政府开始扩张高中阶段的学术教育项目；另一方面，联邦政府开始实施一项计划，不仅提高了职业技术教育的资源，而且在1957年废除了当时的职业教育法规（Tabin，1989）。联邦政府的这项计划偏离了以前的立场，特别是在第二次世界大战时期的态度。当时联邦政府参与教育管制的合法性受到了质疑，因为根据联邦宪法教育领域属于州政府的管辖范围（Kübler，1986）。

在关键技能短缺的背景下，政府决定废除1930年的《职业教育法》，以便于保障职业教育与培训不仅可以保障传统手工业、商业发展，而且可以支持具有国际竞争力企业的未来发展（Wettstein et al.，1985）。因此，1963 年的新法案提出为既有培训项目提高补贴、为更多数量的机构提供类似补贴，并且赋予联邦经济事务部更多权力来实行培训政策，即针对职业学校和企业强制实施一套培训课程指南（Kübler，1986）。

新法案实施数年后，中等职业教育的相关规定再次面临修订的压力。这次改革的主要推动者是职业学校代表，他们提出学生质量不断下降，这表现为未能通过毕业考试的学生数量不断上升。中小企业代表支持学校的意见，认为职业教育培训项目未能吸引足够数量的学生（Rüegg，1987）。通过中小企业代表，部分意见得以反馈到议会。主要代表性建议是引入两年制和四年制培训项目作为三年制培训项目的补充，为具有不同认知能力的学生创造不同的培训轨道。由于不断增大的政治压力，联邦经济事务部决定建立一个委员会来解决职业教育培训主要利益相关者的担忧。

该委员会由企业代表主导，其讨论成为 1978 年《联邦职业教育法》的基础。观察家认为，瑞士职业教育政策制定过程中雇主发挥的主导作用是法团主义的范例。雇主在双元制职业培训中的中心地位由政府在法律上予以确认（Rüegg，1987）。与此同时，左翼政党和工会力图推动替代性立法方案，更多地强调以学校为基础的职业教育（Tabin，1989）。20 世纪 60 年代后期的委员会讨论中，双方就一些关键的改革达成一致，如增强职业学校教师和工作场所导师的培训（Kübler，1986）。但是，双方在高中阶段职业教育培训体系的分流和学校培训的角色上存在分歧。雇主代表主张应根据学生的认知能力实施不同的培训轨道。瑞士工会联合会作为劳工代表，反映了代表职业培训学员利益的新兴政治团体的需求。它强烈反对此计划，认为职业教育轨道在认知方面不具备挑战性，这将降低劳动力的价值，从而导致毕业生工资降低，并引发工资普遍下滑的趋势。劳工代表提出应该提高通识教育和学校培训的比例，但这一提议遭到雇主代表的反对（Sigerist，2008）。

后续议会中的讨论基本沿着相似的线路展开。由于左翼政党在两院的席位都不足，雇主主导委员会的多数提议被新的《职业教育法》采纳。瑞士工会联合会认为它的关切在整个立法过程中一直被边缘化，因而倡导对新法案进行全民公决。然而，1979年全民公决的结果清晰地表明选民支持雇主的立场（Wettstein et al.，1985；Sigerist，2008）。左翼活动家不愿意向雇主和雇主协会屈服，他们建议在联邦宪法中加入新条款，迫使议会通过新条款保证所有学校毕业生都有机会接受职业教育；如果必要的话，全部接受以学校为基础的培训。对这项提议的全民公决在1986年举行，连社会民主党都不支持此项建议案，瑞士工会联合会的倡议再次遭到了挫败（Sigerist，2008）。

随着时间的推移，瑞士职业教育培训系统的发展不仅受到新法团主义典型代表力量的支配，也受到其他力量的影响。教育机构——包括高中阶段的职业和学术教育机构、大学及其各自的代表——也越来越多地影响了瑞士技能形成体系的发展轨迹。职业中学（Berufsmittelschulen）的发展就是一个重要的案例，它属于职业教育的一部分，为职业教育学员提供具有学术导向的通识教育课程，帮助他们获得文凭，以便进入高等工程、商业和管理专业学校或者应用技术大学继续接受教育。1993年后此类学校被称为职业学院。实际上，引入此类学校的建议不是20世纪60年代后期雇主代表的意见，而是来自文理中学代表的提议。文理中学在高中阶段以学术为导向，毕业生未来可以升入大学获得学术学士学位。这些代表担心他们招收学生数量的增长会降低此类学校的社会地位，因此需要借助职业学院来分流学生。到1971年，瑞士共建立了8所这样的职业学院（Wettstein和Gonon，2009）。

几十年来，职业学院颁发的毕业证书并没有自动赋予毕业生进入工程学院的资格，瑞士的工程学院有自己的入学考试。直到 20 世纪 90 年代初，考虑到瑞士缺乏工程师，而且学历缺乏国际认可，工程学院校长联合会施加压力，迫使职业学院代表和联邦行政部门同意引入一种导向联邦职业学士学位的新课程。该项目的毕业生有资格进入应用技术大学，也就是以前的工程学院（Kiener 和 Gonon，1998）。直到各方对改革的关键方面已经达成一致后，雇主协会和工会的代表才加入了讨论（Kiener 和 Gonon，1998）。

20 世纪 90 年代早期是一个重要的历史节点，此时高中教育中职业教育学生数量开始出现停滞。持续的经济衰退和此后瑞士经济的重构，使人们开始质疑此前产业界代表、政治家和公务员认为取得成功的职业教育（Borkowsky 和 Gonon，1998）。对职业教育未来发展产生重要影响的是曾经深度介入学徒制培训的制造业出现衰落，同时服务业开始增长，特别是知识密集型商业服务业快速增长（Hotz-Hart，2008）。这个趋势一方面提高了市场上对具有相对较高教育文凭雇员的需求，另一方面导致参与学徒制培训的企业比例下降。1985 年 24% 的企业参与了学徒制培训，2005 年这一比例下降到了 17.8%。在服务业中这一比例降至 16%（Hotz-Hart，2008）。

这些变化导致很多初中毕业生发现自己无法升入学术性高中，同时也丧失了接受职业教育的机会。显然，自 20 世纪 90 年代中期开始的这一形势引发了重大的政治压力。首先，联邦政府被迫发布了一份职业教育报告，该报告根据经济结构的变化，提议实施一系列短期措施，以增加学徒培训的数量（SBR，1996）。这份报告受到了来自不同党派众多政治家的批评。首先，它只略微提高了联邦政府对职业教育的投入；其次，它没有解决导致职业教育当前危机的深层次问题。这些批评促使政治家随后提出了两项议会决议（Lehrstellenbeschluss Ⅰ and Ⅱ）。这两项决议的目标旨在增大企业参与培训的吸引力，并促进建立由雇主主导、联邦政府部分资助的基于特定行业的基础培训项目（SBR，2000）。同时，议会的压力也迫使联邦政府决定彻底修订 1978 年的《职业教育法》（Strahm，2008a）。

2000 年，瑞士政府向议会提交了一份草案，提出了一系列超出先前法案范围的改革建议。该草案建议对社会、卫生和农业部门的职业教育培训项目进行管制，此前的《职业教育法》都没有覆盖这些领域。该草案还建议提高不同职业教育与培训轨道之间转换的可能性，提倡增加从基础职业教育转到高等职业教育和应用技术大学的机会。该草案中多数影响深远的提议在议会中基本未受到批评，但关于工作场所教育未来角色的问题，却引发了激烈的争论。这一争论主要出现在瑞士的两个主要语言区域之间，而不是劳资双方之间。西部法语区更倾向于以学校为基础的职业教育。最终，政党代表、雇主协会、工会和州政府共同研究并拟定了一项解决方案，确保制定足够明晰的技能标准和课程规格，从而使不同类型的职业教育（不论是更侧重学校教育的培训，还是更侧重工作场所的培训）最终都能达到相同的资质标准（BV，2002；Strahm，2008a）。

在本次立法过程中，议会前程序对立法草案的形成至关重要；同时，议会讨论对该草案进行了相当大的修改。雇主协会虽在先前法案的形成过程中占据显著地位，但在本次法案制定中，其直接影响力有所减弱。与此同时，新法案为这些组织赋予了一系列广泛的权责，例如形成新的技能标准和课程规格。实际上，政府希望这些组织能够发展出新的技能标准以符合新法案的规定。鉴于在某些行业，如信息技术、卫生和社会服务部门，这类组织的覆盖面有限，政府甚至参与促进这些行业中雇主协会的建立（Hotz-Hart，2008）。职业教育与培训办公室（BBF）在部分行业的技能标准形成和课程规格设置方面发挥了核心且积极的作用。例如，商业教育修订的重点是加强以学生为中心的教育方法，如项目制教学模式。许多想法来自政府与专业会计协会和商业学校，代表了雇员而非雇主的利益。在实施新课程的过程中，许多雇主尤其是中小企业雇主，不愿意实施新课程，因为以工作场所为基础的培训更加耗时。因此，改革导致了提供学徒制培训岗位的企业比例暂时下降。

尽管新法案已经实施，主要利益相关者仍在讨论职业教育与培训的未来角色。如今，高中阶段职业教育的推动者除了职业教育与培训办公室，还包括各州政府、工会、雇主尤其是中小企业代表。这些倾向于直接招聘学校毕业生的中小企业代表发现，招聘高等院校毕业生，特别是州立大学和联邦理工学院的毕业生，越来越困难。这些推动者得到了政治家的支持，这些政治家来自不同团体，而且影响力巨大。特别是联邦议会中不同党派的代表，他们希望通过推动职业教育与培训以应对经济、社会与政治方面的挑战。促进高中阶段职业教育发展的一个核心论点是它有助于培养高素质的劳动力，并有效地降低瑞士的青少年失业率（Strahm，2008b）。

最近，一些人提出进入研究型大学和应用技术大学的学生比例太低，因此应提高进入高中阶段学术教育轨道（而非职业教育轨道）的学生数量。此前研究教育与劳动力市场关系的学者已经强调了类似的意见（Jacquemart，2010）。此外，社会上要求提供更多能够通往以学校为基础的高等职业教育的呼声越来越大。相当具有讽刺性的是，这个趋势在1995年《应用技术大学法》颁布时达到了高潮。当时，该法案的目的是增加职业学士学位毕业生的教育流动机会，从而提高职业教育的社会地位（BV，1995）。首先，很多原来由内部员工晋升填充的职位，都被应用技术大学的毕业生所取代。这说明在瑞士劳动力市场的很多行业内部，高中阶段的学徒制培训已经无法支持员工的职业发展，这在私营部门的文员工作中特别明显（Margreiter 和 Heinimann，2006）。同时，获得职业学士学位也不是进入应用技术大学的唯一途径，这削弱了1995年法案的决议，即职业学士学位毕业生应该不受任何限制地进入应用技术大学，而普通高中毕业生必须在申请之前获得一定的工作经验。事实上，尽管 2000 年有议员要求撤销这一规定，大多数议员仍决定坚持这一规定（Sekretariat der Kommissionen für Wissenschaft，2000）。然而，由于多数应用技术大学强调其领域的学术而非实用方面，导致学术高中毕业生进入这些大学的入学率更高。

五　结论

卡赞斯坦（Katzenstein，1984）有关小国的政治经济学①研究发表后，出现了很多关于瑞士技能形成体系的研究成果，这些文献强调瑞士技能形成体系的变化主要归功于雇主协会的作用，特别是那些代表大型出口导向型企业的协会。例如，过去数年最关键的技能形成体系改革是"推动职业教育提高教学水平和可教育化"，这包括提高职业教育毕业生接受高等教育的机会（Culpepper，2007）。这些变化来源于一些代表该国最大的出口导向型企业的组织不断进行的游说，削弱了服务于国内市场的较小企业代表组织的反对意见。其他学者也支持这些观点，认为目前职业教育更加重视学术方面，因此在解释这些转型变化时，大企业代表的强大影响力不

① 在《世界市场中的小国》一书中，彼得·卡赞斯坦考察了西欧经济脆弱的小国家的成功，表明它们在保持经济竞争力的同时，也维护了政治制度。欧洲小国追求经济结构转型，采用法团主义，"通过补偿来适应变化"。这些小国（瑞士、荷兰、比利时、瑞典、丹麦、挪威和奥地利）的基本特征是，它们不能像自由主义国家那样使用各种有限的临时保护主义措施来输出经济成本，也不能像中央集权国家那样通过追求经济结构转型来抢占变革成本。相反，欧洲小国"在让国际市场迫使经济调整的同时，选择各种经济和社会政策，以防止变革的成本带来政治影响"。换句话说，欧洲小国通过精心校准的经济灵活性和政治平衡来适应经济变化。构成经济灵活性和政治稳定性双重成功基础的政治结构的特征是"通过企业、工会和国家之间高度结构化和相互渗透的政治关系，在政党的加强下，自愿、合作地调节经济和社会问题上的冲突"，或者简而言之，与大型工业化国家的"弱"民主社团主义相比，欧洲小国的"强"民主社团主义是由这些国家的经济开放和依赖形成的，这些国家迫切需要达成共识，即通过复杂的政治安排改变主要社会力量之间的冲突。——译者注

容忽视。同时，瑞士技能形成体系的当代改革更倾向于渐进式变革，而非剧烈的转型，这些改变深受代表中小型企业的组织的巨大影响（Trampusch，2010）。

本章的深入分析表明，需要重新审视上述论点。毫无疑问，在瑞士的政治经济体系中，不同雇主群体之间的分歧和差异起着重要作用。大量证据表明，大型企业代表在经济政策制定中具有很大的影响力。然而，本章还发现，中小型企业的代表和一些在相关文献中尚未明确提及的其他参与者也在发挥作用。与德国相比，瑞士的职业教育与培训政策似乎较少受到大型出口导向型企业的主导（见第三章）。

自 19 世纪后期以来，瑞士小企业和贸易联盟（Swiss Union of Small Business and Trade）开始代表中小企业的利益，参与联邦政府层面集体主义技能形成体系的早期构建。之后，这些新兴的制度很快在企业内部的技能传递和发展方面发挥了重要的作用。同时，大型高附加值企业从此类制度中获益，因为它们可以直接从中小企业中雇用熟练工人。然而在职业教育与培训政策制定过程中，代表大企业利益的组织未能获得在其他经济政策制定领域那样的重要地位和影响力。产生这个悖论的一个主要原因是参与第二产业的中小型企业，继续不成比例地雇用大量的学徒。由于联邦职业教育和培训局的公务员和联邦议会的政治人物肩负着引领大量青年人进入高中阶段教育的责任，在政治压力下，政府必须尽可能减少未能进入学术高中或学徒制培训的年轻人数量，因此被迫维持和增强对企业培训学徒的激励。从局外人视角看这种做法的确令人惊讶，但是这根植于瑞士职业教育与培训系统的历史轨迹，该系统历来深受中小企业代表和教育专家的强烈影响。直到最近，包括大企业都认可中小型企业对学徒制的半垄断地位。这些大企业不但雇用从职业教育与培训体系中培养出来的新一代劳动力，同时也雇用大学毕业生。

正如此前学者指出，瑞士集体主义技能形成体系的确经历着向更高教育层次和通识教育的转变。然而，本章证据表明，这些学者可能高估了大型出口导向型企业代表的影响力。如前所述，最关键的改革过程之一是20世纪60年代晚期联邦职业学士学位制度的引入。当时瑞士授予学术性学士学位的学校试图阻止大量学生涌入它们的学校，认为这威胁到了它们的高教育标准和质量。因此，早期职业课程加入了更多学术科目，是为了对学生进行分流并提高高中阶段传统学术性精英学校的社会地位。

在20世纪90年代的改革中，职业学院授予的文凭成为进入应用技术大学的入场券，这个变化主要由教育组织的代表促成。这次改革的主导者是工程学院。它们受到欧洲其他国家改革的影响，以及学生要求开设能够得到国际认可的课程项目的压力，希望能够将工程学院提升为高等教育机构，并寻求制定新的录取标准。虽然许多中小型企业的代表反对这项改革，在经历一段时间的质疑后，联邦职业学士学位也得到了联邦职业教育和培训局的认可。从政府的角度来看，这项改革非常重要，其目的是维持以工作场所为基础的职业教育的核心地位。一方面，期望此改革维系对职业教育项目的需求，尤其是吸引初中毕业学术倾向较强的学生，许多企业认为这些学生在学徒制培训早期阶段就能成为高效的员工。另一方面，政府希望通过这项改革减少国内外对进入高等教育学生比例过低的批评。

本章证据表明，瑞士集体主义技能形成体系的发展不能简单用工具主义的观点加以解释，尤其是向着更高通识性技能和更高学位发展的趋势不是国家经济结构和特定经济部门的生产制度变化的简单产物。雇主最易受到经济变化的影响，但是许多企业尤其是国际化、出口导向型企业，近年来不仅可以自由地从瑞士国内也可以从其他国家雇用员工，这使得它们不必过度依赖国内集体主义技能形成体系。实际上，对学术技能日趋重视是职业教育与培训系统中其他参与者互动的结果，属于职业教育与培训系统的演化。教育组织致力于提高声誉，因此它们对瑞士集体主义技能形成系统的发展路径产生了巨大的影响。此外，教育供给的提高提升了不同类型中学毕业生和大学毕业生之间的竞争。联邦职业教育与培训办公室促进了技能的可迁移性和职业教育的高学位趋向，认为这个趋势是强化瑞士集体主义技能形成体系基石的手段。通过考察不同利益相关方的互动，本章解释了瑞士集体主义技能形成体系的制度变化。

参考文献

Armingeon, K. (1997) . "Swiss Corporatismin Comparative Perspective. " *West European Politics* 20(4) : 164–179.

——(2011) . "A Prematurely Announced Death? Swiss Corporatism in Comparative Perspective. " In C. Trampuschand A. Mach, eds. , *Switzerland in Europe: Continuity and Change in the Swiss Political Economy*. London: Routledge, 165–185.

Bauder, T. (2008) . "Der Entwicklungsprozess des ersten eidgenössischen Berufsbildungsgesetzes: Unterschiedliche Interessen, gemeinsames Ziel. " In T. Bauder and F. Osterwalder, eds. , 75 Jahre eidgenössisches Berufsbildungsgesetz: Politische, pädagogische, ökonomische Perspektiven. Berne: hep, 11–50.

Bendel, H. (1883) . Zur Frage der gewerblichen Erziehung in der Schweiz. Winterthur: Bleueler-Hausheer.

Borkowsky, A. and Gonon, P. (1998) . "Switzerland. " In Organization for Economic Co-operation and Development, eds. , Pathways and Participation in Vocational and Technical Education and Training. Paris: OECD, 335–74.

Bundesamt für Berufsbildung und Technologie (BBT) (2009) . Fakten und Zahlen: Berufsbildung in der Schweiz—2009. Berne: BBT.

Bundesversammlung der Schweizerischen Eidgenossenschaft [BV] (1995) . Bundesgesetz über die Fachhochschulen. Berne: Bundesamt für Bauten und Logistik.

——(2002) . Bundesgesetz über die Berufsbildung (Berufsbildungsgesetz, BBG) . Berne: Bundesamt für Bauten und Logistik.

Culpepper, P. D. (2007) . "Small States and Skill Specificity: Austria, Switzerland, and

Interemployer Cleavages in Coordinated Capitalism. " *Comparative Political Studies* 40 (6): 611-37.

Dändliker, K. (1904). Geschichte der Schweiz mit besondererRücksicht auf die Entwicklung des Verfassungs-und Kulturlebens, Vol. 3. Zurich: Schulthess.

Dommer, H. and Gruner, E. (1988). Entstehung und Entwicklung der schweizerischen Sozialdemokratie: Ihr Verhältnis zu Nation, Internationalismus, Bürgertum, Staat und Gesetzgebung, Politik und Kultur. Zurich: Chronos.

Fluder, R. and Hotz-Hart, B. (1998). "Switzerland: Still as Smooth as Clockwork?" In A. Ferner and R. Hyman, eds. , *Changing Industrial Relations in Europe*. Oxford: Blackwell, 262-282.

Fluder, R. et al. (1991). Gewerkschaften undAngestelltenverbände in der schweizerischen Privatwirtschaft: Entstehung, Mitgliedschaft, Organization und Politik seit 1940. Zurich: Seismo.

Fueter, E. (1928) . Die Schweiz seit 1848: Geschichte, Politik, Wirtschaft. Zurich: Orell Füssli.

Gonon, P. (1998). Das internationale Argument in derBildungsreform: Die Rolle internationaler Bezüge in den bildungspolitischen Debatten zur schweizerischen Berufsbildung und zur englischen Reform der SekundarstufeII. Berne: Peter Lang.

—— (2008). "Berufsbildung von heute als Alternative zur gewerblichen Berufslehre. " In T. Bauder and F. Osterwalder, eds. , 75 Jahre eidgenössisches Berufsbildungsgesetz: Politische, pädagogische, ökonomische Perspektiven. Berne: h. e. p. , 69-89.

—— (2009) . "Reformsteuerung, Stabilität und Wandlungsfähigkeit der Berufsbildung: 'Laboratory Federalism' als Motor der Bildungsreform in der Schweiz. " In U. Lange, S. Rahn, W. Seitter and R. Körzel, eds. , Steuerungsprobleme im Bildungswesen. Wiesbaden: VS Verlag, 249-265.

Green, A. (1992) . *Education and State Formation: The Rise of Education Systems in England, France and the USA*. London: Macmillan.

Hauser, A. (1961). Schweizerische Wirtschafts-und Sozialgeschichte: Von den Anfängen bis zur Gegenwart. Zurich: Rentsch.

Häusermann, S. et al. (2004). "From Corporatism to Partisan Politics: Social Policy Making under Strain in Switzerland. " *Swiss Political Science Review* 10(2): 33-59.

Hoeckel, K. et al. (2009). Learning for Jobs: OECD Reviews of Vocational Education and Training—Switzerland. Paris: Organisation for Economic Co-operation and Development.

Hoffmann-Nowotny, H-J. (1973). Soziologie des Fremdarbeiter-Problems: Eine theoretische und empirische Analyse am Beispiel der Schweiz. Stuttgart: Enke.

Hotz-Hart, B. (2008). "Erfolgskonzept 'duale Berufsbildung' im Wandel: Strukturwandel—Beschäftigung—(Berufs-) bildung." In T. Bauder and F. Osterwalder, eds., 75 Jahre eidgenössisches Berufsbildungsgesetz: Politische, pädagogische, ökonomische Perspek-tiven. Berne: h. e. p., 93-128.

Humbel, K., ed. (1987). Treu und Glauben: Entstehung und Geschichte des Friedensabkommens in der schweizerischen Maschinen-und Metallindustrie. Berne: Partnerschaftsfonds der schweizerischen Maschinen-und Metallindustrie.

Hunziker, O. (1897). Geschichte der Schweizerischen gemeinnützigen Gesellschaft. Zurich: Furrer.

Jacquemart, C. (2010). "Der Schweiz fehlt es an Akademikern." NZZ am Sonntag. 14 February, p. 25.

Katzenstein, P. J. (1984). *Corporatism and Change: Austria, Switzerland, and the Politics of Industry*. Ithaca, NY: Cornell University Press.

Kenworthy, L. (2009). "Institutional Coherence and Macroeconomic Performance." In B. Hancke, ed., *Debating Varieties of Capitalism: A Reader*. Oxford: Oxford University Press, 180-199.

Kiener, U. and Gonon, P. (1998). Die Berufsmatur: Ein Fallbeispiel schweizerischer Berufsbildungspolitik. Zurich: Rüegger.

Kübler, M. (1986). Berufsbildung in der Schweiz: 100 Jahre Bundessubventionen (1884-1984). Berne: Bundesamt für Industrie, Gewerbe und Arbeit.

Mach, A. and Trampusch, C. (2011). "The Swiss Political Economy in Comparative Perspective." In C. Trampuschand A. Mach, eds., *Switzerland in Europe: Continuity and Change in the Swiss Political Economy*. London: Routledge, 11-26.

Margreiter, R. and Heinimann, E. (2006). Perspektiven nach der KV-Lehre Umfrage zur Stellensituation bei kaufm. Lehrabgänger/innen (Schlussbericht Dezember 2006, Kurzfas-sung). Zurich: Kaufmännischer Verband.

Oesch, D. (2007a). "Organizationenim Umbruch: Die Gewerkschaften in der Schweiz von 1990 bis 2006." In A. Rieger, R. Ambrosetti and R. Beck, eds., Gewerkschaften im Umbruch: Eine Analyse der Fusion zur Grossgewerkschaft Unia. Zurich: Rüegger, 23-49.

—— (2007b). "Weniger Koordination, mehr Markt? Kollektive Arbeitsbeziehungen und Neokorporatismus in der Schweiz seit 1990." *Swiss Political Science Review* 13(3): 337-368.

Rickenbach, W. (1960). Geschichte der Schweizerischen Gemeinnützigen Gesellschaft. Zurich: Sekretariat der Schweizerischen Gemeinnützigen Gesellschaft.

Rüegg, E. (1987) . Neokorporatismus in der Schweiz. Berufsbildungspolitik. Zurich: Forschungsstelle für Politische Wissenschaft.

Schweizerische Eidgenossenschaft (2009) . Bundesverfassung der Schweizerischen Eidgenossenschaft vom 18. April 1999 (Stand am 27. September 2009) . Berne: Bundesamt für Bauten und Logistik.

Schweizerischer Bundesrat (SBR) (1996) . Bericht über die Berufsbildung (Bundesgesetz über die Berufsbildung) . Berne: Bundesamten für Bauten und Logistik.

—— (2000) . Botschaft zu einem neuen Bundesgesetz über die Berufsbildung (Berufsbildungs-gesetz, BBG) . Berne: Bundesamten für Bauten und Logistik.

—— (2009) . Verordnung über die eidgenössische Berufsmaturität (Berufsmaturitätsverordnung, BMV) vom 24. Juni 2009 (Stand am 1. August 2009) . Berne: Bundesamt für Bauten und Logistik.

Sekretariat der Kommissionen für Wissenschaft, Bildung, und Kultur (2000) . "Zugang zu den Fachhochschulen: Berufserfahrung soll Voraussetzung bleiben. " Medienmit-teilung WBK-N, 30 October, p. 5.

Sigerist, P. (2008) . "Berufsbildung zwischen Wirtschafts- und Lernförderung. " In T. Bauder and F. Osterwalder, eds. , 75 Jahre eidgenössisches Berufsbildungsgesetz: Politische, pädagogische, ökonomische Perspektiven. Berne: h. e. p. , 287–309.

Soskice, D. (1999) . "Divergent Production Regimes: Coordinated and Uncoordinated Market Economies in the 1980s and 1990s. " In H. Kitschelt, P. Lange, G. Marks and J. D. Stephens, eds. , *Continuity and Change in Contemporary Capitalism.* Cambridge: Cambridge University Press, 101–134.

Späni, M. (2008) . "Der Bund und die Berufsbildung: Von der ' verfassungswidrigen Praxis' zum kooperativen Monopol. " In L. Criblez, ed. , Bildungsraum Schweiz: Histo-rische Entwicklung und aktuelle Herausforderungen. Berne: Haupt, 183–217.

Strahm, R. H. (2008a) . "Die entscheidenden Neunzigerjahre: Das Ringen um Reform und Aufwertung der Berufsbildung 1995 bis 2005. " In T. Bauder and F. Osterwalder, eds. , 75 Jahre eidgenössisches Berufsbildungsgesetz: Politische, pädagogische, ökonomische Perspektiven. Berne: h. e. p. , 311–350.

—— (2008b) . Warum wir so reich sind: Wirtschaftsbuch Schweiz. Berne: h. e. p.

Tabin, J–P. (1989) . Formation professionnelle en Suisse: histoire et actualité. Lausanne: Réalités Sociales.

Trampusch, C. (2010) . "Transformative and Self-Preserving Change in the Vocational Education and Training System in Switzerland. " *Comparative Politics* 42(2) : 187–206.

Weber, K. and Tremel, P. (2010) . Programmatik und Entwicklung der Schweizer Fachhochschulen. Berne: Universität Bern.

Werner, C. (2000). Für Wirtschaft und Vaterland: Erneuerungsbewegungen und bürgerliche Interessengruppen in der Deutschschweiz, 1928–1947. Zurich: Chronos.

Wettstein, E. and Gonon, P. (2009). Berufsbildung in der Schweiz. Berne: h. e. p.

Wettstein, E. et al. (1985). Die Berufsbildung in der Schweiz: Eine Einführung. Lucerne: Deutschschweizerische Berufsbildungsämterkonferenz.

Widmer, T. (1992). Die Schweiz in der Wachstumskrise der 1880er Jahre. Zurich: Chronos.

6 奥地利技能形成体系的制度变化

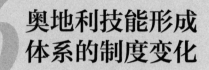

卢卡斯·格拉夫

洛伦兹·拉斯尼格

贾斯汀·鲍威尔

一 引言

在集体主义技能形成体系中，奥地利是发展完备的职业教育与培训体系的典型，它为从学校到工作转型的年轻人提供了差异化的发展路径。从集体主义技能形成体系的比较来看，强有力的双元学徒制体系与强健的学校培训体系的动态互动是奥地利区别于德国和瑞士的关键因素之一（Gruber，2008）。事实上，对奥地利的集体主义技能形成体系及其当代变化的理解离不开对全日制学校职业教育的认识。

奥地利"混合"职业教育与培训体系提供的多样化选择，可以被视为它的决定性优势之一（Lassnigg，1999；Schermaier，2001），特别是在经济动荡时期，它能迅速回应劳动力市场需求的变化。1996 年学徒制市场的严重失衡，曾导致该国的社会合作伙伴和政府采取了一系列措施（Mayer et al.，2000），其技能形成体系发生了相当大的变化。例如，1997 年职业学士学位创立，2008 年学徒制和学士学位融合的试点项目（Lehre mit Matura）出现，以工作坊为基础的学徒制培训模式普及，以及学徒制岗位模块化等。

本章追溯了这些变化的历史变迁过程，并追问什么是奥地利双元学徒制体系发展的独有特征。聚焦该体系 20 世纪 70 年代以来的发展，本章分析了其发展的关键影响因素，并试图揭示制度传统如何受到国家、工会和企业新需求的挑战。奥地利小国法团主义体制的演变强烈影响了该国学徒制特殊的发展方式，职业教育与培训体系也受到其他技能形成组织形式（如全日制学校职业教育培训和应用技术大学）之间关系和相对重要性变化的影响。

在对奥地利职业教育与培训体系进行概述之后，本章简要介绍了历史制度主义方法。此后，本章对比了两种政治逻辑：一是在学校培训中的政党政治和联邦主义；二是学徒制政策制定中的法团主义。接着，本章采用历史制度主义方法，分析了奥地利技能形成体系从发源到当代的历史演化过程以及影响其变化的重要因素，包括集权化的联邦主义、大型公共企业的私有化和加入欧盟。

二　奥地利的职业教育与培训体系

奥地利的职业教育与培训体系包括两个部分：双元学徒制和全日制学校职业教育培训，它们由不同的治理系统管辖。双元学徒制由经济事务部和社会合作伙伴（主要是奥地利联邦经济商会的地区分支机构）共同管理；学校部门由教育部和九个联邦州组成的中央行政机构管理，社会合作伙伴负责提供咨询。职业教育与培训体系为大量人口提供了相对专门化的中等技能培训。由于奥地利正规职业培训的高度标准化，该国采用了全面的"权威技能认证"系统（Busemeyer，2009）。

奥地利职业教育与培训体系的主要特征是项目和发展路径的多样化。学徒制为15~18岁的青年提供2~4年制的教育，覆盖约260个工作岗位，以企业培训为主，以非全日制学校职业教育培训（berufschule）为辅。[①]此外，还有两种以学校为基础的职业教育培训形式。第一个是职业学校（Berufsbildende Mittlere Schulen），为14~18岁的青年提供3~4年制的教育，毕业生可以获得主流岗位就业的职业文凭；第二个是职业学院（Berufsbildende Hoehere Schulen），为14~19岁的青年提供5年制课程，

---

① 学徒制培训的先决条件是完成九年的义务教育。在完成八年的初中教育学习后，想要进入学徒制培训的学生会在预备职业学校完成第九年的学习（通常为14~15岁）。学校旨在为学生准备所选专业的学徒制培训。另一些学生在高中职业教育和技术学校或学院完成义务教育的最后一年。

毕业生可以获得两个证书，即高中层次的职业资格证书和进入高等教育学习的资格证书（Matura）。

与德国类似，奥地利职业教育与培训体系的学徒制部分，采用"职业原则"① 作为教学和结构方面的基本"组织原则"（参见 Deißinger，2001）。与学徒制相反，全日制学校职业教育培训面向的就业领域更为广泛。职业院校强调"以职业调节教育"的哲学，强调教学法，赋予教育者权利（Lassnigg，2010）。这种差异反映在高中阶段的主要职业教育与培训项目中职业教育与通识教育的比例及学校培训与实践比例（见表6-1）。

表 6-1 奥地利高中阶段主要职业教育与培训项目			
项目	国际教育标准分类	职业教育/通识教育比例	学校培训/实践比例	未来文凭选择*
职业学院	4A	60/40	90/10	高等教育
职业学校	3B	60/40	90/10	职业学士学位
学徒制	3B	90/10	20/80	职业学士学位

注：＊指在直接进入劳动力市场或自我雇用之外的选择。
资料来源：转引自 Trischer-Archan（2009）。

表 6-1 中所列的项目与特定的职业紧密关联。职业学院在工程或建筑领域具有重要作用，并可作为获得商业和服务领域项目高等教育入学考试（Matura）的途径；职业学校主要提供针对商业领域的教育，在这个领

---

① 职业原则（Vocational principals）是指集体主义技能形成国家尤其是德国，将职业资格视为一个整体，强调在双元制培训和学徒制培训中传授整体性的、广泛的、行业通用技能。与职业教育培训的模块化相反，职业原则反对将技能切分为模块。模块化技能培训是以每一个具体职业或岗位建立岗位工作描述表的方式，确定该职业或岗位应该具备的全部职能（Function），再把这些职能划分成各个不同的工作任务（Tasks），以每项工作任务为一个模块（Modular Unit）。该职业或岗位应完成的全部工作就由若干模块组合而成，根据每个模块的实际需要，确定完成该模块工作所需的全部知识和技能，每个单项的知识和技能称为一个学习单元（Learning Element）。由此得出该职业或岗位模块化培训的、用模块和学习单元表示的培训大纲和培训内容。——译者注

域中它比学徒制更有吸引力；学徒制集中在较广泛的服务业岗位，如零售、秘书工作、美发和餐饮服务，以及某些手工业岗位，例如汽车技术员、电工、管道工和金属加工业工人，而工业领域培训仅占学徒制培训的一小部分（约 10%）（Tritscher-Archan，2009）。

高中阶段的校生人数中，各类职业教育学生占到大约 80%，而学术型中等教育仅占 20%（见表 6-2）。在解释这些数据时，必须强调职业学院是一种混合型的组织形式，因为它同时提供两种证书，即职业文凭和职业学士学位。这种职业学院在国际范围内也是相当独特的，对奥地利技能形成体系的整体发展产生了巨大的影响。

表 6-2　奥地利 2007~2008 年度十年级学生中不同项目比例

单位：%

项目	比例	项目	比例
学徒制	39.5	学术型中等教育	20.3
职业学院	27.3	职业学校	13.0

资料来源：转引自 Trischer-Archan（2009）。

与通过开放学分而促进横向流动不同，奥地利职业教育与培训体系"为初始选择失败后提供了次优选择"（Mayer et al.，2000）。它的结构呈现一个等级体系，职业学院居于最高等级，学徒制处于最低等级（见表 6-3）。全日制职业院校的优势之一是可以提供学徒制文凭。在投入方面，这种等级体现在入学要求方面，精英型职业学院录取在义务教育阶段取得好成绩的学生；职业学校要求学生成绩至少为中等；学徒制项目一般不设任何对义务教育阶段成绩的要求。在学徒制项目中，企业自己是"守门员"，它们唯一的要求是完成义务教育。在产出方面，职业教育与培训这种非正式但显著的等级体系也体现在教育收益率上，教育收益率从职业学校到学徒制递减（Lassnigg 和 Vogtenhuber，2009；Vogtenhuber，2009）。虽然平均成绩和平均产出都体现出了分层的特点，但不同职业教育与培训类型之间的教育产出也有重叠的地方：在个体层面，一个学徒制毕业生的表现也可能高于职业院校的毕业生。[①]

表 6-3 奥地利职业教育与培训体系的等级

等级	以学校为基础的职业教育与培训	双元学徒制
高等	职业学院	带有高中毕业文凭的学徒制
中等	职业学校	
低等		以工作坊为基础的学徒制

与职业学校相比，职业学院提供更高端的课程和进入更高声望职业岗位的机会。在双元学徒制系统里，声望最高的是可以同时颁发高等教育入学资格证书的学徒制项目（Lehre mit Matura），因为它提供了未来进入高等教育的机会。其次是普通学徒制，尤其在一些有吸引力的培训企业中，这一选项同样备受青睐。但是，成绩较差的年轻人却宁愿选择学徒制而不是职业院校，因为他们受够了学校教育，希望立刻挣钱，他们未来的收入较低（访谈 A1）[②]。在这个机会结构中，特别是在某些特定职业领域中存在广泛的变异和交叠。下一节将从分析职业教育与培训转向对奥地利法团主义中相关利益集团的讨论。

---

① 职业院校为无法获得学徒制机会的移民青少年提供了选择，随后这些院校毕业生的成就变得更加多样化，它们的声望也有所下降（Lassnigg 和 Vogtenhuber，2009：指标 B4；另见 Neureiter，2009）。

② 所有访谈均由卢卡斯·格拉夫在维也纳进行，对象为奥地利职业教育与培训体系的利益相关者或专家。访谈 A1：2010 年 3 月 15 日；A2：2010 年 3 月 16 日；A3：2010 年 3 月 22 日；A4：2010 年 3 月 24 日；A5：2010 年 3 月 25 日；A6：2010 年 3 月 29 日；A7：2010 年 3 月 30 日；A8：2010 年 4 月 1 日。

三　奥地利职业教育与培训中的利益集团

奥地利集体行动者之间利益沟通的主要逻辑是协商和妥协，而非冲突或游说（Tálos，2005）。法团主义的社会合作伙伴关系在实践中负责衡量和实现成本收益权衡，部分解决了职业教育与培训中不同利益集团的冲突（Pelinka，1996）。奥地利社会法团主义的核心组织由商会、工会、农会和工会联合会组成，其中前三者为强制性会员（Tálos，2005）。奥地利产业联合会①并非社会合作伙伴关系的"正式"成员，属于雇主谈判团队。本章将在奥地利社会合作伙伴关系的背景下，审视职业教育与培训中的不同利益相关者。

奥地利工会是代表受雇员工利益的法定机构，除公务员和某些管理层外，所有员工都需加入。工会有权在职业教育与培训方面提出意见，如评论法律法规草案、推荐联邦和地方职业教育培训委员会的候选人等。此外，它还为会员提供学徒合同相关问题的协助。工会在奥地利的九个联邦州运行，在工人的经济和社会福利方面与奥地利工会联合会（Österreichischer Gewerkschaftsbund，ÖGB）维持紧密合作，后者负责集体工资谈判。工会的研究部门为奥地利产业联合会提供了大力支持。

作为奥地利工人的主要代表机构，高度集权的奥地利工会联合会是一个全国性劳工组织。它虽然未与任何政党结盟，但事实上与奥地利社会民主党的关系密切。奥地利工会联合会并不全面支持或反对以学校为基础的职业教育与培训，但是它支持以学校为基础的学徒制，将其作为提高质量的因素（访谈 A1）。在学徒制体系内，工会始终支持公共监管和控制，

①　奥地利产业联合会代表了奥地利大部分大型工业企业以及服务企业和一些中小企业（SME），成员自愿参与。

以及非全日制学校的扩张，而雇主倾向于支持以企业为基础的培训（Piskaty，1996）。虽然工会联合会对职业教育与培训没有直接的正式责任，但是它们参与包括学徒制工资在内的集体谈判，帮助学徒在企业层面表达自己的利益。

奥地利联邦经济商会（Wirtschaftskammer Österreich，WKÖ）是代表雇主利益的法定协会，所有独立企业都要参与。受奥地利经济结构的影响，商会由中小企业主导（Mayer et al.，2000）。商会雇用许多专家参与政策讨论。联邦经济商会在九个州通过高度差异化的、代表不同经济部门的组织来运营。这些经济商会通过学徒制办公室（Lehrlingsstelle）行使多项核心行政职责，如强制性的培训协议注册、培训企业的认证以及考试委员会的任命，在学徒制中拥有半公共机构的地位。

在国家行政机构中，几个部门在职业教育与培训中尤为关键。联邦经济、家庭和青年部（Bundesministerium für Wirtschaft, Familie und Jugend, BMWFJ）与社会合作伙伴组织合作，负责以企业为基础的学徒培训；联邦教育、艺术和文化部（Bundesministerium für Unterricht, Kunst und Kultur, BMUKK）负责所有以学校为基础的职业教育培训（包括非全日制职业学校作为学徒制培训的补充）；联邦科学与研究部（Bundesministerium für Wissenschaft und Forschung, BMWF）负责高等教育管理。此外，联邦劳工、社会事务和消费者保护部（Bundesministerium für Arbeit, Soziales, und Konsumentenschutz, BMASK）通过管理公共就业服务（Arbeitsmarktservice, AMS）影响职业教育，实施劳动力市场政策措施，并专门管理劳动力市场中的学徒市场（Lehrstellenmarkt）。综上，这些机构组成了一个精密的政府权威网络来监管奥地利的职业教育与培训体系。

奥地利议会传统上由两个党派主导，奥地利社会民主党

（Sozialdemokratische Partei Österreichs，SPÖ）和 奥 地 利 人 民 党
（Österreichische Volkspartei，ÖVP）。前者与奥地利工会联合会和工会关系
密切，后者属于基督教民主党派和保守党派，与商会保持着密切关系。此
外，奥地利自由党（Freiheitliche Partei Österreichs，FPÖ）是全国性的民
粹主义政党，在选举中获得的支持率接近两大主流政党。它反对社会合作
伙伴，并在 20 世纪 80 年代以来发挥了重要的作用。

四　分析框架

奥地利职业教育与培训体系中的制度变化主要是具体政治斗争和策略
性利益行动的结果。从近期历史制度主义著作中，可以推导出这种以权力
为基础的论断（如 Thelen，2004），这些研究强调制度作为 "分配工具"
（Mahoney 和 Thelen，2010），并提出参与者之间的权力平衡与构建利益联
盟的可能性是制度变化的关键要素（见第一章）。

与此相关的是卡赞斯坦（Katzenstein，1984，2003）针对奥地利和瑞
士提出的 "小国论点"。该理论强调小型的以出口为导向的国家（如奥地
利）在国际政治经济发展中的某种脆弱性，实际上促使其向法团主义模
式转变。这些小型国家中小规模、紧密耦合的社会经济系统具有强大的适
应性，能够在飞速变化的环境中生存。这种适应性基于共识政策的形成，
在奥地利通过中央集权的决策方式来实现（Katzenstein，2003）。例如，
为了应对外部因素带来的经济结构变化（Campbell，2004），小国会加强
劳动力的技能培训，使其更具竞争力（Culpepper，1999）。奥地利于 1995
年加入欧盟是此类外部因素影响国家内部适应策略的典型案例
（Katzenstein，2003）。

奥地利社会合作的兴起部分源于战争的创伤、帝国的消失和经济危

机，这些因素促成了制度化共同协商实践的形成（Katzenstein，2003）。卡赞斯坦强调政治角色在确保稳定中的中心地位，采用新韦伯主义框架来解释小国内部的刚性如何导致外部的灵活性。在他的理论中，最为关键的概念是"包容性"（inclusiveness），它的特征首先是"在国家层面社会合作的意识形态；其次是相对集中的利益团体体系以及通过利益团体、国家官僚机构和政治党派之间的不断政治谈判，对冲突目标进行的自愿和非正式的调整"（Katzenstein，1985）。实际上，奥地利经常被视为典型的法团主义国家（Afonso 和 Mach，2021），并被认为是民主法团主义社会的典范，其特征为中央集权、集中决策、强大的行政权和强大的劳工组织（Afonso 和 Mach，2021）。

尽管在法团主义范围内和涉及国家利益的关键问题中具有协调共商和集权化的潜力，奥地利的政治体系还是包含了强有力的联邦主义成分，这使政策制定变得复杂，阻碍了潜在的转型。义务教育和学徒制都受到联邦主义框架的影响。此外，学徒制的制度惯性受到中小企业的影响：与大企业相比，中小企业对成本更加敏感，更希望继续获得具有专门技能的廉价劳动力（Culpepper，2007）。此外，学者认为欧洲小国的工业改革政策往往不是全面的，具有选择性和偶发性。这种方式促进了渐进的改革，以适应新的外部和内部挑战的需要（Katzenstein，1984）。

为了分析这些治理和组织变化、评估奥地利的职业教育与培训体系的路径依赖，笔者以历史制度主义理论关于渐进式变革模式的观点为基础，强调这些模式在长期内也可能会形成变革性的变化（参见 Streeck 和 Thelen，2005）。本章特别关注历史制度主义提出的两个概念，即叠加和漂移。叠加指的是在现有规则之上或之外加入新规则；漂移是指环境变化导致已有规则的效力发生变化（Mahoney 和 Thelen，2010）。叠加的变化机制是差异性增长，例如小的修订可以引起演化，最终排斥或者替代了旧的制度逻辑（Streeck 和 Thelen，2005）。叠加与漂移表面的相对稳定有可能掩盖显著的制度变化。当全球制度结构的环境发生变化，该制度的主要功能或定义可能也会随之改变，而这种变化不一定与政治策略有关（Streeck 和 Thelen，2005）[1]。

这两个概念有助于澄清职业教育与培训体系中的制度变化。作为一个组织场域，职业教育介于国家和市场之间、教育和经济之间（Powell 和 Solga，2010）。这些调整对教育路径及文凭的价值产生了明显的影响，后者也影响了各类教育路径的参与。事实上，奥地利职业教育与培训体系两个部门制度变革的案例表明，叠加和漂移很可能相互关联，其中一个因素通过集体行动中不同角色的"主动"或"被动"的作用而激发或者显著影响另一个因素。奥地利案例说明，漂移可能以叠加的形式出现在具体政策领域的环境中（参见本章第五节对第三阶段的讨论）。为了应对漂移的结果，参与者可能创造性地在政策领域中实施叠加措施（参见本章第五节对第四阶段的讨论）。

除了上述组织角色的偏好和利益，个人的教育期望和相关的分层模式（Lutz，1983）对理解奥地利职业教育与培训体系的变化也相当重要。青少年及其家庭对特定教育路径的选择与集体行动者的偏好和利益相关。因此，本章也分析了青少年及其家庭对职业教育与培训机会兴趣的变化及政治反应。

奥地利职业教育与培训体系的结构，部分由社会合作伙伴协调，部分由政府控制，因此需要特别注意横跨教育、经济和国家层面不同领域的利益冲突与协调。职业教育培训与其他社会和劳动力市场政策一样，是社会合作伙伴的核心竞争力领域之一（Tálos，2005）。然而，社会合作伙伴对职业教育与培训体系治理过程不同环节的影响力不同。第一，它对学徒制培训

---

[1]　如果漂移是由行动者对制度的创造性使用导致的，例如当一项政策难以通过内部的立法政治制度进行修改时，则漂移不一定是无意的（Hacker，2004）。

和高等职业教育的影响力最大，奥地利联邦经济商会和奥地利工会在协商过程中起到了主导作用，它们也提供了多种培训组织方式。第二，对于全日制学校职业教育与培训和应用技术大学，社会合作伙伴也有一定的影响力，特别是当这些机构与企业关系紧密时。奥地利联邦经济商会和奥地利工会通过不同的委员会参与了政策制定过程，提供了建议，并对课程发展和职业教育政策提出意见。第三，社会合作伙伴对义务教育、通识教育和大学教育的影响力最弱（Autorenkollektiv Bildungspolitik 和 Sozialpartnerschaft，1996；Mayer et al.，2000）

不同类型和不同层次职业教育培训的治理方式差异相当大。学校职业教育受政党和政府政策的管辖，遵循《基本教育法》规定，受联邦政府中多个职能部门的交叉管理。学徒制采用法团主义方式，与劳资关系和集体谈判紧密相关，并受到企业岗位和经济政策以及治理商会的影响。

为了深入理解制度结构变革，本章采用了过程追踪方法（George 和 Bennett，2005），聚焦关键历史时期，集中分析了法团主义治理下学徒制培训与政府治理下的全日制职业教育培训之间关系的发展。分析数据有多种来源，包括政府文件、官方统计数据和二手文献。为了将近期变化纳入考虑，并更好地理解核心参与者和利益集团的理念和决策过程，笔者对专家进行了访谈，以便了解技能形成中的意识形态原则和组织形式的历史。

五 历史发展

1. 第一阶段：学徒制培训和学校培训的起源（1945年以前）

奥地利职业教育与培训体系的发展并非刻意设计的产物（Lassnigg，1997）。实际上，它体现了矛盾和冲突、非计划性的偶然因素以及意外导致的结果（Pierson，2000）。本章从技能形成体系制度化的起源开始考察，试图理解这一复杂且充满矛盾系统的内部原则和规范，这些原则和规范不会被特定的参与者随意改变（参见 Engelbrecht，1984，1986，1988）。奥地利的职业教育与培训体系应该被理解为双元制体系，分别起源于法国和德国模式，学徒制培训和学校职业教育培训是两个独立发展起来的体系。[①]

当前不同参与者的角色反映了奥地利技能形成体系的演化。学徒制最早完全由行会和手工业者组织，最早的历史可以追溯到 12 世纪（Gruber 和 Ribolits，1997）。奥地利"现代"系统的基石在法国大革命时期由专制王朝树立（Engelbrecht，1984），那时奥地利的领土远大于今日，主要的经济推动力来自其现今国界之外，如波希米亚地区。在此期间，政府建立了第一所高等职业教育机构，一些私立教育机构也出现在传统的学徒制周围。奥地利全日制职业教育有着悠久的历史传统，早在 1774 年玛丽亚·特蕾西亚（Maria Theresia）统治时期就建立了第一批职业教育机构（Barabasch et al.，2009），包括提供高等教育入学机会的职业教育项目（Rothe，2001）。

19 世纪末，受奥地利政治家和学校改革家阿曼德·冯·杜姆莱歇尔（Armand von Dumreicher）鼓舞而进行的改革，是以学校为基础的职业教育培训制度化的关键时期（Schermaier，1999）。这次改革受法国学校职业教育培训制度的启发，为今天的中等和高等教育奠定了基础。"杜姆莱歇尔改革"在两方面产生了深远影响。一方面是在 19 世纪 80 年代到第一次世界大战期间，奥地利建立了集中化、有组织的职业学校教育体系（Gruber 和 Ribolits，1997）。另一方面是创建为学徒制服务的职业学校，当时这种学校基于自愿开办。因此，奥地利集体主义技能形成体系呈现为

---

① 最初为学徒制提供的补充和自愿的兼职学校教育旨在使新建立的学校职业教育机构与传统学徒制产生重叠。然而，随着对兼职学校的法律规定日益增加，这种重叠在 1905 年到 1925 年逐渐被淘汰，建立了独立的学校和框架。

一个混合结构，不仅包括德国的双元-法团主义体系，也包含法国的国家-官僚主义职业培训体系（Greinert，2005）。

1859 年的贸易法案废除了旧的行会结构，确立了商会的地位，对学徒制的起源和结构产生了重大影响（Schermaier，1999）。第一次世界大战后，奥地利失去了经济最发达的地区，也失去了多数的内部贸易伙伴（Schermaier，1999）。第一次世界大战刚一结束，第一共和国（1918~1938）在经济和社会的重重困境中建立起来，面临着明显的革命危险（Katzenstein，1984）。正是在这个时期，社会合作伙伴关系的主要社会规则建立起来。在两次大战之间不同政府的更替中，学徒制系统得到扩张，与学徒制配套的非全日制学校逐渐受到地方的监管，这为社会合作伙伴影响学校治理奠定了基础（Engelbrecht，1988）。

2. 第二阶段：国家职业教育与培训体系的制度化(1945年至20世纪70年代早期）

第二次世界大战结束是另一个历史转折点，从此奥地利重新成为一个独立国家。当今奥地利职业教育与培训制度安排及其社会合作伙伴关系，均基于第二次世界大战后的状态（Pelinka，1996）。第二次世界大战后，奥地利很快就开始协商职业教育的新解决方案，包括将全日制职业教育培训置于联邦政府的全面控制之下。在此背景下，1946~1952 年的伊施勒会议（Ischler Conferences）成为重要的历史节点，因为奥地利全日制职业教育培训体系的结构建立在该会议的集体协议基础之上（BMUKK，2009）。

到了 20 世纪 60 年代初，奥地利废除了占领时期的德国法律并恢复了第一共和国的某些旧法，国家教育系统得以重建（参见 Schermaier，1999；Engelbrecht，1998）。1962 年到 20 世纪 70 年代中期，教育系统经历了深度重组，各类教育组织结构均得到了更新。政策制定者意识到教育需求已显著增加。有学者（Engelbrecht，1998）指出，该国教育政策在很大程度上是反应型的，政策制定者努力改革学校结构和课程以增强其与社会经济状况的契合度，从而应对社会和经济条件的变化。

在议会政治下，奥地利教育政策的关键引擎为两大主流政党，即奥地利人民党和社会民主党。1962 年的《教育法案》是这两大政党深入谈判协商的结果，旨在将教育系统的基本组织结构纳入宪法，以此解决学校之间传统的政治冲突。一些观察家认为这部法律的产生经历了主要政党间长期不懈的共同协商，"学校合作伙伴关系"这一概念也由此诞生（Pelinka，1996）。当时奥地利人民党和社会民主党都希望达成妥协，以证明大联合政府的生命力（Engelbrecht，1988）。根据宪法，任何对教育结构的修改均需获得议会 2/3 以上议席的支持（Engelbrecht，1998）。[1]

在这一阶段，社会合作伙伴关系对学徒制产生了深远的影响，但并未达到法定控制的程度。商务部在其中扮演了关键角色，由它负责执行的《贸易法》是学徒制系统的核心规则。一些背景性问题（如基本职业结构等）在教育培训讨论中占据了主导地位，1969 年奥地利才出现了管理学徒制的《职业培训法案》（Gruber 和 Ribolits，1997）。这段时期出现的强制学徒参加商会的问题，直到今天仍然是党派争议的关键问题。强制学徒成为会员必须得到执行，因此会员的挑选标准由学徒制的职业结构决定。在这种条件下，如果学徒制的职业结构发生变化，这些挑选标准也必须进行相应调整。由于这种连接关系，奥地利的学徒制具有一种反对结构变化的"内置刹车"功能，这是由与教育无关的组织逻辑决定的。

一般来说，这个时期被认为是奥地利法团主义的"黄金时期"（Katzenstein，1984；Tálos，2005）。尽管它们属于不同的部分，学校职业教育和学徒制被置于同一个职业教育与培训体系内。时至今日，由于

---

[1] 由于当局监管学校的角色和地位存在法律不确定性，修改学校法成为必要（Engelbrecht，1988）。

学徒制和学校职业教育不同的历史发展路径，这些系统的治理方式仍然具有很大的分歧。

3. 第三阶段：职业学院的扩张(1970年至20世纪90年代中期)

基于对前两个阶段的分析，本节集中讨论导致奥地利职业学院显著扩张的主要决定因素，即历史上持续并存的强有力的学徒制系统和完备的学校职业教育与培训体系，它们共同吸纳了商业界和产业界对资格证书的差异化需求。奥地利的社会合作伙伴和小国法团主义形塑了学徒制的制度化过程，而学校职业教育与培训作为一个独立的部分，与学徒制培训共享一个松散的框架基础。奥地利联邦经济商会代表的小企业偏好学徒制，而由奥地利产业联合会代表的大企业对发展职业学院和高等教育的兴趣更大。这些都是驱动奥地利职业教育与培训体系发展的关键因素。

下面进一步讨论两个条件，它们并非奥地利独有，但与上述因素一起引起了奥地利职业学院扩张。第一个条件是经济的结构性变化，从传统产业转向以服务业为基础的知识密集型产业，这种变化增强了以学校为基础的职业教育，因为它们提供了更好的高等教育机会。第二个条件是政府对人们日益提高的教育期望的政治回应，将职业学院推向前台，使其成为传统"精英"教育途径的替代选择。从这个意义上，职业学院也对早期初中阶段的不均等分流进行了修正。

值得注意的是不同类型职业教育的扩张发生在不同时期：学徒制的扩张发生在 20 世纪 60 年代及以前，而 1970 年以后扩张最迅猛的是职业学院。1971 年，新的社会民主党政府推出了一个战略计划，旨在扩张高中阶段教育，在奥地利产业联合会的支持下，这一计划明确地将重点放在扩张职业学院，而不是扩张学术学校（Lassnigg，1985）。详情请见图 6-1 和表 6-4。

表 6-4　奥地利各类高中阶段教育就读率（占 14/15~19 岁青年的百分比）
发展情况（1924~2008 年）

单位：%

	1924 年 (1923 年)	1936 年 (1934 年)	1953 年	1963 年	1973 年	1983 年	1993 年	2000 年	2008 年
学术学校	2	5	3	6	12	12	14	15	17
教师教育	1	1	1	2	2	1	2	3	3
职业学院	2	2	3	4	7	13	21	25	27
职业学校	2	4	6	6	11	13	14	10	10
学徒制	11	16	31	33	28	29	30	27	28
总计	18	28	44	51	60	68	81	80	85

注：括号中的年份是人口统计的年份；它们与测量就读率的年份略有不同。
资料来源：Lassnigg（1998），由笔者更新。

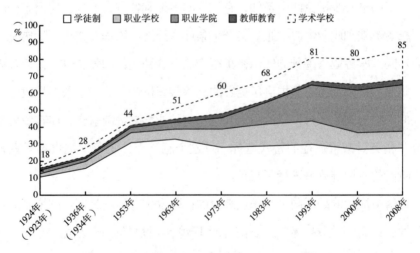

图 6-1　奥地利高中阶段教育就读率（占 14/15~19 岁青年的百分比）的
发展情况（1924~2008 年）

　　注：括号中的年份是人口统计的年份，与测量就读率的年份略有不同。自 20 世纪 70 年代以来，教师培训主要在高中后的高等教育与继续教育阶段开展。

　　资料来源：Lassnigg（1998），由笔者更新。

虽然进一步扩张职业教育是奥地利社会民主党政府的决定，但这次扩张主要受到社会经济变化的推动，尤其是结构性经济变化和人们对通过教育实现向上流动的需求（Engelbrecht，1988）。正如以往的规律（Lundgreen，2003），当时的政策制定者低估了教育需求的增长（Lassnigg，1995）。尽管如此，这次扩张仍然得到了一直以高教育支出为傲的国家财政的支持（Lassnigg，2009）。这种政策也满足了社会合作伙伴的需求，它们为学徒制的发展预留了充足的空间。在随后的几年里，虽有 1/4 的奥地利青年参与学徒制培训，但未能吸引更多的青年。

1945 年第二共和国建立以来，奥地利大规模的工业变革对职业教育与培训体系产生了重大的影响。除了向服务业和知识经济或者"知识社会"的一般性转移趋势（Mayer 和 Solga，2008）和脱离传统产业的趋势（传统产业是学徒制的基础）（Solga，2009），奥地利国有企业的私有化对职业培训产生了很大的影响。尽管奥地利大多数的大型工业在第二次世界大战后被国有化，由于社会合作伙伴和政策制定者更关注保障就业而非提高效率（访谈 A1），这些企业未能有效地应对全球市场竞争。

从 20 世纪 80 年代开始，关于大型国有企业自由化和私有化的讨论渐渐兴起。然而，之后的私有化并没有取得成功，未能在奥地利建立起类似德国、法国或者其他国家的"全国冠军企业"（关于奥地利重要国有工业的私有化，参见 Afonso 和 Mach，2012）。相反，在私有化过程中，大型国有工业被拆分为较小的子公司或被外国企业收购，或两者兼有。这对学徒制的实施产生了巨大的影响，因为这些大型国有工业曾是双元制培训的主要提供者（访谈 A7、A8）。随着私有化的威胁不断增加，这些企业的培训基础设施逐渐被公共财政支持的培训机构所替代，这也为后来基于工作坊的学徒制培训奠定了基础。由于奥地利参与学徒制培训的企业比例很低，且许多大型国有企业在私有化之后不再提供学徒制培训，使得该国无法采用分隔主义技能形成策略（见第二章和第三章）。

在选择职业教育与培训项目时，个体对学徒制日渐失去兴趣的原因之一是奥地利未能培育出具有国际竞争力的大企业。更多的学生因为职业学院能提供双重资格证书，而偏向于选择职业学院。这成为社会合作伙伴面对的挑战。职业学院的扩张对学徒制系统的发展产生了重要影响，它在学徒制系统之上叠加了一个意外的"层次"。然而，这也表明了学徒制的漂移，它变得更加边缘化。这种现象带来了两大效应。首先，学徒制无须进行创新，因为其所面临的压力已被不断扩张的学校制度所吸收。其次，学徒制体系未能如德国那样得到"提升"①。在学徒制与全日制学校职业教育培训的竞争中，后者成为更有活力的一方（Lassnigg，1999）。因政府资助了学校职业教育，这种转变也意味着培训成本已被转嫁至政府。学徒制的成本由学徒和企业分担，学徒支付机会成本，企业支付时间和基础设施成本。全日制学校职业教育培训的生均成本是非全日制学校的 10 倍。近来，对学徒制的公共财政支持也通过各种补贴得到了显著的增长。奥地利各种形式的职业教育培训都反映了国家在技能形成方面投资的扩张。

4. 第四阶段："高等职业教育"和学徒制"急救方案"（20世纪90年代后期）

本节重点关注政府和社会合作伙伴为维护学徒制所进行的协调行动，在不改变职业教育与培训体系内部组织原则的情况下，出现了持续、叠加的渐进式创新。这个阶段开始于 20 世纪 90 年代，当时的学徒制体系不断出现问题（Bock-Schappelwein，2007）。为解决这些问题，20 世纪 90 年代后期开始出现一些创新。以下四项创新是奥地利当代技能形成体系的典型

---

① 提升指为拥有大学入学资格证书的人"保留"的"高端"学徒计划，这些计划通常提供与服务业和知识经济联系更紧密的职业培训。然而，德国此类计划中的学徒（例如，银行职员、IT 专家）也往往比奥地利的学徒年龄大。

变化：一是建立了应用技术大学（1994）；二是为 18 岁及以下人员提供的培训保障以及基于工作坊的学徒制培训；三是引入了职业学士学位（1997）以及"带高中文凭的职业教育"（Lehre mit Matura，2008）；四是学徒制培训的模块化。① 20 世纪 90 年代后期开始的创新变化在 2008 年的政策中得到了整合。

为了解释这些动态变化，笔者注意到引起第三阶段制度变化的因素直到现在仍然具有影响力。强有力的学徒制和强有力的学校职业教育培训并存，奥地利的小国法团主义至今仍然发挥着作用。影响中小型企业和大型企业分歧的经济结构变化，以及对职业教育与培训机会利益变化引起的政治反应，也仍然是显著的影响因素。此外，政策叠加和欧洲化这两个新的条件也变成了重要影响因素。前一阶段职业教育与培训制度化的结果是"分层"，体现为学徒制培训基础上职业学院的扩张，这种扩张对学徒制产生了负面影响。欧洲化也对职业教育与培训体系产生了影响。首先，应用技术大学的建立被一些奥地利国内参与者认为是加入欧盟的前提条件。其次，国家、社会合作伙伴以及奥地利产业联盟在影响职业教育培训政策方面的能力出现了变化。

（1）应用技术大学的建立。

应用技术大学作为一种新的高等教育组织形式，与 1995 年奥地利为加入欧盟所做的准备有关。② 自 1994 年起，应用技术大学主要提供技术、工程、计算机、通信、媒体、旅游、经济和管理领域的课程（参见 Gruber，2008）。这些新大学在高等教育体系中的崛起，改变了高等教育和职业教育领域的组织结构和地位。职业学院服务于奥地利企业尤其是大型企业的

---

① 进一步的改革包括整合性初始职业教育（integrative Berufsausbildung）（Tritscher-Archan，2009）或双元学徒制培训（Doppellehre）（Ebner，2009）。

② 请参阅 Graf（2009，2010）在国际化背景下将资本主义多样性方法应用于分析协调市场经济中高等教育的文章。

需求，并为个体的向上流动提供了极具吸引力的途径。它的演变与应用技术大学的建立有着内在联系。20世纪70年代至90年代初，职业学院作为实践导向高等教育的替代机构（访谈A7），成为现在应用技术大学教育的先驱。新兴的应用技术大学与职业学院之间既存在竞争，也存在合作。例如，在招聘广告中，职业学院和应用技术大学的文凭常被视为等同（访谈A2、A6）。应用技术大学发展也依赖职业学院，因为约半数应用技术大学的学生是职业学院的毕业生（Lassnigg和Vogtenhuber，2009）。这两类学校更多地服务于大型企业而非中小企业，对于后者而言，学徒制更为重要。这些新兴大学是对全球高等教育化趋势的响应。由于每种职业教育与培训的组织形式在规范目标和课程要求上存在差异，尽管现有规定允许学徒接受高等教育，但应用技术大学的建立并未显著增加学徒接受高等教育的机会（Winkler，2008；Lassnigg等人，2003）。

（2）职业培训保障与基于工作坊的学徒制培训。

从1997年开始，奥地利出现了重要的政策调整，目的是保持或者重建学徒制体系在促进学徒从学校到工作顺利转化方面的积极作用。这些政策措施包括学徒制条约（Lehrlingspakt，1997）和《青少年培训保障法》（Jugend ausbildungssicherungs gesetz，1998~2008）。后者向未能找到学徒机会的青年提供培训，并通过公共就业机构为企业提供额外的学徒培训资金。这些政策可能降低了标准，以提高企业雇用学徒的意愿。实际上，这一策略适得其反，因为它降低了培训质量，以至于学徒制在与学校职业教育培训竞争中的竞争力降低（访谈A4）。然而所有利益相关者均支持这些政策。

自20世纪90年代末以来，这些创新举措被视为延缓学徒制根本性变革的"急救方案"（Feuerwehrprogramm）。多数项目开始时只是短期项目，用来应对被认为是暂时的而非结构性的学徒制岗位短缺问题。这些政策并未根本性变革学徒制以适应现代挑战，而是通过叠加逐步调整了职业教育与培训体系。

2008 年，奥地利政府为 15~18 岁青年提供了 2~4 年制、以工作坊为基础的学徒制培训，这是一个"急救方案"项目。它的目的是为 18 岁及以下的青年提供培训保障。这个培训项目的目标群体是经过努力仍无法找到企业学徒制岗位的义务教育毕业生。这个项目"作为双元制系统的组成部分，享有与正规企业培训相同的地位"（Tritscher-Archan，2009）。在以工作坊为基础的学徒制项目中，学徒们在非全日制的职业学校接受学术教育，而实践训练则在企业实习或在培训中心以工作坊的方式进行。① 此项目中的学生享有与正规学徒相同的权利和义务，但培训补助较低。这种培训得到失业保险和政府的共同资助，由公共就业服务负责实施。这个项目与正规学徒制最大的区别在于其培训部分和学徒工资由公共经费来支持，因此，维持这种培训的成本极高（Hoeckel，2010）。这种培训迅速扩张，实际上很快就被认为"过于昂贵"（访谈 A5）。

（3）职业学士学位以及带高中毕业文凭的学徒制。

为应对学徒制吸引力下降的情况，社会各界一致支持提高教育系统的渗透性，各项创新措施得以推行。其中，发展职业学士学位（1997）和带高中毕业文凭的学徒制（2008）成为核心举措。职业学士学位考试是一种为学徒制及职业学校毕业生提供高等教育机会的考试，考生须在继续教育与培训机构中完成准备课程。② 此考试在一定程度上也承认学生在非正式教育与培训中获得的技能和经验。2008 年，奥地利政府面向 15~18 岁

---

① 类似的计划自 20 世纪 90 年代末就通过上述的《青少年培训保障法》进行了初步测试。

② 历史上，对于未能从学术型中等教育或职业教育学院获得毕业资格的人来说，有几种替代方式进入高等教育机构。例如，参加大学入学资格考试（Studienberechtigungsprüfung）。然而，职业学士学位的引入制度化了这种可能性（访谈 A8），提供了正规的培训，拓展了接受高等教育提供了普遍的途径。

学生推出了 3~3.5 年的、带高中毕业文凭的学徒制项目（Lehre mit Matura）。该项目结合了学徒制培训和针对学士学位的准备学习。虽为试点项目，但它很快在奥地利发展起来（Der Standard，2009）。在接受学徒制培训的同时备战职业学士学位考试的学生，可以获得准备课程学费的减免。

这两项创新并未改变职业教育与培训体系的基础，而是在其中加入了新的"层次"，目的是加强职业教育与培训和高等教育间的纵向渗透性。[1]这些创新展现了集体行动者创造性地利用制度叠加来避免学徒制体系的进一步漂移。在职业教育与培训与高等教育之间建立这种联系，使得前者与后者相辅相成，不仅维护了双元学徒制的地位，还有效防止其被边缘化（Finegold，1999）。现在还不清楚这些渗透机制是否能够"力挽狂澜"，因为对于选择学徒制的多数年轻人来说，他们很难完成这些项目。同时，高能力的学生经常选择其他进入高等教育的渠道，例如职业学院（访谈A8）。这些制度创新和在学徒制中逐步引入通识教育内容的努力，拉近了学徒制和学校职业教育与培训的距离（Mayer et al.，2000）。然而，提高的渗透性并未削减"职业原则"及其文化重要性。

（4）学徒制的模块化。

《贸易法案》规定了学徒制的基本职业结构，劳资双方已经就此争论了几十年。员工方面认为许多职业结构框架过于专业化，以至于对未来就业几乎没有帮助。学徒制的模块化成为一种新解决方案，开发新的模块可以在学徒制培训早期提供广泛的基础训练，允许学徒在学徒制后期再接受专业化培训。这种做法不用改变"完整职业资历"的总体架构。这种新教学方式的实施可以为学生的未来累积更多的专业模块，帮助他们获得更具综合性的资历，从而增大学徒制的吸引力（Archan，2006）。截至 2010

---

[1] 在德国，学者 Baethge（2006）谈到了职业培训和学术教育之间的教育分裂［见 Powell 和 Solga（2010）关于当代欧洲政策对这一制度分裂的影响］。

年，基本职业岗位结构仍然未能改变，向着模块化的转变还停留在建议中。更为重要的是，模块化的目的是增大学徒制相对于学校职业教育与培训的吸引力，这个改革并未打破双元制的传统组织原则，它的实施依赖于社会合作伙伴的共识（Euler 和 Severing，2006；Trampusch，2009）。[①]

欧洲化是上述制度变革的关键动因之一，它显著削弱了社会合作伙伴的联系，降低了国家在经济及货币政策上的自主权（Mayer et al.，2000；Pelinka，1996）[②]。相对于社会合作伙伴，政府的影响力由于加入欧盟而得到增强（Tálos，2005）。一些决策权从社会合作伙伴手里转到政府和议会，这是由于竞选在国内政治中的重要性日益提高（Afonso 和 Mach，2021；Kittel 和 Tálos，1999）。相反，卡赞斯坦（Katzenstein，2003）认为欧洲化对于欧洲小国的作用相当于 20 世纪 30~40 年代外部力量的作用。欧洲化激发了"深藏的制度回忆和实践"（Katzenstein，2003），以至于"欧洲化的增强提高了欧洲小国的法团主义倾向"（Katzenstein，2003）。此外，尽管奥地利的社会合作水平低于其黄金时期，但社会合作伙伴对教育政策的贡献越来越大（Pelinka，1996；Piskaty，1996）。公共就业服务是社会合作运行良好的范例，它帮助个人就业、为企业和培训机构的培训活动提供补贴（Mayer et al.，2000）。

社会合作伙伴致力于相对渐进的变化，它们在教育系统改革中扮演了重要的角色。通过它们的努力，奥地利人总体上接受了教育系统的改革。社会合作伙伴之间的协商虽然消耗时间，但是在许多例子中，它也帮助避免了纯粹的行政决定所带来的同样冗长、甚至可能更加烦琐的试错性的改革过程。也许更为重要的是，一旦共识达成，所有各方都会坚

---

① 奥地利工会也欢迎模块化，因为它能成功协调相关要求。例如，模块化不会导致培训项目在长度方面的差异化（ÖGB，2007）。

② 奥地利工业联合会已经在欧洲社会对话中成为一个积极的参与者，并获得了影响力（Falkner，1999）。

持这个共识（OECD，1999）。职业学士学位的引入也是如此，雇主和雇员双方代表就此达成一致后，都推荐实施这个项目（Mayer et al.，2000）。

本章认为，必须在奥地利职业教育与培训系统的法团主义背景中考虑中小企业的行为，它们是奥地利经济的基础（Trampusch，2010）。小企业主比大企业的管理者对成本更加敏感，更多地依赖学徒作为实际的劳动力（Culpepper，2007）。小企业主在经济中的统治地位和它们提供的在职培训，有助于解释为何奥地利仍然保持了一个高度专门化的技能形成体系。[①] 当考虑大企业和小企业的分歧时，就不难理解为什么往往是奥地利产业联合会而不是奥地利联邦经济商会在努力推动教育体系的改革（访谈 A3）。奥地利产业联合会代表大企业，而中小企业主导了奥地利联邦经济商会。考虑到大企业可从国外雇用劳动力（访谈 A4），更加依赖高端和前沿的技术（访谈 A8），可以说奥地利产业联合会在推进上述创新方面相当于"起义军"。相反，奥地利联邦经济商会可以被描述为职业教育与培训体系改革的参与者（访谈 A1），它致力于保存传统的职业教育与培训体系（Culpepper，2007；Trampusch，2009）。

总之，奥地利职业教育与培训体系的现代化体现了"循序渐进的政治"（Euler 和 Severing，2006）。1996 年以来的学徒制政策措施显示了一种分层的、渐进式制度变革模式。与前一阶段不同的是，最近几十年的政策"叠加"是由旨在加强学徒制的有意政策造成的，目的是避免进一步的"漂移"。

---

① 相比之下，瑞士已经向更通用的技能系统转变，因为它由大企业主导（Culpepper，2007）。

六 结论

为了解释奥地利职业教育与培训体系独特的历史发展进程，本章聚焦奥地利的小国法团主义和社会合作伙伴关系（Katzenstein，1984），它们调节了技能形成体系的制度变化和再生产，以及学徒制和以学校为基础的职业教育培训之间的关系变化，这是奥地利职业教育与培训体系持久的、独有的特征。在追溯奥地利混合了强有力的学徒制和学校培训（第一阶级和第二阶段）的技能制度起源后，笔者分析了最近的两个历史时期，即职业学院扩张时期（第三阶段）和 20 世纪 90 年代后期的学徒制政策调整时期（第四阶段）。本章揭示了奥地利第二共和国期间职业教育与培训体系的变化模式，即以学校为基础的职业教育培训政策的叠加，这意味着学徒制的漂移（第三阶段）；以及随后在学徒制政策领域的叠加，以避免这种漂移（第四阶段），这意味着通过集体行动者的行为，可以将叠加和漂移密切联系起来。在这个背景下，本章讨论了相当"偶然的"（第三阶段）和"有意的"（第四阶段）出现的渐进式制度变化过程。值得注意的是，这些过程是基于学徒制培训和学校职业教育培训这两个强有力的部门历史演化的结果。在技能形成方面，自 1945 年以来奥地利不同的组织形式和领域不断"拼凑"在一起。由于这些组织形式和领域以前是相对分离、独立发展的，要提高它们之间的互补性需要漫长的调整过程。

奥地利职业教育与培训多元的制度化过程反映了多个内部和外部因素的共同作用，包括工业企业国有化及其之后的私有化，在全球化市场背景下向以服务为基础的知识经济的转化，政府针对人们为追求更好职业机会而改变教育选择的政治反应，以及欧洲化的影响。最后一点不仅指 20 世纪 90 年代奥地利进入欧盟后社会合作伙伴改变职业教育与培训政策能力的变化，也包括社会合作伙伴在建立应用技术大学方面的重要辅助作用（参见第十一章）。

　　尽管奥地利的学校教育和学徒制中存在不同的政治逻辑，学校教育的政治逻辑是政党政治和联邦主义，学徒制的政治逻辑是法团主义政策制定，但是两者之间呈现出持续的互补关系。例如，它们服务于不同类型的义务教育毕业生以及不同类型的雇主，这也反映了中小型企业和大型企业的分歧。但是，笔者也看到职业教育两部门（即职业学院与职业学校）之间日益加剧的竞争，特别是当职业学院通过提供进入高等教育的机会而成为更具吸引力的发展路径。实际上，学徒制和学校教育之间的竞争已经削弱了双元制作为奥地利技能形成制度最核心和最显著特征的地位。这也意味着，相较于全日制的学校职业教育培训，学徒制不应再被视为奥地利政治经济模型中的核心元素。然而，20世纪90年代以来，学徒制面临的种种挑战已经促使社会合作伙伴做出协同应对。在此期间，奥地利产业联合会的"起义军"角色变得日益重要。同时，相对于社会合作伙伴和法团主义，政府对职业教育与培训的影响力已有所扩大。尽管如此，为了保持其在社会政策中的影响力，社会合作伙伴策略性地加强了对职业教育与培训的参与。

　　本章探讨了旨在应对当下挑战的职业学士学位、带高中毕业文凭的学徒制、以工作坊为基础的学徒制和学徒制模块化等政策措施，但它们对奥地利的职业教育与培训体系所带来的预期和非预期后果仍待观察。这些政策措施本身具有显著意义。这些"创新"可以视为在双元制培训系统上的叠加。尽管这种"叠加"似乎有助于维持双元制，但在快速的社会经济变迁中，学徒制仍面临挑战。环境变化更有利于奥地利以学校为基础的职业教育培训尤其是职业学院的发展。20世纪90年代末的职业教育改革，最初被视为应对双元制系统中学徒制岗位不足的"暂时性"应急措施，如今，这些改革措施已经不再是短期措施，它们持续影响着和塑造着奥地利的技能形成体系。目前趋势表明，学徒制与学校职业教育培训之间的关系正经历进一步的微调，这表现为渐进式的制度变革，展现出叠加和漂移的复杂模式。

参考文献

Afonso, A. , and Mach, A. (2021) . "Coming Together But Staying Apart: Continuity and Change in the Swiss and Austrian Varieties of Capitalism. " In U. Becker, ed. , *Continuity and Change in Small European States' Varieties of Capitalism.* Amsterdam: Amsterdam University Press.

Archan, S. (2006) . Modularisierung der Lehrlingsausbildung: Status Quo Analyse und Expertenbefragung. Vienna: Institut für Bildungsforschung der Wirtschaft.

Autorenkollektiv Bildungspolitik und Sozialpartnerschaft (1996) . "Fallbeispiel Österreich. " In U. Pröll and G. Wagner, eds. , Bildungspolitik und Sozialpartnerschaft am Beispiel der beruflichen Bildung. Vienna: KulturKontakt, 125–143.

Baethge, M. (2006) . Das deutsche Bildungs-Schisma: Welche Probleme ein vorindustrielles Bildungssystem in einer nachindustriellen Gesellschaft hat. Göttingen: Soziologisches Forschungsinstitut.

Barabasch, A. , Kurz, S. and Schlögl, P. (2009) . "Österreich. " In Bertelsmann Stiftung, Steuerung der beruflichen Bildung im internationalen Vergleich. Bidefeld: Bertelsmann, 197–240.

Bock-Schappelwein, J. (2007) . "Herausforderungen für die berufliche Bildung der Zukunft. " Berufs-und Wirtschaftspädagogik—online, http://www. bwpat. de/ATspezial/bock-schappelwein_ atspezial. shtml (accessed April 28, 2010) .

Bundesministerium für Unterrricht, Kunst und Kultur (BMUKK) (2009) . "250 Jahre Berufsausbildung in Österreich. " Austrian Education News 57. Vienna: BMUKK.

Busemeyer, M. R. (2009) . "Asset Specificity, Institutional Complementarities and the Variety of Skill Regimes in Coordinated Market Economies. " *Socio-Economic Review* 7 (3) : 375–406.

Campbell, J. L. (2004) . *Institutional Change and Globalization.* Princeton, NJ: Princeton

University Press.

Culpepper, P. D. (1999). "Introduction: Still a Model for the Industrialized Countries?" In P. D. Culpepper and E. Finegold, eds., *The German Skills Machine: Sustaining Comparative Advantage in a Global Economy*. New York: Berghahn Books, 1–34.

—— (2007). "Small States and Skill Specificity: Austria, Switzerland, and Interemp-loyer Cleavages in Coordinated Capitalism." *Comparative Political Studies* 40(6): 611–637.

Deißinger, T. (2001). "Zur Frage der Bedeutung des Berufsprinzips als 'organisierendes Prinzip' der deutschen Berufsausbildung im europäischen Kontext: Eine deutsch-französische Vergleichsskizze." *Tertium Comparationis* 7(1): 1–18.

Der Standard (2009). "6200 Jugendliche machen 'Lehre und Matura.'" Der Standard (10 December 2009).

Ebner, C. (2009). "Übergänge von der beruflichen Erstausbildung in den Arbeitsmarkt: Deutschland, Österreich, Schweiz und Dänemark im Vergleich." WZBrief Arbeit No. 4. Berlin: Wissenschaftszentrum Berlin für Sozialforschung.

Engelbrecht, H. (1984). Geschichte des österreichischen Bildungswesens: Erziehung und Unterrichtauf dem Boden Österreichs. Vol. 3: Von der frühen Aufklärungbis zum Vormärz. Vienna: Österreichischer Bundesverlag.

——(1986). Geschichte des österreichischen Bildungswesens: Erziehung und Unterricht auf dem Boden Österreichs. Vol. 4: Von 1848 bis zum Ende der Monarchie. Vienna: Österreichischer Bundesverlag.

——(1988). Geschichte des österreichischen Bildungswesens: Erziehung und Unterricht auf dem Boden Österreichs. Vol. 5: Von 1918 bis zur Gegenwart. Vienna: Österreichischer Bundesverlag.

——(1998). "Zielvorstellung derösterreichischen Bildungspolitikinder zweiten Republik Österreichs." In H. Zdarzil and N. Severinski, eds., Österreichische Bildungspolitik inder Zweiten Republik. Vienna: Kaiser.

Euler, D. and Severing, E. (2006). Flexible Ausbildungswege in der Berufsbildung. Nuremberg: Forschungsinstitut für Betriebliche Bildung.

Falkner, G. (1999). "Korporatismus auf österreichischer und europäischer Ebene: Verflechtung ohne Osmose." In F. Karlhofer and E. Thalos, eds., Zukunft der Sozialpart-nerschaft: Veränderungsdynamik und Reformbedarf. Vienna: Signum, 215–40.

Finegold, D. (1999). "The Future of the German Skill-Creation System: Conclusions and Policy Options." In P. D. Culpepper and D. Finegold, eds., *The German Skills Machine: Sustaining Comparative Advantage in a Global Economy*. New York: Berghahn Books, 403–30.

George, A. L. and Bennett, A. (2005). *Case Studies and Theory Development in the Social Sciences*. Cambridge, MA: MIT Press.

Graf, L. (2009). "Applying the Varieties of Capitalism Approach to Higher Education: Comparing the Internationalization of German and British Universities. " *European Journal of Education* 44(4): 569-585.

—— (2010). "Internationalization Strategies in Higher Education Systems: AVariety of Capitalism Analytical Framework. " In H. Egbert and C. Esser, eds. , *Aspects in Varieties of Capitalism: Dynamics, Economic Crisis, New Players*. Saarbrücken: Lambert, 203-27.

Greinert, W. -D. (2005). "Mass Vocational Education and Training in Europe. " CEDEFOP Panorama, 118. Luxembourg: European Communities.

Gruber, E. (2008). "Berufsbildung in Österreich: Einblicke in einen bedeutenden Sektor. " In H. Neß and T. Kimmig, eds. , Kompendium zu aktuellen Herausforderungen beruflicher Bildung in Deutschland, Polen und Österreich: Vorarbeiten zu einem europäischen Handbuch. Frankfurt a. M. : Deutsches Institut für Internationale Pädago-gische Forschung, 40-57.

——Ribolits, E. (1997). Duale Berufsausbildung die Historie. In E. Ribolits and J. Zuber, eds. Schulheft 85, Misere Lehre—Der Anfang vom Ende der dualen Berufsausbildung. Vienna: Verein der Förderer der Schulhefte, 18-37.

Hacker, J. S. (2004). "Privatizing Risk without Privatizing the Welfare State: The Hidden Politics of Social Policy Retrenchment in the United States. " *American Political Science Review* 98(2): 243-260.

Hoeckel, K. (2010). Learning for Jobs—OECD Reviews of Vocational Education and Training: Austria. Paris: OECD.

Katzenstein, P. J. (1984). *Corporatism and Change: Austria, Switzerland, and the Politics of Industry*. Ithaca, NY: Cornell University Press.

—— (1985). *Small States in World Markets: Industrial Policy in Europe*. Ithaca, NY: Cornell University Press.

—— (2003). "Small States and Small States Revisited. " *New Political Economy* 8(1): 9-30.

Kittel, B. and Tálos, E. (1999). "Interessenvermittlung und politischer Entscheidu-ngsprozess: Sozialpartnerschaft in den 1990er Jahren. " In F. Karlhofer and E. Tálos, eds. , Zukunft der Sozialpartnerschaft: Veränderungsdynamik und Reformbedarf. Vienna: Signum, 95-136.

Lassnigg, L. (1985). "Die zeitlicheDynamikdes Bildungswesens und Widersprüchein der Bildungspolitik. " Research Memorandum 214. Vienna: Institut für Höhere Studien.

—— (1995). "Bildungsreform gescheitert... Gegenreform? 50JahreSchul-und Hochschul- politik in Österreich." In R. Sieder, H. Steinert and E. Talos, eds., Österreich 1945 – 1995: Gesellschaft. Politik. Kultur. Vienna: Verlag für Gesellschaftskritik, 458–484.

—— (1997). Das Bildungsverhalten der Jugendlichen in der österreichischen Berufsbildung und einige Aspekte der Qualifizierungspolitik. Vienna: Bundesministerium für Arbeit, Gesundheit und Soziales.

—— (1998). "Bildungswesen und Qualifikation in der Dienstleistungsgesellschaft." In G. Chaloupek and M. Mesch, eds., Die Beschäftigungsentwicklung im Dienstleistungs- sektor. Vienna: Reihe Wirtschaftswissenschaftlicher Tagungen der Arbeiterkammer Wien, Vol. 4, 67–99.

—— (1999). "Youth Labour Market Policy in Austria 1980 – 1997." *Sociological Series* 38. Vienna: Institut für höhere Studien.

—— (2009). "Governance of the VET System." In K. Luomi-Messerer and S. Vogtenhu- ber, eds., National VET Research Report Austria. Vienna: ReferNet Austria.

—— (2010). "Herausforderungen für Berufsbildung und-forschung: Demografie, Life-long Learning und Berufe im Lebensverlauf." Zeitschrift für Berufs-und Wirtschaft- spädagogik 106 (Beiheft 24), D. Euler, U. Walwei and R. Weiß eds., Berufsforschung für eine moderne Berufsbildung-Stand und Perspektiven, 207–234.

—— Unger, M., Pechar, H., Pellert, A., Schmutzer-Hollensteiner, E. and Westerheijden, D. F. (2003). Research Report: Review des Auf-und Ausbaus des Fachhochschu- lsektors. Vienna: Bundesministerium für Bildung, Wissenschaft und Kultur.

—— Vogtenhuber, S. (2009). "'Input,' 'Prozessfaktoren,' 'Output/Outcome.'" In W. Specht, ed., NationalerBildungsbericht Österreich 2009. Vol. 1: Das Schulsystem im Spiegel von Daten und Indikatoren. Graz: bifie, chapters B–D.

Lundgreen, P. (2003). "'Bildungspolitik' und 'Eigendynamik' in den Wachstumsschüben des deutschen Bildungssystems seit dem 19. Jahrhundert." Zeitschrift fürPädagogik 49 (1): 34–46.

Lutz, B. (1983). "Bildungsexpansion und soziale Ungleichheit: Eine historisch-soziolo-gische Skizze." In R. Kreckel, ed., Soziale Ungleichheiten. Soziale Welt Special issue. no. 2: 221–45.

Mahoney, J. and Thelen, K. A. (2010). *Explaining Institutional Change: Ambiguity, Agency, and Power*. New York: Cambridge University Press.

Mayer, K. U. and Solga, H., eds. (2008). *Skill Formation: Interdisciplinary and Cross- National Perspectives*. Cambridge: Cambridge University Press.

Mayer, K., Lassnigg, L. and Unger, M. (2000). Social Dialogue on Training: Case Study of

Austria. Research Report. Vienna: Institute for Advanced Studies.

Neureiter, H. (2009). "Die Grundkompetenzen Deutsch und Mathematik in den Berufsschulen und Berufsbildenden Mittleren Schulen. " In C. Schreiner and U. Schwantner, eds. , PISA 2006: Österreichischer Expertenbericht zum Naturwissenschafts-Schwerpunkt. Graz: Leykam.

Organisation for Economic Co-operation and Development (OECD) (1999). Thematic Review on the Transition from Initial Education to Working Life: Austria Country Note. Paris: OECD.

Österreichischer Gewerkschaftsbund [ÖGB] (2007). ÖGB Kurzbericht 2003 - 2006. Vienna: ÖGB.

Pelinka, A. (1996). "Sozialpartnerschaft und Bildungspolitik. " In U. Pröll and G. Wagner, eds. , Bildungspolitik und Sozialpartnerschaft am Beispiel der beruflichen Bildung. Vienna: Kultur Kontakt, 31-39.

Pierson, P. (2000). "The Limits of Design: Explaining Institutional Origins and Change. " *Governance. An International Journal of Policy, Administration andInstitutions* 13(4): 475-99.

Piskaty, G. (1996). "Verbände und Sozialpartnerschaft am Beispielder Bildungspolitik. " In U. Pröll and G. Wagner, eds. , Bildungspolitik und Sozialpartnerschaft am Beispiel der beruflichen Bildung. Vienna: Kultur Kontakt, 49-52.

Powell, J. J. W. and Solga, H. (2010). "Analyzing the Nexus of Higher Education and Vocational Training in Europe: A Comparative-Institutional Framework. " *Studies in Higher Education* 35(6): 705-721.

Rothe, G. , ed. (2001). Die Systeme beruflicher Qualifizierung Deutschlands, Österreichs und der Schweiz im Vergleich. Villingen-Schwenningen: Neckar-Verlag.

Schermaier, J. (1999). Gewerblicher und wirtschaftlicher Unterricht in Österreich: Eine Einführung zur Systematik und Geschichte des berufsbildenden Schulwesens. Berne: Peter Lang.

——(2001). "Die berufsbildenden Vollzeitschulen: Ein bedeutender Bildungsfaktor im österreichischen Bildungswesen. " Salzburger Beiträge zur Erziehungswissenschaft 5(1): 63-85.

Solga, H. (2009). "Der Blick nach vorn: Herausforderungen an das deutsche Ausbildungssystem. " WZB Discussion PaperSPI 2009 - 507. Berlin: Wissenschaftszentrum Berlin für Sozialforschung.

Streeck, W. and Thelen, K. , eds. (2005). *Beyond Continuity: Institutional Change in Advanced Political Economies.* Oxford: Oxford University Press.

Tálos, E. (2005). "Vom Vorzeige zum Auslaufmodell? Österreichs Sozialpartnerschaft 1945 bis 2005. " In F. Karlhofer and E. Tálos, eds. , Sozialpartnerschaft: Österreichische und Europäische Perspektiven. Vienna: Lit, 185–216.

Thelen, K. (2004). How Institutions Evolve: The Political Economy of Skills in Germany, Britain, the United States, and Japan. Cambridge: Cambridge University Press.

Trampusch, C. (2009). "Europeanization and Institutional Change in Vocational Education and Training in Germany and Austria. " *Governance. An International Journal of Policy, Administration andInstitutions* 22(3): 371–397.

——(2010). "Employers, the State and the Politics of Institutional Change: Vocational Education and Training in Austria, Germany and Switzerland. " *European Journal of Political Research* 49(4): 545–573.

Tritscher-Archan, S. , ed. (2009). VET in Europe: Country Report Austria. Thessaloniki: CEDEFOP.

Vogtenhuber, S. (2009). "The Benefits of VET. " In K. Luomi-Messerer and S. Vogtenhuber, eds. , National VET Research Report Austria. Vienna: Refer Net Austria.

Winkler, E. (2008). "Durchlässigkeit im österreichischen Fachhochschulsektor in politischen Steuerungs-und Entscheidungsprozessen. " Diploma thesis, Universität Wien, Vienna.

7

丹麦职业教育培训中的行业自治和社会民主党的角色

莫伊拉·尼尔森

一 引言

作为能生产高质量职业技能的协调市场经济国家，丹麦的职业教育培训体系备受称赞（Hall 和 Soskice，2001）。在协调市场经济国家中，丹麦模式以重视公共利益而非产业界或行业组织的特殊利益而著称。这些趋势明显地表现在该国职业教育培训的产出中，如高水平的培训和劳动力流动性；也表现在相关政策中，如广泛的指导咨询和灵活的技能认证（包括对已有学习经历的认证和模块化培训）；还表现在相关社会角色互动的模式中，社会合作伙伴不仅定期在内部交流它们的培训偏好，也常与政府相关部门进行交流。

丹麦的培训体系不仅满足而且可能超越了集体主义技能形成体系的标准，包括技能的集体组织、中介组织和社团协会的核心角色、提供可迁移的和经认证的职业技能，以及由学校和企业提供技能培训（Thelen，2007、2008）。因此，丹麦职业教育培训体系经常作为整体而备受称赞，德国也常因某些行业的培训而受到赞誉。

2000 年，丹麦因职业教育培训的创新而获得贝塔斯曼奖①（Bertelsmann prize），得到了世界的认可。与其他国家一样，丹麦的职业教育培训体系正在适应人口和经济变化方面的挑战。特别是在 20 世纪 80 年代和 90 年代早期，受到当时财政紧缩政策的影响，丹麦年轻人的处境不佳。随后的改革扭转了这种局面，许多研究强调丹麦职业教育培训的表现出众，体现为较低的青少年失业率、较短的从学校到工作岗位的过渡时间（Hammer，2003；Müller 和 Gangl，2003）。

---

① 卡尔·贝塔斯曼奖于 1988 年创设，每年由贝塔斯曼基金会颁发。贝塔斯曼基金会支持和促进教育、文化、媒体、公共卫生、商业管理和政治领导方面的项目。

丹麦职业教育培训体系的出众表现来源于社会民主党的长期执政和职业教育培训的特殊管理结构。职业培训管理中社会合作伙伴具有平等的代表权，这有利于达成共识，能够迅速解决问题。此外，工会在失业保险中的协调保证了较高的工会参与率，这意味着非熟练工人也能够参与其中。高度的劳动力流动性以及高会员率也促使工会之间为争夺会员展开竞争，而现代培训项目是争夺会员的重要手段（Madsen 和 Larsen，1998；Nielsen，1998）。此外，文献中（Quadagno，1992）提出的手工业工会对技能透明认证的阻碍，并没有阻碍非正式的以能力为基础的技能评估和标准化技能认证程序的发展。丹麦的社会民主党政府倾向于通过职业学校来指导职业教育培训内容，并利用解决企业在资助培训融资方面的困难来控制私营部门内部的培训。

已有文献强调商业组织（Hall 和 Soskice，2001；Martin 和 Swank，2004）和国家（Martin 和 Thelen，2007）要联合起来集体应对和协调新旧技能培养方面的需求。本章与这些文献的看法一致，即当代丹麦职业教育培训体系表现出色要归因于职业教育培训的行政结构和社会民主党的长期执政。协调问题产生于信息缺失，例如不了解培训需求、不清楚培训收益、不明晰他人的合作意愿等。此外，丹麦集体谈判制度持久的包容性与德国的情况形成了鲜明的对比（见第三章）。在德国，培训覆盖率下降导致了企业对现有培训系统支持的减弱。丹麦集体工资谈判权力的日益分散并未像德国那样削弱企业对培训的支持。此外，通过强调政府的作用，与荷兰和奥地利的经验一致（见第四章和第六章），丹麦的职业教育有助于国家应对经济变化。企业和国家对职业教育培训强有力的参与将丹麦置于本书定义的"集体主义技能形成体系"。在这组国家中，丹麦的出色表现要归功于工会在管理职业教育中发挥的作用，奥地利、荷兰和德国在某种程度上都具有这一特征。

与比较政治经济学的文献不同，本章认为，丹麦制度系统的独特性不只是高质量职业技能培训。即使在直接满足特定职业需求时，该国职业教育培训体系中工人的技能组合仍然非常灵活，这是由于技能认证政策承认岗位技能框架之间的重合，促进了岗位间高水平的流动。在理论层面，本章挑战了资本主义多样性文献的假设，即协调市场经济国家的培训政策来源于并且保护专用性技能。实际上，丹麦体系挑战的是专用性技能完全属于某个特定职业的整体性观念。无可否认，培训合同和认证机制支持岗位技能的价值，但是工人不应被培训企业和任何给定的岗位或者行业约束。相反，培训政策应该赋予工人进行培训决策的权利，提升他们的技能组合，使得他们可以在职业间和产业间流动。因此，丹麦的培训制度体系能促进个体在整个生命周期中不断拓宽技能组合。这与奥地利、德国和瑞士的"职业原则"形成了鲜明的对比，后者认为最理想的状态是在个人职业生涯中始终坚持在同一个职业领域中就业。

集体主义技能形成体系的可持续发展能力在很大程度上取决于及时调整培训计划以适应新的技能需求。对变化中经济条件的调整一直是制度变革的激励因素（Thelen，2004、2008）。认识到技能需求的变化非常关键，因为20世纪70年代末以来，对高水平基本技能的需求（特别是认知技能）以及进入劳动力市场后获取技能的需求不断增加（Nelson，2010）。丹麦职业教育培训体系中终身学习的制度化在很大程度上说明了在当前经济背景下各种社会经济行动者对现有体系的持续支持。尽管在社会民主党政府领导下，丹麦的职业教育培训体系持续得到推动和巩固，并一直获得企业的广泛支持，但这种共识取决于该体系是否能够以提高劳动力技能来改善就业的能力。丹麦职业教育培训体系的未来改革能否像过去那样和谐地实现社会和经济目标仍然是一个未知的问题。

为了说明丹麦社会合作伙伴和社会民主党的角色，笔者对两个历史时期进行了分析。首先，本章回顾丹麦 1857～1937 年的历史，以解释代表劳工双方利益组织的结构演化及其在职业教育培训体系管理中的作用。工会和雇主组织在某种程度上依赖于农业合作社的社会和经济传统，因此它们最终发展成为包括所有劳动力的组织。1937 年这些社会合作伙伴获得了在行业中"自治"的权利。因此职业技能的集体管理几乎包括了劳动力市场中的所有行业，确保工会和雇主组织在谈判桌上占有一席之地。在这个时期，社会民主党成为可行的政治力量，在 1924 年选举中获得多数席位，并将这一优势保持到 20 世纪末。这些讨论与本书第二章关于政党系统在塑造雇主集体行动的能力和国家对职业教育培训承诺方面的根本性影响力有关。

接下来，本章聚焦 20 世纪 50 年代到当前的发展，以便说明早期发展如何塑造丹麦职业教育培训的现代化。1956 年，在占主导地位的社会民主党的领导下，丹麦加强了对职业学校的监管，政府在监督职业教育培训体系方面承担了更多的责任。20 世纪 60 年代，为了提高终身学习的参与度，国家开始为所有工人提供终身的职业教育培训。尽管在这个时期熟练工人和非熟练工人之间的紧张关系持续存在，但后者的相对实力和强有力的社会民主党弥合了这些技能差距，并维护了一个包容性的技能形成体系。为了为历史分析奠定基础，下一节描述了丹麦当前职业教育培训体系的结构，更清楚地阐明了上述这些使丹麦当代体系出类拔萃的特征。

二　当代丹麦职业教育培训体系

九年义务教育结束后，丹麦学生开始接受高中阶段教育。此时，学生面临三种选择：普通大学预科教育、技术或商业学校、职业高中教育。选择职业高中教育的学生可以在 12 个专业中进行选择。根据丹麦教育部的规定，这些专业包括：汽车、飞机和其他交通工具；建筑和装配；客户服务和组织；动物、植物和自然；形体和造型；食物供应；媒体制作；制造和开发；能源、控制和信息技术；健康、照护和教育；交通运输和物流；商科（为商业学院做准备）。通过将广泛类别纳入职业选择，学生对不同职业领域产生了清晰的认识。① 在这 12 个专业类别中（从 2009 年的 7 类发展而来），还有许多专业小类，职业教育培训项目总数超过了 100 种。

丹麦学生对自己职业教育培训的安排负有相当大的责任，在这个过程中他们也会得到相当多的帮助。在进入职业高中教育时，每个学生都要完成"教育计划"，这保证了培训与学生的兴趣一致，由学徒制培训所在企业或职业学校中的"联系教师"负责协调教育计划的执行。教育计划和所有相关的职业资格证书组成了学生的"教育日志"。地方教育指导服务确保所有年轻人在选择培训项目时都能得到帮助，顺利完成进入职业高中教育的转折和过渡。所有年轻人都能获得这些服务，服务机构每年与没有得到服务的年轻人联系两次，如果无法联系到学生，那么服务机构就联系家长甚至上门拜访（Plant，2003）。

多数职业教育培训项目从为期 20 周的基础职业教育课程开始。除了少数例外，这个课程包括了广泛的职业教育和通识教育内容，力图为学生提供所有职业机会。学生也可将这个课程延长至 60 周，或者完全放弃这个课程，直接进入正式的职业教育培训项目。如果学生选择接受基础职业教育课程，在该课程结束后，学生可以在五种职业教育路径中进行选择。多数学生选择了表 7-1 中列出的"通向学校的职业教育"和"职业实践教育"。这两条教育渠道都包括以学校和企业为基础的"三明治"式培训。在丹麦统计数据中，两者的区别仅在于学生是在学校还是在企

---

① 这 12 个专业来自丹麦教育部的网站，2010 年 12 月 21 日：http：//www. eng. uvm. dk/Uddannelse/Upper%20Secondary%20Education/Vocational%20Education%20and%20Training. aspx。

业接受培训。有 50%~70% 的培训在企业进行，30%~50% 的培训在学校进行。

	新学徒制毕业生占比(%)	职业实践教育毕业生占比(%)	通向学校的职业教育毕业生占比(%)	学校方式毕业生占比(%)	以职业教育为导向的高中教育毕业生占比(%)	人数(人)
教育	0	0	100	0	0	42
商业和文秘	0.23	3.09	53.57	0.88	42.23	7921
建筑	0.10	38.19	59.83	1.88	0	5972
钢铁和金属加工	0.03	25.95	72.08	1.94	0	3460
图像设计	0	26.67	72.37	0.86	0	465
技术和其他产业	1.49	13.15	73.20	12.16	0	403
服务业	0.32	48.47	47.83	3.39	0	945
食品工业、家庭经济学	0.20	25.13	74.20	0.40	0.07	1504
农业和渔业	1.02	31.29	60.47	6.59	0	683
交通运输	0	14.46	84.62	0.91	0	878
健康	0.12	3.68	94.94	1.27	0	869
总计	0.19	20.80	62.90	1.75	14.46	23412

表 7-1　分教育轨道和行业的丹麦职业教育毕业生情况（2009 年）

资料来源：www.dst.dk。

　　除了"三明治"式培训，还有三种替代性选择。第一，雇主要求一些学生放弃基础职业教育课程的压力催生了"新学徒制"。在美发、烘焙、建筑等行业，一些学生直接开始职业培训，而放弃部分的学校培训。第二，为了应对在严峻经济条件下企业不再提供学徒制岗位的情况，丹麦发展出"学校方式"的职业教育培训项目。从 2008 年的金融危机以来，企业提供的学徒制岗位已经减少，政府不得不为企业提供大量的财政激励以鼓励它们接受新的学徒，约为每个学徒制岗位支付 1 万欧元。为了解决这个问题，政府创造出以"学校方式"为基础的职业教育培训，作为企业培训的补充。第三，以职业教育为导向的高中教育也提供职业学位项目。如表 7-1 所示，只有商业和文秘行业采用这种方式。

图 7-1 说明了职业教育培训体系的行政管理结构。教育部负责职前职业培训，并且为社会合作伙伴和职业教育机构提供课程改革的框架，包括校本课程的广泛度。教育部还负责批准设立职业学院，并在初级职业教育和培训咨询委员会（REU）的建议下创立新的职业资格证书。初级职业教育和培训咨询委员会于 1981 年成立，成员包括相关社会合作伙伴、政府部门、学生组织、少数族裔团体和指导专家代表。尽管新自由主义政府尝试在 2002 年废除该委员会，但该委员会延续存在至今。教育部与初级职业教育和培训咨询委员会合作，发展出新的规定，并对职业教育培训的质量保障进行监督。

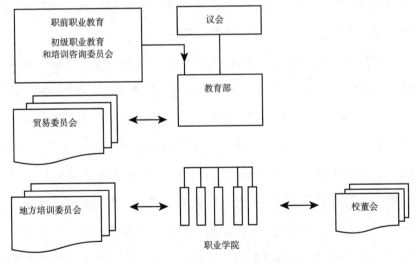

图 7-1 职业教育培训体系的行政管理结构

社会合作伙伴在职业教育培训中发挥了积极作用，同时确保职业教育反映劳动力市场需求。工会和雇主组织在初级职业教育和培训咨询委员会、全国行业委员会和地方行业委员会中都有相同比例的代表。全国行业委员会为职业教育文凭提供专门建议，而每名委员会负责一个或多个职业教育项目。2008 年，丹麦有 120 个行业委员会（Sondergaard et al.，2008），现在数量已经下降一半，这意味着每个委员会负责多个培训项目。全国行业委员会也负责审核并批准提供熟练工考试和授予文凭的培训企业。地方行业委员会确保学校提供的培训反映当地劳动力市场的需求。这些地方行业委员会的成员包括全国行业委员会中的社会合作伙伴、教师、培训参与者和职业学院成员。

丹麦成人职业教育系统的发展相对较早，通过这个系统，工人可以完成职前培训或者与职前培训互补的培训。成人职业教育的行政管理系统与职前教育培训类似。成人职业教育和培训委员会（REVE）为教育部提供相关方面的咨询。在职前教育系统中存在众多的委员会，每个委员会负责一个或者多个职业；而在成人职业教育系统中只有 11 个行业委员会，因而每个委员会对应一个行业中多个职业的培训。

职业教育培训系统的管理体现了社会合作伙伴的高度自治（Westergaard-Nielsen，2008）。丹麦的一些制度性特征将社会经济角色变为系统的核心利益相关者，同时在不同行动者之间建立相互依赖关系，从而形成了达成共识的愿望。实际上，由于代表性利益集团的成员几乎包括了所有工人和雇主，全国性利益集团在宣称代表其成员的利益时具有极高的可信性，使它们对地方和全国职业教育培训体系的深度参与得到了承认。非常重要的一点是工会也是管理结构的一部分，丹麦工会在基层实践中有发言权，而德国的工人理事会代表独立于工会，并且在企业层面由选举产生（Ebbinghaus 和 Scheuer，2000；Westergaard-Nielson，2008）。此外，根据 1937 年贸易"自治"宣言的规定，丹麦的工人和雇主在集体谈判和国家职业教育委员会中都有相同比例的代表。工会不能否决雇主的意见，反之亦然。最后，国家在协调和资助职业教育培训方面发挥了巨大作用。

虽然工人和雇主代表享有很大的自主权，但两者必须在"国家的阴影"下工作，这促使其在国家干预前解决问题（Due et al.，1994；Wallerstein和 Golden，1997；Ebbinghaus 和 Scheuer，2000）。

随着时间的推移，职业教育培训的参与率有所提高。1930 年，农业和工业非熟练劳工的数量相当多。第二次世界大战后，这个趋势发生了变化，经济增长导致学徒制扩大，这在很大程度上得益于国家的支持。20 世纪 70 年代经济危机导致进入学徒制的人员数量下降，但是最近几十年来出现了相反的趋势（Albæk，2009）。过去几年中，半数的学生选择接受职业教育，几乎所有培训都包括学校培训和企业培训（OECD，2007）。

丹麦保持高水平学徒数量的能力与职业教育培训体系的三个关键特征相关，即适应性、灵活性和包容性（Søndergaard et al.，2008）。当前改革聚焦经济和人口方面的挑战，致力于实现系统的现代化。对前期学习经历的认证在丹麦有很长的非正式传统。从 1960 年以来，模块化或者部分资格的认证已经被认为是建立职业教育培训项目和促进项目完成的有效途径。如今丹麦的 110 个职业培训项目中，有 70 个已经采用了模块化方式（Søndergaard et al.，2008）。此外，丹麦职业教育培训体系在为残疾人和移民等较难安置的人群提供服务方面的表现也很出色。

回顾了当代的制度体系后，本章将集中解释该系统如何演化成现在的形式。下一节将分析从 1857 年立法改革废除行会到 1937 年行业自治建立期间的情况。之后，本章将对最近的发展进行分析，在此期间，职业教育培训改革致力于扩大职业教育系统的规模，以便于提高技能劳动力的供给。

三　竞争与整合

本节将说明工会运动如何贯穿全部行业的劳动力市场，以及由工会和雇主组织参与的行业委员会如何成为以职业为导向的培训项目的管理者。目前丹麦行业工会的结构相当多元化，工会运动的力量和行业委员会的结构可以追溯到手工业时期。笔者讨论了 19 世纪行会被废除后，影响手工业生存能力的因素，以及手工业工会随后对职业培训规则和集体谈判的影响。本节也分析了迅速崛起的社会民主党的影响。

在 19 世纪行会被废除后，丹麦手工业保持竞争力的能力以及随后该行业中工会主义的发展源于自助的传统，也源于经济中不同部门之间正式和非正式的联盟，以及行会废除后其组织结构和功能的保留。自助的传统来自丹麦的农业合作社。该国影响深远的土地改革使许多农民很早就拥有自己的土地；到 1835 年，约 2/3 的农场属于个人永久性财产（Westgaard，1922）。19 世纪中后期，当乳制品取代谷物成为丹麦最具竞争力的出口产品时，合作社普及起来。1909 年有 1157 个合作社奶牛场、238 个集体奶牛场和 90 个庄园奶牛场。丹麦所有的奶牛中，只有 1/6 的奶牛不属于合作社农场（Westgaard，1922）。合作社由中小型农场组成，尽管它们的规模不大，由于互助，这些合作社能够在生产和销售中实现规模经济（Henriksen 和 O'Rourke，2005）。这些合作社促使丹麦乳制品行业在 19 世纪末形成国际竞争力，并在与城市资本家的竞争中取得优势（Kristensen 和 Sabel，1997）。从小生产单位互助的优势中学到的经验很快扩展到其他部门。最终，崭露头角的工会运动整合了合作社力量，并且在面包坊和保险协会中也建立起类似的组织（Galenson，1952）。

虽然农民最初并未与手工业形成密切的联盟，但是农业合作社运动的确在一定范围内保护了手工业，这是因为乳制品出口使得农村的小型手工业保持了竞争力。19 世纪末当专业化程度提高时，农民和手工业工人并未将彼此视为竞争对手，而更像是合作伙伴（Kristensen 和 Sabel，1997）。当工会运动达到高潮时，农民最终站到手工业工人一边，并形成了 19 世纪末欧洲最有组织的劳工运动。

丹麦的农业合作社帮助手工业免于灭亡，而手工业本身的组织能力也使其免于灭亡。1857 年通过并于 1862 年颁布的《自由贸易法案》正式废除了丹麦的行会制度。[①] 尽管失去了传统的功能，行会仍继续以新的方式影响着劳资关系。行会得以非正式延续的主要原因在于行会废除后出现的技能再生产问题（Sørensen，1988；Sigurjonsson，2003）。由于从事某一特定行业不再需要完成学徒期，且废除学徒合同不会引起任何分歧，手工业的质量大幅下降。针对这种对技能生产的威胁，手工业迅速通过建立学校来保护自己的技能后备军。1862 年，手工业协会开始建立技术学校以保障行业的未来；1875 年，技术学校开始接受政府补贴；1910 年丹麦已经拥有 170 余所技术学校（Nielson，1995）。

在行会废除五年内，学徒制期满的工人就重新开始与雇主进行集体谈判（Galenson，1952）。这些参与者之间的持续合作源于他们在工资水平保障方面的共同利益，以及对手工业入门规则的共同关注（Kristensen 和 Sabel，1997）。例如，双方都支持 1889 年的《贸易法案》，该法案重新引入了雇主和学徒之间的合同要求，并且强制所有学徒进入职业学校学习，这实际上建立了进入手工业的最低标准（Kristensen 和 Sabel，1997）。学徒制期满的熟练工人考试合格是进入劳动力市场的资格要求，这一点并未

---

① 值得注意的是，这并不是行会第一次被废除。行会于 1613 年被废除，1621 年又被恢复。1800 年，拥有 4 年经验的技工被允许成为"自由师傅"，这一规定在 1822 年被废止。见 Westergaard（1922）和 Galenson（1952）。

被重新引入《贸易法案》。

丹麦的行会通过继续提供病假工资和丧葬服务来吸引会员以及留住会员资格。据估计，1874 年行会的成员数约为 1860 年的 60%（Nørregaard，1943）。这说明尽管政府明令禁止，行会作为非正式组织仍然存在。到1875 年，所有的行会转变为行业工会（Galenson，1952）。一些没有行会的行业中也出现了行业工会，如造纸、烟草、纺织和陶瓷等行业工会，这些工会同时接纳熟练工人和非熟练工人作为成员。但是，多数工会仍然要求以学徒制和工作经验为入会的前提条件。

虽然正式的行会禁令终止了行会对技能形成的垄断，但残存的行会结构为新兴的工会和雇主组织运动提供了一个模板。工会通过维持工人技能的数量和质量，保护了手工业生产的价值。在此基础上，代表工人和企业雇主利益的组织最终扩展到所有行业的劳动者。在这个过程中，最重要的发展是全国性组织的建立。1896 年，雇主率先成立了全国性组织，雇主也推动工人将他们的组织集中化（Martin 和 Swank，2011）。1898 年，全国性的工会组织出现了。1899 年的"九月劳资协议"强化了这些组织的影响，建立了雇主对工作的组织控制，将对劳工政策的控制权转移到社会合作伙伴手中，同时仍然保留了政府的监管角色（Martin 和 Swank，2011）。

虽然 1899 年"九月劳资协议"的达成确立了社会合作伙伴对集体谈判的承诺，但是它们之间的一些分歧仍然未得到解决。1907 年，社会合作伙伴创立了被称作"八月委员会"的组织，由同等数量的工会和雇主组织代表组成，该组织成为永久性的仲裁法庭和公共调解服务机构（Hasselbalch，2009）。这些发展使政府在加速社会合作伙伴达成协议方面得以发挥作用。

"九月劳资协议"达成后的几十年中，丹麦不仅提升了国家角色的重要性，社会合作伙伴也解决了它们的内部矛盾，明确了它们在职业教育培训体系中的作用。此外，除了人数的增加，工人运动还发展出共同的目标意识。基于对手工业中独家工艺的反感，熟练工人最初表现出一种强烈的、防御性的团结（Galenson，1952）。20世纪初手工业工会力图吸引非熟练工人的做法，逐渐降低了工人对手工业的反感，从而将手工业工会推广到大型工业产业中（Galenson，1952）。

这个时期丹麦社会民主党的支持率持续提高，该党派在1924年获得了议会的多数票。在社会民主党内部，1937年托尔瓦德·斯陶宁（Thorvald Stauning）在行业委员会建立方面发挥了核心的作用。他在20世纪初成为工会运动的活跃分子，并于1924~1926年和1929~1942年两次出任丹麦首相。对职业教育培训体系中工作条件的持续争论也反映在政治领域的分歧中，一方面，社会民主党希望保证培训的高质量和工人的高收益；另一方面，保守党和自由派希望保持高劳动力供给和降低政府支出。

社会民主党试图保障学徒制质量的努力，包括监督培训场地中的培训机制、保障职业教育培训管理体系中工人和雇主有相同数量的代表等（Sørensen和Jensen，1988）。作为这些早期政策立场的代表，斯陶宁建议学徒制培训由社会合作伙伴组建的地方学徒委员会来监督。这个提议遭到反对党的反对，因为它赋予委员会极大的权力，如果委员会认为培训质量受到威胁，就可以限制企业招收学徒的数量（Juul，2009）。1921年自由党最终通过了一项法案，该法案没有包括任何培训质量监督的条款，但是重申了将参与学徒制期满的熟练工人考试作为进入特定职业的资格要求。该法案也强调了手工业雇主有责任支付学徒接受学校培训所带来的成本（Juul，2009）。

丹麦社会民主党发现很难将培训质量的保障机制制度化，因此，它转而致力于保证工人在职业教育培训中的发言权，最终在1937年的《学徒法案》中实现了这个目标。1937 年法案建立了行业委员会，该委员会至今仍然由同等数量的工会和雇主组织代表组成。这些委员会能够向教育部提出培训法规相关的建议，并审议批准提供培训的企业。当时，该法案需要 2/3 以上的票数通过，需要劳工和雇主代表共同批准。行业委员会的构想源于早期金属工业学徒委员会的经验，该委员会成立于 1909 年。在该委员会中，雇主和工会认识到高质量培训带来的共同利益，雇主希望工人能够满足生产的需要，而工会希望让工人摆脱失业保险（Juul，2009）。自由党反对这项法案，因其害怕过度的市场干预。相当弱势的保守党不反对法团主义的制度，但更倾向于保障雇主和银行业的利益（Juul，2009）。从 1937 年开始，行业自治的原则出现，它不仅保障了各个行业的自主权，而且确保了雇主和工人在培训中的平等代表权。

总而言之，1857~1937 年《学徒法案》通过的这个时期，见证了丹麦劳资关系的巨大变化，包括职业教育培训体系的改革。行会的废除并没有削弱手工业，而是促使它们通过呼吁政府干预来保护技能的再生产。很多政策逐渐被接受，这些政策解决了学徒和雇主的矛盾，将工人和雇主同等参与培训内容协调以制度化的形式确定下来，从而保障了培训的质量。这些发展的后果不容低估。随着职业教育培训覆盖更多的人口，职业教育培训体系的包容性转化为对培训项目更广泛的参与，以及从技术进步和经济变化中更多受益的机会。

四 当代制度变化

第二次世界大战后，丹麦参加职业教育培训的人数迅速增长。无论技能水平如何，工人都利用广泛的机会参加培训项目。一个原因是几乎所有的丹麦工人都被纳入职业教育培训体系，另一个原因是社会民主党持续推进教育的平等。本节将讨论三个重要发展：第一，20 世纪 50 年代至 60 年代职业教育培训的大规模扩张，包括大量熟练工人和非熟练工人的职前培训和在职培训，以及政府在培训课程开发中的作用；第二，职业教育培训的融合与分裂，工会竞争在遏制这些趋势方面的作用以及社会民主党的尝试；第三，20 世纪 90 年代初以来该系统的持续巩固。

1. 职业教育培训的大众化

20 世纪 50 年代和 60 年代的改革主要是为了应对扩大参与的挑战。当时失业率和出生率都很高，创造足够的培训岗位成为重要的问题。尽管对职业教育培训体系的结构仍然存在激烈的辩论，但行业自治已经成为一个既定事实，讨论更多地集中在如何完善职业教育培训体系以满足新的技能需求。将大量技能较低的工人纳入现有体系构成了一个独特的挑战。丹麦的职业教育培训体系经过一系列的改革得以扩展，将所有工人纳入一个统一的体系。

在这个阶段初期，丹麦建立了三个委员会来讨论教育改革问题。1945 年成立的青少年委员会揭示了年轻人低学历水平的状况：只有 18% 的丹麦年轻人接受过 7 年以上的学校教育，5% 获得了高中毕业文凭，2% 获得了中学文凭，11% 能够中学毕业（Sigurjonsson，2002）。1949 年，政府组建了劳动力市场委员会来解决熟练工人和非熟练工人的分歧。这个委员会没有提出强有力的意见，缩短培训时间和降低培训广度的建议遭到了熟练工人和手工业雇主的强烈反对（Christensen，2002；Sigurjonsson，2002）。学徒委员会成立于 1952 年，建立在前两个委员会的基础上，它提出了针对高质量培训的需求，并倾向于保持现存的手工业培训传统。

解决 20 世纪 50 年代扩张问题的最终方案是赋予丹麦职业学校以新角色。在不增加技术工人工作场所培训的情况下，学校培训的扩张增加了培训岗位的数量（Juul，2001）。除了将培训场所迁出企业，这个改革也深刻地调整了职业教育培训体系的管理，为行业委员会创造了存在的新理由，保证了国家对职业教育培训的永久参与。在此之前，学校培训只能在晚间和周日进行。1956年的《学徒法案》强制在所有行业中实施日间职业学校培训。由行业委员会监督学校培训，由熟练工人或者能工巧匠提供课程。该法案把"交替培训原则"引入丹麦职业教育培训体系的正式结构中，要求学生在学校和企业交替完成培训。

1956年的改革也影响了职业教育培训提供的技能类型。为了保证培训质量并同时增加培训的科目，培训的专业化程度有所提高。职业教育培训项目的数量从1956年的91项提高到了1966年的166项（Sigurjonsson，2002）。由于专业化的出现以及对更多人力资源的需求，许多项目的培训时间被从4年缩短为2年，雇主对此表示反对（Sigurjonsson，2002）。尽管1956年的《学徒法案》提出职业教育培训中的学校培训是为了满足工商业的特殊需求，但此后的改革将培训内容向着更加学术性的科目转移，这主要是政府干预的结果（Sigurjonsson，2002）。在这个意义上，政府可以被看成政策企业家。

20世纪60年代，丹麦通过了两项法案，扩大了继续教育的范围，将大部分劳动力纳入其中。1960年通过的第一项法案将大量缺乏任何职业文凭的成年人纳入职业培训，在政府的公立学校中为这些半熟练工人提供课程。这些课程成为今天劳动力市场培训系统的基础（职业教育，Arbejdsmarkedsuddannelserne，AMU），它们从一开始就采用了模块化的形式，持续1~6周。行业自治系统也适用于这些培训的参与者。这种制度与传统学徒制的区别在于雇主与普通劳工工会和全国女工工会进行协商，而不是与丹麦工会联盟（Danish Confederation of Trade Unions，LO）谈判。此外，传统的职业培训系统由教育部管理，而半熟练工人和不熟练工人的培训由劳动部管理。1965年通过的类似法案主要针对熟练工人。工会联盟特别支持这些法案，以便于保证其成员的技能可以随着技术变革与时俱进（Olesen，1997）。尽管改革的压力来自经济上的必要性，但这两项法案既适用于非熟练工人又适用于熟练工人，在其他政府议程将终身学习纳入职业教育培训体系之前，已经起到了将继续培训体系制度化的作用，这有利于维持国家的经济竞争力。

2. 职业教育的融合与分裂

在此阶段职业教育改革讨论包含了应在多大程度上确保来自不同社会群体的个人拥有平等参与教育机会的内容。社会民主党将此明确地列入了议事日程，而工会之间的竞争扩张了培训项目，这使得技能回报不会过多地集中在某些劳动力群体之中。

社会民主党的方案包括建立综合性学校和将学生分流推迟到高中阶段。从经济方面来看，这个建议引起了雇主的共鸣。他们认为一旦经济增长开始放缓，1956 年《学徒法案》带来的专业化程度的提升就不能很好地为企业服务。这些政策反映了一种观点，即教育应该促进每个学生作为个人和社会成员的发展，而不仅仅是成为一个未来的雇员，推迟分流可以增加来自低收入家庭学生的机会。反对意见往往来自中间党派和右翼政党，以及支持传统职业教育培训体系的企业家，他们认为学徒制的期限不应该缩短，认为任何对当前状态的偏离都会导致雇主和学徒之间对权利和义务毫无必要的、价值不菲的重新协商。

试图在义务教育阶段建立综合性学校的举措失败之后，社会民主党转而致力于扩展职业教育中的通识教育部分（Sigurjonsson，2002）。1972 年通过的一项法案尝试性地引入了基本职业培训（Ehrvervsfaglig Grunduddannelse，EFG）项目，于 1977 年开始正式实施。基本职业培训最初的概念是延长通识教育，推迟职业教育的开始时间。基本职业培训与传统学徒制的不同之处在于学生在参与学徒制之前接受基本职业培训，在此期间他们能够接触所有可能的职业教育培训项目，有更多的时间对未来职业做出知情的选择。由于培训的总时长并未增加，基本职业培训意味着企业培训时间相应缩短了一年。丹麦雇主联合会、资产阶级党派和熟练工人反对这个项目，认为增加职业教育培训中的通识教育内容可能会相对减少实践技能的获得（Sigurjonsson，2002）。改革的支持者包括社会民主党、社会主义人民党、低技能工人工会，它们认为现存的职业教育培训体系限制了来自低收入家庭学生的选择机会。

这些反对派似乎成为明确的改革障碍，但值得注意的是雇主并非自动成为改革的反对派，他们甚至努力推迟现有职业教育培训系统的分裂。尽管倾向于支持传统的学徒制，希望学徒在企业中停留更长的时间，但许多雇主已经开始改革传统学徒制中的学校培训部分，以便于为学徒提供更加广泛的职业引入培训（Sørensen 和 Jensen，1988）。经过讨论后，丹麦雇主联合会接受了将基本职业培训作为职业教育培训的新结构，条件是在基本职业培训期间不支付工资，丹麦工会联盟接受了这个条件以便于换取丹麦雇主联合会的支持（Sørensen 和 Jensen，1988）。最后，当议会多数同意将基本职业培训作为传统学徒制的备选项而非替代品时，社会合作伙伴防止分裂的种种努力归于失败。1986 年以后，职业教育培训中半数学生属于学徒制，半数进入基本职业培训项目（Sigurjonsson，2002）。

面对持续的分裂和实力强大却又受限的社会民主党，职业教育培训体系仍然保持了集体主义倾向。集体主义的延续主要来自体系内部竞争的动态发展。行业委员会争先恐后地将新技能纳入它们的培训项目，不仅是为了保证自身作为职业群体的相关性，也是为了挽留会员。在每一个行业委员会中，代表不同领域（如手工业、大工业等）的多个工会得到了代表席位。这些工会用最新的职业文凭和持续的培训项目吸引新会员，或者将会员从其他工会吸引过来。工会之间的竞争在很大程度上可以理解为不同技能群体之间的劳动力市场竞争。马德森和拉森（Madsen 和 Larsen，1998）解释道：不仅是那些未经培训或半熟练工人成为技术工人工会的成员，反过来也有很多熟练工人加入了非技术工人工会。这些自相矛盾的模式既是丹麦技能形成发展的原因，也是其结果，一个工会通过迫使其成员不断地进修和培训与其他工会竞争。尽管丹麦培训制度起源于行业工会，但对培训机会的竞争确保其他群体也获得了高质量的培训机会。

最后，国家作为最终援助者的角色有助于保持私营部门对培训的广泛参与。从 1975 年开始，参与职业教育培训的费用全部由政府承担，而不是由参与学徒制项目的雇主支付（Sørensen 和 Jensen，1988）。1978 年《学徒法案》通过雇主补偿计划（AER）对所有企业强制征税。所有企业根据员工人数向该计划缴纳税费，参与培训的企业根据它们招收的学徒数量得到政府的补偿。在这个时期，政府通过了一项以税收支付的专项项目来支持培训，这个项目的结果是企业经常能够从接纳学徒中获得利润。在此条件下，小企业愿意培训更多的学徒，这个局面挑战了传统的假设，即大企业更容易将培训成本内部化。对学徒培训的高额补贴和学徒承担的高工作量使小企业能够从培训中看到高回报。20 世纪 70 年代，当社会民主党执政时，行业委员会在职业教育培训中承担了更多责任，这也帮助企业维持了学徒制培训。

20 世纪 80 年代初，丹麦的中右翼政党赢得大选，其结果是在接下来的 10 年中，政府对职业教育培训的支持大幅度下降。虽然资产阶级政党经常作为少数派参与组建联合政府，但在 1982 年选举中它们获得了足够多的选票，将社会民主党排除在政府之外。来自自由党的贝特尔·霍德（Bertel Haarder）出任教育部部长，连任到中右翼联盟在 1993 年失去多数席位为止。他主要的任务是根除 20 世纪 70 年代教育政策中的"规划哲学"。从根本上说，他最大的愿望是结束社会民主党在教育方面的平等主义路线。他希望采用以分权化和引入具有准市场机制（例如教育券）为特征的新公共管理主义。从那时起，教育规划背后的思路发生了变化（Lassen et al.，2006）。20 世纪 80 年代的改革清晰地反映了这种思路。例如，自 1984 年 7 月 1 日起，政府将雇主补偿计划拓展到工作场所培训，以降低其对税收经费的依赖。

向着分权化和新自由主义转折的顶点是丹麦 1989 年通过的《学徒法案》，该法案自 1991 年开始实施，它放弃了全国层次的课程和规则，代之以更加地方化的规则与指导意见。与 20 世纪 70 年代将学徒制和基本职业培训整合为一个项目的看法不同，新的《学徒法案》认可对职业教育培训结构进行更加广泛的定义，使得这两个项目不再是相互对立的选择。1989 年法案将职业教育培训项目的数量降低了 2/3，并引入了基于入学率的财政支持方式，即根据就读的学生数量对学校予以财政支持。

政府中缺少社会民主党并不意味着工人和他们的利益集团没有发言权。1984 年自由党迫使政府通过了九点计划，其中的一条是为个人教育提供经费，这一条款在 1989 年得到了通过（Lassen et al.，2006）。此后，工会推动并且在 1992 年赢得了带薪教育假，这个政策很快被推广到失业人群中（Lassen et al.，2006）。

3. 社会民主党的整合和提升

过去 10 年，资产阶级政党的影响力并未立即消退，但是 1993 年社会民主党重新执政代表了一个清晰的转折点。社会民主党开展了一项名为"教育为人人"的项目，力图将教育机会拓展到所有人群。这个项目与往届政府关于自由市场力量的倡导有着密切的联系，它包括两个新计划，即针对低能力学生的职业基础教育项目和针对迷途的具有创造性学生的免费教育计划。这些计划受到了社会合作伙伴的强烈批评，未得到社会的接纳（Wiborg 和 Cort，2009）。自由党政府在 2002 年结束了第二个项目，而第一个项目被保留下来（Wiborg 和 Cort，2009）。

"教育为人人"项目的目标是引入新的职业教育改革和成人教育改革。1999 年立法倡导的职业教育改革自 2001 年 1 月 1 日开始实施，目的是简化现存项目，提高培训灵活性以吸引和保留更多的学生。已有的 85 个职业教育培训项目被降至 7 个，政府还引入了新的职业教育培训措施，如教育计划和教育日志。这个改革将重点放在企业家精神、自我管理、将新知识融入工作实践的能力等方面。

2001 年是社会民主党政府执政的最后一年，这一年丹麦通过了成人教育改革方案。与传统不同，立法准备委员会并未包括行业工会和企业家组织的代表，虽然他们的确参与了 1999 年的立法前委员会。来自就业部、劳工部和财政部的代表一起重构了职前和在职职业教育培训系统的结构（Lassen et al.，2006），其目标是对职前和在职职业教育培训系统进行合并。

手工业雇主担心新的系统会稀释培训项目，因为后者过于偏好通识教育科目（Sigurjonsson，2002）。职业教育改革反映了各利益相关者的一致意见，即合并是促进针对经济变化持续调整的必要步骤。包容性和行业身份的紧张关系也反映在工业界组织的继续培训协会中。这些协会的组织方式反映了当时的看法，即技术变革使个人需要利用来自多个行业的知识来有效地完成任务。为了应对技能需求的变化，各行业委员会需要在继续培训项目上与邻近行业进行协调。现有制度能否适应这种合作方式仍然是个问题。特别是在组织良好的行业中，行业委员会常常反对打破本行业和相邻行业技能之间的界限。

五 结论

总而言之，丹麦的职业教育培训体系被塑造和发展成为集体主义技能形成体系。在对当代制度的回顾中可以看出，社会合作伙伴显然是技能形成的利益相关者。工会和雇主组织的高度参与以及两者在职业教育培训体系管理中的同等参与，不仅将劳动力市场的各个部分纳入对未来职业教育培训的讨论，而且为政策变化的出现达成了必要的一致意见。当然，这个系统中也存在张力。时间一再证明，改革反映了对包容性的渴望，以及为了提高社会整体福利水平而对经济变化做出及时调整的强烈需求。在产出方面，丹麦的职业教育培训体系的确可以被视为高包容性的代表，它创造了职前教育和继续教育的广泛参与机会，并且鼓励不同职业之间的横向流动和不同岗位之间的纵向流动。

为了解释丹麦职业教育培训体系为何采用当前形式，本章说明了职业教育培训体系的行政管理结构和社会民主党角色的重要性。经过一系列改革，社会合作伙伴和政府成为职业教育培训体系的利益相关者。在行会废除后，手工业的工人和雇主很快就通过恢复学徒合同和设立职业学校形成了对技能再生产的保护；1921 年学徒制期满的熟练工人最终考试被重新引入《贸易法案》。行业工会和雇主组织在 1937 年赢得了自治的权利，这不仅在职业教育培训的许多领域中建立了自主权，而且要求工人和雇主在劳工关系中获得同等代表权，创造了让这些组织妥协的激励机制。第二次世界大战后，这些制度将半熟练工人和非熟练工人纳入职业教育培训体系。工会通过将新的技能需求纳入现有的培训项目获得了在竞争中的先发优势。尽管在熟练工人和非熟练工人之间的矛盾依然存在，但高度包容性的工会会员构成通过赋予半熟练工人权利而维持了他们的竞争力。

丹麦政府在20世纪的多数时期由社会民主党执政。在高度包容、前瞻的职业教育培训体系的发展中，它发挥了核心作用。早在20世纪60年代，丹麦已经发展出成熟的继续职业教育培训体系。其后，社会民主党未能独自统治，资产阶级政党的影响力通过各种市场导向的改革增强。当学徒制、基本职业培训和成人教育培训最终整合为一个综合性系统，新的系统呈现强烈的自由主义倾向，重视个人选择和对劳动力市场需求的适应。然而，由于社会民主党的努力，为所有人提供职业教育培训机会的政策目标成功实现。自由党坚持尝试降低政府对职业教育培训的资助，社会民主党则致力于为扩张学徒制而不断增加预算。

当前丹麦职业教育培训体系的成功出乎意料。为了保持集体主义倾向，该体系必须不断通过促进社会整合的方式来回应经济需求。职业教育培训中已经存在不少矛盾，过去丹麦能够通过增加高技能岗位数量的方式来弥补服务外包造成的就业岗位损失，这促使政府增加对职业教育培训项目的公共经费支持。但这个趋势能否持续是一个问题。此外，技术变革迫使行业委员会跨越职业界限来协调它们的行动，这种对职业身份的弱化是否会影响行业委员会在协调职业教育培训中的角色仍需进一步观察。

参考文献

Albæk, K. (2009). "The Danish Apprenticeship System, 1931-2002." *Applied Economics Quarterly* 55(1): 39-60.

Brzinsky-Fay, C. (2007). "Lost in Transition? Labour Market Entry Sequences of School Leavers in Europe." *European Sociological Review* 23(4): 409-422.

Christensen, F. (2002). Konflikter Mellem Faglærte Og Ufaglærte Arbejdere. Aalborg:

Aalborg Universitet.

Due, J., Madsen, J., Jensen, C. and Petersen, L. (1994). The Survival of the Danish Model: A Historical Sociological Analysis of the Danish System of Collective Bargaining. Copenha-gen: DJOF.

Ebbinghaus, B. and Scheuer, S. (2000). "Denmark." In B. Ebbinghaus and J. Visser, eds., Houn dmills: Trade Unions in Western Europe since 1945. Palgrace 157–201.

Galenson, W. (1952). *The Danish System of Labor Relations: A Study of Industrial Peace*. Cambridge, MA: Harvard University Press.

Hall, P. and Soskice, D. (2001). *Varieties of Capitalism: The Institutional Foundations of Comparative Advantage*. Oxford: Oxford University Press.

Hammer, T. (2003). *Youth Unemployment and Social Exclusion in Europe: A Comparative Study*. Bristol: The Policy Press.

Hasselbalch, O. (2009). Labour Law in Denmark. Alphen aan der Rijn: Kluwer Law International.

Henriksen, I. and O'Rourke, K. H. (2005). "Incentives, Technology and the Shift to Year-Round Dairying in Late Nineteenth–Century Denmark." *Economic History Review* 58 (3): 520–554.

Juul, I. (2009). "Fra lavsvæsen til fagligt selvstyre: arbejdsgivernes indflydelse på erhvervsuddannelserne i perioden 1857–1937." *Okonomi & Politik* 82(3): 3–14.

—— (2001). Tanker Om Eud – Reformen: En Pædagogisk OgOrganisatorisk Udfordring. Copenhagen: Undervisningsministeriet.

Kristensen, P. H. and Sabel, C. (1997). "The Small – Holder Economy in Denmark: The Exception as Variation." In C. Sabel and J. Zeitlin, eds., *World ofPossibilities: Flexibility and Mass Production in Western Industrialization*. Cambridge: Cambridge University Press, 344–378.

Lassen, M., Sørensen, J. H., Jørgensen, A. L. V. and Møberg, R. J. (2006). "Skill Needs and the Institutional Framework Conditions for Enterprise – Sponsored CVT: The Case of Denmark." WZB Discussion Paper 121. Berlin: Wissenschaftszentrum Berlin für Sozialforschung.

Madsen, P. M. and Larsen, H. H. (1998). "Training and Development in the Danish Context: Challenging Education?" *Journal of European Industrial Training* 22 (4/5): 158–170.

Martin, C. J. and Swank, D. (2004). "Does the Organization of Capital Matter?" *American Political Science Review* 98(4): 593–611.

—— (2011). "Gonna Party Like It's 1899: Party Systems and the Origins of Varieties of

Coordination. " *World Politics* 63(1) : 78-114.

—— Thelen, K. (2007). "The State and Coordinated Capitalism: Contributions of the Public Sector to Social Solidarity in Postindustrial Societies. " *World Politics* 60(1) : 1-36.

Müller, W. and Gangl, M. (2003). *Transitions from Education to Work in Europe: The Integration of Youth into EU Labour Markets*. Oxford: Oxford University Press.

Nelson, M. (2010). "The Adjustment of National Education Systems to a Knowledge-Based Economy: A New Approach. " *Comparative Education* 46(4) : 463-86.

Nielsen, S. P. (1995). Vocational Education and Training in Denmark. Berlin: European Centre for the Development of Vocational Training.

—— (1998). Vocational Education and Training in Denmark. Copenhagen: DEL.

Nørregaard, G. (1943). Arbejdsforhold IndenforDansk Haandværk og Industri 1857 - 1899. Copenhagen: Gyldendal.

Olesen, K. (1997). Denmark: The Role of Social Partners. Geneva: International Labour Organization.

Organisation for Economic Co-operation and Development (OECD) (2007). Education at a Glance. Paris: OECD.

Plant, P. (2003). "The Five Swans: Educational and Vocational Guidance in the Nordic Countries. " *International Journal for Education and Vocational Guidance* 3 (2) : 85-100.

Quadagno, J. (1992). "Social Movements and State Transformation: Labor Unions and Racial Conflict in the War on Poverty. " *American Sociological Review* 57(5) : 616-634.

Sigurjonsson, G. (2002). Dansk Vekseluddannelse I Støbeskeen: Fra Lavstidens Mesterlære Til Moderne Dansk Vekseluddannelse. Aalborg: Aalborg Universitet.

—— (2003). "Fra Mesterlære Til Skolastisk Læring. " In K. Nielson and S. Kvale, eds. , Praktikkens Læringslandskab: At Lære Gennem Arbejdet. Copenhagen: Akademisk Forlag, 268-291.

Søndergaard S. R. , Togo, F. and Aarkrog, V. (2008). The Danish Vocational Education and Training System. Aarhus: Danish Ministry of Education.

Sørensen, J. H. (1988). Arbejdsmarkedets Partners Rolle I Ungdoms: Og Voksenerhvervsud-dannelserne. Aalborg: Aalborg Universitet.

—— Jensen, G. (1988). The Role of the Social Partners in Youth and Adult Vocational Education and Training in Denmark. Berlin: European Centre for the Development of Vocational Training.

Thelen, K. (2004). *How Institutions Evolve: The Political Economy of Skills in Germany, Britain, the United States, and Japan.* Cambridge: Cambridge University Press.

Thelen, K. (2007). "Contemporary Challenges to the German Vocational Training System. " *Regulation and Governance* 1(3): 247-260.

—— (2008). "Skill Formation and Training. " In G. Jones and J. Zeitlin, eds. , *The Oxford Handbook of Business History.* Oxford: Oxford University Press, 558-580.

Wallerstein, M. and Golden, M. (1997). "The Fragmentation of the Bargaining Society: Wage Setting in the Nordic Countries, 1950-1992. " *Comparative Political Studies* 30 (6): 699-732.

Westergaard, H. (1922). *Economic Development in Denmark: Before and During the World War.* Oxford: Clarendon Press.

Westergaard-Nielsen, N. C. (2008). *Low-Wage Work in Denmark.* New York: Russell Sage Foundation.

Wiborg, S. and Cort P. (2009). "The Vocational Education and Training System in Denmark: Continuity and Change. " In G. Bosch and J. Charest, eds. , *Vocational Training: International Perspectives.* New York: Routledge, 84-109.

第二部分

共同主题和当前挑战

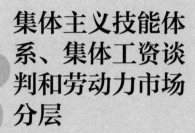

集体主义技能体系、集体工资谈判和劳动力市场分层

马略斯·R.布塞梅耶

托本·艾弗森

一 引言

对劳动市场分层的研究，特别是对收入不平等的研究，是比较政治经济学的核心，此类研究随着近年来劳动力市场不平等的加剧日益受到广泛的关注。过去几十年的学术研究对这些变化的政治和制度决定因素及各国之间不平等的差异进行了深入分析（如 Iversen，1999；Wallerstein，1999；Moene 和 Wallerstein，2001，2003；Pontusson et al.，2002；Bradley et al.，2003；Rueda，2008）。除了左翼党派和工会的影响力，文献指出集体工资谈判的集权化也是降低工资不平等的关键因素（Wallerstein，1999）。

在分析工资决定时，必须考虑影响不同类型劳动力需求和供给的因素。在经济学文献中，技能偏向型技术进步被认为是对熟练工人需求的主要驱动力，它有助于解释 20 世纪 80 年代以来工资差距扩大的现象（Acemoglu，2002；Machin 和 Van Reenen，2007；Goldin 和 Katz，2008）。在供给方面，学者开始关注教育机构特别是职业教育培训机构的作用，除了一些探索性的实证分析，埃斯特维兹-阿贝等人（Estévez-Abe et al.，2001）提供了一个初步的理论分析，解释为何职业技能的盛行可以提高低收入劳动力的技能资格，从而应该降低收入不平等。布拉德利等人（Bradley et al.，2003）对将职业培训作为收入不平等的决定因素进行了系统检验，未发现显著效果。正如本章讨论所示，这一发现可能过于草率（Iversen 和 Stephens，2008；Iversen 和 Soskice，2009）。

当然，教育和劳动力市场社会学已经深入讨论过教育机构与劳动力市场分层过程的相关性（Allmendinger，1989；Müller 和 Gangl，2003）。此类研究的重要发现是强有力的职业教育培训机构的出现，特别是以企业为基础的职业教育培训项目和工会与雇主代表的参与有助于实现从学校到培训再到雇用的劳动力市场转移，有助于降低青少年失业率（Gangl，2003；Van der Welden 和 Wolbers，2003；Breen，2005；Wolbers，2007）。虽然已有文献很丰富，但是从比较政治经济学视角来看，它们忽视了两个重要方面。第一，劳动力市场社会学聚焦制度对劳动力市场产出的影响，但是没有关注政治联盟如何支持或者削弱既存的制度安排。第二，这个领域的研究讨论了教育制度的重要性，近来也开始关注就业保护立法，但并未触及集体工资谈判系统的制度架构。本章注意到政治经济学文献中大量证据表明，工会和集体工资谈判在塑造劳动力市场政策和结果方面至关重要。实际上，我们不能孤立地理解培训制度和工资决定制度。

基于这些方法，本章致力于展示职业培训和集体工资谈判的集中化如何共同影响对技能偏向型技术进步的反应，从而影响了劳动力市场分层，强调两者之间存在很强的互动作用。正如本书第一章中所述，集体主义技能形成体系的特征是较低的青少年失业率和相对较低的工资不平等程度。但是，近几十年来影响了所有先进工业民主国家的技能偏向型技术进步的力量和协调集体工资谈判系统的瓦解，可能会暴露集体主义技能形成体系的制度构造在遏制劳动力市场不平等方面的弱点。本章通过实证分析证明，一旦集体工资谈判制度的支持被瓦解，单靠职业教育培训体系未必能产生与这些制度相联系的有益作用。本章通过各种方式进行了论证，下一节将发展基本论点，之后将展示探索描述性统计分析，然后深入研究过去几十年来经合组织国家劳动力市场分层的决定因素。

二　论点

20 世纪 80 年代初以来，工资不平等或者更为普遍的劳动力市场分层现象愈演愈烈。多数经济学文献将其视为技能偏向型技术进步的结果，即从对低技能劳动力转向对高技能劳动力的需求。最典型的例子是戈尔丁和卡茨（Goldin 和 Katz，2007、2008）对美国工资不平等颇具影响力的研究，该研究一直追溯到 20 世纪初。他们发现劳动力市场对高技能劳动力的相对需求在 20 世纪 80 年代增长最快（5.2%），此时也正是工资不平等增长最快的时期，每年增速达到 1.5%。其他学者（Acemoglu，2002；Berman et al.，1998；Machin 和 Van Reenen，2007）也提出，技能偏向型技术进步在其他发达国家中也发挥了重要的作用。

从总体上来看，戈尔丁和卡茨的结论中一个令人惊讶的发现是不平等加剧的大部分原因并不是需求增长。从 1960 年开始的 20 年里，尽管对熟练工人的相对需求以每年 3.9% 的速度增长，但相对工资基本保持不变。1980~2005 年，对熟练工人的相对需求的增长率基本保持在年均 3.8%，但是不平等的增长速度飞快，达到了每年 1%。这个显著的差异主要是由于熟练工人供给在第一个阶段每年以 4% 的速度增加，但是在第二个阶段年均增速仅为 2%。换言之，几乎所有不平等的加剧都是由于熟练工人供给的减速，而不是由于对熟练工人需求增长的加速。这一事实凸显了技能形成的政治经济学问题，在很大程度上超出了戈尔丁和卡茨研究的范畴，以及大多数其他关于工资不平等的经济学研究的范畴。

尽管重视供给非常重要，但是从比较政治经济学视角来看还远远不够，因为许多国家的工资不是简单由劳动力供求决定，而是通过集体工资谈判达成协议（Wallerstein，1999；Ahlquist，2010）。如果由工会和雇主协会来决定工资，新熟练工人的供给只会在已有熟练工人下调工资的情况下影响工资的离散程度。在流动性强和非工会化的劳动力市场上，雇主可以通过替换年长的和收入高的熟练工人来应对供给的增加。相反，若工人已经获得企业或行业专用技能，或者存在替换工人的高制度性障碍（如就业保障），那么熟练工人替换就会带来很大的成本。工会可利用这个成本来阻止对熟练工人工资的下调（Mosher，2007）。因此，为了理解职业教育培训与工资的关系，必须考虑工会和雇主确定工资的方式：工会和集体工资谈判的作用越大，公共培训支出对工资的直接影响就越小。

政治经济学文献已经充分认识到工资决定系统的重要性，这也是收入不平等研究的重点（Freeman，1988；Iversen，1999；Wallerstein，1999；Rueda 和 Pontusson，2000）。这类文献的主要假设是集体工资谈判的集中化会导致工资结构的压缩。具体政治经济学的解释各有不同，有些关注工会中间成员对再分配的兴趣，有些关注高技能和低技能工会之间的讨价还价，有些关心工资损失的保险，有些关注对团结的意识形态承诺。这些讨论的共同局限性在于它们未能解释工资结构压缩何以能在经济和政治方面持续发展。若熟练工人的工资降低，私人获得技能的动机也会减少，这反过来会导致技能短缺，并导致熟练工人及其雇主以熟练工人脱离集中化的集体工资谈判为由施加压力（Iversen 和 Soskice，2010）。为理解在集中化的集体工资谈判系统中工资结构压缩何以得到持续，不得不重新考虑劳动力供给的问题。

在一些国家，有组织的企业力量在工资决定制度和培训体系中均发挥重要作用。学徒制和双元制培训依赖于雇主提供足够的培训岗位来满足需求，公共补贴仅能通过激励雇主提供更多培训岗位来间接地影响工资。

工资决定系统和培训体系的组织方式具有重要的政治影响。在市场体系中，参与培训的私人激励等于熟练工人的工资溢价。培训的公共补贴降低了工资溢价，这既不符合熟练工人的利益，也不利于能够支付自己的培训费用并且全部占有投资回报的个人。然而，在集中化集体工资谈判系统中，工资结构压缩自然产生了对补偿培训成本的政府支出和扩张技能工作机会的需求。即使在工会力量薄弱、雇主控制培训系统的国家（如瑞士），由于个人不能支付自己的培训费用，公共补贴有利于增加技能劳动力的就业机会。在拥有强势工会和雇主协会的国家中，政府直接影响工资的能力较弱，但对公共培训支出的政治需求却更高。除了公共支出与工资决定和企业参与培训之间的关系，培训与集体工资谈判制度也密切联系在一起。这些都与第一章提到的技能形成体系多样性的两个维度相关。

1. 企业培训参与

若企业通过学徒制和双元制培训的形式参与工作场所培训的供给、管理和改革，那么集体工资谈判制度就起到了"有益约束"的作用（Streeck，1989，1992，1994），迫使企业投资于非熟练工人的培训，因为他们不得不向这些工人支付与熟练工人相同的工资。同时，工资结构压缩使得企业能够收回培训投资的收益，因为熟练工人的工资低于他们在灵活工资决定系统中的收入。因此，当"有益约束"发生作用时，集体工资谈判的高度集中化将导致企业对培训的高度参与和低水平的劳动力市场分层。这些是 20 世纪 70 年代和 80 年代德语国家劳动力市场的特征。[①]

工会也在工资决定系统中发挥作用，虽然它们不能强迫企业聘用受培训者，但是可以显著影响企业的培训决策，例如要求某个特定岗位的所有熟练工人获得同样的工资，或者所有的学徒在学徒期满后都获得工作。因此，集体工资谈判系统中达成的协议也会影响学徒的招收，进一步影响培训系统中年轻人由于学徒制岗位获得能力不同而造成的分化。教育分流的程度取决于集体工资谈判系统到底是集中化和团结的，还是半分散化的和由熟练工人所主导的。尽管在实行双元制的国家从培训到就业的转化相对容易，集体工资谈判的分散化和"去团结化"（desolidarization）导致了从普通学校教育到培训的转变日益困难，即大量年轻人无法得到培训机会。这个现象背后的经济原因很简单：当技能收入上升，更多的年轻人想要获得

---

① 瑞士是部分例外，与德国相比，瑞士的工资制定更加分散。此外，瑞士并不是严格意义上的德语国家。

技能，但是企业对熟练工人的需求下降，学徒制体系接纳学徒的数量也随之减少。其结果是企业限量供应学徒制岗位，这种安排的弱点在于政府无法直接影响企业是否接纳学徒，这属于企业自主权的范畴（Busemeyer，2009a）。

2. 政府职业培训投资

在集体工资谈判高度集中化的法团主义国家，工会和雇主协会可以有效游说国家通过各种方式促进职业培训。例如，通过积极的劳动力市场政策扩大职业学校的学生规模，或者给企业培训提供补贴等。与以双元制培训为主的国家不同，这些国家中学校培训的供给由政治决定，政府可以根据劳动力市场对培训岗位的需求来提供培训机会，而培训岗位的需求随着熟练工人技能工资溢价的提高而上升。社会认为政府应该直接对培训负责，政府很难在政治上忽视这种需求。尽管如此，只有当熟练工人工会和雇主合作时，职业培训公共投资才能对相对工资水平产生显著的影响。因此，中央集权与公共财政支持的集体主义培训制度相结合才能持续实现工资结构的压缩，这个模式在北欧国家尤为普遍。

相反，在劳动力市场中，如果熟练工人工资未能向下调整以容纳更多的熟练工人供给，那么会导致青少年失业。当政府试图在分散化的集体工资谈判系统中增加熟练工人供给时，若此时没有熟练工人工会和非熟练工人工会的协调，就可能出现上述情况。当熟练工人工会受到向下调整工资的市场压力时，熟练工人工会可能通过要求更高的工作保障（例如提高企业解雇熟练工人的成本）来做出回应。这种工作保障使得新熟练工人更难找到工作，也限制了他们获取技能的动力。在均衡状态下，有技能的年轻人的失业率可能一直很高，高工资和高工作保障的结合使得许多年轻人更愿意等待工作机会。值得注意的是，这个系统在政治方面具有可持续性。因为青年失业者或者就业不充分者会待在家里直到找到永久性工作，这意味着他们依赖于家庭内养家糊口者（通常是男性）的收入和工作保障。这个逻辑同样适用于配偶，她们希望在劳动力市场获得更好的工作机会，但是不会支持威胁其家庭支柱工作的政策（Iversen 和 Rosenbluth，2010）。这种强有力的熟练工人工会和政府对培训补贴的"坏"均衡是南欧国家的特征。

这个论点意味着培训投资的效果取决于工资决定系统的结构。当工资非常灵活且由市场决定时，增加熟练工人的供给可以降低工资溢价并降低收入不平等。若高技能个人或者通过私人渠道获取此类技能的个人对降低熟练工人的工资溢价不感兴趣，对培训的公共投资就无法获得政治支持。在集中化的集体工资谈判系统中，团结性的工资政策受到职业培训公共投资的支持，若熟练工人的工资溢价并不能证明私人在培训上的高支出是合理的，那么对培训的公共投资的需求就会很旺盛。在企业中也是如此，当培训投资只能间接影响工资，那么团结性的工资政策和高支出的结合可以维持压缩的工资结构。另一种情况是熟练工人工会很强大，集体工资谈判盛行，此时培训投资的工资平衡作用被减弱。尽管会导致青年失业问题，但劳动力对政府投资培训的需求仍然很高。

三　典型国家案例探究

上一节的讨论表明，如果希望理解技能偏向型技术进步的效果，必须考虑培训体系和集体工资谈判系统的互动，以及这种互动如何随时间变化（参见表 8-1）。笔者认为引起欧洲大陆国家劳动力市场分层加剧的原因，是在技能形成体系制度化过程中，雇主代表的参与程度以及在集体工资谈判系统中熟练工人工会的主导程度（"半分散化"的集体工资谈判）。当社会对熟练工人的需求上升时，集体工资谈判集中化的衰落是熟练工人讨价还价要求提高工资的动机和激励因素，此时工会和雇主都倾向于在技能形成体系中限制年轻工人的吸纳，尽管此时对培训岗位的需求增长。其结果是劳动力市场不平等的加剧和技能偏向型的劳动力市场极化。表 8-1 中间部分"半分散化"集体工资谈判强调了这个结果。

这一结果的出现标志着对第二次世界大战后最初 30 年的重要偏离，当时多数欧洲大陆国家的集体工资谈判系统以更加协调和团结的方式发挥着作用（见第三章）。为了理解其原因，不得不考虑技能密集型的福特主义生产技术在多数工业化国家的广泛运用，这种技术创造出熟练工人和非熟练工人在生产中的互补性，并鼓励开展覆盖两个群体的集体工资谈判（Wallerstein，1990；Iversen 和 Soskice，2009）。反过来，协调和团结主义导致了对"廉价"熟练工人需求的增加，这使得工会和雇主有动力去吸纳更多的学徒来满足这种需求（参见表 8-1 底部中间"集中化"集体谈判第五行第四列的内容）。因为供给和需求双方的直接协调，双元制培训系统在确保技能需求与供给匹配方面的表现异常出色，并通过压低熟练工人的工资来满足对学徒的需求。这样做的好处是降低了青少年失业率，同时促进了工资平等。

技能偏向型技术进步的加速可以部分解释这种均衡的终结，这种变化引起了熟练工人工资的意外提升。但是，本章认为更为重要的原因是福特主义的衰落和去工业化的进程，两者破坏了生产过程中熟练工人和非熟练工人的互补性，从而削弱了劳资关系中的团结基础。随着这一进程的展开，培训体系变成了工资不平等和劳动力市场二元主义（labor market dualism）[1] 根源。

---

[1] 发达资本主义经济体的特点是经济二元性，其劳动力市场分为首要产业和次要产业，还可以区分为正规、非正规部门或高、低附加值部门。一个更广泛的概念是劳动力市场分割。在二元劳动力市场中，次要部门的特点是短期雇佣关系，内部晋升前景渺茫或根本没有，工资主要由市场力量决定。就职业而言，它主要由低技能或非技术性工作组成，无论是蓝领（体力劳动）、白领（如档案员）还是服务人员。这些工作的特点是"技能水平低、收入低、容易进入、工作无常、教育或经验回报低"。近年来，劳动力市场二元主义进一步演化为劳动力市场两极分化，后者是指中等技能职业的就业机会减少，这些职业通常涉及日常任务，如制造业、生产和运输业。在德国等欧洲国家，随着劳动力市场两极分化，还出现了劳动力市场熟练与非熟练劳动力之间的冲突。——译者注

北欧国家的培训体系和工资决定系统曾经与旧的欧洲大陆国家体系非常相似，虽然它们集体工资谈判的集中化程度更高、更加强调提供以学校为基础的职业培训。随着时间的推移，学校培训变得更加重要，这使得技能匹配和从培训到就业的劳动力市场有效转型更加困难。德国双元制系统的效率体现在它比北欧国家的学校培训系统更能有效地降低青少年失业率。

现在，利益相关者的角色发生了变化。首先，虽然北欧国家集体工资谈判的集中化程度已经降低，宏观协调仍然发挥着显著的作用（Martin 和 Thelen，2007），其原因与这些国家对培训和积极的劳动力市场政策[①]的大量公共补贴有关，这些补贴有助于增加熟练工人的供给，而减少非熟练工人的供给。这种组合使得熟练工人工会很难采用一种分散化的集体工资谈判策略。其次，政治立场中间偏左政府扩大了公共服务部门，导致非熟练工人的工资水平和参与工会的比例保持在较高的水平。在这种情况下，如果公共部门不追随私营部门的做法，私营部门中熟练工人工会就很难在谈判中提出高工资要求。在这个意义上，福特主义和去工业化的终结并不意味着熟练工人和非熟练工人之间互补性的终结。最终结果是在面对技能偏向型技术进步时，北欧国家出现了更高程度的集体工资谈判集中化、较低的劳动力市场不平等以及劳动力市场二元主义（参见表8-1）。

南欧国家的公共培训是一个混合体系，通常是免费的，由开放入学的中等教育层次职业教育和完全由熟练工人工会所主导的分散化集体工资谈判系统构成。这种组合方式往往会造成熟练年轻工人供过于求；伴随着劳动力市场中熟练与非熟练工人的分歧，对熟练工人的工作保障水平很高；

---

① 积极的劳动力市场政策（Active Labour Market Policies，ALMP）是指一系列旨在提高劳动力市场的灵活性、增加就业机会、改善工作岗位与求职者之间匹配的政策措施。这些政策通过提供特定的支持和服务，帮助个体进入劳动力市场或防止已就业人员失业，从而改善他们的就业前景或提高收入。——译者注

以及相当严重的工资不平等（参见表 8-1）。就经济效率而言，这可能是一种最糟糕的情况，但它在政治上具有可持续性。首先，获得稳定职位的前景足够大、培训的成本足够低，这使得年轻人愿意完成中等职业教育。其次，由于妇女和青少年依赖家庭中男性来赚钱养家，因此难以真正形成反劳动力市场中内部熟练工人的联盟。

就工资决定系统和培训体系而言，所有欧洲案例都与盎格鲁-撒克逊国家特别是美国形成鲜明对比（参见表 8-1）。市场在美国相对工资决定方面发挥了更大的作用。随着福特主义的终结，这一点变得更加准确。在高度碎片化的私营培训系统中，受培训者往往承担更大比例的培训成本。企业没有动力提供基本技能之外的培训，因为不提供培训的企业可以通过猎头来获得通过培训可获得的收益（Finegold 和 Soskice，1988）。在此条件下，培训成本和青年人获得资助的能力决定了工资的相对水平。如果技能溢价不够高，那么就不值得投资于培训，金融机构也不愿意投资。在这些案例中，技能溢价能够抵消大部分培训成本。当然，这仍然为政治运作留有空间，因为政府可以补贴培训，这些补贴会影响工资的离散（工资不平等）程度。但是在过去 20 年中，美国的公共支出没有跟上急速上升的培训成本（Clotfelter，1996），结果出现了戈尔丁和卡茨观察到的收入不平等的加剧。本章已经指出，以市场为基础的政治阻碍了对培训的大量公共补贴，但是为何政治气候变得越来越不利于公共教育的扩张是未来研究的一个重要问题。

在上述五种制度体系之外，还有其他逻辑上可行的培训体系和工资决定系统的组合，但是实际中尚未观察到。在以市场为基础的体系中不存在将劳动力市场组织纳入行政管理的培训体系，因为这些国家中工会和雇主协会力量都比较薄弱，且这些国家的经济并非建立在对职业技能的深度投资之上。相反，实践中几乎所有具有强大工会和雇主协会的国家都发展出一定形式的职业培训系统，这些系统是在 20 世纪早期同时发展起来的（Thelen，2004），此后又经过不断调整，多数国家中以学校为基础的公共培训的作用不断增强，不存在分散的私营培训体系。

部分国家在表 8-1 的国家分类中的位置，随时间的推移而发生变化。集体主义技能形成体系国家最有可能发生这种改变。随着集体工资谈判被削弱，这些国家正从表 8-1 中间最低的部分向着中部的中间迁移。德国的例子最能说明问题（见第三章）。此外，集体工资谈判制度比教育制度更容易随时间推移而变化，教育制度更加根深蒂固，而集体工资谈判制度往往部分依赖于非正式的协调方式。考虑到量化研究设计的局限，本章目前聚焦于比较静态分析，而忽略分析随时间而产生的变化。

表 8-1 技能偏向型技术进步的效果依赖于国家的工资决定系统和培训体系			
		培训体系	
		对职业培训的高水平公共投资	高水平的企业参与,伴随对"双元制体系"的公共支持	私营系统(但部分获得补贴)
工资决定系统	由市场决定工资	N. A.	N. A.	青少年失业率 11.7 ± 1.5；工资不平等 3.35 ± 0.17
	"半分散化"的集体工资谈判	青少年失业率 19.6 ± 2.9；工资不平等 3.14 ± 0.34	青少年失业率 7.4 ± 2.5；工资不平等 2.86 ± 0.24	N. A.
	集中化的集体工资谈判,伴随团结主义	青少年失业率 10.9 ± 2.3；工资不平等 2.31 ± 0.19	青少年失业率 5.9 ± 3.09；工资不平等[缺乏数据]	N. A.

证明本章论点的最简单方法是计算表 8-1 中每种制度组合中工资不平等和青少年失业率的平均值。笔者根据该表格简单地将所有国家分为三

组，第一组是除了普通教育系统中提供的职业课程，没有单独职业培训系统的国家，例如所有盎格鲁-撒克逊国家和爱尔兰；第二组是拥有专门的以学校为基础和以企业为基础的整合培训系统国家，其特征是企业的高度参与，包括所有德语区的双元制体系国家；第三组是拥有独立的职业培训体系的"公共体系"国家，其培训体系或者是完全以学校为基础，或者是混合了双元制培训（例如丹麦）。

在表 8-2 的方差分析中，加入每种组合的虚拟变量作为预测因子。由于分散化和集中化双元制培训体系的区分随着时间变化，而非随国家变化，分析也加入了时间虚拟变量，同时校正了面板数据中的序列相关性。为了计算置信区间，分析利用了面板数据模型修订的标准差。

结果与研究的预期一致。在分散化集体工资谈判和公共职业培训系统国家中，青少年失业率非常高（几乎达到 20%），而在集中化集体工资谈判和双元制培训系统国家中，青少年失业率非常低（低于 6%）。以市场为基础的集中化体制和以学校为基础的培训体系处于中间位置，这些差异在统计上显著。对于工资不平等，分散化集体工资谈判和公共培训系统国家与市场化国家的差异不大，两者工资最不平等（工资收入的 90 分位数点与 10 分位数点的比值均在 3.1 到 3.4），而集中化集体工资谈判和公共培训系统国家是最平等的（比值为 2.3）。分散化集体工资谈判的双元制培训系统的国家处于中间。

表 8-2　发达工业化国家的平均青少年失业率和工资离散程度		
自变量	（1）青少年失业率	（2）工资离散程度（收入不平等）
集中化集体工资谈判和公共职业培训系统	$-0.756(1.121)$	$-1.051^{***}(0.112)$
集中化集体工资谈判和双元制培训系统	$-4.166^{****}(1.401)$	$-0.539^{***}(0.139)$
分散化集体工资谈判和双元制培训系统	$-4.751^{***}(1.249)$	$-0.488^{***}(0.131)$

		续表
自变量	（1）青少年失业率	（2）工资离散程度 （收入不平等）
分散化集体工资谈判和公共职业培训系统	8.034 *** (1.421)	−0.209 (0.185)
常数项	11.76 *** (0.641)	3.369 *** (0.0962)
观测值	653	391
拟合优度	0.113	0.807
国家数	21	18

注：括号中为标准误差；*** $p<0.01$，** $p<0.05$，* $p<0.1$。

就方差而言，这些类别解释了工资不平等总方差的 80% 以上。对于相对较短的面板数据，随着时间的推移，工资不平等的这种差异不会发生太大变化。尽管如此，本书的案例研究中，这些国家已经发生了重大变化，特别是当笔者把目光放在全职工作劳动力的有限样本之外时。与工资不平等不同，青少年失业率大部分方差随时间变化（78%），因而不能用一系列相对稳定的制度分类来捕捉失业率的变化。对于观察到的国家间差异，这些制度分类大概能够解释青少年失业率 50% 的方差。

四 多元统计检验

本章在描述性统计的帮助下探讨相关论点，并对一些国家案例进行了讨论。

1. 数据

工资不平等和青少年失业率数据分别来自经济合作与发展组织（OECD，以下简称经合组织）的收入数据和劳动统计数据，本章以这两个指标来衡量不同形态的劳动力市场分层。工资不平等指全职工作劳动力中处于最高 10% 区间的工人的平均收入与处于最低 10% 区间的工人的平均收入的比值（D9/D1）。青少年失业率是指 15~24 岁青少年的失业率。本章的分析利用了时间序列数据，最早可以追溯到 20 世纪 80 年代，笔者还对缺失数据进行了填充。对于数据可得性和来源的具体描述，参见附录中的表 8-A1。

关键的自变量是集体工资谈判的集中化和培训体系的制度设置。对于集体工资谈判的集中化，采用政治学者编制的综合数据库（Golden et al.，2009）。本章使用了一个指标来反映特定国家和年份集体工资谈判的主导水平，其中 1 代表"工厂层面的工资设定"，2 代表"行业层面的工资设定"，3 代表"无制裁的集中工资设定"，4 代表"有制裁的集中工资设定"。数据库中该数据截至 2000 年，这限制了时间序列的长度。此外，希腊、爱尔兰、新西兰和葡萄牙的数据未对外公布。本章中使用了该指标的对数，假设该指标在低值区间的差异（例如工厂层面的工资设定与行业层面的工资设定）比该指标在高值区间的差异（有制裁的集中工资设定和无制裁的集中工资设定）更重要。

培训体系制度安排的量化或者质性指标非常难得。其他研究使用了中等教育中职业和技术教育学生的比重作为企业参与培训的测量指标（Iversen 和 Soskice，2001；Bradley et al.，2003；Cusack et al.，2006）。这个指标的问题在于它忽视了培训体系制度安排的重要差异，培训可以由双元制系统、学校教育或者在职教育提供。有学者（Culpepper，2007）提出了技能专用性的另一个测量指标，认为培训体系的"专用性"可以从高等教育阶段职业培训的相对可得性来衡量。本章不关注专用性，而关注国家中是否存在完全成熟的职业培训体系，以及雇主协调从学校到工作转型的程度。

想要获得可靠的、高质量的职业培训公共投资数据也面临同样的难题。经合组织是教育统计最好的数据来源，它一方面提供了高等教育支出的数据；另一方面提供了初等、中等和非高等教育的中学后教育支出数据。职业培训显然属于后者。中学后教育支出属于一个异质性类型，并未清晰地区分其中的职业培训和普通教育①。经合组织也提供了针对年轻人的积极劳动力市场项目支出的数据（Armingeon et al.，2009），但不清楚这种支出在多大程度上与职业培训有关。

鉴于这种情况，本章分别采用以下指标来衡量企业参与培训和职业教育培训的公共投资。笔者利用经合组织数据中在高中阶段接受双元制培训的（包括学校培训和工作场所培训的职业培训项目）学生的比例来代表企业参与。遗憾的是，只有部分国家提供了该数据，减少了分析中包括的国家数量。职业培训公共投资是将高中阶段公共教育支出占国内生产总值（GDP）的百分比乘以高中阶段接受职业教育学生的比例，无论他们是在学校还是在工作场所接受培训。因此，拥有大规模学校职业教育培训的国家在这个指标上得分较高，拥有强大学徒制培训系统的国家的得分也很高。

经合组织提供的部分国家的数据可以追溯到 20 世纪 90 年代中期。这两个指标随时间很少变化，因为它们抓住了教育系统的基本制度特征，在短短十年内不太可能变化。因此，可以利用早期数据来生成长时段平均值，而不是简单地使用特定年份的数值。由于缺失集体工资谈判数据（希腊、爱尔兰、新西兰和葡萄牙）、企业参与培训数据（澳大利亚、日本、新西兰、葡萄牙和英国）或者职业教育培训公共投资数据（加拿大、新西兰），案例国家的总数降为 13 个，包括奥地利、比利时、丹麦、芬兰、法国、德国、意大利、荷兰、挪威、西班牙、瑞典、瑞士和美国。分

---

① 对于比利时和希腊，经合组织只提供了高中教育和初中教育的综合支出数据。为了避免丢失更多的案例，我们将初等教育和中等教育的总支出乘以经合组织在这一大类中高中教育支出所占比例的平均值（大约 1/3）。

析中的面板数据属于非均衡面板，因为部分国家缺少 20 世纪 80 年代至 90 年代初的青少年失业率和工资不平等数据[1]。

图 8-1 显示各国在这两个维度中的分布[2]。国家分类基本与本书第一章的分类相同。五个集体主义技能形成体系国家中的四个（德国、奥地利、瑞士和丹麦）分布在图 8-1 的右上角，这意味着这些国家混合了高度的企业培训参与和高水平的职业培训公共投资。此外，这些国家中存在不小的差异，这使得研究每个国家案例中企业参与培训和职业培训公共投资的特定组合具有一定的价值。北欧国家、法国、比利时处于图 8-1 的左上角，这些国家主义技能形成体系国家展现出高水平的职业培训公共投资，但是企业极少参与培训。荷兰占据了国家主义和集体主义技能形成体系之间的异常值位置。与其他集体主义技能形成体系国家相比，荷兰以学校为基础的培训更为重要，但是企业更少参与培训，尽管企业参与培训程度高于国家主义或者自由主义技能形成体系国家。自由主义技能形成体系国家（样本中仅有美国和爱尔兰）处于图 8-1 的左下角，它们混合了低水平的职业培训公共投资和极低的企业参与培训程度。在这些教育系统中，职业教育与培训从属于学术性教育。最后，南欧国家（意大利、希腊和西班牙）自成一组。数据显示这些国家中的职业培训公共投资高于自由主义技能形成体系国家，但是它们未能有效地提高企业的参与程度。

由于缺乏数据或者分类本身的问题，图 8-1 忽视了一些有趣的案例。根据经合组织的报道（2010），英国约有 32% 的高中生就读于职业教育项目中。由于英国培训系统的异质性和分散性特征以及与之相关的多元的培

---

[1] 青少年失业率数据缺失：奥地利（1980~1993 年）、比利时（1980~1982 年）、丹麦（1980~1982 年）、瑞士（1980~1990 年）。工资不平等数据缺失：比利时（1980~1985 年）、德国（1980~1983 年）、意大利（1980~1990 年，1997~2000 年）、挪威（1980~1988 年）、西班牙（1980~1994 年）、瑞士（1980~1990 年）。

[2] Katz 和 Autor（1999）对原始理论和实证文献进行了研究。

训提供者，我们难以确定真正的企业参与培训的程度（Rainbird，2010）。英国企业参与培训程度高于其他自由主义技能形成体系国家，英国在图8-1中的位置可能在荷兰下方。

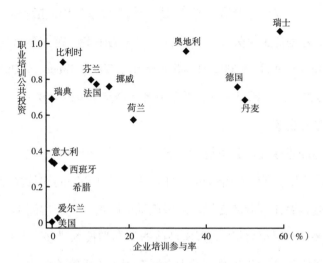

图8-1　经合组织国家企业培训参与和职业培训公共投资的散点图

注：指标详细定义和数据来源参见附录表8-A1。

另一个重要的缺失案例是日本。在本书第一章中，日本被刻画为分隔主义技能形成体系，混合了高度的企业参与和极低的职业培训公共投资。此外，日本企业依赖于以企业为基础的培训项目和内部劳动力市场，而在集体主义技能形成体系中，企业通过学徒制参与培训。无论如何，有很大比例的日本青少年接受了以企业为基础的培训（Dore 和 Sako，1998）。在日本的普通教育系统中，职业教育并未发挥显著作用，因为日本普通教育系统仿照了美国模式。日本普通高中和职业高中的课程有一定差别，但是职业高中的课程也非常的通识化。日本企业在聘用员工的过程中并不系统性地区分两种学校的毕业生（Busemeyer，2009a）。因此，如果强求企业参与职业教育的数据，日本可能位于图8-1的右下角。

至于控制变量，本章主要依赖于"比较政治数据"（Armingeon et al.，2009）。本章分析控制了国内生产总值增长、总体失业率、净工会密度（来自 Golden et al.，2009）、去工业化程度（定义为在服务业中工作的人口比例）和就业保障立法的严格程度（以经合组织发展的相关指标来测量）。这些变量被认为是青少年失业率和工资不平等的主要决定因素（Wallerstein，1999；Pontusson et al.，2002；Bradley et al.，2003；Breen，2005）。本章希望聚焦制度的作用，因此未纳入党派或者社会支出等政治变量。

2. 方法和假设

此前的描述性统计分析提供了第一步证明，很好地描述了各国结果的差异程度。本节更接近因果论证，使用跨越时间和空间的独立变量的测量方法，并控制潜在的混淆变量。因果论证可以用一个非常简单的图表来概括（见图 8-2）。外生的影响因素是技能偏向型技术进步。正如经济学家所强调的那样，这种变化对劳动力市场产生了不平等的影响，但影响的大小取决于工资决定系统和培训体系的结构（见表 8-1）。

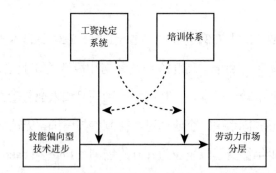

图 8-2 技能偏向型技术进步对劳动力市场分层的影响取决于工资决定系统和培训体系

原则上可以通过非线性模型来直接进行证明。在实践中，由于数据的局限性，这几乎不可能，因为数据中不存在逐国的技能偏向型技术进步的时间序列指标。在笔者考察的时间段，戈尔丁和卡茨的数据表明，技术变化的速度相当稳定。如前所述，他们估计的技术变化速度在 1960～1980 年为 2.85%，在 1980～2005 年为 2.76%。虽然技术变化对劳动力市场产生了持久的压力，但是没有理由认为技术变化的速度差异是结果变量随时间变化的主要原因。相反，我们认为青少年失业率和工资不平等的变化是由培训体系和教育政策的变化带来的，特别是工资决定系统的变化。

　　假设技能偏向型技术进步的速度不变，模型可进一步简化为图 8-3，劳动力市场分层是制度互动的直接结果。本章利用带有一阶自相关和标准误调整（解决异方差和同时自相关）的普莱斯-温斯顿估计法（Prais-Winsten）回归模型，估计了简化的模型（Beck 和 Katz，1995）①。在本章研究中，这个模型好于滞后自变量模型。滞后自变量模型的优势在于能够直接捕捉动态过程（主要是误差调整过程），但是当解释变量具有高度的时间趋势、滞后自变量模型的参数接近 1 时，有时会导致估计参数过于接近 0 和统计不显著的结果（Achen，2000）。我们避免使用国家固定效应，因为它们可能会剥夺制度因素指标的解释效果，这些制度指标随时间推移变动不大。

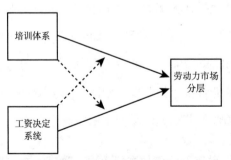

图 8-3　工资决定系统和培训体系决定劳动力市场分层

---

① 在这种情况下，这种方法比 Beck 和 Katz 主张的滞后因变量（LDV）回归更可取。滞后因变量模型的优势在于它能直接捕捉动态过程（本质上是一个误差修正过程），但当解释变量高度趋势化且滞后因变量参数接近 1 时，有时会导致估计参数接近 0 且在统计上无意义（Achen，2000）。

3. 发现

在一些重要的限定条件下，统计分析支持本章提出的论点。除了众所周知的工资决定系统对劳动力市场分层和工资不平等的影响外，我们发现培训体系的制度设计也是影响劳动力市场分层的一个重要因素，迄今为止它的作用被低估了。正如图 8-3 所示，强有力的证据表明工资决定系统与职业教育培训体系之间存在互动作用，尽管事实上两者并非必然相关。样本中企业参与培训和集体工资谈判集中化的相关性仅为 0.06，而职业培训公共投资和谈判集中化的相关性稍强（0.21）。然而，当强有力的培训制度与强有力的集体工资谈判制度并存时，培训和集体工资谈判集中化程度降低劳动力市场分层的作用就会更为明显。

讨论培训和集体工资谈判集中化对青少年失业率的影响。企业对职业培训强有力的参与对青少年失业率具有显著的负向影响（参见表 8-3 的模型 1）。将高中阶段接受双元制培训的学生比例提高 30%（相当于芬兰和德国的差距）可以导致青少年失业率下降近 5 个百分点，样本中青少年的平均失业率为 13.2%。相反，职业培训公共投资指标与青少年失业率正相关，尽管其效果在各模型中并不稳定。这些发现支持了劳动力市场转型社会学研究的一个核心发现（Allmendinger，1989；Gangl，2003；Breen，2005；Wolbers，2007），即双元制体系有利于从培训到就业的平稳转化，有利于降低青少年失业率。相反，以学校为基础的职业教育培训体系倾向于与不顺畅形劳动力市场转化相关。

表 8-3　青少年失业率的决定因素

因变量	模型 1	模型 2	模型 3
企业参与培训	-0.160***(0.0209)	-0.112(0.0770)	-0.169***(0.0294)
职业培训公共投资	1.936(2.177)	1.024(2.935)	11.25***(3.236)
集体工资谈判集中化的对数	1.400**(0.589)	1.960*(1.021)	13.17***(2.132)

续表

因变量	模型 1	模型 2	模型 3
企业参与培训×集体工资谈判集中化		−0.0455(0.0615)	
职业培训公共投资培训×集体工资谈判集中化			−17.30 *** (3.387)
净工会密度	−3.783 *** (1.024)	−3.070 ** (1.464)	−4.878 *** (1.169)
GDP 增长	−0.0230(0.0773)	−0.0238(0.0767)	−0.0293(0.0778)
总体失业率	1.686 *** (0.0676)	1.695 *** (0.0675)	1.643 *** (0.0773)
去工业化程度	−17.31 *** (5.018)	−15.98 *** (5.313)	−7.100(6.951)
就业保障立法的严格程度	−1.076 *** (0.409)	−1.133 *** (0.387)	−2.120 *** (0.585)
常数	18.05 *** (3.583)	16.93 *** (3.983)	8.837 * (4.801)
观测值	188	188	188
R^2	0.861	0.862	0.875
国家数	13	13	13

注：括号中为标准误差；*** $p<0.01$，** $p<0.05$，* $p<0.1$。

表 8-4 企业参与培训、职业培训公共投资、集体工资谈判集中化之间的非线性交互模型

因变量	模型 1	模型 2
企业参与培训（FI）	−0.0462 * (0.0238)	0.000574(0.00138)
职业培训公共投资（PI）	−0.624 *** (0.1530)	−2.862 *** (0.5590)
集体工资谈判集中化（BC）	−0.769 *** (0.1920)	−1.491 *** (0.3210)
BC^2	0.126 *** (0.0319)	0.275 *** (0.0608)
FI×BC	0.0351 * (0.0180)	
FI×BC^2	−0.00584 * (0.00300)	
PI×BC		2.020 *** (0.505)
PI×BC^2		−0.377 *** (0.0942)
净工会密度	−1.595 *** (0.156)	−1.621 *** (0.159)
GDP 增长	0.00510(0.00477)	0.00557(0.00380)
总体失业率	−0.01140(0.00880)	−0.00636(0.00865)
去工业化程度	−2.311 *** (0.301)	−2.230 *** (0.359)
常数项	6.462 *** (0.330)	6.998 *** (0.379)
观测值	245	245
R^2	0.872	0.896
国家数	13	13

注：括号中为标准误差；*** $p<0.01$，** $p<0.05$，* $p<0.1$。

　　集体工资谈判集中化和培训制度的效果必须同时评价，因为一个变量影响另一个变量的效果（见图 8-3）。因此，我们分析了培训制度和集体工资谈判集中化的交互效果。为了提供一个具体的解释说明，我们选择用图形来展示，在表 8-3 和表 8-4 中可以找到具体的回归系数估计值。图 8-4 显示了不同集体工资谈判集中化水平下企业参与培训对青少年失业率影响的变化。显然，两者之间存在相互作用。在集体工资谈判集中化程度较低的情况下，企业参与培训对青少年失业率的影响几乎为零。随着集体工资谈判集中化程度的提高，企业参与培训对青少年失业率的负面影响越来越大，并且变得非常显著。当集体工资谈判集中化达到最高水平时，参与双元制培训计划的学生比例每提高 10 个百分点，企业参与培训对青少年失业率的平均影响为-2%，这有力地证实了表 8-3 中的初步结论。

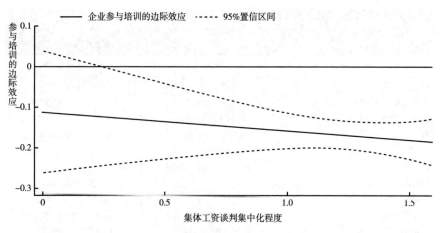

图 8-4　集体工资谈判集中化调节企业培训参与对青少年失业率的影响
注：此图基于表 8-3 的模型 2 制作。

　　图 8-5 描述了职业培训公共投资与集体工资谈判集中化之间的相互作用。与企业参与培训类似，当集体工资谈判集中化程度较低时，对职业培

训的公共投资不能降低青少年失业率。然而，当集体工资谈判集中化程度
提高时，公共投资的影响转为负向，且在统计上变得显著。我们将这些指
标解释为，当集体工资谈判集中化处于较低或中等水平时，对职业培训的
公共投资并不是解决青少年失业问题的有效工具。集体工资谈判高度集中
化确保了公共投资在劳动力市场内部和外部的均等分配，从而通过提高处
于学术能力低端劳动力的技能水平提高了公共投资的效率。

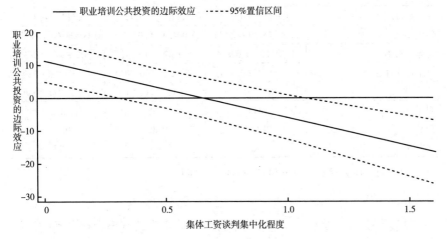

图 8-5　集体工资谈判集中化调节职业培训公共投资对青少年失业率的影响

注：此图基于表 8-3 的模型 3。

　　当观察企业培训参与、职业培训公共投资、集体工资谈判集中化对工
资离散程度的影响时（见表 8-5），情况发生变化。企业参与职业培训对
工资离散程度没有任何系统性影响，但职业培训公共投资对工资离散程度
有显著的负向影响，这种影响效应很大。根据表 8-4 的系数估计，职业培
训公共投资占国内生产总值的比例提高 0.65 个百分点（意大利和芬兰
之间的差异），可以将工资离散程度降低 0.54（样本平均值为 3，标准差
为 0.66）。

表 8-5　工资离散程度的决定因素

因变量	模型 1	模型 2	模型 3
企业参与培训	0.00124（0.00104）	−0.00428（0.00281）	0.00157（0.00121）
职业训练公共投资	−0.846 *** （0.147）	−0.745 *** （0.150）	−1.019 *** （0.187）
集体工资谈判集中化的对数	−0.153 *** （0.0470）	−0.225 *** （0.0727）	−0.293 ** （0.124）
企业参与培训×集体工资谈判集中化		0.00540 * （0.00285）	
职业训练公共投资×集体工资谈判集中化			0.323 * （0.175）
净工会密度	−1.609 *** （0.129）	−1.665 *** （0.126）	−1.652 *** （0.134）
GDP 增长	0.00376（0.00519）	0.00453（0.00522）	0.00521（0.00435）
总体失业率	−0.0168 * （0.00874）	−0.0169 * （0.00871）	−0.0138 * （0.00830）
去工业化程度	−1.998 *** （0.323）	−2.092 *** （0.307）	−2.125 *** （0.319）
常数项	5.548 *** （0.245）	5.638 *** （0.240）	5.655 *** （0.239）
观测值	245	245	245
R^2	0.856	0.856	0.877
国家数	13	13	13

注：括号中为标准误差；*** $p<0.01$，** $p<0.05$，* $p<0.1$。

从表 8-5 可以看出，企业参与培训和集体工资谈判集中化之间的简单交互效应并不具有明显的统计学意义。此外，正向符号实际上表明，职业培训公共投资的不平等减少效应会随着集体工资谈判集中化程度的提高而降低。然而，随着对数据的进一步挖掘，我们发现这是由于企业参与培训和集体工资谈判集中化之间的非线性关系所导致（参见图 8-6 和表 8-5）。

有证据表明在集体工资谈判集中化和职业培训公共投资之间存在非线性互动效果，而在企业参与培训和集体工资谈判集中化之间没有。在集体工资谈判集中化程度较低的情况下，职业培训公共投资对工资差异的影响是负向的，这意味着它降低了不平等，这在高水平的集体工资谈判集中化情况下同样适用。当集体工资谈判集中化处于中等水平上，职业培训公共投资的影响力较弱，接近于 0，在这种条件下，具有一定影响力的工会限制了目的在于提高低技能工人收入的公共政策的有效性，因为工会主要是为了保护熟练工人而建立的，从而强化了劳动力市场分层。

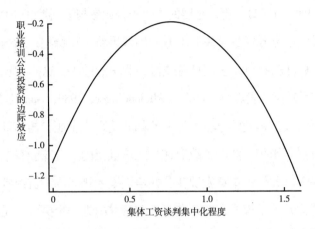

图 8-6　集体工资谈判集中化对职业培训公共投资对工资离散程度的影响

注：本图依据表 8-5 中的模型 3 绘制。

五　总结和讨论

戈尔丁和卡茨（Goldin 和 Katz，2007、2008）提出，劳动力市场不平等是外生的技能偏向型技术进步的必然结果，后者提高了对熟练工人的相对需求。我们认为，技能偏向型技术进步对劳动力市场的影响在不同国家之间有重大差异。此外，只有认识到熟练工人的供给并非由结构性力量单独决定，而是受到职业教育培训体系的制度设计和集体工资谈判集中化程度的影响，这些差异才能得到解释。本章发现在对劳动力市场分层的影响力方面，培训体系和集体工资谈判集中化之间存在很强的互补关系。

在青少年失业率分析中，这种互补性尤为明显。当集体工资谈判集中化程度较高时，企业参与培训能强有力地降低青少年失业率。当集体工资谈判变得更加分散化时，这种负向影响会减弱。因此，为了解决对培训岗位的削减问题，我们需要将集体工资谈判机制作为一种"有益约束"（Streeck，1989、1992）。更为重要的是，当企业参与培训程度较高时，职业培训公共投资在降低青少年失业率方面的效果将大打折扣；而当集体工资谈判集中化程度较高时，它们具有降低失业率的效果。这一发现与社会学对劳动力市场转型的发现高度契合（Allmendinger，1989；Gangl，2003）。

对于工资离散程度的分析结论并非如此清晰。企业参与培训对工资离散程度没有显著影响，然而，政府在职业培训上的投资却能有效缩小工资分配的不平等。此外，本章发现在公共培训投入和集体工资谈判之间存在一种复杂的互动关系模式，需要在未来的研究中进一步探讨。显然，我们期待教育制度能够对青少年失业率有较大的影响力，而不是仅仅关注工资离散程度。这就是为何在教育和青少年失业率的关系中，培训的影响力更大，这也符合预期。我们可以合理地认为教育制度对工资不平等有一定的影响，但是也有必要寻找其他的决定因素，例如继续职业教育和培训，这些因素超出了本章的研究范围。

更为深入的案例研究（例如本书第三章）可以提供有关培训体系和集体工资谈判间关系的更多证据，但是基本结论应该基于跨国家和跨时间的分析。例如，由于德国存在更强的职业培训和更高的集体工资谈判集中化程度，它的劳动力市场分层就弱于美国。但是过去十年里，德国集体工资谈判系统遭到显著削弱，这与劳动力市场分层的提高和二元主义的增加有关（Hassel，1999；Streeck，2009；Palier和Thelen，2010）。这不仅对工资有直接影响，由于培训体系和集体工资谈判集中化之间的互补性，笔者的分析表明职业培训作为塑造劳动力市场表现的角色已经发生了改变。以企业为基础的培训项目非但未能防止劳动力市场分层，反而日益成为分层的一个原因。当学业成绩较差的年轻人无法获得企业内的培训岗位，非熟练工人会不成比例地受到失业的影响。除非集体工资谈判系统能不断接纳新近培训的劳动力进入劳动力市场，否则培训岗位将被削减（例如在德国），或者获得公共培训机构证书的年轻人会面临失业（如西班牙）。

在其他国家，如奥地利和丹麦（见第六章和第七章），集体工资谈判的分散化不如德国那样广泛，这是因为这些国家早先的集体工资谈判集中化程度更高。此外，当由熟练工人和非熟练工人组成的包容性工会占主导地位，可以防止熟练工人与非熟练工人的分裂。此外，这些国家更愿意利用公共经费（例如丹麦通过培训税来获得收入）来补贴以企业为基础的培训，并建立成熟的以学校为基础的职业教育来替代学徒制培训，而不是像德国那样创造一个复杂的、备受指责的"过渡系统"。因此，将双元制培训与公共支持的继续培训和以学校为基础的职业教育相结合，被证明能够比德国这种围绕培训企业需求建立的体系更加有效地缓和劳动力市场分层。

然而，我们的观点并不意味着在培训体系和集体工资谈判集中化之间存在功能性的互补，即一方面的变化必然引起其他方面的反应。我们支持相反的观点，否则就不可能观察到劳动力市场分层的普遍趋势。互补性概念建立在经验观察的基础上：无论何地（无论何时），一旦伴随集中化的集体工资谈判出现了政策制定者和企业对职业培训高水平的投入，劳动力市场分层的情况就不会那么严重。当然，我们的观点也并不意味着在这种关系中存在"天生的稳定因素"。

在拓展这个领域的研究过程中，我们进一步发展了"有益约束"这个概念。斯坦贝克（1989）强调了"有益约束"条件如何提高和促进了企业在集体主义技能形成中的参与。本章显示了制度（例如集体工资谈判制度，它被视为约束条件的核心要素制度）不仅影响企业参与培训，而且塑造了由此产生的劳动力市场分层。对单个企业行为的集体约束的降低不仅减少了集体主义技能形成体系中的企业参与（如本书第三章），而且削弱了内在的、防止企业参与带来负面效果的机制的作用。在当前的分析中，集体工资谈判的分散化强化了熟练工人与非熟练工人之间的劳动力市场分层，这鼓励了对培训岗位的削减，并恶化了青少年失业问题。

本章附录

表 8-A1 变量定义和数据来源	
变量	变量定义和数据来源
企业参与培训	高中阶段学生参与职业教育项目的比例（综合学校培训和工作场所培训）；数据来源：OECD《教育概览》（Education at a Glance）多年度数据，指标 C1. 。
职业培训公共投资	高中阶段公共教育支出占 GDP 的百分比（指标 B2.2）乘以高中阶段接受职业教育项目（双元制培训计划）的学生的比例；数据来源：OECD《教育概览》（Education at a Glance）多年度数据
青少年失业率	15~24 岁青少年失业率；数据来源：OECD《劳动力统计》（Labor Force Statistics）
工资不平等	全职工作劳动中处于最高 10%区间（90 分位数点）工人的平均收入与处于最低 10%区间（10 分位数点）工人的平均收入的比值（D9/D1）；数据来源：OECD《收入数据库》（Earnings Database）
集体工资谈判集中化	集体工资谈判的主要层次［Golden 等人（2009）数据集中的"barglev1"］；1 = 厂级层面的工资设定；2 = 行业层面的工资设定；3 = 中央工资设定，无制裁；4 = 中央工资设定，有制裁；数据来源：Golden 等人（2009）
净工会密度	净工会密度［Golden 等人（2009）数据集中的"netden"］，即工会会员占总雇员人数的比例；数据来源：Golden 等人（2009）
GDP 增长率	实际国内生产总值（GDP）增长率，与前一年相比的百分比变化；数据来源：Armingeon 等人（2009）
总体失业率	失业率占民用劳动力的百分比；数据来源：Armingeon 等人（2009）
去工业化程度	服务业就业占比；数据来源：Armingeon 等人（2009）
就业保障立法的严格度	OECD 就业保障立法严格程度指数（EPL）；数据来源：OECD 统计提取/劳动力统计（OECD Stat Extracts/Labor Force Statistics）

参考文献

Acemoglu, D. (2002) . "Technical Change, Inequality and the Labor Market. " *Journal of Economic Literature* 40(1): 7–72.

Achen, C. H. (2000) . "Why Lagged Dependent Variables Can Suppress the Explanatory Power of Other Independent Variables. " Paper presented at the Annual Meeting of the American Political Science Association, Los Angeles, California.

Ahlquist, J. (2010) . " Building Strategic Capacity: The Political Underpinnings of Coordinated Wage Bargaining. " *American Political Science Review* 104 (1): 572 – 587.

Allmendinger, J. (1989) . "Educational Systems and Labour Market Outcomes. " *European Sociological Review* 5(3): 231–250.

Armingeon, K. , Engler, S. , Gerber, M. , Leimgruber, P. and Beyeler, M. (2009) . Comparative Political Data Set 1960 – 2007. Berne: Institute of Political Science, University of Berne.

Beck, N. and Katz, J. (1995) . "What to Do (and Not to Do) with Time – Series Cross – Section Data. " *American Political Science Review* 89(3): 634–647.

Berman, E. , Bound, J. and Machin, S. (1998) . "Implications of Skill – Biased Technological Change: International Evidence. " *Quarterly Journal of Economics* 113(4): 1245–1280.

Bradley, D. , Huber, E. , Moller, S. , Nielsen, F. and Stephens, J. D. (2003) . "Distribution and Redistribution in Postindustrial Democracies. " *World Politics* 55(2): 193–228.

Breen, R. (2005) . "Explaining Cross – National Variation in Youth Unemployment. " *European Sociological Review* 21(2): 125–134.

Busemeyer, M. R. (2009a) . "Asset Speciicity, Institutional Complementarities and the Variety of Skill Regimes in Coordinated Market Economies. " *Socio–Economic Review* 7 (3): 375–406.

—— (2009b) . Wandel trotz Reformstau: Die Politik der beruflichen Bildungseit 1970. Frank-furt a. M. : Campus.

Clotfelter, C. T. (1996). *Buying the Best: Cost Escalation in Elite Higher Education*. Prince-ton, NJ: Princeton University Press.

Culpepper, P. D. (2007) . "Small States and Skill Speciicity: Austria, Switzerland, and Interemployer Cleavages in Coordinated Capitalism. " *Comparative Political Studies* 40

(6): 611-637.

Cusack, T. , Iversen, T. and Rehm, P. (2006). "Risks at Work: The Demand and Supply Sides of Government Redistribution. " *Oxford Review of Economic Policy* 22 (3): 365-389.

Dore, R. and Sako, M. (1998). *How the Japanese Learn to Work*. London: Routledge.

Estévez-Abe, M. , Iversen, T. and Soskice, D. (2001). "Social Protection and the Forma-tion of Skills: A Reinterpretation of the Welfare State. " In Hall, P. A. and Soskice, D. eds. , *Varieties of Capitalism: The Institutional Foundations of Comparative Advantage*. Oxford: Oxford University Press, 145-183.

Finegold, D. and Soskice, D. (1988). "The Failure of Training in Britain: Analysis and Prescription. " *Oxford Review of Economic Policy* 4(3): 21-53.

Freeman, R. (1988). "Labor Market Institutions and Economic Performance. " *Economic Policy* 3(6): 62-80.

Gangl, M. (2003). "The Structure of Labour Market Entry in Europe: A Typological Analysis. " In W. Müller and M. Gangle, eds. , *Transitions from Education to Work in Europe: The Integration of Youth into EU Labour Markets*. Oxford: Oxford University Press, 107-28.

Golden, M. , Lange, P. and Wallerstein, M. (2009). "Union Centralization among Advanced Industrial Societies: An Empirical Study. " http: //dvn. iq. harvard. edu/ dvn/dv/ golden/faces/study/StudyPage. xhtml?globalId=hdl: 1902. 1/10193 (accessed February 15, 2011).

Goldin, C. and Katz, L. F. (2007). "Long-Run Changes in the Wage Structure: Narrowing, Widening, Polarizing. " *Brookings Papers on Economic Activity* 2: 135-165.

———— (2008). The Race between Education and Technology. Cambridge, MA: Harvard University Press.

Hassel, A. (1999). "The Erosion of the German System of Industrial Relations. " *British Journal of Industrial Relations* 37(3): 483-505.

Iversen, T. (1999). *Contested Economic Institutions: The Politics of Macroeconomics and Wage Bargaining in Advanced Democracies*. Cambridge: Cambridge University Press.

—— (2005). Capitalism, Democracy, and Welfare. Cambridge: Cambridge University Press.

——Rosenbluth, F. (2010). *Women, Work and Politics: The Political Economy of Gender Inequality*. New Haven, CT: Yale University Press.

—— Soskice, D. (2001). "An Asset Theory of Social Policy Preferences. " *American Political Science Review* 95(4): 875-893.

—— —— (2009). "Distribution and Redistribution: The Shadow of the Nineteenth

Century. " *World Politics* 61(3):438-486.

—— —— (2010). "Real Exchange Rates and Competitiveness: The Political Economy of Skill Formation, Industrial Relations and Electoral Systems. " Unpublished manuscript, Department of Government, Harvard University.

—— Stephens, J. D. (2008). "Partisan Politics, the Welfare State, and Three Worlds of Human Capital Formation. " *Comparative Political Studies* 41(4-5):600-637.

Katz, L. and Autor, D. (1999). "Changes in the Wage Structure and Earnings Inequal-ity. " In O. Ashenfelter and D. Card, eds. , *Handbook of Labor Economics*, vol. 3. Oxford: Elsevier, 1463-1555.

Machin, S. and Van Reenen, J. (2007). "Changes in Wage Inequality. " Special Paper no. 18 (April). Centre for Economic Performance, London School of Economics and Political Science.

Martin, C. J. and Thelen, K. (2007). "The State and Coordinated Capitalism: Contributions of the Public Sector to Social Solidarity in Postindustrial Societies. " *World Politics* 60 (1):1-36.

Moene, K. O. and Wallerstein, M. (2001). "Inequality, Social Insurance, and Redistribution. " *American Political Science Review* 95(4):859-874.

—— —— (2003). "Earnings Inequality and Welfare Spending: A Disaggregated Analysis. " *World Politics* 55(4):485-516.

Mosher, J. S. (2007). "US Wage Inequality, Technological Change, and Decline in Union Power. " *Politics & Society* 35(2):225-263.

Müller, W. and Gangl, M. (2003). "The Transition from School to Work: A European Perspective. " In W. Müller and M. Gangl, eds. , Transitions from *Education to Work in Europe: The Integration of Youth into EU Labour Markets*. Oxford: Oxford University Press, 1-19.

Organisation for Economic Co-operation and Development (OECD) (2010). Education at a Glance 2010: OECD Indicators. Paris: OECD.

Palier, B. and Thelen, K. (2010). "Institutionalizing Dualism: Complementarities and Change in France and Germany. " *Politics & Society* 38(1):119-148.

Pontusson, J. , Rueda, D. and Way, C. (2002). "Comparative Political Economy of Wage Distribution: The Role of Partisanship and Labour Market Institutions. " *British Journal of Political Science* 32(2):281-308.

Rainbird, H. (2010). "Vocational Education and Training in the United Kingdom. " In G. Bosch and J. Charest, eds. , *Vocational Training: International Perspectives*. London: Routledge, 242-270.

Rueda, D. (2008). "Left Government, Policy, and Corporatism: Explaining the Influence of Partisanship on Inequality. " *World Politics* 60(3): 349-389.

—— Pontusson, J. (2000). "Wage Inequality and Varieties of Capitalism. " *World Politics* 52(3): 350-383.

Streeck, W. (1989). "Skills and the Limits of Neo-Liberalism: The Enterprise of the Future as a Place of Learning. " *Work, Employment & Society* 3(1): 89-104.

—— (1992). "On the Institutional Conditions of Diversiied Quality Production. " In W. Streeck and E. Matzner, eds. , *Beyond Keynesianism: The Socio - Economics of Produc-tion and Full Employment*. Aldershot: Edward Elgar, 21-61.

—— (1994). "Training and the New Industrial Relations: A Strategic Role for Unions?" In M. Regini, ed. , *The Future of Labour Movements*. London: Sage, 250-69.

—— (2009). *Re - Forming Capitalism: Institutional Change in the German Political Economy*. Oxford: Oxford University Press.

Thelen, K. (2004). *How Institutions Evolve: The Political Economy of Skills in Germany, Britain, the United States and Japan*. Cambridge: Cambridge University Press.

Van der Welden, R. K. W. and Wolbers, M. H. J. (2003). "The Integration of Young People into the Labour Market: The Role of Training Systems and Labour Market Regulation. " In W. Müller and M. Gangl, eds. , Transitions from *Education to Work in Europe: The Integration of Youth into EU Labour Markets*. Oxford: Oxford University Press, 186-211.

Wallerstein, M. (1990). "Centralized Bargaining and Wage Restraint. " *American Journal of Political Science* 34(4): 982-1004.

—— (1999). "Wage - Setting Institutions and Pay Inequality in Advanced Industrial Societies. " *American Journal of Political Science* 43(3): 649-680.

Wolbers, M. H. J. (2007). "Patterns of Labour Market Entry: A Comparative Perspective on School-to-Work Transitions in 11 European Countries. " *Acta Sociologica* 50(3): 189-210.

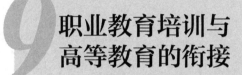

9 职业教育培训与 高等教育的衔接

丽塔·尼古拉
克里斯蒂安·艾伯纳

一 引言 *

与其他国家相比，德国、奥地利和瑞士传统上通过双元制体系为大部分劳动力提供职业技能。从职业教育培训到高等教育的流动很有限，相对而言，获得学术性文凭的人数较少（OECD，2010）。熟练工人被认为是这些国家"多元化质量生产"的基石（Streeck，1991）。这些国家的高等教育和职业教育培训体系从一开始就遵循不同的制度发展路径。瑞士、奥地利和德国在 19 世纪就奠定了职业教育培训体系、普通中等教育和高等教育体系相互分隔的基础（Gonon，1994；Greinert，1999；Baethge，2006）。德国的案例分析中，学者描述了德国教育体系内的普通教育与职业教育培训分立的情况，并将之比喻为"教育的分裂"（Baethge，2010）。这三个国家中研究型大学和应用技术大学的发展与工业化和商业的发展脱节，职业教育培训与学术教育的发展脱节（Gonon，1994；Greinert，1999）。传统上，获得职业教育培训的文凭不足以保证个人能够继续接受高等教育。因此，本章讨论的问题是，时至今日，德国、奥地利和瑞士的职业教育培训部门与高等教育部门的分工是否仍然非常严格。

在上述三个国家和整个欧洲范围内，职业教育培训与高等教育之间的渗透性已经成为一个广泛讨论的议题（见第十一章）。渗透性与终身学习互为表里，由于知识型服务经济的出现和发展（Iversen 和 Wren，1998；Esping-Andersen，1999），更大的渗透性可以满足社会对学术型毕业生日

* 我们要感谢马略斯·R. 布塞梅耶、克里斯汀·特兰普施、Marcel Helbig 和蒂娜·贝伊尔提出的有益建议和建设性批评。我们还感谢菲利普·戈农、卢卡斯·格拉夫、Lorenz Lassning，托马斯·梅耶和贾斯汀·鲍威尔，感谢他们在与我们的讨论中提供的真知灼见。感谢西蒙尼·格里曼和本杰明·艾德斯坦在研究和处理本章使用的数据方面的支持。感谢大众汽车基金会的财政支持。

益增长的需求（见第三章）。人口结构的变化、对熟练工人需求的增长、统一的欧洲经济和教育空间的创立，以及高等教育在维持和发展经济及社会繁荣与福祉方面的重要性，共同促使人们在教育探讨中广泛关注职业教育培训与高等教育之间的渗透性。

本章说明了德国、奥地利和瑞士三国如何在不同程度上整合了职业教育培训与高等教育。瑞士和奥地利最近引入了双资格证书。1994 年瑞士引入的职业学士学位制度（Berufsmaturitaet）和 2008 年奥地利引入自带普通高等教育入学资格的学徒制（Lehre mit Matura），均表明学生在完成双元制培训的同时可以获得高等教育入学资格（第五章、第六章）。德国采用了另一种渗透方式，2009 年通过将职业技能作为高等教育的入学资格条件之一，该国将双元制体系和高等教育部门联系起来。

德国、奥地利和瑞士采用了不同的组织方式来衔接职业教育培训和高等教育，它们之间的差异值得进一步阐释。本章分析了这三个国家为何采取不同的方式来构建双元制体系和高等教育之间的衔接及制度整合。资本主义多样性研究的视角强调了企业作为职业教育培训体系制度变革驱动者和创造者的特殊意义（Estévez‑Abe et al. , 2001；Hall 和 Soskice，2001），本章特别关注中小企业和大企业的利益差异（Thelen，2004；Culpepper，2007；Busemeyer，2009；Trampusch，2010a）。采用这种特定的分析视角，考虑企业及其代表机构对各种渗透方式的偏好和策略，本章的分析重新建构了瑞士和奥地利引入双资格证书和德国采用替代性方式的政治过程。研究发现，企业及其代表机构在具体政策选择中的利益受大企业和中小企业雇主间差异的影响较小，而受双元制体系在整个教育系统中嵌入程度的影响较大。其中，第一个关键影响因素是学徒的学历，第二个影响因素是双元制培训与高中教育或全日制学校职业教育的关系。

本章首先详细分析德国、奥地利和瑞士三国双元制体系与高等教育之间的衔接，不仅考虑了高等教育入学的正规录取方式，也考虑了学生实际获得的大学或者应用技术大学的入学资格。本章提出了一个解释三国之间差异的理论解释框架。之后，通过对三个案例的描述性分析，笔者讨论了三国双元制培训制度与整体教育体系的融合程度如何影响了三国企业的利益和偏好。这项分析建立在统计分析、正式文件和二手文献的基础上。2010 年 7~10 月，笔者也与教育研究机构和企业雇主组织的代表进行了背景访谈①。本章结尾进行了总结，并讨论了该领域未来的研究方向和前景。

二　职业教育培训与高等教育的衔接与实际渗透

首先，本章分析职业教育培训与高等教育在德国、奥地利和瑞士三国的衔接与实际渗透情况。在理论上，不同的制度方式都可以弥合职业教育培训与高等教育之间的鸿沟（Dunkel et al., 2009），本章区分了四种不同的方式：职业教育培训课程的升级、引入双元课程、引入双资格证书和将职业技能作为高等教育录取资格。

职业教育培训课程的升级作为衔接职业教育培训与高等教育的第一种方式在三个国家中都很常见。早在 20 世纪 70 年代，德国的一些工程学校与学院、高等设计学院、社会工作学院和经济学院等教育机构就被升格为应用技术大学（Fachhochschulen），成为高等教育的一部分。奥地利（1993 年）和瑞士（1997 年）稍后建立了应用技术大学（见第五章和第六章）。因此，除了更倾向于以理论和研究为导向的大学，以实践和职业

---

① 应访谈伙伴的要求，访谈以编码形式引用。

技能为导向的应用技术大学也被引入高等教育部门（Buchmann et al.，2007；Mayer et al.，2007；Van der Wende，2008）。德国、奥地利和瑞士出现的具有大学和应用技术大学双重特征的高等教育体系被描述为高等教育的二元系统（dual system in higher education）[①]（Shavit et al.，2007）。

截至 2008~2009 年冬季学期，三国普通大学与应用技术大学的入学情况如下：奥地利 78% 的学生在普通大学开始接受高等教育，22% 进入应用技术大学（Statistik Austria，2010a）。德国 64% 的大学新生进入普通大学，36% 进入应用技术大学（StBa，2009）。瑞士 56% 的学生选择普通大学，44% 选择应用技术大学（BFS，2010d）。应用技术大学已经成为一个公认的声誉良好的教育部门，特别是在瑞士（Weber et al.，2010）。

第二种衔接职业教育培训与高等教育的方式是引入双元课程。德国的许多州[②]试图通过在职业学院引入双元课程的方式将职业教育培训与高等教育结合起来（BLK，2003；Hippach‐Schneider et al.，2007；Busse，2009）[③]。但是，除了巴登‐符腾堡州立双元大学（Duale Hochschule Baden‐Wuerttemberg）授予的学位以外，职业学院提供的学士学位并不能作为研究生教育的入学资格（Hoeckel 和 Schwartz，2010）。近年来，瑞士和奥地利的一些地区也开始设置双元课程。尽管双元课程尚未在数量上获得重视，它们未来可能成为对企业和个人具有吸引力的教育模式。

职业教育培训课程升级和双元课程的引入对于年轻人而言都有不足之处，它们仍然要求学生满足高等教育的正式录取要求，因此，阻碍了年轻

---

① 高等教育的二元系统是指一国高等教育体系由学术（普通）教育机构和职业教育机构组成。在欧洲，职业高等教育机构包括应用技术大学。——译者注

② 具体来说，这些州是巴登‐符腾堡州、巴伐利亚州、柏林、汉堡、黑森州、下萨克森州、萨尔州、萨克森州、石勒苏益格‐荷尔斯泰因州和图林根州。

③ 在双元课程学习期间，人们在高等教育机构和工作场所接受培训。在整个期间，他们按月领取工资，并享有雇员的保险。

人接受高等教育。高等教育录取一般要求成功获得相应的高等教育入学资格。在理论上有两种高等教育入学资格：一是普通高等教育入学资格；二是应用技术大学入学资格。普通高等教育入学资格允许学生在大学和应用技术大学就读，而应用技术大学入学资格只能提供应用技术大学的入学机会。这两种入学资格通常需要通过完成普通高中的学习获得。1997 年以来，奥地利已经允许学生在完成双元制培训后参加大学衔接课程，以便于获得通用的高等教育入学资格，即职业学士学位。在德国，学生可以通过完成专门的高中学校课程来获得这种资格。

瑞士和奥地利还引入了双资格证书作为一种渗透方式，帮助学生同时获得双元制职业资格证书和高等教育的入学资格证书。1994 年瑞士引入了职业学业学位，学生可以在完成双资格项目的同时完成职业学士学位，并利用后者进入应用技术大学。2008 年奥地利引入了一种带有高中毕业文凭的学徒制（Lehre mit Matura），使得学生在完成双元制培训项目的同时获得普通高等教育的入学资格。德国还不存在这种全国性的双资格证书项目①。

除了职业教育培训课程升级、引入双元课程学习、引入双资格证书，也可以通过将职业技能作为高等教育录取资格的方式来实现职业教育培训与高等教育的衔接。瑞士、奥地利和德国都允许打破高等教育入学的一般规则，即在录取时考虑职业经历或者提供特别的入学考试。在德国，这种渗透性已经制度化和标准化。2009 年以来，具有职业教育培训资格的考生，如果完成了两年职业教育培训课程，并具有三年职业经历，就可以获得特定专业的高等教育录取资格。工匠大师、高级技工或者具有同等资历

---

① 参加 Länder 个人项目的年轻人可以在试点项目中获得职业教育培训资格和高等教育证书，并作为北莱茵-威斯特伐利亚大学的一部分。参见 http://www.berufsbildung.schulministerium.nrw.de/cms/，2010 年 10 月 4 日访问。

者都可以获得高等教育机构的一般录取资格（KMK，2009a、2009b）。

　　奥地利、瑞士和德国三国采用了各种不同的方式来加强职业教育培训与高等教育之间的联系。现实中三国的渗透性情况如何？图9-1至图9-3展示了2008年三个国家大学新生的入学资格和证书情况。在德国（见图9-1），高等教育入学几乎都要通过资格考试。大学入学者的背景非常相似：93%具有普通高等教育入学资格。然而，61%的进入德国应用技术大学的学生也具有普通高等教育入学资格。只有1%的大学入学者和2%的应用技术大学新生在未获得高等教育入学资格的情况下进入了高等教育机构。进入高等教育且具有国外入学资格的学生比例也很低。图9-1未显示同时具有职业教育培训资格的高等教育入学新生的数量。在德国，大约1/4（2003年为23%）具有普通高等教育入学资格的学生在接受高等教育学习之前，完成了职业教育培训课程（Hoeckel和Schwartz，2010）。[①]

　　与德国不同，瑞士（见图9-2）进入应用技术大学的学生中，只有相对少数（31%）具有普通高等教育入学资格。此外，瑞士应用技术大学对所有没有获得任何高等教育入学资格的学生开放（20%）。后者包括从技术学院毕业的具有高等职业技术教育文凭的学生。瑞士的职业学士学位是双元制培训项目的一部分，完成后可以获得进入瑞士应用技术大学的资格。超过1/3（37%）的瑞士应用技术大学的新生具有这种资格。此外，19%的大学入学者和12%的应用技术大学入学者具有国外高等教育入学资格。

　　在奥地利，没有高等教育入学资格很难进入高等教育系统（见图9-3）。与其他两个国家不同，进入奥地利高等教育的唯一选择就是获得普通高等教育入学资格，不存在进入应用技术大学的特别文凭。然而，奥地利

---

① 自1994年以来，具有职业教育培训资格的高等教育入学人数有所下降，即从1994年的34%降至2003年的23%（BMBF，2010）。

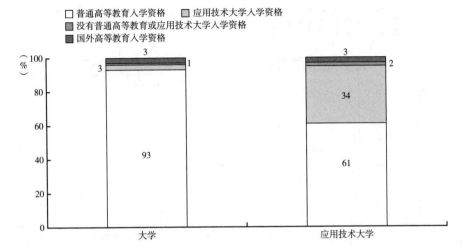

图 9-1　按入学资格及高等院校类型划分的 2008 年德国高等教育入学人数构成

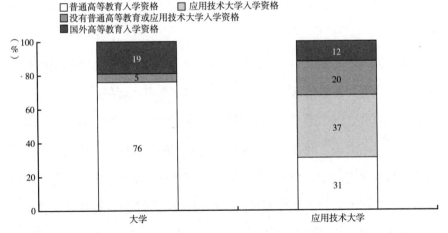

图 9-2　按入学资格及高等院校类型划分的 2008 年瑞士高等教育入学人数构成

的应用技术大学提供了更加广泛的入学机会。除了普通高等教育入学资格，学徒制培训和职业学院（Berufsbildende Mittlere Schulen）的毕业生和企业雇员，都可以通过参加增补考试进入应用技术大学。3%的大学入学者和6%的应用技术大学新生通过获得职业学士学位进入高等教育

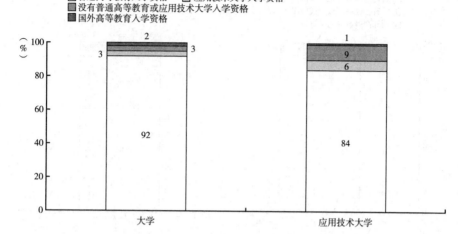

图 9-3　按入学资格及高等院校类型划分的 2008 年奥地利高等教育入学人数构成

资料来源：Unger 等人（2010）的计算。

机构。

三个国家的数据说明，一方面，与具有普通高等教育入学资格的候选人相比，具有职业教育培训资格的候选人更容易进入应用技术大学而非大学。另一方面，三个国家的比较表明，在现实中瑞士的职业教育培训与应用技术大学的渗透性最高。瑞士接受高等教育的学生中，有相当一部分通过获得职业学士学位、参加大学入学考试或者其他特殊规定方式进入应用技术大学。在奥地利，大约 15% 的学生通过获得职业学士学位证书或者职业技术教育培训资格进入应用技术大学。而在德国，对于没有普通高中毕业证书的职业教育机构毕业生，职业教育培训与高等教育的渗透性依然极低。

在分析了职业教育培训与高等教育的衔接与实际渗透性后，本章继续讨论为何德国、奥地利和瑞士采用不同的方式解决这个问题。奥地利和瑞士实行了双资格证书制度，而德国通过在高等教育录取中考虑技能来实现两个系统的渗透。为了解释这些差异，在此提出本章的理论假设。

三 理论框架

根据资本主义多样性文献，企业在职业教育培训政策中扮演着特别的角色（Hall 和 Soskice，2001）。然而，除企业之外，工会和政府部门也会促进或者阻碍职业教育培训的制度变迁（见 Gonon 和 Maurer，本书第四章和第五章）。特定的参与者群体、参与者利益和制度安排都会影响职业教育培训政策的制定过程和结果（Buseymer，2009；Ebner 和 Nikolai，2010；Trampusch，2010a）。

本章特别考虑德国、奥地利和瑞士三国的企业及其代表机构采取的与促进职业教育培训与高等教育衔接有关的具体政策立场。根据资本主义多样性文献，不同规模企业的利益不同（Thelen，2004；Culpepper，2007；Busemeyer，2009；Trampusch，2010a）。与大企业相比，小企业对成本更加敏感，更加倾向于选择针对企业的教育和技能培训体系，特别是能够满足其特定需求的培训体系。大企业对成本不太敏感，在国际市场上竞争，因此，它们对确保员工具有通用技能更感兴趣（Culpepper，2007）。值得注意的是，无论大企业还是小企业，都对职业教育培训感兴趣。与高等教育不同，企业可以根据自己的需求，在职业教育培训体系的设计和组织等方面拥有发言权。

由于整个社会向知识密集型部门的转型以及所有行业内知识的集约化，欧洲各个经济体对高等教育的需求显著提高。根据预测，对高等教育学习者的需求明显高于对具有职业教育培训文凭劳动力的需求（EFI，2009）。因此，企业也有兴趣在高等教育机构内部为具有职业教育培训文凭的员工提供继续教育机会。职业教育培训与高等教育系统的紧密衔接可以满足这种需求。

　　然而，问题在于职业教育培训与高等教育的衔接到底是通过教育系统（双资格证书）还是通过职业活动（考虑职业技能）来建立。笔者认为企业对不同选择的偏好不能仅仅由企业阵营中大企业和小企业的利益分歧来解释。与此相反，企业的偏好深深植根于双元制体系与整体教育环境的整合程度。笔者同意贾斯汀·鲍威尔和海克·索尔加（Justin J. W. Powell 和 Heike Solga，2010）的意见，即在分析教育系统变化的过程和动态时，应该更多地考虑国家教育系统的结构，以及双元制职业教育培训与其他教育部门的相互联系。对 20 世纪 60~70 年代教育扩张的分析表明，年轻人教育选择模式的变化也促成了教育制度的改革（Nath，2003）。年轻人选择向更高学历的方向发展，这一事实不仅引起了普通教育和高等教育部门的变革，而且影响了职业教育培训部门的制度变迁。

　　因此，企业的立场及其变化应该被理解为对年轻人教育选择变化的反应。如果双元制体系中接受学徒制培训年轻人的教育背景很弱，那么企业会有兴趣通过提供双资格证书来吸引更有资质的年轻人参与双元制培训。学徒的学历较低可能有两个原因：一是更有资质的候选人选择了其他教育路径（如普通高中或者全日制职业院校），二是具有高等教育入学资格的年轻人不选择学徒制培训而是直接接受高等教育。如果参与双元制培训的年轻人的教育背景较好，或者有大量具有高等教育入学资格的年轻人接受学徒制培训，那么就没有必要提高双元制培训的吸引力，至少对于企业而言是这样。相反，企业感兴趣的是通过将职业技能作为高等教育录取资格的方式来提高职业教育培训与高等教育的渗透性，以及通过这种方式确保高技能员工的长期供给。根据上述分析框架，下面将详细讨论瑞士、奥地利和德国三国的企业及其代表的立场。

四 案例研究: 双元制体系的整合与雇主的政治立场

本部分开始讨论德国、奥地利和瑞士三国职业教育培训与高等教育的制度性互动中哪些决策发挥了显著作用。1994 年和 2008 年，瑞士和奥地利分别引入了双资格证书，而德国将职业能力纳入高等教育入学资格，将其作为一种提高职业教育培训与高等教育渗透性的方式。在此背景下，接下来的问题是企业及其代表机构在促进职业教育与高等教育部门的衔接方面有哪些利益？双元制体系与整个教育体系的整合程度如何影响企业及其代表机构对不同渗透方式的偏好？

1. 瑞士

瑞士于 1994 年引入了职业学士学位作为一种双资格证书。学徒可以通过在接受学徒制培训期间参加额外的课程取得这种证书，从而有机会获得应用技术大学的录取资格。年轻人也可以通过在学徒制期满后完成一年的全日制学习获得职业学士学位。① 瑞士的案例促使我们思考双资格证书的理念和由此产生的另一个问题，即如何能够在一个由中小企业占主导地位的经济体中，将技能培训由企业专属技能转向通用技能，这些企业不像大企业那样需要高等教育毕业生。

瑞士 1994 年职业学士学位和 1997 年应用技术大学的引入，主要是由于政府精英（联邦产业、商业和劳工部以及瑞士州教育部联席会议）和职业技术学院（Höhere Fachschulen）的推动（Gonon，1994；见第五章）。作为高等教育欧洲化政策的一部分，职业技术学院对于将其地位提高到应

---

① 大约 2/3 的职业学士学位是在学徒期完成的，另外 1/3 是在完成学徒期后通过参加全日制课程的方式完成的（BFS，2010c）。自 2005 年以来，职业学士学位持有者还可以通过参加补充考试（Passerelle）获得瑞士大学的入学资格。

用技术大学水平很感兴趣。职业学士学位被认为是进入应用技术大学的入学资格。代表商业、产业和工会参与职业教育培训的协会，最初在是否引入职业学士学位的讨论中处于被动的立场，直到立法阶段才开始变得积极主动（Kiener 和 Gonon，1998）。职业学士学位的引入要求学徒完成更多的必修课，这意味着他们不得不在工作日请假去学习，增加了缺勤的时间，但是商业和工业协会并没有反对职业学士学位的引入（EMP-1 访谈）。

职业学士学位的引入受到大中小企业代表的欢迎，其原因与瑞士双元制体系嵌入教育系统的特定条件相关。第一个原因是与德国不同，瑞士获得普通高等教育入学资格的年轻人很少接受学徒制培训，而是直接进入大学。基于面板数据的"从教育到就业的过渡"研究可以为此结论提供数据支持（Hupka-Brunner et al.，2010）[①]。在形式上，瑞士学徒的教育背景要低于德国学徒。

第二个原因是从 20 世纪 80 年代后期开始，瑞士的双元制培训开始面临来自普通高中教育的竞争（Kiener 和 Gonon，1998；Gonon，2001）。2008 年，22%的瑞士学生接受了普通高中教育，这一数字低于在双元制系统中注册的学生比例（见图 9-4）。但是，20 世纪 80 年代以来，瑞士的普通高中稳定扩张（BFS，2010a），同一时期进入职业教育培训部门的学生数持续下降（Borkowsky 和 Gonon，1998）。换言之，越来越多的年轻人选择直接通往普通高等教育入学资格的教育路径，结果是进入学徒制的高水平候选人供给数量下降（Mühlemann 和 Wolter，2007；SKBF，2010），这在很大程度上促使参与学徒制培训的学生比例从 1985 年的 25%下降到 1995 年的 16%（Müller 和 Schweri，2006）。从企业的角度看，大量高素质

---

① 瑞士联邦统计局没有提供关于在瑞士接受学徒制培训者教育背景的官方数据。

的学生离开了职业教育培训系统（EMP-1访谈）。

设立双资格证书制度的目的是确保职业教育培训对具有高等教育预期的高素质年轻人保持吸引力（Kiener和Gonon，1998；Gonon，2001）。代表大企业利益的机构特别欢迎双资格证书的引入（Culpepper，2007：630；Trampusch，2010b：196）。瑞士雇主联合会①等瑞士企业的联盟组织，希望能够借此获得更多高素质的职业教育培训申请者，满足对高技能、专门化劳动力的需求（EMP-1，EMP-2访谈）。作为中小企业的代表，瑞士工商联合会也欢迎这项改革。在1994年发表的声明中，瑞士工商联合会将职业学士学位视为向着创造"学徒制培训与普通学校教育之间的平等以及公平对待职业教育培训与研究型继续教育"迈出的第一步（Davatz-Hoechner和Ochsenbein，2008）。瑞士工商联合会欢迎引入职业学士学位的原因不仅是它使得职业教育培训对年轻人更有吸引力，而且它可以为毕业生提供更多接受前沿培训的机会（EMP-1，访谈）。

职业学士学位引入之后，雇主之间产生了分歧。尽管代表雇主意见的组织对它表示欢迎，但中小企业却持怀疑态度。学徒在工作场所培训之外花费了更多的时间，这个事实被视为双资格证书的一个弱点（Martin-Jahncke，1998）。然而，职业学士学位受到了大企业的广泛推崇（Geser，1999；2001）。这些观察是基于职业学士学位引入初期阶段的雇主调查结果，在其发展成熟阶段企业的意见还不得而知。

教育政策制定者认为职业学士学位的引入是一个成功的项目（BFS，2004；BBT，2010）；从企业协会的视角来看，它有助于恢复职业教育培训对辍学者的吸引力（EMP-1访谈）。总而言之，瑞士的改革并非由企

---

① 此外，在1994年的年度报告中，瑞士雇主联合会感叹："与学术教育相比，商业和工业专业的社会声望仍然很低。"因此，瑞士雇主联合会主要支持有助于增大学徒制吸引力的改革建议。（翻译自德语）（SAV，1994）

业利益代言人发起，而是由职业技术学院和行政精英驱动。尽管在该项制度建立阶段，企业代表并未发挥积极作用，但他们也对职业学士学位表示欢迎。因为企业担心学徒的教育背景较弱，也担心与普通高中的竞争会进一步削弱职业教育培训体系的吸引力。

2. 奥地利

从 1997 年开始，奥地利双元制培训的毕业生可以选择是否取得普通高等教育的入学资格。不同的教育机构为毕业生提供收费的终期考试备考课程。但是个人在接受学徒制培训的同时，无法通过获得职业学士学位进入大学或者应用技术大学学习。2008 年，奥地利引入了一个真正的双资格证书制度，即学徒制加上普通高等教育入学资格（Lehre mit Matura）。学徒可以在职业教育培训期间，通过免费参加部分考试获得普通高等教育的入学资格。与瑞士案例一样，奥地利面临同样的问题，即在中小企业占主导的经济体中，为何会选择双资格证书的方式来整合职业教育培训与高等教育？

引入职业学士学位和带有普通高等教育入学资格学徒制的目的在于提高双元制培训对年轻人的吸引力（Steiner 和 Lassnigg，2000；EMP - 3 访谈）。与瑞士一样，奥地利学徒的教育背景是引发改革的导火索。20 世纪 90 年代，企业常常抱怨无法找到合适的学徒。奥地利具有普通高等教育入学资格者很少选择学徒制：进入双元制体系的学生中只有 0.2%具有普通高等教育入学资格（STatistik Austria，2010b）。

瑞士引入双资格证书的原因来自双元制体系与普通教育部门的竞争；在奥地利，竞争主要来自全日制的学校职业教育。经过 20 世纪 70 年代和 80 年代的强劲扩张，全日制学校职业教育几乎与双元制体系平分秋色（Ebner 和 Nikolai，2010）：2008 年 42%进入高中的学生选择了双元制培训，37%选择了以学校为基础的全日制职业教育（见图 9-4）。两种不同的全日制职业教育培训项目之间有一个基本的区别：职业学校提供的课程一般需要 3~4 年完成，而职业技术学院的课程持续 5 年，后者不仅提供职业资格证书，还提供普通高等教育的入学资格（Dorninger et al., 2007：28ff）。因此，职业学院因其提供的双重资格证书而备受推崇（Lassnigg, 2004；Schneeberger, 2007）。很多在学校成绩优异的学生在初中毕业后不一定就读普通高中，而是选择了职业技术学院，其结果是奥地利的双元制培训系统发展成为一个为低学业成绩学生准备的"蓄水池"（EMP-3 访谈，ER-2 访谈）。学徒制日益成为"落后者的教育"，成绩高于平均水平的年轻人往往不选择学徒制，而更愿意进入普通高中或者职业技术学院，因为这两类机构能提供普通高等教育的入学资格（ER-2 访谈）。

作为奥地利产业界的代表，包括由中小企业主导的奥地利联邦商会和奥地利产业联合会都支持职业学士学位的引入（EMP-3、EMP-4 访谈）。来自全日制学校职业教育的竞争和对专业工人缺乏的关注，使得企业支持在社会合作伙伴关系的范围内增加一些提高双元制培训吸引力的措施。奥地利的职业学士学位法案于 1997 年 9 月 1 日颁布实施，该法案在社会合作伙伴的鼓动下，由执政的奥地利社会民主党和奥地利人民党的教育发言人动议发起（见第六章；Trampusch, 2009）。到目前为止，只有少数的双元制系统毕业生获得了职业学士学位（Klimmer 和 Schloegl, 2009）。为了使双元制培训更具吸引力，雇主协会发起并支持了另一项改革。2008 年，政府引入带有普通高等教育入学资格的学徒制。奥地利联邦商会支持与普通高等教育入学资格相关的进一步改革（EMP-3 访谈，ER-2 访谈）。通过引入带有普通高等教育入学资格的学徒制，雇主协会希望能够动员更多高素质的年轻人选择双元制培训，防止大量年轻人涌向职业技术学院。

奥地利的职业学士学位和带有普通高等教育入学资格的学徒制是否成功地提高了双元制学徒培训的吸引力，尚待进一步评估。然而，学徒制趋势数据和雇主协会的估计显示，与其他政治措施相配合，职业学士学位至少对稳定学徒数量做出了一定的贡献（Dornmayr 和 Wieser，2010；Ebner 和 Nikolai，2010）

综上所述，奥地利的案例表明，双元制培训对高素质青年缺乏吸引力导致大企业和中小企业代表都支持提高其吸引力的措施。长期以来，学业成绩良好的青年被吸引到全日制学校职业教育培训机构，特别是职业技术学院。雇主协会认为职业学士学位以及后来实施的带有普通高等教育入学资格的学徒制是提升双元制培训对高素质年轻人的吸引力，从而稳定双元制培训体系的有力工具。

3. 德国

与瑞士或奥地利不同，德国没有同时获得双元制职业教育资格与高等教育入学资格的全国性政策。1989 年以前的德意志民主共和国时期，同时获得上述两个文凭是一种可行的教育选择。但是两德统一之后，在统一的过程中以及新的联邦州教育体系改革中，这一规定被废除了。[①]

在对高素质员工的需求和终身学习争论与日俱增的背景下，近年来德国讨论的重点不是引入双资格证书，而是在高等教育录取过程中承认职业技能。为何德国采用了与奥地利和瑞士不同的选择？尤其是考虑到与两个邻国相比，德国经济更多由大企业主导。对这个问题的回答，可以从德国双元制培训系统被纳入整个教育体系的性质中找到答案。与奥地利和瑞士不同，在德国，具有普通高等教育入学资格的大批候选人并未进入大学或者应用技术大学，而是选择在双元制体系中接受职业教育培训。1/5 的德国学徒已经获得了高等教育入学资格（BMBF，2008）。同时，德国没有任何职业学位的人数也多于奥地利或者瑞士。德国低学

---

① 一些州（例如，柏林、梅克伦堡-西波美拉尼亚）正在赞助试点项目，试图将职业教育培训与获得高等教育入学资格（Abitur）结合起来。

历学生在离开学校教育体系时，进入了"第二次机会"系统（massnahmesystem），这在瑞士（Seibert et al. , 2009）或奥地利都不存在①。其结果是德国的双元制培训体系具有高度的选拔性。双元制培训体系吸纳了高素质的候选人，这意味着提高双元制培训吸引力的措施不是德国企业面临的首要问题。

与瑞士和奥地利不同，德国企业并不认为双元制培训与高中阶段其他教育类型之间存在竞争关系。自20世纪90年代以来，选择普通高中教育或者全日制学校职业教育而非双元制培训的学生数量几乎没有变化（Ebner和Nikolai，2010）（参见图9-4）。

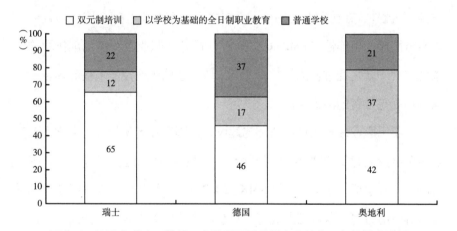

图 9-4　2008 年瑞士、德国、奥地利不同类型高中教育一年级学生比例

资料来源：德国联邦统计局（2010b）、奥地利联邦统计局（2010b）、德国联邦统计局（2010）。

2006 年，德国的基督教民主联盟（CDU）和社会民主党政府任命了一个"职业教育培训创新圈"，其成员包括商业机构、商会、工会、职业

---

① 这些教育规定在德国被称为过渡制度（Übergangssystem），在奥地利被称为安全网（Auffangnetz），在瑞士被称为临时解决方案（Zwischenlösung）（Specht，2009；生物医学工程学报，2010）。

院校的高级代表以及联邦政府和州政府的代表，共同讨论职前职业教育问题，并对系统的具体设计和组织提出建议。职业教育培训创新圈及其工作小组包括了德国雇主协会总会（BDA）、德国工商业联合会（DIHK）等各方面的代表，也包括德国中小企业联合总会（ZDH）等。职业教育培训创新圈对于引入双资格证书的可能性并不感兴趣。相反，代表中小企业和大企业的组织一致认为，在高等教育入学资格中考虑职业技能是提高渗透性的最合适手段（EMP-5访谈，ER-3访谈）。从企业的角度来看，没必要像奥地利和瑞士那样通过引入双资格证书来提高双元制培训的吸引力，因为德国的双元制培训对高素质年轻人本来就很有吸引力（EMP-5访谈）。此外，在德国双元制培训系统中已经存在职业教育培训与普通高等教育衔接的可能性（EMP-6访谈）[1]。因此，职业教育培训创新圈的十条建议之一就是通过在高等教育部门录取中承认职业技能来提高职业教育培训与高等教育的渗透性。

有鉴于职业教育培训创新圈的建议，德国联邦各州教育与文化事务部的常务会议同意于2009年3月开始，就职业资格申请者获得进入高等教育的统一入学标准达成一致（KMK，2009a）。高级工匠、大师级技工和具有相等资历者可以获得普通高等教育录取资格。如果学徒工作满三年，并通过了大学的学术测试，也可以获得进入大学相关领域学习的资格。这项决议有待在各教育立法中通过。

值得注意的是，从德国企业的角度，没有必要通过引入双资格证书来提高双元制培训的吸引力。与奥地利和瑞士的企业不同，德国企业不必为增加学徒制岗位而与其他教育培训机构竞争，因为双元制培训系统对高素质年轻人已经非常具有吸引力。有鉴于对技能劳动力的需求不断增加，企

---

[1] 参加这些课程需要获得高等教育入学资格，它们并非对所有年轻人开放。

业主要对在高等教育入学资格中考虑职业技能这一措施感兴趣，小企业和大企业代表都同意这一点。

五 总结和展望

本章研究的三个国家中，双元制培训体系与高等教育系统有着不同的衔接方式。奥地利和瑞士力图通过引入双资格证书来衔接职业教育培训和高等教育，而德国通过在高等教育入学资格中考虑职业技能来解决这个问题。然而，问题是如何来解释这些将双元制培训与高等教育衔接的不同方式。

在瑞士和奥地利，采用双资格证书的目的在于提高双元制培训的吸引力，因为双元制培训不得不日益与其他教育途径和系统争夺高素质的学生。在奥地利，全日制职业教育培训系统对大多数年轻人更具吸引力，与双元制培训形成激烈的竞争。与德国不同，几乎没有具有高等教育入学资格的奥地利学生选择接受学徒制培训。瑞士的双元制系统对高素质学生也不具有吸引力，曾在普通高中学习或者获得普通高中文凭的学徒数量极少。在瑞士，对双元制培训造成威胁的并不是以全日制学校为基础的职业教育培训体系，而是普通教育系统。因为具有普通高中文凭的瑞士青年会选择直接上大学，而不是像在德国一样接受双元制培训。普通教育部门学生数量的不断提高意味着学徒制申请者数量的缩减，这个趋势还伴随着逆选择的增加。在奥地利和瑞士，代表中小企业和大企业的组织都支持将双资格证书引入双元制体系。在奥地利，企业积极参与了这个过程，以便保持双元制培训的吸引力。

德国选择了另外一种渗透的方式，即在高等教育入学资格中考虑职业技能，这一选择的原因，部分来自进入德国双元制培训项目的青年人的教育背景以及双元制培训与其他高中阶段教育项目的关系。从学徒的教育背景来看，德国的双元制培训系统对高素质候选人是一个有吸引力的选择。大量选择学徒制的青年曾经接受高中阶段教育，并已获得普通高等教育入学资格。与奥地利和瑞士相比，德国的双元制培训系统较少与其他高中阶段的教育培训系统竞争高素质的候选人。所以对于德国的企业而言，不必通过提供双资格证书来提高双元制培训的吸引力。相反，德国企业支持在高等教育录取中考虑职业技能，以便于提高职业教育培训与高等教育的渗透性和满足企业未来对技能劳动力的需求。

对瑞士、奥地利和德国的分析表明，雇主协会的利益主要不是受到雇主阵营内部中小企业和大企业利益分歧的影响。相反，雇主及其组织的利益和偏好取决于双元制系统嵌入整个教育体系的程度。学徒的教育背景以及双元制培训与普通高中教育和全日制学校职业教育等其他教育系统的关系是核心的决定因素。

本章的发现对资本主义多样性研究提出了更多的问题。分析表明，在德国、奥地利和瑞士，职业教育培训与高等教育的渗透主要是通过应用技术大学而非大学进行。获得双元制培训的青年与大学或者应用技术大学的毕业生在劳动力市场的表现仍然需要进一步研究。特别是在劳动力市场中变得日益重要的学术性教育部门，在资本主义多样性文献中尚未得到充分的研究（Graf，2009）。

继续教育和培训领域也值得进一步分析。继续教育可以通过截然不同的方式来进行，例如正式、非正规或非正式方式等。未来研究也应该分析奥地利和瑞士的改革是否导致了双元制培训在中长期内达到预期的稳定和活力的提升。对于上述三个国家，我们仍然不知道奥地利和瑞士提供的双资格证书，或者德国在高等教育录取中考虑职业技能，是否真的有助于提高职业教育培训与高等教育的渗透性。此外，本章还有一些问题未进行分析。例如，尚未分析这些致力于提高两个系统渗透性的改革可能产生的意外后果，如可能的替代效应。可以预见的是，正如德国的案例，如果双元制系统变得对高素质或极高素质的候选人更加具有吸引力，那么奥地利或瑞士低素质的青年人会发现难以找到双元制培训岗位。因此，未来资本主义多样性的研究应该更加关注整体的教育系统。

参考文献

Autorengruppe Bildungsberichterstattung (2010). Bildung in Deutschland 2010. Biele-feld: Bertelsmann.

Baethge, M. (2006). "Das deutsche Bildungs-Schisma: Welche Probleme ein vorindus-trielles Bildungssystem in einer nachindustriellen Gesellschaft hat." SOFI-Mitteilungen 34. Göttingen: Soziologisches Forschungsinstitut.

——(2010). "Neue soziale Segmentationsmuster in der beruflichen Bildung. In H.-H. Krüger, U. Rabe-Kleberg, R.-T. Kramer and J. Budde, eds., Bildungsungleichheit revisited. Wiesbaden: VS Verlag, 275-298.

Borkowsky, A. and Gonon, P. (1998). "Switzerland." In Organization for Economic Cooperation and Development, ed., *Pathways and Participation in Vocational and Technical Education and Training.* Paris: OECD, 335-374.

Buchmann, M., Sacchi, S., Lamprecht, M. and Stamm, H. (2007). "Switzerland: Tertiary Education Expansion and Social Inequality." In Y. Shavit, R. Arum, A. Gamoran and G. Menahem, eds., *Expansion, Differentiation and Stratification in Higher Education: A Comparative Study.* Stanford: Stanford University Press, 321-48.

Bundesamt für Berufsbildung und Technologie(BBT)(2010). Berufsbildung in der Schweiz 2010: Fakten und Zahlen. Basel: BBT.

Bundesamt fürStatistik (BFS) (2004). Fakten und Trends zu einerErfolgsgeschichte: 10Jahre Berufsmaturität 1994-2004. Berne: BFS.

—— (2009). Maturitäten und Übertritte an Hochschulen 2008. Berne: BFS.

—— (2010a). GymnasialeMaturitätsquote nach GeschlechtundKanton1980 - 2009. Berne: —— (2010b). Schülerinnen, Schüler und Studierende 2008/09. Berne: BFS.

—— (2010c). Statistik der Berufsmaturitätsabschlüsse 2009. Berne: BFS.

—— (2010d). Studierende an den universitären Hochschulen 2009/10. Berne: BFS.

Bund-Länder-Kommission für Bildungsplanung und Forschungsförderung (BLK) (2003).
Perspektiven für die duale Bildung im tertiären Bereich 10. Bonn: BLK.

Bundesministerium für Bildung und Forschung (BMBF) (2007). 10 Leitlinien zur Moder-
nisierung der beruflichen Bildung. Ergebnisse des Innovationskreises berufliche Bil-
dung, http://www.bmbf.de/pub/IKBB - Broschuere - 10 _ Leitlinien. pdf (accessed
July 5, 2010).

—— (2008). Berufsbildungsbericht 2008. Berlin: BMBF.

—— (2010). Die wirtschaftliche und soziale Lage der Studierenden in der Bundesrepublik
Deutschland 2009. Berlin: BMBF.

Busemeyer, M. R. (2009). Wandel trotz Reformstau. Die Politik der beruflichen Bildung
seit 1970. Frankfurt a. M. : Campus.

Busse, G. (2009). Duales Studium: Betriebliche Ausbildung und Studium. Düsseldorf:
Hans-Böckler-Stiftung.

Culpepper, P. (2007). "Small States and Skill Specificity: Austria, Switzerland and Inter-
employer Cleavages in Coordinated Capitalism. " *Comparative Political Studies* 40(6):
611-637.

Davatz-Höchner, C. and Ochsenbein, H. (2008). "Bilanz zu 75 Jahren eidgenössischer
Berufsbildung: Die Perspektive des Schweizerischen Gewerbeverbandes SGV. " In T.
Bauder and F. Osterwalder, eds. , 75 Jahre eidgenössisches Berufsbildungsgesetz: Poli-
tische, pädagogische, ökonomische Perspektiven. Berne: hep, 259-285.

Dorninger, C. , Lauterbach, U. and Neubert, R. (2007). "Österreich. " In U.
Lauterbach, G. Spöttl, U. Clement, U. Faßhauer, D. Frommberger, P. Grollmann,
B. von Kopp and F. Rauner, eds. , Internationales Handbuch der Berufsbildung.
Bielefeld: Bertelsmann, loose leaf edition.

Dornmayr, H. and Wieser, R. (2010). Bericht zur Situation der Jugendbeschäftigung und
Lehrlingsausbildung in Österreich. Vienna: ibw & öibf.

Dunkel, T. , Le Mouillour, I. and Teichler, U. (2009). "Through the Looking-Glass:
Diversification and Differentiation in Vocational Education and Training and Higher
Education. " In CEDEFOP, ed. , Modernising Vocational Education and Training:
Fourth Report on Vocational Training Research in Europe. Background Report. Vol. 2.
Luxembourg: Office for Official Publications of the European Communities, 239-268.

Ebner, C. and Nikolai, R. (2010). "Duale oder schulische Berufsausbildung? Entwick-
lungen und Weichenstellungen in Deutschland, Österreich und der Schweiz. " In M. R.
Busemeyer and C. Trampusch, eds. , Berufsbildungs - und Hochschulpolitik in der
Schweiz, Österreich und Deutschland. Special issue. *Swiss Political Science Review* 16

(4): 617-648.

Esping-Andersen, G. (1999). Social Foundations of Postindustrial Economies. Oxford: Oxford University Press.

Estévez-Abe, M., Iversen, T. and Soskice, D. (2001). "Social Protection and the Forma-tion of Skills: A Reinterpretation of the Welfare State." In P. A. Hall and D. Soskice, eds., Varieties of Capitalism: The Institutional Foundations of Comparative Advantage. Oxford: Oxford University Press, 145-83.

Expertenkommission Forschung und Innovation (EFI) (2009). Report 2009. Berlin: EFI.

Geser, H. (1999). Hat das duale Ausbildungssystem eine Zukunft? Die ambivalente Einstellung der Schweizer Unternehmen zu aktuellen Berufsbildungsreformen, http://socio. ch/work/geser/06. htm (accessed August 31, 2010).

—— (2001). "Die Einstellung der Schweizer Unternehmen zu Reformen der Berufsbil-dung." *Die Volkswirtschaft* 74: 10-15.

Gonon, P. (1994). "Die Einführung der 'Berufsmatura' in der Schweiz alsPrüfstein einer Neuorientierung von Allgemeinbildung und Berufsbildung." *Zeitschrift fürPädagogik* 40 (3): 389-404.

—— (2001). "Neue Reformbestrebungen im beruflichen Bildungswesen in der Schweiz." In T. Deißinger, ed., Berufliche Bildung zwischen nationaler Tradition und globalerEntwicklung. Baden-Baden: Nomos, 63-77.

Graf, L. (2009). "Applying the Varieties of Capitalism Approach to Higher Education: Comparing the Internationalisation of German and British Universities." *European Journal of Education* 44(4): 569-585.

Greinert, W. – D. (1999). Berufsqualifizierungunddritte IndustrielleRevolution: Eine historisch vergleichende Studie zur Entwicklung der klassischen Ausbildungssysteme. Baden-Baden: Nomos.

Hall, P. A. and Soskice, D., eds. (2001). Varieties of Capitalism: The Institutional Founda-tions of Comparative Advantage. Oxford: Oxford University Press.

Hippach – Schneider, U., Krause, M. and Woll, C. (2007). Berufsbildung in Deutschland. CEDEFOP Panorama series no. 136. Luxembourg: Office for Official Publications of the European Community.

Hoeckel, K. and Schwartz, R. (2010). Learning for Jobs: OECD Reviews of Vocational Education and Training, Germany. Paris: OECD.

Hupka-Brunner, S., Sacchi, S. and Stalder, B. E. (2010). "Social Origin and Access to Upper Secondary Education in Switzerland: A Comparison of Company – Based Apprenticeship and Exclusively School-Based Programmes." *Swiss Journal of Sociology*

36(1)： 11-31.

Iversen, T. and Wren, A. (1998). "Equality, Employment, and Budgetary Restraint: The Trilemma of the Service Economy. " *World Politics* 50(4)： 507-546.

Jakobi, A. P. and Rusconi, A. (2009). "Lifelong Learning in the Bologna Process: European Developments in Higher Education. " *Compare* 39(1)： 51-65.

Kiener, U. and Gonon, P. (1998). Die Berufsmatur: Ein Fallbeispiel schweizerischer Berufs-bildungspolitik. Zurich: Rüegger.

Klimmer, S. and Schlögl, P. (2009). Berufsreifeprüfung: Aktualisierung von Vorbereitungs-angeboten, TeilnehmerInnen-und AbsolventInnenzahlen. Vienna: ibw.

Kultusministerkonferenz (KMK) (2009a). Hochschulzugang für beruflich qualifizierte Bewerber ohne schulische Hochschulzugangsberechtigung. Beschluss der Kultusmi-nisterkonferenz vom 06. 03. 2009, http：//www. kmk. org/fileadmin/veroeffentlichun-gen_ beschluesse/2009/2009 _ 03 _ 06 - Hochschulzugang - erful - qualifizierte - Bewerber. pdf (accessed July 31, 2010).

—— (2009b). Studium über berufliche Bildung, Wege und Berechtigungen, http：//www. kmk. org/fileadmin/pdf/PresseUndAktuelles/2009/09 - 09_ Hochschulzugang_ Berufliche_ Bildung. pdf (accessed October 5, 2010).

Lassnigg, L. (2004). "To Match or Mismatch? The Austrian VET System on Struggle with Diverse and Changing Demand. " Berufs-und Wirtschaftspaedagogik 7, http：//www. bwpat. de/7eu/ (accessed January 19, 2010).

Martin-Jahncke, M. (1998). Evaluation der technischen und der kaufmännischen Berufsma-turität: Schlussbericht zum Modul Betriebe. Basel: Schweizerische Gesellschaft für ange-wandte Berufsbildungsforschung.

Mayer, K. U. , Müller, W. and Pollak, R. (2007). "Germany: Institutional Change and Inequalities of Access in German Higher Education. " In Y. Shavit, R. Arum and A. Gamoran, eds. , *Stratification in Higher Education*. Palo Alto: Stanford University Press, 240-265.

Mühlemann, S. and Wolter, S. C. (2007). "Regional Effects on Employer Provided Training: Evidence from Apprenticeship Training in Switzerland. " *Zeitschrift für Arbeitsmarkt Forschung* 40(2/3)： 135-147.

Müller, W. (1998). "Erwartete und unerwartete Folgen der Bildungsexpansion. " In J. Friedrichs, M. R. Lepsius and K. U. Mayer, eds. , "Die Diagnosefähigkeit der Soziolo-gie". Kölner Zeitschrift für Soziologie und Sozialpsychologie. Special issue. 38: 81-112.

Müller, B. and Schweri, J. (2006). Die Entwicklung der betrieblichen Ausbildungsbereitschaft. EineLängsschnittuntersuchung zurdualen Berufsbildung in der Schweiz. Zollikofen: Schweizerisches Institut für Berufspädagogik.

Nath, A. (2003). "Bildungswachstum und äußere Schulreform im 19. und 20. Jahrhundert: Individualisierung der Bildungsentscheidung und Integration der Schulstruktur." *Zeitschrift für Pädagogik* 49(1): 8–25.

Organisation for Economic Co-operation and Development (OECD) (2010). Education at a Glance 2010. Paris: OECD.

Powell, J. J. W. and Solga, H. (2010). "Analyzing the Nexus of Higher Education and Vocational Training in Europe: A Comparative-Institutional Framework." *Studies in Higher Education* 35(6): 705–721.

Schneeberger, A. (2007). "Nebeneinander von Lehre undVollzeitschule in der österreichischen Berufsbildung: Was steckt dahinter?" bwp@ Spezial 3 (October), http://www. bwpat. de/ATspezial/schneeberger_ atspezial. pdf (accessed January 27, 2010).

Schweizerische Koordinationsstelle für Bildungsforschung (SKBF) (2010). Bildungsbericht Schweiz 2010. Aarau: SKBF.

Schweizerischer Arbeitgeberverband (SAV) (1994). Jahresbericht des Zentralverbandes schweizerischer Arbeitgeber-Organisationen. Zurich: SAV.

Seibert, H., Hupka-Brunner, S. and Imdorf, C. (2009). "Wie Ausbildungssysteme Chan-cen verteilen." *Kölner Zeitschrift für Soziologie und Sozialpsychologie* 61(4): 595–620.

Shavit, Y., Arum, R., and Gamoran, A. (2007). *Stratification in Higher Education: A Comparative Study*. Stanford: Standford University Press.

Specht, W., ed. (2009). Nationaler Bildungsbericht Österreich 2009. Fokussierte Analysen bildungspolitischer Schwerpunktthemen. Graz: Leykam.

Statistik Austria (2010a). Bildung in Zahlen. Tabellenband 2008/09. Vienna: Statistik-Austria.

——(2010b). Vorbildung der Schülerinnen und Schüler der 9. Schulstufe im Schuljahr 2008/09. Vienna: Statistik Austria.

Statistisches Bundesamt (StBa) (2009). Bildung und Kultur: Studierende an Hochschulen, Wintersemester 2008/2009. Fachserie 11, Reihe 4. 1. Wiesbaden: StBa.

—— (2010). Bildung und Kultur: Berufliche Schulen, Schuljahr 2008/09. Wiesbaden: StBa.

Steiner, M. and Lassnigg, L. (2000). "Schnittstellenproblematik in der Sekundarstufe." *Erziehung und Unterricht: Österreichische pädagogische Zeitschrift* 9: 1063–1070.

Streeck, W. (1991). "On the Institutional Conditions of Diversified Quality Produc-tion." In E. Matzner and W. Streeck, eds. , *Beyond Keynesianism: The Socio-Economics of*

Production and Employment. London: Edward Elgar, 21-61.

Thelen, K. (2004). *How Institutions Evolve: The Political Economy of Skills in Germany, Britain, the United States and Japan.* Cambridge: Cambridge University Press.

Trampusch, C. (2009). "Europeanization and Institutional Change in Vocational Education and Training in Austria and Germany. " *Governance* 22(3): 369-395.

—— (2010a). "Employers, the State, and the Politics of Institutional Change: Vocational Education and Training in Austria, Germany, and Switzerland. " *European Journal of Political Research* 49(4): 545-573.

—— (2010b). "The Politics of Institutional Change: Transformative and Self-Preserving Change in the Vocational Education and Training System in Switzerland. " *Comparative Politics* 42(2): 187-206.

Unger, M., Zaussinger, S., Angel, S., Dünser, L., Grabher, A., Hartl, J., Paulinger, G., Brandl, J., Wejwar, P. and Gottwald, R. (2010). Studierenden-Sozialerhebung 2009: Tabellenanhang. Vienna: Institut für Höhere Studien.

Van der Wende, M. (2008). "Rankings and Classifications in Higher Education: A European Perspective. " In J. C. Smart, eds., *Higher Education: Handbook of Theory and Research.* Heidelberg: Springer, 49-72.

Weber, K., Tremel, P. and Balthasar, A. (2010). "Die Fachhochschulen in der Schweiz: Pfadabhängigkeit und Profilbildung. " In M. R. Busemeyer and C. Trampusch, eds., Berufsbildungs-und Hochschulpolitikinder Schweiz, Österreich und Deutschland. Special issue. *Swiss Political Science Review* 16(4): 687-713.

10 职业教育培训的社会性别影响

玛格丽塔·埃斯特韦斯－阿贝－
阿贝

一 引言

各国职业教育培训制度存在显著的差异，它们塑造了不同国家特定的人力资本禀赋（Soskice，1990，1991；Culpepper 和 Finegold，1999；Estévez-Abe et al.，2001；Culpepper，2003，2007；Thelen，2004 等）。本章介绍了职业教育培训体系的性别效应。尽管近年来有所改善，多数发达工业化社会中劳动力市场的性别不平等依然存在。女性通常较少担任管理职位；女性往往被限制在更狭窄的职业领域中；女性的薪酬显著较低。即使在以成功实现性别平等而著称的北欧国家，女性仍然被隔离在所谓"女性工作"领域（Hakim，1992，1993；Anker，1998；Melkas 和 Anker，1997；Charles 和 Grusky，2004 等）。劳动经济学家认为，两性人力资本禀赋的差异是职业隔离的重要原因之一（参见 Polachek，1981；Becker，1985）。正因为如此，职业教育培训体系与性别职业隔离模式变得相关①。本章认为女性在获得人力资本的制度性渠道方面尤其受到歧视。

本章提出了如下三个问题。一些特定类型的职业教育培训体系是否对女性更有偏见？倘若如此，在许多发达工业化社会，教育改革的性别含义是什么？女性更多的教育投资是否会提高劳动力市场的性别平等？本章研究发现，第一，职业教育培训比普通教育内部的性别隔离更严重；第二，以学徒制为基础的职业教育培训比以学校为基础的职业教育培训性别隔离更严重；第三，为专业工作做准备的学校职业培训是女性进入社会地位较高职业的友好途径。

本章以下分为四个部分。第一部分讨论了不同职业培训和教育体系的

---

① 这并不是说社会规范和个人偏好无关紧要。

构成，识别出不同职业教育培训体系中潜在的性别偏见；第二部分描述了发达工业化社会的职业教育培训体系现状；第三部分提供了支持第一部分论点的一些实证证据；最后一部分对本章进行总结。[①]

二 职业教育培训体系的性别偏见

本章阐述了职业教育培训体系性别偏见的逻辑。许多学者已经指出了特定培训和教育项目中的性别偏见。艾米·马祖尔（Amy Mazur）及其合作者提出在女性获得劳动力市场平等之前，使女性获得接受培训的机会至关重要（Mazur，2001）。另一些学者（Rubery 和 Fagen，1993）观察到欧洲国家职业教育培训项目已经高度性别化。许多案例研究表明，德国职业教育培训项目和学徒制都具有高度的性别偏见（Blossfeld，1987；Krüger，1999；Kraus，2006）。基于此前的文献，本章聚焦不同职业教育培训体系性别偏见背后的因果机制（Estévez-Abe，2000，2005，2006）。

在讨论不同职业教育培训体系的性别偏见前，有必要考察区分不同技能形成过程的关键维度。值得注意的是，由于对特定职业教育培训体系性别效应的关注，本章聚焦技能培训制度的一些未被本书其他章节强调的维度，第一个维度是技能的差异，技能因层次、可迁移性和衰退率而异；第二个维度是技能培训的场所，它可以是工作场所或者学校；第三个维度是教育系统的结构。

1. 技能层次、可迁移性和衰退率

人们很容易理解技能存在层次差异。有些技能更难获得，需要较长时间才能掌握。在其他条件相同的情况下，高难度技能更加稀缺，它们可能会带

[①] 作者感谢以下人士对本文的细心评论和建议：Gerhard Bosch，Marius Busemeyer，Moira Nelson，Rita Nikolai，Karen Shire，Christine Trampusch，以及 Dorothea Voss-Dahm。

来更高溢价。在其他条件相同的情况下，无论是以金钱还是时间来衡量，不打算工作或者只计划工作几年的人不太愿意去投资价值不菲的技能和教育。这就是为什么妇女在教育方面投资较少，尤其是在避孕药发明之前①。

技能的可迁移性需要更多解释。虽然政治学家一般采用熟练技能和非熟练技能的二分法，实际上技能之间的差异复杂得多。根据埃斯特韦斯-阿贝等人（Estévez-Abe et al.，2001）的定义，可以区分三种类型的技能：通用技能、产业专用技能和企业专用技能。通用和产业专用技能具有高度的可迁移性，除了现有雇主之外的其他雇主也重视它们的价值。当这些技能以客观可识别的形式（例如学校文凭或者职业培训证书）得到了认证时，其可迁移性尤其高（Busemeyer，2009）。相反，企业专用技能的可迁移性非常有限，因为它们无法被认证。

不同程度的技能可迁移性对具有不同职业背景或家庭责任的劳动者具有重要的含义。企业专用技能在所有技能中可迁移性最低，在员工辞职后理所当然地就会丧失②。因此，有理由认为那些预期会更换工作或者中断职业生涯的人不太可能投资于此类技能③。在理论上对企业专用技能的规避是中性的，但是它可能与女性现实情况更相关，母亲仍然需要花费更多时间来照顾孩子，妻子需要调整自己的事业以适应丈夫。

除了可迁移性，技能也会在波拉切克（Polachek，1981）提出的衰退

---

① 关于避孕药影响的研究，参见 Claudia Goldin 和 Lawrence Katz（2000）。
② 显然，在现实中，一个人在一家企业获得的某些技能可能在其他地方有所应用。关键问题在于，只有当前雇主才能准确评估工人所获得的技能。当一个工人辞职并在其他地方找到新工作时，即使她之前获得的一些"企业特定"技能对新雇主有用，她也不太可能完全得到对这些技能的补偿，因为新雇主无法预知这一点。
③ Catherin Hakim 的偏好理论并不与本论点相冲突（Hakim，2002）。她认为女性对特定生活方式的偏好——无论是作为一位全心投入家庭的妻子和母亲或者一位职业女性，还是两者兼有的人——决定了她的实际工作模式。Hakim 认为这一效应与女性的背景无关。需要注意的是，这里讨论的技能差异并不体现在通常以完成教育年数表示的一般教育背景中。换句话说，女性的偏好可能影响她对教育项目的选择。尽管如此，雇主的作用和教育及培训系统的类型在限制女性的实际选择中可能至关重要。

率方面有所差异①。有些技能比其他技能过时得更快，尤其是受到快速技术和市场变革影响的技能②。对由于个人或者家庭原因计划中断工作者而言，技能衰退率很重要。虽然衰退率本身并不偏向某一特定的性别，但是由于两性之间的性别分工，它更有可能影响女性而非男性。计划中断职业生涯的女性在选择教育和培训项目时可能会选择低衰退率技能或者通用技能③。

2. 职业教育培训的场所

在讨论职业教育培训体系中的性别偏见时，另一个重要问题是学习场所。当一个年轻人决定获取特定技能时，重要的是让他或她有机会接受适当的培训或教育。通用技能（包括学术性技能）一般通过学校教育或者通过脱产学习获得④。职业技能培训可以由学校或者学徒制项目提供。相反，企业专用技能只能通过在职培训获得，无法获得认证。与企业内部的专用技能相比，产业专用技能涉及雇主的高度参与，对职业教育培训项目的投资会产生大量的可迁移性技能。学徒制是一个典型案例，它们涉及临时雇用合同，雇主支付工人较低的工资以换取为学徒提供企业培训。虽然通过学徒制项目获得的产业专用技能具有可迁移性，可以获得系统组织权威认证，但与贝克尔最初的论断相反（Becker，1964），雇主在一定的条件下也投资通用技能（Acemoglu 和 Pischke，1998，1999a，1999b）。

考察职业教育培训体系的性别偏见时，雇主参与具有重要的意义。简言之，雇主参与会加剧劳动经济学家所说的统计歧视。统计歧视理

---

① 对 Polachek 的批评，请参阅 England（1982）。
② 根据 Polachek 的计算，工程和管理岗位的技能流失率较高，而服务行业的技能流失要少得多。
③ 见注释②。
④ 当然，通用技能也可以通过在职培训的形式获得。

论通过对雇主行为的简单假设解释了性别的职业分割（Phelps，1972；Aigner 和 Cain，1977）。该理论假设投资技能培训的雇主更倾向于避免雇用妇女，因为女性比男性更有可能出于家庭原因而辞职，例如养育子女或者照顾老年父母。甚至当一些女性下定决心以工作为先，雇主仍然会歧视她们，因为总体的趋势是女性比男性更有可能辞职（或缩短工作时长）。如果雇主必须支付聘用和培训新工人的成本，它们对员工的流动率就特别敏感。现代女性劳动力市场的参与已有所增强，情况是否发生了变化？虽然更多女性在生育子女后重返工作岗位，事实是母亲比父亲需要从工作中抽出更多的时间。[1] 因此雇主统计歧视的基础得以延续。这就是为什么北欧国家政府"强迫"男性也中断工作（所谓的"父亲育儿假"），增加男性休假时间是对抗统计歧视的唯一解药。

推而言之，可以假设当雇主是控制职业培训或学徒制项目的"守门员"时，女性在获取技能方面可能会遇到更多的障碍。当其他条件相同时，在重视企业专用技能的国家或者企业中，在职培训可能是提供职业技能最重要的方式。因为雇主支付了技能培训大部分成本，他们更加倾向于投资男性而非女性，以尽量减少培训成本损失。此处应该强调的是，雇主参与培训的负面效果不仅局限于专用技能。当雇主提供在职或者脱产学习通用技能培训时，他们也会进行同样的计算。同样的逻辑也适用于学徒制。学徒制比学校培训更有可能出现性别分化，因为雇主在吸纳学徒时会考虑确保学徒能够完成合同，在多数情况下能够留下来工作若干年[2]。更多的雇主参与培训意味着学徒制也会

---

[1]　即使在瑞典，大多数请假照顾孩子的工人也是母亲（Haas 和 Hwang，1999）。关于跨国家母亲友好政策的卓越论述，参见 Meyers 等人（1999）以及 Gornick 和 Meyers（2005）。

[2]　我们可以想到两个原因：首先，即使雇主将学徒视为廉价劳动力，如果员工流动太频繁，他们的成本会增加；其次，如果雇主利用学徒制计划筛选未来员工，他们更可能接纳他们预期会留下来的申请人（男性）。

出现性别歧视。学徒制与职业劳动力市场的系统性和制度性关系越紧密，性别歧视在劳动力市场上的反映就越大。

相比之下，以学校为基础的职业培训比在职培训或者学徒制的性别歧视可能性低一些，女性可以通过注册入学来追求技能资格证书，关键的区别是雇主不能作为"守门员"来参与招生与培训。当雇主为在学校内进行的脱产培训项目支付成本时，可以预见性别歧视可能会持续。

3. 不同类型的学校教育和培训

综上，本章提出与由雇主作为"守门员"的培训项目相比，以学校为基础的职业教育培训中性别分化程度较轻，这并非意味着学校系统对女性的影响都一样。从广义上讲，可以从两个维度来区分以学校为基础的教育。一个维度是教育内容是否通用，是学术性导向的教学还是针对某一个特定职业的培训。另一个维度是教育层次，是中等教育还是高等教育。这两个维度组合可产生不同类型的教育项目。为了行文方便，本章用表格来展示教育与培训类型（见表 10-1）。

表 10-1　教育与培训类型

	中等教育	高等教育
通用/学术性	非职业教育高中阶段教育	学术性大学教育
职业/行业	手工业、技工类技术培训	专业培训

中等教育层次的课程既可以是职业教育，也可以是普通教育。虽然以学校为基础的职业教育培训与学徒制培训相比，性别偏见程度低一些，但前一节的论点也表明以学校为基础的职业教育培训的性别偏见可能高于普通教育。与普通教育相反，职业学校专业课程将学生分流进不同的职业领域。两大因素会影响分流：第一，女性可能会根据她们预期的家庭角色与技能内容的协调程度来选择进入不同的职业领域。例如，有些女性预期在

孩子年幼时会暂时停工或减少工作时间，她们可能会倾向于选择工作稳定性强或工时灵活的职业培训项目。第二，当学校内出现职业领域分流时，可能会加剧现在的性别偏见（Charles et al.，2001）。

由于上述两个原因，采用早期教育分流的国家倾向于加剧性别职业隔离。本书中讨论的部分集体主义技能形成体系国家（奥地利、德国和瑞士）都实施早期分流，将一大批学生送入职业教育培训项目。分流妨碍了学术倾向较弱的学生在高中阶段接受普通教育，迫使他们选择特定的职业教育培训项目。事实上，大批学者指出以职业为导向的学校课程倾向于将女性隔离到"女性"科目中，而普通教育中性别职业隔离较少（Rubery 和 Fagan，1993；Charles et al.，2001）。从学校教育到工作岗位转化比较顺利的国家中，性别偏见对以学校为基础的职业教育培训影响很大。本书所分析的国家基本上都拥有高度制度化的从学校到职场过渡路径（Ryan，1999，2001；Bosch 和 Charest，2009；Brooks et al.，2009）。

分流的一个后果是横向职业隔离，即高中阶段接受职业教育的男女学生分别进入以男性或女性主导的职业。相反，高等教育阶段的以职业为导向的教育项目可能会缓解男性占据高社会地位岗位工作而女性在低社会地位岗位工作的纵向隔离[①]。当高等教育具有职业和行业导向时，它们实际上为女性进入高级职位提供了机遇。当一些学科（如法律和医学）将学生培养成律师和医生时，追求终身工作的学业成功的女性学生就有可能选择此类以职业为导向的课程和专业。当具有学术倾向的女性选择终身职业，并且开始追求"高学历"职业时，从事具有较高社会经济地位职业的女性数量可能会相应增加。

---

① 当然，如严格的平等就业法等法律规定也会对纵向隔离有所影响（O'Conner et al.，1999）。尽管如此，本章重点关注教育和培训项目的性别影响。

4. 女性教育投资的增加

近期女性教育投资越来越多成为一个普遍的趋势。许多国家女生在高等教育中占大多数。当高等教育成为进入较高社会经济地位职业的通行证时，女性对高等教育的投资会立刻带来女性社会经济地位的提升。然而，更多女性拥有高等教育学历的效果尚不确定。此外，玛丽亚·查尔斯和凯伦·布拉德利（Maria Charles 和 Karen Bradley，2002，2009）的研究提出警告，高等教育的女生入学率提高可能会导致新的性别隔离。当高等教育部门扩张时，非大学的高等教育项目（non-university higher education program）也在扩张，此现象被称为高等教育部门的"多元化"（diversification）。女性比男性更容易进入非大学的高等教育项目，甚至在大学中也更可能就读于由女性主导的专业。

然而，学者并未解释为什么会出现高等教育部门的"多元化"的现象，也无法完全解释观察到的国家间差异。研究注意到瑞典男性在计算机和数学领域中占主导，但是在意大利同样领域中出现了性别平等趋势（Charles 和 Bradley，2002）。此外，在北欧国家、美国、英国和新西兰，医学专业中女生占主导地位，而意大利并非如此。显然，如果不同时考虑各国的劳动力市场特征，就难以理解女性的就学模式。相关因素可能包括需要高学历的工作的招聘方式，以及女性的职业期望。例如，可以假设意大利需要拥有计算机和数学学位者在公共部门或者准公共部门工作。在这种环境中，学术导向的女性如果了解公共部门的工作条件更有利于家庭，可能就愿意在这些一般被认为"非常男性化"的专业中就读。

同样，可以考察其他制度的激励。意大利以对职业女性的支持不足和僵化的劳动力市场而闻名。意大利的职业母亲不仅要应付极低的公共儿童保育服务，而且面临极少的兼职工作机会。即便她们能找到兼职工作，以后也几乎不可能转为全职工作。在这种制度条件下，想要工作的女性或者选择不生育，或者在有孩子后依赖私人育儿服务（例如保姆和祖母）。因此，意大利为数不多有工作的母亲往往在孩子还小的时候就可以全职工作。

这与美国的情况非常不同，美国有工作的母亲也缺乏公共育儿支持，但是劳动力市场的灵活性允许母亲根据其所处的不同生活阶段来选择是否进入或退出劳动力市场，选择兼职工作或全职工作。意大利的制度背景可能意味着，由于以事业为导向的女性计划休假的时间很少，她们可以选择进入计算机科学或数学领域，这样就不必担心自己的知识可能会"折旧"。

5. 教育和培训系统的性别偏见

上述对不同技能的讨论说明，女性更喜欢投资于通用技能或者能免受技术变迁影响的技能。不带有早期职业教育培训分流的普通教育系统具有性别中立的特征。若个体在早期就接受职业教育培训，可能会在入学率和劳动力市场结果方面产生更大的性别偏见。此外，以学校为基础的职业教育培训比在工作场所的职业培训或学徒制更加性别中立。雇主是学徒制项目的"守门员"，这为统计歧视打开了大门，因为雇主挑选学徒时更加偏向男性。

当从学校到职业劳动力市场的路径被清晰建立起来时，在选择教育和培训项目时的任何性别偏见都会立即导致性别职业隔离。从学校教育到工作岗位的转化在集体主义技能形成体系国家中更加制度化，这些国家也是本书的焦点。正如本书其他章节所述，雇主在集体主义技术形成体系国家的职业教育培训中参与程度更高。这意味着在教育和培训系统中的性别偏见，以及随后在劳动力市场上的性别偏见，在集体主义技能形成体系国家中高于其他类型的国家。

三 集体主义技能形成国家的职业教育培训体系

先进工业化国家的职业教育培训体系差别很大。本节首先对所有经合组织国家进行比较，特别关注其中的集体主义技能形成体系国家（简称集体主义国家）。

1. 经合组织国家的高中阶段教育和高等教育部门

根据高中阶段教育组织方式，可以划分为两种类型国家（Pair, 1998；Estévez-Abe et al. , 2001；Thelen, 2004）。一种由英联邦国家组成，多数学生接受普通学术教育；另一种主要是欧洲国家，职业教育占主导地位。在后一种国家中，北欧国家（除了丹麦）多数依赖于以学校为基础的职业教育培训，而欧洲大陆国家更为常见的是混合了学校和工作场所培训的职业教育培训（见第一章；Trampusch, 2009）。根据培尔的估计（Pair, 1998），至少在20世纪90年代早期，奥地利高中阶段教育中接受职业教育的人数比例最高（大约占年龄段人口的80%），其次是瑞士（75%），再次是德国和荷兰（70%），其后是丹麦、法国和意大利（大约60%）。因此，本书研究的所有集体主义国家都属于教育体系以职业为导向程度最高的国家。

表 10-2　经合组织国家高中阶段教育的特征

单位：%

国家	根据项目取向划分的入学人数分布			
	普通教育	前职业教育	职业教育	混合学校和工作场所培训的职业教育培训
澳大利亚	39. 6	a	60. 4	m
奥地利	22. 7	6. 6	70. 7	34. 3
比利时	30. 4	a	69. 6	3. 4
加拿大	94. 5	x	5. 5	a
捷克	24. 7	n	75. 2	34. 0

国家	根据项目取向划分的入学人数分布			
	普通教育	前职业教育	职业教育	混合学校和工作场所培训的职业教育培训
丹麦	52.3	a	47.7	47.2
芬兰	33.3	a	66.7	11.5
法国	56.2	a	43.8	12.1
德国	42.6	a	57.4	42.2
希腊	68.3	a	31.7	a
匈牙利	76.4	10.4	13.2	13.2
冰岛	66.2	1.4	32.4	15.7
爱尔兰	66.5	31.3	2.2	2.2
意大利	40.2	33.2	26.5	a
日本	75.7	0.9	23.4	a
韩国	73.2	a	26.8	a
卢森堡	37.7	a	62.3	14.0
墨西哥	90.6	a	9.4	a
荷兰	32.4	a	67.6	18.5
新西兰	m	m	m	m
挪威	42.5	a	57.5	14.9
波兰	55.7	a	44.3	6.4
葡萄牙	68.4	16.7	14.8	m
斯洛伐克	26.8	a	73.2	29.8
西班牙	56.6	n	43.4	1.9
瑞典	42.9	1.0	56.2	英寸
瑞士	35.2	a	64.8	59.0
土耳其	63.3	a	36.7	英寸
英国	58.6	x	41.4	英寸
美国	100.0	x	x	英寸
经合组织平均值	54.3	3.9	43.8	14.4
欧洲 19 国平均值	47.0	5.5	47.8	15.9

注：m：数据不可得；a：不适用；n：数据接近零；x：数据纳入其他列。
资料来源：OECD（2009），Education at a Glance，表C1.4。

表 10-2 体现了当前经合组织国家高中阶段教育方面的差异。其中，集体主义国家采取以学校职业教育培训和工作场所学徒制培训相结合的形式，属于双元制系统。在奥地利、丹麦、德国、瑞士，学徒制与学校培训

一样被认为是职业教育培训的重要组成部分。[①] 虽然学徒制在奥地利的角色已经开始衰落，但德国和瑞士仍然执着于双元制体系。丹麦比其他双元制国家更加强调学校职业教育培训。专家们一致认为，双元制系统在匹配受训者与劳动力市场需求方面表现更佳（Allmendinger，1989；Hinz，1999；Ryan，2001）。美国是个例外，其高中教育强调通识知识，几乎没有任何职业教育培训内容。

在高等教育中存在类似的区分。美国大学课程包括大量的通识教育，即所谓的博雅教育，直到大学毕业后才开始进行专业教育。相比之下，许多欧洲大陆国家大学往往倾向于更早地提供学科和专业培训。例如，想成为律师或者医生的美国学生只有在研究生阶段的专业学院中才开始接受专业化训练，而希望从事这些行业的欧洲学生在大学教育阶段就开始读法律或医学专业。

2. 近期变化

20 世纪 90 年代以来，教育系统发生了重大的变化，即使拥有成功职业教育培训体系的国家也是如此。全球竞争和去工业化成为改革浪潮的主要驱动力。英国分别在 1988 年和 1992 年提出了"国家职业资历框架"（National Vocational Qualifications）和"通用全国职业资历框架"（General National Vocational Qualifications），从而成为第一个对先前非标准化且缺乏竞争力的职业教育培训体系进行改革的国家。与英国相反，大多数其他欧洲国家通过提高通识性和学术性教育比例而向着另一个方向发展。还有一

[①] 学徒制在其他国家也存在，例如澳大利亚、荷兰、法国和英国。然而，双元制体系之外的学徒制往往标准化程度较低，且涵盖的职业种类较少，主要是手工艺类型的职业。双元制体系中的学徒项目由雇主、工会和雇主协会共同管理（Culpepper，2003，2007；Thelen，2004；Busemeyer，2009）。这些参与者共同确保培训质量，并保护技能投资的价值。Thelen（2004 年）将这些系统称为集体制度。像英国这样的国家缺乏发展有效学徒项目的政治先决条件。

个显著的趋势是高等教育转向。几乎所有国家都扩大了中学后高等教育的规模。在许多欧洲国家，这一变化伴随着博洛尼亚进程，这一过程可以称为"高等教育的美国化"①。尽管如此，根据经合组织的统计，集体主义国家中学后教育部门的扩张规模小得多，特别是在奥地利、德国和瑞士（OECD，2009）。

所谓"多元化"是指非大学的中学后教育部门的扩张。"多元化"现象在集体主义国家，它们尚未达到欧洲其他国家的程度。经合组织国家25~34岁人口中，具有非大学的中学后文凭者的比例为10%。所有集体主义国家都低于这一平均水平（奥地利为6%、丹麦为8%、德国为6%、荷兰为2%、瑞士为9%）。由于非大学的中学后学位往往更加具有职业化导向，这些数据表明，具有职业化导向高中阶段教育的国家也许不必发展具有职业导向的中学后高等教育项目。

但是，一些集体主义国家中非大学高等教育项目的性质值得关注。以德国为例，雇主似乎在利用高等职业教育项目来提升和拓宽员工的知识。② 在公办教育占主导的国家，私立非大学高等教育项目的出现是满足雇主需求的反应。当雇主为雇员支付学费时，学校内授课的内容更像是雇主提供的脱产学习。在这种条件下，学校培训也面临性别偏见加剧的风险。简言之，必须了解特定高等教育项目的实际内容以便于理解其性别效果。当高等教育存在性别隔离，即迫使女性参加培训项目而从事低利润、低社会经济地位的工作岗位时，高等教育学位就受到性别隔离的影响，此时高等教育学位对女性的价值就低于男性。

---

① 关于发达工业国家高等教育改革性质的报告，请参见 Gürüz（2003）。
② 感谢 Dorothea Voss-Dahm 分享她的专业知识。

四 证据

本部分展示了发达工业化国家的比较数据，以此来说明本章提出的分析框架可以解释女性在不同教育和培训项目以及不同职业岗位的分布。本章第二部分提出，与男性相比，女性更容易投资于通用技能而非专用技能。笔者还认为由于技术折旧，女性在技术敏感型技能中的比例会较低。尽管不存在直接的测量指标，可以用普通教育项目的入学率作为通用技能投资的指标，用职业培训和学徒制项目就读人数作为产业专用技能投资的指标。入学性别比可以用来审视技能方面的性别偏见。

本部分还着重比较了丹麦和德国两个双元制体系的集体主义国家。选择这两个国家的原因是它们的双元制体系之间存在重要的差异。丹麦比德国更多依赖以学校为基础的培训，尽管两国的学徒制项目被假设具有同样的性别歧视，这种差异意味着丹麦的学校培训可能会降低整体的性别偏见。尽管丹麦和德国的以职业教育为导向的高中教育产生了横向隔离，但与从前由男性主导的、高社会经济地位职业相连的高等教育学位相比，可能会降低纵向隔离的程度。

1. 高中阶段的性别隔离：普通教育与职业教育，学校培训与学徒制

图 10-1 和图 10-2 比较了 2006 年按不同教育类型（普通教育与职业教育）划分的高中阶段教育中女性的毕业率和总体毕业率（男性加女性的毕业率）。毕业率等于中学文凭获得者占同龄人的比例。图 10-1 显示，在大多数国家，普通教育项目的女性毕业率比总体毕业率更高，有些国家这一比例明显更高。相比之下，图 10-2 体现了部分国家男性主导职业课程，除了澳大利亚、芬兰、爱尔兰、荷兰、丹麦和西班牙之外，其他国家的职业高中的总体毕业率均高于女性毕业率，这归因于男性更高的毕业率。

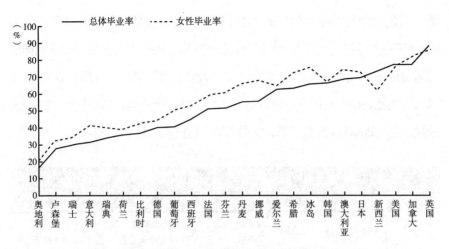

图 10-1　2006 年按性别划分的普通高中教育项目的毕业率

资料来源：经济合作与发展组织（OECD）：《教育一瞥》，2008，表 A2.1。

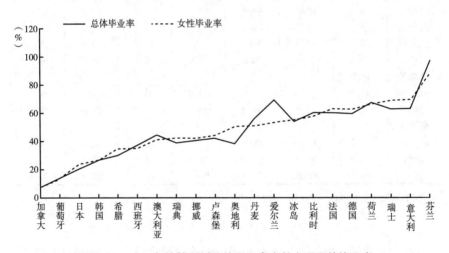

图 10-2　2006 年按性别划分的职业高中教育项目的毕业率

资料来源：经济合作与发展组织（OECD）：《教育一瞥》，2008，表 A2.1。

通过重点关注女性在高中阶段教育中擅长的学科，表 10-3 进一步说明了培训项目的细分情况。联合国教科文组织提供了 20 世纪 90 年代中期按性别和学科分布的情况，数据只包括在学校职业教育培训中的入学人数，不包括参与学徒制项目的人数。① 尽管有这些局限，表 10-3 的证据表明女性不愿接受职业培训的观点。调查还显示，女性比男性更有可能选择需要通用技能的岗位职业培训，例如文员（商业）和服务人员（服务业）。卫生领域（主要是护士）的职业培训在女性中也特别受欢迎。值得注意的是根据波拉切克（Polachek）的计算，文员和护士的技术折旧率都非常低。

表 10-3　职业教育不同学科中女性入学比例（20 世纪 90 年代）

单位：%

国家	职业教育	艺术和宗教	商业和服务业	卫生	手工业、工业和工程	农业	家庭经济学
奥地利	54.9	58.7	63.4	86.5	13.2	42.5	96.1
丹麦	44.8		62.4	95.7	20.9	38.7	90.3
芬兰	54.3	70.5	69.4	91.8	16.5	41.9	97.9
法国	45.0						
德国	45.1	66.7	68.2	98.5	13.5	47.1	89.1
爱尔兰	64.0		80.4		53.2	25.3	
意大利	43.5	66.9	61.3		11.7	23.8	90.4
日本	45.4		70.1	99.6	6.3	30.8	96.4
卢森堡	46.0						
荷兰	44.1		53.0	93.9	10.5	30.7	86.9
挪威	41.8	72.9	59.4	95.1	10.7	36.4	84.7
葡萄牙	36.0						
西班牙	51.2	62.1	68.3	83.5	8.9	22.4	98.6
瑞典	43.6	66.9	56.6	88.5	14.5	43.4	72.4
瑞士	41.2	60.0	65.0	90.4	13.1	29.3	90.8

资料来源：联合国教科文组织（1995）。

至于学徒制项目，没有分专业和性别的跨国比较数据，部分历史数据说明奥地利、澳大利亚、德国和瑞士学徒制项目的分性别参与情况。澳大利亚接受学徒制培训的男性比例显著高于女性，在 20 世纪 80 年代晚期男女

---

① 可以用经合组织为澳大利亚和英国提供的大致相同时期的数据来补充这些信息。在澳大利亚和英国，20~24 岁年龄段的女性中分别有 2.7% 和 9.9% 参加职业培训，而男性分别有 15.1% 和 24.4%。这进一步支持了本章的观点，即女性更倾向于选择通用技能教育而非专用技能。

比例大约为 3∶1（OECD，1988）。德国接受学徒制培训女性的比例在 35%～40% 浮动（CEDEFOP，1991）。学徒制项目显示了极高的性别集中度。对于男性而言，最受欢迎的 5 个职业岗位是不同类型的机械技术，男性大约占入学人数的 98%（CEDEFOP，1991，1995a）。女性学徒占主导地位的三大职业岗位是医师助手（99.9%）、理发师（94.3%）、办公室办事员（81.0%）。奥地利呈现非常类似的情况（CEDEFOP，1995b）。值得注意的是，虽然没有具体数据，新西兰和英国在传统上也有非正式的学徒制。以英国为例，学者普遍认为学徒制培训的失败导致英国于 20 世纪 80 年代末引入了新的以学校为基础的职业教育培训项目。即使 20 年后，情况也没有很大变化。根据德国联邦职业教育培训研究所的数据，2009 年，德国女性最欢迎的 5 项学徒岗位是店长、销售代表、办公室文员、医学专业人士（如医师助理）和发型师，对于男性而言是汽车维修工、店长、工程维修工、厨师、电器工程师（BMBF，2010）。

尽管德国和丹麦之间存在相似之处，但是丹麦案例可以作为一个有趣的实验。德国某些岗位只能通过双元制培训获得，另一些岗位只能通过学校培训获得；但是丹麦对一些岗位提供两种培训的选择。在控制岗位选择的前提下，可以观察到学徒制是否比学校培训更加具有性别隔离倾向。不妨选择一个女性主导的工作岗位（如销售代表）和一个男性主导的岗位（如摩托车维修）举例说明。以销售代表的培训项目为例，在丹麦学校培训中女性与男性的比例是 2∶1；但是在学徒制中比例相反，女性与男性比例为 1∶2[1]。在摩托车维修培训项目中，发现了相同的模式，在学徒制项目中几乎没有女性，但是在学校培训项目中有 10% 的女性。这些案例支持了本章的观点，即学校职业教育培训对女性更友好。

---

[1] 所有数据都是根据最新可用数据（2006 年）计算得出的，数据来源于丹麦统计局网站。

尽管如此，对德国案例的解释还是要小心。除了双元制培训，德国也提供以学校为基础的培训。与丹麦不同的是，德国存在明确的专业划分。高收入"男性工作"主要通过学徒制项目培训，如护士等"女性工作"主要通过学校系统培训。从历史上看，克鲁格（Kruger，1999）和克劳斯（Kraus，2006）认为以学校为基础的职业教育培训是在考虑女性情况下发展起来的。无须讳言，在这种制度背景中，学校培训不具有性别中立性（Gottschall 和 Shire，2008）。许多不需要大学学位的卫生部门职业通过学校来培训，呈现高度的女性化。值得注意的是在老龄化社会中，卫生部门不仅是一个增长部门，而且是一个不受全球化竞争影响的部门。这个部门为女性提供了稳定和有保障的工作机会，而制造业和建筑业等传统的男性工作面临更多不确定性。

2. 高等教育阶段的性别问题

过去几十年来，几乎所有国家的女性教育投资都在增加。尽管性别差距仍然存在，女性通过教育投资还是可以获得工资溢价。根据经合组织的数据，拥有高等教育学历的女性的收入高于高中教育学历的女性（OECD，2009）。这一点对大学（类型 A）毕业生和非大学高等教育部门（类型 B）的毕业生都成立。在进一步讨论前，有必要澄清两类高等教育的区别。

联合国教科文组织将类型 A 项目定义为"主要以理论为基础，旨在为进入高级研究项目和需要高技能的职业提供足够的资格"的项目。类型 B 项目"侧重于面向进入劳动力市场所需的特定职业技能，尽管在此类项目中也会覆盖某些理论基础"，但是"更具有实践导向、与岗位相关"，并且"不提供进入高级研究项目的机会"[1]。这两类高等教育的差异对本章十分重要。高中阶段教育中男性比女性更多地选择职业教育。由于

---

① Allmendinger（1989）将此称为教育系统的"分层"。

类型 B 更接近于高中阶段的职业教育，那么对职业教育中性别偏见的讨论应该也适用于高等教育部门。倘若如此，能否观察到在类型 B 项目中有更高比例的男性？

表 10-4 显示，虽然比利时、法国、德国、葡萄牙、英国和美国多数高等教育类型 A 学位授予了女性，更多的类型 B 学位也被授予了女性。与预测相反，女性在这些国家中并未回避职业导向的类型 B 项目。仔细观察就会发现，这些国家都有一个共同点，卫生和社会福利专业在这些国家的类型 B 学位中占据了主导地位（见表 10-5）。经合组织国家授予高等教育学位中，类型 A 中卫生和社会福利专业的平均比例为 13.5%，在类型 B 学位中卫生和社会福利专业的平均比例为 15.8%。上述国家在类型 A 学位中卫生和社会福利专业的比例远低于经合组织的平均值，在类型 B 学位中该专业的比例比经合组织的平均值高出 10 个百分点。由于卫生和社会福利专业已经高度女性化，一国选择将卫生和福利领域作为类型 A 项目还是类型 B 项目，将影响女性在高等职业教育中的人数。

表 10-4 按学科划分的各国女性高等教育学位比例（2007 年）

单位：%

国家	第一学位(所有专业)		卫生和社会服务专业	
	类型 A	类型 B	类型 A	类型 B
澳大利亚	59	55	76	82
奥地利	54	52	66	83
比利时	54	62	64	83
加拿大	61	m	83	m
丹麦	62	46	81	91
芬兰	64	12	87	a
法国	55	56	57	85
德国	52	62	66	80
意大利	59	56	66	a
荷兰	56	n	76	n
新西兰	61	61	80	80

			续表
国家	第一学位（所有专业）		卫生和社会服务专业	
	类型 A	类型 B	类型 A	类型 B
挪威	64	59	83	83
葡萄牙	61	63	80	81
西班牙	61	53	78	82
瑞典	65	58	83	85
瑞士	51	48	68	85
英国	57	66	75	86
美国	57	62	79	85
经合组织平均值	58	55	73	67

注：m：数据不可得；a：不适用；n：数据接近 0。

资料来源：OECD（2009），*Education at a Glance*，web only appendix，Table A3.6。

表 10-5　各国高等教育中卫生和社会福利专业毕业生占比（2007 年）

单位：%

国家	类型 A	类型 B
澳大利亚	13.6	13.9
奥地利	8.1	14.7
比利时	12.8	25.8
加拿大	9.8	m
丹麦	25.1	2.5
芬兰	19.3	a
法国	9.4	22.9
德国	9.6	51.0
意大利	15.1	n
荷兰	18.4	n
新西兰	16.1	10.8
挪威	24.7	13.4
西班牙	14.9	13.6
瑞典	36.3	13.9
瑞士	9.7	19.3
英国	13.0	39.5
美国	10.3	35.3
经合组织平均值	13.5	15.8

注：m：数据不可得；a：不适用；n：数据接近 0。

资料来源：OECD（2009），*Education at a Glance*，web only appendix，Table A3.5。

值得指出的是，德国和丹麦在卫生和社会福利工作者培养方面与其他集体主义国家不同。德国是唯一依赖类型 B 高等教育来满足卫生和福利领域需求的集体主义国家，而丹麦是唯一以类型 A 高等教育来满足需求的集体主义国家。这意味着在所有其他双元制系统中，除医生以外，多数医疗相关职业岗位培训都发生在高中和中学后阶段。与其他北欧国家一样，丹麦强调为卫生和社会福利工作者提供类型 A 高等教育。由于在这些国家工资结构高度压缩，教育的经济回报较低，这种教育"升级"能否为北欧妇女提供更好的经济条件仍然是个未知数。

多数国家中女性通过投资高等教育来提高她们的经济地位，无论是选择类型 A 还是类型 B 学位（OECD，2009）。此外，相对于受教育程度较低的女性，女性投资高等教育的相对收益大于男性。然而德国与其他经合组织国家不同，德国女性从类型 B 高等教育中获得的收益小于男性。如前所述，德国雇主经常选择有能力的男性雇员到高等教育部门中进行进一步的脱产学习。这种"自我选择"出来的精选男性一旦进入非大学的高等教育部门后，可能提高该部门中男性的相对收入。

德国以外地区也存在类似的性别收入差异。这种差距在受教育程度较高的男性和女性中更为明显。在许多国家中，接受过高等教育的男性和女性的收入差距比高中阶段教育毕业男性和女性的收入差距更大。换言之，女性仍然比获得同样学位的男性的收入低得多。学者（Charles 和 Bradley，2002，2009）将这一收入差距归结于男性和女性在高等教育中选择了不同学科。他们认为传统的"男性学科"，例如数学和工程，比传统的"女性学科"更容易获得高收入。显然，许多女性选择了未来能够进入公立部门、准公立部门或非营利性部门的专业，例如教师和社会领域。因此，这可能是导致性别收入差距的另一个原因。尽管如此，学者如雪莱·科雷尔（Shelley Correll，2001）、穆丽尔·尼德尔和莉丝·韦斯特隆德（Muriel Niederle 和 Lise Vesterlund，2007）提出女性更容易低估她们的数学能力并避免竞争。然而，没有一项研究能够确定产生这种"女性特征"的机制。

虽然解决这个"性别之谜"超出了本章的研究范畴，但值得指出的是学历并不是性别收入差距的唯一决定因素。在任职后，一些人会得到雇主提供的更多培训机会。迈克尔·塔林（Michael Tåhlin，2007）和玛丽·埃弗特松（Marie Evertsson，2004）发现欧洲女性较少得到雇主提供的培训，甚至在性别平等的瑞典也不例外。

简言之，高等教育学历可以帮助女性获得高层级职位，成为进入类似律师和外科医生等这些过去被男性占领的专业岗位的"敲门砖"①。为了进入这些行业，最重要的是成功获得法学和医学的高等教育学位，并通过标准化资格考试。这与大企业主管的岗位不同，后者不一定需要高等教育学位。在多数欧洲企业中，成为企业主管意味着组织内部晋升，这一过程常常涉及几年的在职和脱产培训，一般是由企业而不是员工本身做出培训决定。如前所述，这类培训可能存在性别偏见。正因如此，我们预测与成为企业高管相比，女性更容易成为律师和外科医生（见图10-3）。

五　结论

本章对某些教育和培训系统可能会加剧性别偏见的成因提供了一般性解释。研究表明，以职业为导向的项目——特别是依赖于学徒制的项目——更加具有性别偏见。除了跨国比较，本章还展示了丹麦和德国两个国家之间的重要差异。尽管都实行双元制体系，与德国相比，丹麦更强调

---

① Buchmann 和 Kriesi（2009）研究了追求更高教育学位和非"女性职业"的女性的家庭特征，发现家庭背景很重要。

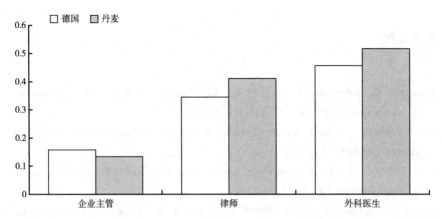

图 10-3　德国、丹麦律师、外科医生、企业主管的纵向隔离（女性占比）

资料来源：国际劳工组织在线数据。

学校职业教育培训，明显降低了职业教育培训系统的性别偏见程度。

　　本章还显示，当解释女性进入高等教育部门取得成就的意义时，需要非常谨慎。在这方面，以丹麦为代表的北欧国家提供了有益启示。许多北欧国家取消了早期分流，以便让更多的学生接受通识性、学术性导向的高中阶段教育，然后攻读高等教育学位。正如本章所述，这些国家高度依赖高等教育来培养社会福利和卫生工作者，说明这些国家把一部分职业教育培训放到了高等教育部门。倘若如此，也就不奇怪为何高等教育毕业女性人数的增长没有导致这些国家职业岗位性别隔离程度的降低。

　　虽然对女性而言，不是所有的高等教育学位都具有相同的价值，部分以专业岗位为导向的学位的确帮助女性进入了社会经济地位较高的职业。这可能是女性实际获益最多的地方。本章已经证明，在丹麦和德国需要特定高等教育文凭作为"敲门砖"的高级职业岗位中，纵向职业隔离的程度已经很低。

参考文献

Acemoglu, D. and Pischke, J. -S. (1998). "Why Do Firms Train? Theory and Evidence." *Quarterly Journal of Economics* 113(1): 79-119.

—— (1999a). "Beyond Becker: Training in Imperfect Labour Markets." *Economic Journal* 109(453): F112-42.

—— (1999b). "The Structure of Wages and Investment in General Training." *Journal of Political Economy* 107(3): 539-572.

Aigner, D. and Cain, G. (1977). "Statistical Theories of Discrimination in Labor Markets." *Industrial and Labor Relations Review* 30(2): 175-187.

Allmendinger, J. (1989). "Educational Systems and Labor Market Outcomes." *European Sociological Review* 5(3): 231-250.

Anker, R. (1998). Gender and Jobs: Sex Segregations of Jobs in the World. Geneva: Interna-tional Labour Organziation.

Becker, G. (1964). Human Capital: *A Theoretical and Empirical Analysis with Special Reference to Education.* Chicago: University of Chicago Press.

—— (1985). "Human Capital, Effort and the Sexual Division of Labor." *Journal of Labor Economics* 3(S1): S33-58.

Blossfeld, H. -P. (1987). "Labor-Market Entry and the Sexual Segregation of Careers in the Federal Republic of Germany." *American Journal of Sociology* 93(1): 89-118.

Bosch, G. and Charest, J., eds. (2009). *Vocational Training: International Perspectives.* London: Routledge.

Brooks, R., ed. (2009). *Transitions from Education to Work: New Perspectives from Europe and Beyond.* New York: Palgrave Macmillan.

Buchmann, M. and Kriesi, I. (2009). "Escaping the Gender Trap: Young Women's Transition into Non-Traditional Occupations." In I. Schoon and R. K. Silbereisen, eds., *Transitions from School to Work: Globalization, Individualization, and Patterns of Diversity.* Cambridge: Cambridge University Press, 193-215.

Bundesministerium für Bildung und Forschung (BMBF) (2010). Berufsbildungsbericht 2010, http://www.bmbf.de/pub/bbb_2010.pdf (accessed October 29, 2010).

Busemeyer, M. (2009). "Asset Speciicity, Institutional Complementarities and the Variety of Skill Regimes in Coordinated Market Economies." *Socio-Economic Review* 7(3): 375-406.

Charles, M. and Bradley, K. (2002). "Equal but Separate? A Cross-National Study of Sex Segregation in Higher Education. " *American Sociological Review* 67(4): 573-599.

—— —— (2009). "Indulging Our Gendered Selves? Sex Segregation by Field of Study in 44 Countries. " *American Journal of Sociology* 114(4): 924-976.

—— Grusky, D. (2004). *Occupational Ghettos: The Worldwide Segregation of Women and Men*. Palo Alto: Stanford University Press.

——Buchmann, M. , Halebsky, S. , Powers, J. and Smith, M. (2001). "The Context of Women'sMarket Careers: A Cross-National Study. " *Workand Occupations* 28(3): 371-396.

Correll, S. (2001). "Gender and Career Choice Process: The Role of Biased Self-Assessments. " *American Journal of Sociology* 106(6): 1671-1730.

Culpepper, P. D. (2003). *Creative Cooperation: How States Develop Human Capital in Europe*. Ithaca, NY: Cornell University Press.

—— (2007). "Small States and Skill Specifity Austria, Switzerland and Interemployer Cleavages in Coordinated Capitalism. " *Comparative Political Studies* 40(6): 611-637.

—— Finegold, D. , eds. (1999). *The German Skills Machine: Sustaining Comparative Advantage in a Global Economy*. New York: Berghahn Books.

England, P. (1982) "The Failure of Human Capital Theory to Explain Occupational Sex Segregation. " *Journal of Human Resources* 17(3): 358-370.

Estévez-Abe, M. (2000). "Multiple Logics of the Welfare State. " The US-Japan Program Working Paper, Harvard University.

—— (2005). "Gender Bias in Skills and Social Policies: The Varieties of Capitalism Perspective on Sex Segregation. " *Social Politics* 12(2): 180-215.

—— (2006). "Gendering the Varieties of Capitalism: A Study of Occupational Segregation by Sex in Advanced Industrial Societies. " *World Politics* 59(1): 142-75.

—— Iversen, T. and Soskice, D. (2001). "Social Protection and the Formation of Skills: A Reinterpretation of the Welfare State. " In P. A. Hall and D. Soskice, eds. , *Varieties of Capitalism: The Institutional Foundations of Comparative Advantage*. Oxford: Oxford University Press, 145-183.

European Center for the Development of Vocational Training (CEDEFOP) (1991). Vocational Training in the Federal Republic of Germany. Berlin: CEDEFOP.

—— (1995a). Vocational Education and Training in the Federal Republic of Germany. Berlin: CEDEFOP.

—— (1995b). Vocational Education and Training in the Republic of Austria. Thessaloniki: CEDEFOP.

Evertsson, M . (2004). "Formal On-the-Job Training: A Gender-Typed Experience and Wage-Related Advantage?" *European Sociological Review* 20(1): 79-94.

Goldin, C. and Katz, L. (2000). "The Power of the Pill: Oral Contraceptives and Women's Career and Marriage Decisions. "NBER Working Paper 7527. Boston: National Bureau of Economic Research.

Gornick, J. G. and Meyers, M. K. (2005). *Families that Work: Policies for Reconciling Parenthood and Employment.* New York: Russell Sage Foundation.

Gottshall, K. and Shire, K. (2008). "Gender and Skill Speciicity in the Varieties of Capitalism: A Broader Perspective on the German Model. " Paper presented at the Annual Conference of the International Sociological Association, Barcelona, Spain.

Gürüz, K. (2003). "Higher Education in the Global Knowledge Economy. " Report presented at Community of Mediterranean Universities, 20-22 November, Bari, Italy.

Haas, L. and Hwang, P. (1999). "Parental Leave in Sweden. " In P. Moss and F. Deven, eds. , *Parental Leave: Progress or Pitfall?* The Hague: NIDI/CBGS Publica-tions, 45-68.

Hakim, C. (1992). "Explaining Trends in Occupational Segregation: The Measurement, Causes, and Consequences of the Sexual Division of Labour. " *European Sociological Review* 8(2): 127-52.

—— (1993). "Refocusing Research on Occupational Segregation: Reply to Watts. " *European Sociological Review* 9(3): 321-324.

—— (2002). "Lifestyle Preferences as Determinants of Women's Differentiated Labor Market Careers. " *Work and Occupations* 29(4): 428-459.

Hinz, T. (1999). "Vocational Training and Job Mobility in Comparative Perspective. " In P. D. Culpepper and D. Finegold, eds. , *The German Skills Machine: Sustaining Comparative Advantage in a Global Economy.* New York: Berghahn Books, 159-188.

Kraus, K. (2006). "Better Educated, but Not Equal: Women between General Education, VET, the Labour Market and the Family in Germany. " *Journal of Vocational Education and Training* 58(4): 409-422.

Krüger, H. (1999). "Gender and Skills: Distributive Ramiications of the German Skill System. " In P. D. Culpepper and D. Finegold, eds. , The German Skills Machine: Sustaining Comparative Advantage in a Global Economy. New York: Berghahn Books, 189-227.

—— ed. (2001). State Feminism, Women's Movements, and Job Training: Making Democracies Work in the Global Economy. New York: Routledge.

Melkas, H. and Anker, R. (1997). "Occupational Segregation by Sex in Nordic

Countries: An Empirical Investigation. " *International Labour Review* 136 (3): 341-363.

Meyers, M. , Gornick, J. and Ross, K. (1999). "Public Childcare, Parental Leave, and Employment. " In D. Sainsbury, ed. , *Gender and Welfare State Regimes.* Oxford: Oxford University Press, 117-46.

Niederle, M. and Vesterlund, L. (2007). "Do Women Shy Away from Competition? Do Men Compete Too Much?" *Quarterly Journal of Economics* 122(3): 1067-1101.

O'Conner, J. , Orloff, A. S. and Shaver, S. (1999). *States, Markets, Families: Gender, Liberalism and Social Policy in Australia, Canada, Great Britain and the United States.* Cambridge: Cambridge University Press.

Organisation for Economic Co-operation and Development (OECD) (1988). Employ-ment Outlook. Paris: OECD.

—— (2008). Education at a Glance. Paris: OECD.

—— (2009). Education at a Glance. Paris: OECD.

Pair, C. (1998). "Synthesis of Country Reports. " In Organization for Economic Cooper-ation and Development, ed. , *Pathways and Participation in Vocational and Technical Training.* Paris: OECD, 9-26.

Phelps, E. (1972). "The Statistical Theory of Racism and Sexism. " *American Economic Review* 62(4): 659-661.

Polachek, S. (1981). "Occupational Self-Selection: A Human Capital Approach to Sex Differences. " *The Review of Economics and Statistics* 63(1): 60-69.

Rubery, J. and Fagan, C. (1993). "Occupational Segregation and Women and Men in European Community. " Social Europe, Supplement 3. Luxembourg: Ofice for Oficial Publications of the European Community.

Ryan, P. (1999). "The School-to-Work Transition Twenty Years on: Issues, Evidence and Conundrums. " In Organization for Economic Cooperation and Development, ed. , Preparing Youth for the Twenty-first Century: The Transition from Education to the Labour Market. Paris: OECD, 437-58.

—— (2001). "The School-to-Work Transition: A Cross-National Perspective. " *Journal of Economic Literature* 39(1): 34-92.

Soskice, D. (1990). "Wage Determination: The Changing Role of Institutions in Advanced Industrial Countries. " *Oxford Review of Economic Policy* 6(4): 36-61.

—— (1991) . " The Institutional Infrastructure for International Competitiveness: A Comparative Analysis of the UK and Germany. " In A. Atkinson and R. Brunetta, eds. , *The Economics of the New Europe.* London: Macmillan, 45-66.

Tåhlin, M. (2007). "Skills and Wages in European Labour Markets: Structure and Change." In D. D. Gallie, ed., *Employment Regimes and the Quality of Work.* Oxford: Oxford University Press, 35-76.

Thelen, K. (2004). *How Institutions Evolve: The Political Economy of Skills in Germany, Britain, the United States and Japan.* Cambridge: Cambridge University Press.

United Nations Educational, Scientiic and Cultural Organization (UNESCO) (1995). Secondary Technical and Vocational Education, Statistical Issues March, http://unesdoc. unesco. org/images/0010/001055/105527Eb. pdf(accessed January 5, 2011).

11 欧洲化和集体主义技能形成体系的不同反应

贾斯廷·J.W.鲍威尔
克里斯汀·特兰普施[*]

一 引言

欧洲化（Europeanization）① 在集体主义技能形成体系中引发了不同的反应。这些体系主要受到国家内部环境的影响，因而国内的协调与冲突支配着不同体系的反应。本章探讨了欧洲的发展尤其是欧盟的发展，对职业教育培训制度变迁的影响。本章有两个目的：第一，探讨欧洲层面因素对国家技能形成制度的影响；第二，探索本书分析的集体主义技能形成体系国家在面对欧洲化举措带来的相似挑战时做出的不同回应。欧洲范围内的行动过程在何种程度上以及在何种方向上影响了奥地利、丹麦、德国、荷兰和瑞士的集体主义技能形成体系？这个问题很重要，因为这些国家的制度体系具有某些共同特征，但是各国的制度化路径及其在教育培训领域受欧盟影响的程度迥异。为了回答这个问题，本章研究了这两个层面的变化及其在特定国家中的相互作用，包括因欧洲化而出现冲突的德国和瑞士，以及因达成共识而促进了欧洲化发展的奥地利、丹麦和荷兰。

过去几十年来，职业教育培训政策属于欧盟成员国的自主权领域，欧盟共同政策对此无权干涉。然而，过去十年来出现了一种转变，在欧盟范围内，里斯本协议将技能形成体系改革提上了议事日程，其目的是使欧洲

---

① 政治学中的欧洲化通常被称为"变得更像欧洲人"，它有多种定义。该术语最早的概念化之一是 Ladrech（1994）的相关研究，他将欧洲化简单地定义为："重新定位政治方向和形态的渐进过程，使欧盟的政治和经济动态成为国家政治和政策制定的组织逻辑的一部分。"这强调了所谓的"自上而下的欧洲化方法"。在这种方法中，变化源于欧盟对各国国家政策的影响。欧洲化被描述为一个涉及（a）构建、（b）传播和（c）正式和非正式规则、程序、政策范式、风格、做事方式、共同信仰和规范的制度化的过程，这些规则、程序和规范等首先在欧盟政策过程中被定义和巩固，然后被纳入国内（国家和次国家）话语、政治结构和公共选择的逻辑中。从"自下而上"的角度来看，当各国开始在特定领域影响欧盟的政策时，就会发生欧洲化。更细致的分析认为，欧洲各级治理政策行为体的制度互动导致了欧洲背景下国家、地区和其他身份的重新定义。——译者注

成为全球最具活力和竞争力的知识经济体（European Council，2003）。1999 年高等教育领域的博洛尼亚进程和 2002 年职业教育培训领域的哥本哈根进程分别提出了欧洲技能形成的首要目标。

博洛尼亚进程引发了各国高等教育系统的改革，这一改革说明，即使是积极保护自己不受外部影响的国内机构和政治制度，也受到了在欧盟层面制定并在整个欧洲乃至欧洲以外地区实施举措的影响，而且这些举措的影响力越来越大。2002 年 11 月，来自欧盟成员国和非成员国的 33 位教育部长与欧洲委员会在哥本哈根一起通过了加强职业教育培训合作的指导方针，以提升各国劳动力市场的流动性，提高欧盟的竞争力，特别是相对于美国的竞争力。哥本哈根进程促进了欧盟"欧洲资历框架"（European Qualifications Framework，EQF）和"欧洲职业教育培训学分系统"（European Credit System for Vocational Education and Training，ECVET）的引入，两者的目的是发展适用于所有教育系统的统一职业资历描述和标准资历评估。两者的基本原则是以学习结果为导向，发展"国家资历框架"（National Qualifications Frameworks，NQFs），国家资历框架应该与欧洲资历框架奠定的职业资历描述一致。

这些措施不是协调各国职业资历的明确机制，而是承认职业教育培训体系的国家差异，同时提供一种定义和衡量职业资历的标准化方法。事实上，欧盟的措施通过软性治理促进了市场的形成，但未将国家能力与主权转移给欧盟（Trampusch，2008）。虽然欧洲资历框架属于自愿框架，主权国家政府对此不承担任何法律义务，但是欧盟成员国和非成员国还是基于欧洲资历框架的原则建立了各自的国家资历框架。在此过程中，可以观察到欧洲化的证据，即欧盟政策和计划对各国职业教育培训体系的影响，但这种影响在欧洲各地的程度各不相同。

在集体主义技能形成体系国家中，欧洲资历框架基于学习成果而非职业性原则的做法受到了严峻挑战，因为前者与支撑职业性原则的规范和政治逻辑相冲突。这是因为欧盟的举措不仅是为了提高普通教育、职业教育培训和高等教育之间的渗透性，而且促进了教育与培训的模块化和标准化（Trampusch，2009；Powell 和 Solga，2010）。渗透性的提高对集体主义技能形成体系构成了挑战，因为职业教育培训的利益相关者担心在与高等教育机构的竞争中失去优势。模块化要求将全面职业能力分解为不同部分，而强调全面职业能力的职业性原则（Deißinger，1994；Kraus，2007）正是集体主义技能形成体系的力量和独特性所在。

这种挑战反映了欧盟政策和国家系统之间极不匹配，集体主义技能形成体系国家被视为最不可能受欧洲化影响的案例[1]。这些国家受到全球化、人口结构变化、邻近组织领域的教育改革以及欧洲和本国政策措施影响，国家职业教育培训体系不断变化（Powell 和 Solga，2010）。然而，由于"职业性原则"与欧盟政策中采取的"学习结果"原则之间的本质性矛盾，可以预测欧盟政策将对集体主义技能形成体系国家的职业教育培训只能产生极小影响或者不产生任何影响。由于欧盟最近的一些举措和各国对此的反应，这些国家的职业教育培训体系实际上逐渐发生了转型。

本章分析识别出两种不同的欧洲化发展路径。在丹麦、荷兰和奥地利，欧洲资历框架政策加速了有关职业教育培训改革的讨论，各界对建立国家资历框架的进程达成相对的共识。与此相反，瑞士和德国建立国家资历框架的国内讨论出现了很多分歧，甚至出现了两极化的意见。本章假设欧盟有关职业教育培训的政策会对欧洲的国家培训制度产生更多的影响，即使在最不容易采用和实施欧洲职业教育培训政策的国家。

---

[1] 按照理论（Eckstein，1975），被认为"最不可能"受到欧洲化影响的案例在验证理论假设时特别有价值。这种案例支持所谓的"辛纳屈推论"（Levy，2002：44），它意味着如果欧盟能显著影响这些集体主义技能培训体系国家，那么其对其他地区的影响力更是不言而喻。

本章提出，对欧洲化的研究应该采用多层次的分析方法，以便为研究国内政治开辟足够的空间。国内政治在职业教育培训中非常重要，因为后者属于民族国家的主权范围。多层次的分析方法有几个优点。第一，它强调行动者的角色，以及行动者及其行为在欧盟政策实施中如何被建构起来。通过转移权力中心，欧盟政策在国内改革领域中建立了新的机会结构。第二，它认识到国家职业教育培训体系不是静态的制度，它们进行着独立于欧盟的变革（Trampusch，2009）。考虑国内改革的动态发展非常重要，因为欧盟对国家体系的影响"取决于一个国家是否已经进入改革过程"（Radaelli，2000）[①]。通过采用一种时间顺序导向的视角，本章重构了欧洲化进程在集体主义技能形成体系国家中呈现出的不同的速度与强度。

从方法论上看，本章属于探索性研究，采用过程追踪方法（Mahoney，2004）。笔者追溯了欧洲化的长期过程，并将这些历史描述与同一时期内国内行动者对欧盟政策的回应进行对比。本章展示了集体主义技能形成体系的特征如何调节欧盟和欧洲范围内政策的执行效果，探讨了各国不同的反应。案例对比分析使得本章能够重建集体主义技能形成体系国家中制度变迁的异同点。本章分析与本书的国家章节互相印证，后者提供了更多的历史细节。

二　欧盟的职业教育培训举措

本节简要回顾欧盟在职业教育培训领域的举措，特别关注欧洲资

[①] 值得注意的是，对欧洲化的理解并不局限于常见的因果概念，即欧盟政策对国家政策和政治的影响不断增强。我们更倾向于采用特兰普施（Trampusch，2009）的视角，将欧洲化视为一种面向结果的分析工具，用以研究与欧盟政策相符的制度变革过程。在这一概念下，并非所有国内采纳的欧盟倡议都被视为"欧洲化"。相反，我们区分了制度变革的外源性（欧盟）和内源性（国内）因素，并探讨它们在欧洲化进程中的相互作用，包括超出多层次博弈和欧洲化国家改革政治的非预期后果。这样的分析框架将欧洲化研究与比较政治学中的更广泛主题——如制度变革和资本主义多样性——联系起来。

历框架和欧洲职业教育培训学分系统的发展，解释两者为何与集体主义技能形成体系的基本原则相矛盾。传统上，教育一直由各国政府控制，属于国家自主权范围。因为职业教育培训与欧洲经济共同体（EEC）具有明显的、可观的和直接的相关性，欧盟及其前身（欧洲委员会）一直将职业教育培训视为促进欧洲合作的关键政策领域。随着时间推移，欧洲委员会及其后的欧盟在此领域详细制定了一系列政策，例如信息和人员交流、研究信息和建议的传播，特别是通过建立职业教育智库（欧洲职业培训发展中心，European Centre for the Development of Vocational Training，CEDEFOP ①），甚至用直接指令来实现其超国家目标。本部分区分了 1992 年《马斯特里赫特条约》签署前后的欧盟技能形成政策的变化。

1.《马斯特里赫特条约》签署前的欧盟政策：从煤炭钢铁到马斯特里赫特

1953 年建立"欧洲煤炭和钢铁共同体"（ECSC）的《巴黎条约》②中已经出现了技能形成相关条款（第 56 款），即欧洲煤炭和钢铁共同体

---

① 欧洲职业培训发展中心是欧盟的一个机构，成立于 1975 年，总部位于希腊塞萨洛尼基大区，在布鲁塞尔设有办事处。该中心支持制定欧洲职业教育培训政策，并为其实施做出贡献。该中心提出并直接支持欧洲关键工具的开发和实施。其专业知识有助于形成欧洲资历框架（EQF），并支持与之相关的国家资历框架（NQF），从而更容易比较不同国家的资历。该中心支持将课程和资格证书建立在学习成果的基础上，帮助开辟了验证正规和非正规学习的新途径，以及获得资格证书的新途径。其政策报告对欧洲职业教育培训政策优先事项的实施进行了监测、审查和建议，有助于确定政策方向。参见：CEDEFOP 介绍，https：//www.cedefop. europa. eu/en/about-cedefop/who-we-are。——译者注

② 《巴黎条约》建立了欧洲煤炭和钢铁共同体，将 6 个国家（比利时、德国、法国、意大利、卢森堡和荷兰）聚集在一起，部署煤炭和钢铁的自由流动，并开放生产来源。为了建立一个共同市场，该条约引入了产品的自由流动，无须关税或税收。它禁止歧视性措施或做法、补贴、国家援助或国家征收的特殊费用以及限制性做法。该条约自 1952 年起生效，有效期为 50 年，于 2002 年到期。该条约建立的共同市场于 1953 年 2 月 10 日对煤炭、铁矿石和废钢开放，并于 1953 年 5 月 1 日对钢铁开放。参见：Eur-Lex 介绍，2024 年 7 月 7 日访问，URL：https：//eur-lex. europa. eu/EN/legal-content/summary/treaty-establishing-the-european-coal-and-steel-community-ecsc-treaty. html。——译者注

应该为员工再培训提供经济资助。1957 年签署的《罗马条约》① 提出了更加具体的建议，该条约的目的是促进职业教育培训和研究领域的合作（第 41 款）、促进教育和劳动力交换项目（第 50 款）、共同认可考试文凭和资格证书（第 57 款）、加强技术和继续教育中的合作与共同资格认定（第 118 款）以及提高欧洲文化和历史知识（第 128 款）。该条约还通过了指导实施共同职业教育培训政策的一般性原则（Gillingham，2003）。由此可见，从建立之初，技能形成就是欧洲共同体愿景不可缺少的部分。

20 世纪 70 年代，欧洲委员会部长委员会的教育部部长开始会谈并呼吁采取一系列教育行动计划。首先是 1971 年确定"职业教育培训行动项目"的一般原则，其后是 1973 年"热内报告"的出台②，它呼吁形成衔接教育与经济的共同体教育政策，并以此为理由将教育纳入了欧洲委员会未来的政策，成立了研究、科学和教育总局（Directorate - General for Research，Science & Education DG 12）。该报告提出，教育应该具备一个"欧洲维度"，避免民族主义，尊重国家结构和传统，同时促进必要的"协调"。1974 年教育部部长会议通过了"关于教育合作的决议"（Resolution on Cooperation in Education），明确提出了一些基本准则。第

---

① 《罗马条约》或《欧洲经济共同体条约》（正式称为《建立欧洲经济共同体的条约》）促成了欧洲经济共同体的成立，这是欧洲共同体中最著名的一个。该条约于 1957 年 3 月 25 日由比利时、法国、意大利和西德签署，并于 1958 年 1 月 1 日生效。最初是《建立欧洲经济共同体的条约》，现在以"欧洲联盟运作条约"的名义继续存在，它仍然是现在的欧盟中最重要的两项条约之一。参见：European Parliament 介绍，2024 年 7 月 7 日访问，URL：https：//www. europarl. europa. eu/about - parliament/en/in - the - past/the - parliament - and - the - treaties/treaty-of-rome。——译者注

② 欧洲经济共同体于 1973 年委托 Henri Janne 教授组织撰写了《共同体教育政策》报告（Janne 报告），该报告将终身教育、带薪教育假等作为协调各国教育政策的基本原则。欧洲经济共同体未能按照 Janne 报告的设想就带薪教育假达成协议，这一点在当时一些成员国的公开辩论中进行了讨论。参考 Barry J. Hake. （2017）Strange Encounters on the Road to Lifelong Learning：the European Economic Community Meets Permanent Education in 1973. *History of Education* 46：4。——译者注

一，教育合作应该与欧洲委员会的经济和社会政策逐步协调。第二，教育不应该仅仅被视为经济生活的一部分。第三，应该充分尊重和考虑各个国家的传统。该决议还提出了明确的行动领域，目的是提高欧洲共同体的文化和职业教育发展水平，提高欧洲教育系统之间的透明度。具体行动领域包括收集可比较的欧洲统计数据和文件；促进高等教育机构之间的合作；增强教育文凭的认证。该决议提出，合作意味着通过更好的语言教育促进研究者、教师和学生之间的流动，并通过全面接受各种类型教育以创造更加平等的机会。

1976 年底，共同体教育行动计划开始实施，建立了一个永久性的共同体教育委员会，并确定了"促进欧洲教育系统之间联系"的行动领域。此后不久，欧律狄刻（Eurydice）信息网络①启动，而后又出现了旨在促进跨境学历互认和学习时间互认的"国家学历认证信息中心"（National Academic Recognition Information Centre，NARIC）网络（1984~2006 年），以及旨在增加学生流动和访问学习的各种项目，例如伊拉斯莫斯（ERASMUS）②。

为了提高流动性，欧洲理事会倡导对学习路径和证书进行认证，从而对通过职业教育培训所获技能进行统一的评价和描述。然而，这种定位导致了对学校培训和高等教育的评价结果优于对企业培训的评价。这一做法给开展高级技工项目的德国带来了很大的问题，德国强烈批评此类项目

---

① 欧律狄刻网络是欧洲委员会资助的欧洲教育信息网络。它由一个欧洲协调单位和一系列国家单位组成；其目的是为欧盟成员国和更广泛的欧洲地区的政策制定者提供最新可靠的信息，作为教育领域政策决策的基础。参见 Eurydice 网站介绍，URL：https：//eurydice. eacea. ec. europa. eu。——译者注

② 伊拉斯莫斯（European Community Action Scheme for the Mobility of University Students，ERASMUS）项目是欧盟的一个重要教育计划，旨在促进欧洲各国大学生和教职员工之间的学术交流和合作。该项目的全称是 Erasmus+（欧盟的整合性、教育、青年和体育）项目，它不仅覆盖高等教育领域，还包括青年交流、职业教育和成人教育等方面。参见 https：// erasmus-plus. ec. europa. eu。

（Trampusch，2008）。职业教育培训证书认证项目引发了严重的方法论和法律问题，仅仅基于认证无法实现不同国家职业教育培训体系之间的衔接。欧洲理事会更倾向于通过在各国重合的职业资格中寻找等价物的方式来解决这个问题（Trampusch，2008）。即便如此，这一过程也引发了一些成员国的抵制。

《马斯特里赫特条约》签署前，欧洲层面出现了一系列决议，如扩张项目以鼓励跨境交流和网络建设，甚至通过了共同职业教育培训政策实施的一般指导原则。在《马斯特里赫特条约》中，由于成员国希望限制欧洲委员会在教育政策方面的权威，确立了欧洲委员会政策的从属性原则和禁止"协调统一"原则（Balzer 和 Rusconi，2007）。作为回应，在《马斯特里赫特条约》签署后，欧盟尝试在"开放合作方式"（Open Method of Coordination，OMC）的旗帜下引入了软法约束机制，这在今日已经司空见惯。具有讽刺意义的是，正是这些具有较低强制性的治理机制在自愿的基础上实现了欧洲化的目标。《马斯特里赫特条约》中对"协调统一"的禁令也未能削弱欧盟的积极作用（参见 Walkenhorst，2008；Borrás，2009），事实上，情况正好相反。

2.《马斯特里赫特条约》签署后的欧盟政策

20 世纪 90 年代中期，在《马斯特里赫特条约》签署之后，欧洲委员会转向了软性治理，其政策理念转向以提升竞争力和创新为中心的经济目标。软性治理为多层次博弈留足了空间，并创造了新的机会结构，使得欧盟成员国的国内行动者可以利用欧盟政策来克服国内不同意见和反对者。这种新治理方式帮助欧盟成员国的国内行动者借此将其国内首要任务和偏好合法化。在后马斯特里赫特条约时代，尽管许多欧洲技能形成政策已经奠定了基础，欧盟还是从引起对抗风险的直接控制机制转向软性治理的指标比较，这一转变过程对实现几十年来的教育和培训目标具有特别重要的意义。这种转向在博洛尼亚进程和哥本哈根进程中尤为明显，上述两项进程促成了欧洲和欧洲以外地区教育共同体理念和目标的制度化。

1997 年的《阿姆斯特丹条约》对《马斯特里赫特条约》进行了调整，反映出欧洲议会在职业教育培训决策方面发挥了更大的影响力。但更重要的转变出现在 1998 年，法国、德国、意大利和英国的教育部长于 1998 年联合发表了《索邦宣言》，提出要"协调欧洲高等教育体系"，并提出要发展"高等学习的开放领域"，后者需要"以持续的努力来克服障碍，发展教与学的框架，以提高流动性和促进更紧密的合作"。1999 年出台的《博洛尼亚欧洲高等教育区域宣言》更加明确地阐释了欧洲化教育和培训政策的含义。考虑到技能形成政策中两个主要部门（高等教育部门和职业教育培训部门）之间的历史分歧和竞争，以及欧洲化第一个阶段给高等教育和职业教育系统带来的变化，博洛尼亚进程对集体主义技能形成体系具有特别重要的意义（Powell 和 Solga，2010，2011）。

2000 年的里斯本峰会提出了一项名为"教育和培训 2010"的计划，目的是整合欧洲层面教育培训领域内多元化的行动，包括高等教育和职业教育培训领域。基于成员国的共识，欧盟领导者提出了新的战略来实现欧洲的现代化，即欧盟必须成为"世界上最具竞争力和活力的经济体，能够通过提供更多和更好的工作及更强的社会凝聚力，实现可持续的经济增长"（欧洲委员会，2000）。为了实现这个雄心勃勃的目标，国家和政府首脑在里斯本聚集一堂，号召不仅要实现"欧洲经济的彻底转型"，而且提出了"社会福利和教育系统现代化领域具有挑战性的项目计划"（欧洲委员会，2000）。2002 年，这些领袖再次提出到 2010 年欧洲应该因其教育和培训体系的质量成为世界领导者。

哥本哈根进程聚焦技能形成体系的创新，旨在利用技能创新提高欧洲的全球经济竞争力。对许多国家来说，哥本哈根进程意味着各国应根据本国情况和传统对教育和培训体系进行根本性的变革。哥本哈根进程通过成员国之间的合作来驱动，包括分享经验、为共同目标奋斗、通过开放合作模式学习其他地区的最佳实践等方法（Falkner et al.，2005）。欧洲教育委员会和欧盟采用了开放合作模式，支持一个长达十年的工作项目。这些合作构成了欧洲共同体教育和培训领域内一个崭新的、更连贯的战略框架。本章接下来讨论哥本哈根进程的演化、主要目标，以及欧洲资历框架和欧洲职业教育培训学分系统作为外部压力与国内利益相关者群体之间的冲突。

三　哥本哈根进程

哥本哈根进程的目的是在职业教育培训领域解决里斯本战略提出的挑战。包括欧盟成员国、欧洲自由贸易组织/欧洲自由贸易联盟国冰岛、挪威和列支敦士登（但不包括瑞士），以及候选国家克罗地亚、马其顿和土耳其在内的 33 个国家，共同签署了哥本哈根宣言（2002）。该宣言明确提出在职业教育培训领域内各国要促进相互信任、提高透明度和对已获得能力与职业资格的认定、增强流动性（特别是跨境流动性，也包括社会流动性），以及促进终身学习。在哥本哈根参会的各国部长提出了提高欧洲职业教育培训合作的若干首要任务，包括促进个体流动；为职业教育培训增加欧洲维度；提高国家职业教育培训体系内部和国家体系之间的透明度、促进信息和指导交流；支持成员国发展各自的政策和实践，特别是终身学习制度；开展能力和职业资格认定，强调发展非正规和非正式学习认证的共同原则；实施发展质量认证。这些主题在随后于马斯特里赫特（2004 年）、赫尔辛基（2006 年）和波尔多（2008 年）

举行的部长级会议上得到进一步发展。

在哥本哈根进程框架下，欧盟成员国开始合作拟定具体的政策工具和共同标准。在质量保障方面，欧盟开始制定欧洲质量保障参考框架（European Quality Assurance Reference Framework，EQARF），并且开始协商用于识别和认证正式、非正规、非正式学习经历的流程。欧盟各成员国已经普及了基于学习成果原则的资格认证，同时也意识到个性化培训和学习路径的重要性。更为重要的是，欧洲资历框架和欧洲职业教育培训学分系统要求进行职业资格的跨国比较，以便在欧洲层面进行衡量和标准化。本部分聚焦对哥本哈根进程中具有潜在争议性政治过程的讨论。

欧洲资历框架旨在促进各国教育成就的比较，类似于国际标准教育分类（International Standard Classification of Education，ISCED）。欧洲资历框架本身需要经过全面修订才能充分代表欧洲各国的技能形成体系（Schneider，2008）。然而，从跨国教育表现的比较来看（例如国际学生评估计划，Programme for International Student Assessment，PISA），这种比较具有高度的政治性（Münch，2009）。在职业教育培训领域，由于能力与技能之间界限和关系的学术和政治争论仍在继续，以学习结果为基础进行比较的做法尚未得到公认（Baethge et al.，2008）。

对集体主义技能形成体系而言，这种将综合职业能力进行分解的做法挑战了集体主义技能形成制度赖以建立的"职业性原则"（vocational principle）。由于资历框架把整合的职业岗位分解为部分的技能模块，欧洲资历框架和相应的国家资历框架引发了广泛的争论，进而促进了技能形成体系的模块化（参见第二章）。

欧洲职业培训发展中心的研究比较了欧洲各国国家资历框架的实施情况，发现各国（不包括瑞士）处于发展的不同阶段：荷兰和奥地利处于设计阶段，德国接近测试阶段，丹麦处于实施阶段（CEDEFOP，2010）。欧洲职业培训发展中心的报告还指出，德国的国家资历框架是一套全面和连贯的水平描述指标（level descriptors），涵盖了所有的子系统和所有层级的教育；而丹麦的国家资历框架分为两个部分，其中较高的层次局限于高等教育；奥地利的第6级、第7级、第8级分为两个平行的部分，一部分属于高等教育，另一部分属于职业教育（Pevec Grm 和 Bjørnåvold，2010b）。这种设计对奥地利是否成功建立了从中等教育到高等教育、衔接了职业教育培训和高等教育的制度化桥梁提出了质疑（见第六章）。奥地利和德国的利益相关者在国家资历框架的准备中发挥了很大作用（Pevec Grm 和 Bjørnåvold，2010b），这引发了大量讨论，加强了对决策及其后果的反思。然而，奥地利和德国案例也表明利益相关者的参与可能带来共识，也可能导致冲突。

综上，如果说技能形成的欧洲化始于欧洲经济合作初期的职业教育培训，此后大量工作对最初提出的重点领域进行了补充，包括学位互认、高等教育合作等。事实上，近期议题强调了将职业资格、能力和学分进行标准化转换时面临的许多科学和政治挑战。

四　欧洲化的政治挑战

正如前一部分所述，欧盟在各国教育政策中的影响并未被边缘化。它的力量不仅长期存在，而且对职业教育培训的影响力越来越大。随着新治理结构在欧盟层面的演进，特别是欧洲资历框架和欧洲职业教育培训学分系统的引入，欧盟明确挑战了集体主义技能形成体系，迫使其根据新的总体性原则进行改革，即以学习结果为导向、以反映欧洲资历框架的国家资历框架的发展为导向。

为了重构欧洲化对集体主义技能形成体系可能带来的影响，本章将欧洲化的概念作为启发式工具，以便于深入探索各国对欧盟政策的回应。追随奥尔森（Olsen，2002）的方法，我们将欧洲化概念作为一个"转移注意力的工具"，而不是一个因果性的解释变量。已有研究指出，虽然欧盟在教育政策中主要采用了软性治理方式，但其影响不容置疑地作用于各国的教育系统（Witte et al.，2008；Trampusch，2009；Powell 和 Solga，2010；Busemeyer 和 Trampusch，2011）。教育政策的欧洲化现象对技能文献的核心假设提出了质疑，即国家教育系统和政策独立于超国家层面的政策制定。在分析欧洲资历框架和欧洲职业教育培训学分系统是否以及如何影响奥地利、丹麦、德国、荷兰和瑞士的职业教育培训系统之前，此处先概述本章的分析框架。

除了对欧洲一体化进程及欧盟政策制定和治理结构的分析，有关欧盟对国家制度影响的研究现在已然成为欧洲研究的核心（Radaelli，2004；Börzel，2005）。在政治学领域，欧洲化研究分析了欧盟对欧洲各国国内政策、政体和政治的影响。有鉴于早期研究主要采用了"自上而下的视角"，当前大多数研究将欧洲化视为一个"自下而上的过程"，并将国内政治与政策制定的动态发展整合到对欧盟影响力的分析之中（Börzel，2005）。这些研究认为各国的应对策略包含了一定的机动性，因此对欧洲化进程的分析需要考察参与者的行为。近来，越来越多的研究将欧洲化视为一个多层次过程，认为国内行动者将欧盟政策视为促成国内改革的机会，否则这些政策会受到国内反对派的阻挠（Woll 和 Jacquot，2008）。相关研究采用自下而上的视角，指出欧洲化可以被视为一个动态的过程，不仅受到欧盟政策和国家政策匹配程度的影响，而且受到国内行动者的战略、偏好、利益和理念的影响（Börzel，2005；Mastenbroek 和 Kaeding，2006）。有学者指出还应该考虑国内改革进程的动态发展

（Radaelli，2000），因为就欧盟的影响力而言，一个处于改革的过程中的国家能发挥很大的作用。

欧洲化概念是"一个'双层博弈'的变体"（Putnam，1988），它特别适合用来探讨不具有法律约束力的欧洲政策领域（如教育）的欧洲化进程（Büchs，2008）。在教育领域中，欧盟采用了类似于开放合作模式的软性治理方式来形成政策目标，但是国家仍然具有主权，从属性原则保证国内的政治和社会经济参与者可以确定和解释欧盟的"压力"，也能够战略性地、有选择性地在国内改革领域中运用这些压力（Büchs，2008）。为了评价这种策略性使用欧洲化进程的方式，必须深入分析国内行动者的策略、偏好、利益和理念以及它们与欧盟的关系，这种讨论成为分析欧洲化的关键起点（Radaelli，2004）。

国家资历框架的实施可能会影响职业教育培训的法律基础，但其影响力取决于国家的教育和政治传统。这些传统决定了教育子系统在衔接方式、目标、目的、设计和实施策略方面的差异，也导致了利益相关者在参与国家资历框架讨论时的观点差异（Pevec Grm 和 Bjørnåvold，2010b）。国家资历框架不是简单的技术工具，相反，它具有政治和社会维度（Pevec Grm 和 Bjørnåvold，2010a）。就其本质而言，它不是中立的工具，也不是以证据为基础的学习工具；相反，它已经成为欧盟多层次治理的重要技术（Cort，2010a）。此类欧盟项目不仅可以直接启动国家资历框架的进程，而且可以通过加强模块化等方式间接引起国家职业教育培训制度的变化，它们已经并且将持续地对国家职业教育培训制度产生越来越大的影响。

本章提出的这一观点强调了国内政治在塑造欧洲化进程中的作用，认识到国内制度（如职业教育培训制度）不是静态的制度，而是通过制度变迁逐步适应不断变化的外部环境。笔者的分析揭示出 5 个案例国家中出现的两种欧洲化模式。在德国和瑞士，国家培训政策的欧洲化受到了挑战。部分国内行动者热衷于利用欧洲资历框架和国家资历框架作为国内改革领域的新机会结构，而其他行动者反对这种做法。相反，在奥地利、荷兰和丹麦，欧洲化得到了更多的共识和支持，因为国内改革与欧洲政策匹配良好，欧盟政策适应甚至强化了国家的利益和首要任务（见第六章）。

考虑到这些差异，本章接下来将讨论集体主义技能形成体系国家中各国争论的情况。笔者特别使用案例对比分析来重构国内行动者对欧洲资历框架和欧洲职业教育培训学分系统不同的反应。然而，由于各国的改革仍在推进，本章分析只是初步的研究结果。国内行动者对欧盟政策不同的应对方式反映了集体主义技能形成体系之间的重要差异。

1. 冲突的国家：瑞士和德国

在识别技能形成领域存在欧洲化冲突的国家时，瑞士和德国属于在国家资历框架的准备过程中出现了积极政治权威和冲突的国家。尽管有相似之处，但各国都遵循自己特定的发展路径。瑞士的国家资历框架进程陷入僵局，而德国的准备过程持续向前推进。瑞士联邦职业培训机构（联邦专业教育与技术办公室，BBT）制定国家资历框架的努力由于瑞士工商联合会的抵制而以失败告终。[①] 相反，在德国，由大型企业与联邦教育和研究部组成的联盟携手克服了工会的反对。在瑞士，国家资历框架的引入由于联邦议院的否决而陷入僵局。德国对国家资历框架的争论不仅改变了权力关系，而且改变了政策形成过程的制度安排，因为雇主和联邦政府成功地主导了一场"双层博弈"。德国的雇主和联邦政府利用有关国家资历框架和欧洲职业教育培训学分系统的讨论，将国家资历框架与国内对职业教

---

① 瑞士工商联合会包括大量的小企业，这些企业的特点是家族所有权的高比例、人员密集型单位和强烈的面向国内市场的导向。例如，它包括建筑、零售贸易、肉类加工和乳制品加工。

育培训模块化的讨论衔接起来，以模块化作为解除对德国职业教育培训体系管制的工具。

（1）瑞士

瑞士不是欧盟成员国，它一直小心地维护着其数百年以来的中立地位，但是该国几乎所有的政策领域都受到欧盟的影响（Linder，2011）。在改革速度和变化深度方面，瑞士的职业教育和高等教育部门存在巨大差异。

在职业教育培训体系中，瑞士的联邦职业培训机构及其代表是欧洲资历框架和国家资历框架最有力的支持者（Longpré，2007），而瑞士工商联合会和州政府或多或少对此持怀疑态度。职业教育培训中的僵局与高等教育领域高速的适应过程形成了鲜明对比。在参与博洛尼亚进程的几十个国家中，瑞士是个"模范生"。早在 2009 年，瑞士大学代表就构建了高等教育系统的国家资历框架（CRUS et al.，2009），其目的是降低受地方控制的高等教育机构的交易成本。一开始，代表们计划为高等教育和职业教育协商建立一个共同的国家资历框架。然而，由于大学和商业阵营对如何处理更具理论导向和更具实践导向的高等教育（ISCED 5A 和 5B）的差异化问题存在矛盾，这个想法以失败告终（Meyer，2010）。值得注意的是，联邦专业教育与技术办公室将欧洲资历框架作为比欧洲职业教育培训学分系统更紧要的任务（BBT，2009a，2009b）。该办公室职业培训部主任明确提出，瑞士当前的情况是"在哥本哈根进程方面，我们仍然毫无进展"（转引自 Schlenczek，2009）。

尽管如此，在过去几年中，瑞士深入参与了欧洲教育政策进程（访谈 CH1），不仅包括专家参与和信息交换，而且成为与欧洲资历框架有关跨国项目的合作伙伴（Trampusch，2010）。国家已获经验认证项目（national Validation des acquis project，Validacquis）为瑞士劳动力非正式能力和工作场所获得的职业资格提供了评价和认证，成为国内政治的策略性工具。"试点项目的实施有助于传播信息，发展对欧洲资历框架核心概念的认知。"（Longpre，2007）在统一的国家资历框架的编制过程中，联邦专业教育与技术办公室和"工作组织"（Organizations of Work，OdA）一起参与了不同行业资历框架的编制（Bieber，2010）。

2002 年哥本哈根宣言正式生效时，瑞士未签署该协议，至今它仍保持着这一泛欧洲进程的"观察员身份"（Bieber，2010）。然而，早在 2005 年，在欧盟有关欧洲资历框架的决议颁布以前，瑞士的联邦专业教育与技术办公室就已经要求本国的职业教育培训部门对拟议中的欧洲资历框架提供一份正式声明。同样的情况发生在 2006 年欧洲职业教育培训学分系统的规划时期（Stalder，2006）。值得注意的是，由于瑞士强有力和持续的双元学徒制培训传统，联邦专业教育与技术办公室对此持怀疑态度（BBT，2009B）。

瑞士国内对欧洲资历框架和国家资历框架讨论的情况可以归纳为以下几点。第一，联邦专业教育与技术办公室是推动该国遵循哥本哈根进程并参与欧洲资历框架制定的背后推手。然而，该办公室未能成功克服瑞士工商联合会的抵制。结果是瑞士发展国家资历框架的最初尝试和努力在 2008 年初被中断（访谈 CH7）。2010 年，联邦专业教育与技术办公室开始了一项新的计划。该办公室将哥本哈根进程作为强大的推动力（Antonelli Müdespacher，2010），通过发展分类模型（Taxonomiemodell）加速了这一进程（Antonelli Müdespacher，2010）。所谓的分类模型是指将职业资格划分为知识、技能和适应瑞士职业培训背景的"可迁移能力"。从策略角度观察，这种划分成为国家资历框架的准备阶段。

第二，瑞士各州、中小型企业、工会和专业组织并不支持联邦专业教育与技术办公室的欧盟行动主义（KV-Schweiz，2005；访谈 CH4）。国家资历框架的讨论已经变得"非常具有争议性"（访谈 CH1）。瑞士工商联合会强调瑞士"不需要"一个国家资历框架（访谈 CH2）。他们宣称，联邦专业教育与技术办公室在没有充分征求利益相关者意见之前就开始积极推动这个进程（访谈 CH2）。总体而言，各州政府也持高度怀疑态度，表现出"正常的、缺乏热情的态度"（访谈 CH3）。最后，工会担忧国家资历框架会对集体工资谈判产生消极影响，因而对欧洲职业教育培训学分系统也持批判的态度（访谈 CH4）。

第三，企业立场取决于所在的经济部门（Trampusch，2010）。聘用外籍员工的银行、金融业的全球化公司，以及酒店与餐饮业企业，都支持欧洲资历框架和欧洲职业教育培训学分系统（Schlenczek，2009），而面向瑞士工人的企业仍然保持怀疑态度。例如，瑞士机械与电气工程产业协会总体上对欧洲资历框架持欢迎态度，但也表示怀疑。相比之下，瑞士工商联合会强烈批评联邦专业教育与技术办公室的单方面态度，以及瑞士工商联合会①没有被充分整合入全国性讨论的事实。在关于欧洲职业教育培训学分系统的声明中，一个代表职业教育政策中的中小企业利益的新组织，即职业教育问题商业网络（Business Network for VET Questions，SQUF）指出欧盟的举措威胁了职业性原则，欧洲资历框架并未很好地体现瑞士高等教育中传统的研究型大学与应用技术大学两大领域之间的区别。瑞士继续教育协会强烈支持欧洲资历框架和欧洲职业教育培训学分系统，因为这些举措支持进一步促进实现培训的模块化（Schläfli，2010）。

总的来说，在泛欧洲技能形成改革方面，瑞士呈现高峰和低谷并存的态势。一方面，瑞士对高等教育的标准化持支持态度；另一方面，尽管欧洲技能形成改革对其传统上层次分明、划分明确的高等教育和职业培训体

---

① 瑞士工商联合会代表了传统手工艺部门中小企业的利益。

系构成了明确的挑战（Powell 和 Solga，2011），但瑞士明确保持了对欧盟举措的中立态度。

（2）德国

作为博洛尼亚进程的初始签约国，德国 2005 年就在高等教育领域实施了国家资历框架（CEDEFOP，2009）。2007 年联邦教育和研究部尝试在职业教育培训领域建立一个学分制系统，以作为对欧洲范围实施的欧洲职业教育培训学分系统的回应（BMBF，2010）。虽然德国对国家资历框架的讨论比瑞士开展得更为深入，德国国家资历框架系统仍然充满了争议。德国国家资历框架的准备阶段开始于 2006 年，2009 年 2 月德国发表了第一份提案，名为"德国终身学习资历框架讨论提案"（AK DQR，2009）。此后，在各个行业部门中（如健康、零售、信息科技、金属/电子行业）展开了测试，持续到 2010 年 5 月。测试的结果引发了密集的讨论（CEDEFOP，2009）。

与奥地利、荷兰和丹麦一样，德国的利益相关者在咨询过程中都同意采用欧洲资历框架（Trampusch，2008）。然而，国家资历框架从一开始就引起了矛盾和分歧（Kuda 和 Strauß，2006）。乔治·汉夫和福尔克尔·赖因（Georg Hanf 和 Volker Rein，2006）认为，在讨论国家资历框架和欧洲资历框架的过程中，"清晰地表达出非常不同的利益取向"。此外，德国职业教育培训体系专家提出，欧洲资历框架的原则与德国职业教育培训体系的主要内在逻辑即"职业性原则"存在极大的矛盾（Severing，2005）。

近期德国职业教育培训体系改革的目的是支持职业性原则，可以被视为系统内部的纯粹保护主义式的适应（Kraus，2007）。这些改革包括拓展"联前职业培训体系"，该系统被称为"过渡系统"，其目的是弥补双元制体系中培训机会的长期缺乏，而实际上成为"冷却"受教育程度较低年轻人的机制（Baethge et al.，2007；Solga，2008）。产生这些冲突最主要的原因是大型企业、雇主协会和联邦政府将关于国家资历框架的讨论与双元制系统的模块化和去管制化联系在一起（Trampusch，2008）。此外，联邦教育和研究部部长明确地将国家资历框架作为提高不同教育和培训子系统之间渗透性的工具（Schavan，2008），尽管其对渗透性和教育路径的影响还有待观察。

德国企业对欧洲资历框架和国家资历框架产生了明显的分歧。多数支持模块化的大型企业雇主也支持欧洲资历框架，并参与了国家资历框架的开发过程。德国雇主协会总会利用国家资历框架的讨论，强化了它们将学徒制年限从 3 年缩短为 2 年的诉求（Woortmann，2006）。同时，德国企业雇主也强烈支持欧洲职业教育培训学分系统的发展，甚至建立了一个信息平台以在企业中推广这个工具，它们认为欧洲职业教育培训学分系统可以帮助企业"将部分职前和在职的职业培训外包到国外"（ECVET，2010）。与雇主相反，工会明确谴责国家资历框架，尤其是重要工会，如德国工会联盟、德国金属加工工会联盟和两个教师与教育工会（GEW and ver. di）。它们担心欧洲资历框架会通过职业教育培训的市场化和自由化挑战职业教育培训中的职业性原则（DGB，2005；Drexel，2005；Dehnbostel et al.，2009）。

职业教育培训创新圈是一个具有影响力的团体，它以牺牲工会影响力为代价，致力于使德国现行的职业教育培训体系适应欧洲资历框架和欧洲职业教育培训学分系统（Trampusch，2008；Busemeyer，2009）。除了联邦政府，该团体还包括工会、企业、创新教育实践代表和独立的科学家，但是不包括联邦职业教育培训研究所和它的代表，即三方核心委员会。学者强调（Thelen 和 Busemeyer，2007），职业教育培训创新圈有助于"减轻工会等潜在的蓄意阻挠者的投票权和意志力影响"。在巴登-符腾堡州政府的支持下，德国雇主协会总会向创新圈提出了对德国职业教育培训体系进行激进模块化改革的建议。

德国雇主协会总会要求政府下令进行模块化测试，但这项倡议因工会和手工业协会联盟的联合抵制而遭到了失败（Trampusch，2008）。雇主利用创新圈来进一步深化对模块化的讨论，而联邦政府将其作为在国内宣传欧盟政策的工具。2007 年 1 月，在讨论模块化问题的议会会议期间，联邦教育和研究部部长安妮特·沙万（Annette Schavan）要求德国职业教育培训体系必须与欧洲相适应（Trampusch，2009）。在欧洲资历框架的背景下，联邦政府也建立了其他机构以便于绕过像联邦职业教育培训研究所这样具有影响力的传统机构的影响，例如 2007 年 1 月成立的"联邦和联邦各州共同工作委员会"。最后，政府组建了"德国资历框架"工作小组，其成员包括联邦政府、联邦各州政府、社会合作伙伴、科学和教育机构，以及联邦职业教育培训研究所，该工作小组负责部署整个准备进程（Trampusch，2008）。

德国职业教育培训政策欧洲化的动态发展中，有几个关键点特别值得注意。在德国国家资历框架进程中，政治、冲突以及对政府和企业力量的积极运用都影响了制度改革的进程。政府和大企业雇主利用欧盟项目来改变职业教育培训政策中的权力分布，削弱了工会的影响力。此外，政策制定中新的制度安排部分替代了德国职业教育培训政策中传统的"议会"，即联邦职业教育培训研究所的三方核心委员会，而工会一直对其具有巨大的影响力。

2. 共识国家：奥地利、丹麦和荷兰

与瑞士和德国不同，奥地利、丹麦和荷兰案例中，欧盟项目与现行的改革讨论相一致。社会各界对国家资历框架的实施相对达成了共识，各参与者之间的政治冲突较少。在这些国家中，所有的利益相关者都表达出对国家资历框架的需求。迄今为止，参与者之间的冲突相对较小。下文不仅

要论证这种平稳的轨迹如何反映了这些国家职业教育培训系统中传统的共识性合作伙伴关系，还要论证国家资历框架如何跟现行的、与欧盟政策无关的国家内部改革过程相互补充。接下来，将描述资历框架和欧洲标准实施的最新进展。

（1）奥地利

奥地利集体主义技能形成体系的特征和过程对欧洲化问题及其影响具有重要意义。现行的欧洲化进程，特别是哥本哈根进程和欧洲资历框架与国家资历框架的发展，呼吁奥地利促进终身学习机制、提高不同教育路径之间的渗透性。当这些呼吁提出时，奥地利国内的行动者早已通过渐进式过程改变了技能形成体系，如通过对学徒制进行模块化改造来使职业教育培训灵活化。政府和社会合作伙伴支持以职业改革来适应双元制系统面临的诸多挑战。此外，奥地利提供的职业技能和知识水平考试，为职业培训受训者提供了接受更高层次教育（包括大学教育）的机会。职业教育培训的模块化使得双元制系统更具吸引力（Trampusch，2009），职业技能和知识水平考试和职业资格认证在职业教育培训和高等教育部门之间建立了桥梁。

奥地利职业教育培训体系的模块化对解释该国对欧洲资历框架和欧洲化进程的反应具有重要意义，因为奥地利采用了与德国完全不同的模块化方式（Trampusch，2009）。首先，由于改革计划在经济部门和教育部以及社会合作伙伴间取得了共识，行动者之间的矛盾较少。其次，奥地利的模块化是在传统的双元制原则之下改革学徒制，因此模块的定义非常广泛。其结果是，奥地利采用了渐进式的、以共识推动的方式来改革它的职业教育培训体系，使之更加适应欧洲资历框架。

奥地利的行动者如何看待欧洲资历框架进程？笔者的分析显示各方对建立奥地利国家资历框架达成了广泛的共识（更多信息参见 Trampusch，

2009）。奥地利国家资历框架的建设工作自 2006 年开始，2007 年已经成为奥地利教育政策的核心议题之一。在对欧洲资历框架协议的调研过程中，所有利益相关者都表达出对国家资历框架的需求；在对欧洲职业教育培训学分系统的调研中也是如此。2006 年夏季，奥地利已经在深入研究的基础上建立了国家资历框架工作小组，该工作小组开展了大量的深度考察工作。2007 年 2 月奥地利建立了一个全国指导小组，来监督当年秋季开展的、全国性的自下而上的调查过程。2008 年 6 月之前，政府邀请所有利益相关者表达它们对国家资历框架设计的诉求和立场。为了协助这一过程，联邦政府教育、艺术和文化部（BMUKK）以及联邦政府科学和研究部（BMWF）发表了"奥地利国家资历框架咨询报告"，该报告的撰写得到了国家职业教育培训研究机构的支持。该报告不仅描述了奥地利国家资历框架的发展进程，而且向各利益相关者提出了一系列具体的问题，政府也建议建立新的联合委员会来管理奥地利国家资历框架。

奥地利国家资历框架发展进程最显著的特征是广泛参与，参与各方之间只产生了少量的矛盾（访谈 A2，A3，A4），所有利益相关者都认为国家资历框架进程对全国的职业教育培训改革进程有利（访谈 A2）。企业雇主和工会之间的共识使得奥地利国家资历框架讨论有别于德国的情况（访谈 A2，A3，A4）。值得注意的是中小企业认为奥地利国家资历框架的引入有利于强化双元制系统，有利于提高双元制相对学校职业教育培训的吸引力（访谈 A4）。此外，5 家研究机构参与了国家资历框架的发展进程，撰写了评估报告，并发表了研究其他国家资历框架发展进程的报告。

虽然在哥本哈根进程实施的早期阶段，奥地利的实施过程延续了传统的共识性政策风格（Trampusch，2009），其国家资历框架照搬了欧洲资历框架的模式，然而，由于需要将职业教育文凭和高等教育文凭纳入同一个资历框架，导致最近该国产生了新的争论。一些人担心，在这两个部门中实施并行等级可能会削弱职业教育和高等教育之间的界限（Bernhard et al., 2010）。当国家资历框架进程在国内受到越来越多的关注时，这引起了参与者的不安和日益激烈的争论。事实上，作为完全受国家控制的最后领域之一，教育和培训政策日益引起社会合作伙伴的兴趣。即使技能形成体系现代化的改革采用了渐进的方式，这个政策领域仍然为社会合作伙伴参与政策制定提供了机会（见第六章）。无论如何，奥地利政府通过相对集权化的教育治理和财政政策保留了它对教育体系的控制权，并试图通过参与哥本哈根进程来提高国家对培训的影响力。

（2）丹麦

与双元制系统的德语国家一样，丹麦也具有悠久的学徒制传统。实际上，丹麦职业教育培训体系一直相当成功，其特点是工会和雇主组织在职业教育培训的治理中平分秋色，以及国家强有力的支持（见第七章）。社会合作伙伴参与培训的各个关键环节，从培训提供到财政资助和行政管理。过去几十年来，持续的改革提升了参与学徒制培训的青年比例，目前大约1/3的丹麦青年通过学徒制获得职业资格。此外，职业教育培训也是青年整体教育体系的重要组成部分，帮助他们从青少年向成年过渡，履行公民义务（Cort 2009）。

在阐述欧洲和丹麦职业教育培训政策之间的共性时，有学者（Cort，2009，2010b）指出丹麦政府特别是教育部，与社会合作伙伴之间的紧张关系随着哥本哈根进程加剧，但是国家资历框架的引入和实施却未遭遇公开冲突。欧洲层面政策对国家制度产生了渐进式的与日俱增的影响。当丹麦2002年担任欧盟轮值主席国时，欧洲职业教育培训标准化项目被命名为"哥本哈根进程"，这一命名凸显了欧盟的影响力，并反映在通过高技能战略来提高全球经济竞争力和增强社会凝聚力的双重目标之中。

到目前为止，在丹麦尚未出现对基于欧洲资历框架建立本国资历框架的质疑（访问 DK1）。实际上，所有的党派都支持建立国家资历框架，尽管最初的丹麦版本采用了一个不同的名称——资历框架核心，以降低来自政治反对派尤其是丹麦保守人民党对欧洲标准的潜在反对（Cort，2010b）。正如在其他许多欧洲国家一样，丹麦对哥本哈根进程的公共认知程度落后于对其他欧洲技能形成进程（如博洛尼亚进程）的认知，以至于政治家可以在不引起媒体关注的情况下推进改革。

至于社会合作伙伴，工会（丹麦工会联盟）和雇主（丹麦雇主联合会）都对欧洲层面的总体目标表示支持，认为这些政策无可挑剔（Cort，2010b）。欧洲资历框架属于自愿参与，它为解决普遍存在的问题提供了有用的工具，这降低了框架构建中的顾虑或者直接抵制（Cort，2010b）。随着时间的推移，欧洲职业教育培训政策进程的发展已经被视为理所当然，以至于欧洲项目经常被等同于现代化和发展，难以完全阻止。然而，丹麦的公开矛盾主要涉及特定职业资格在国家资历框架级别中的位置问题，因为建立资格等级在本质上会产生赢家和输家。欧洲资历框架通过允许各国自主定义、评价和构建初始培训项目和文凭的结构，使此类资历框架的使用合法化，这也是长期以来技能形成相关利益集团产生分歧的过程。

综上所述，欧洲职业教育培训政策特别是欧洲资历框架已经被整合进入丹麦的技能形成体系，国家资历框架得到了主要利益相关者的接纳。欧洲化作为一系列漫长的渐进过程，与丹麦的相关性和对丹麦的影响力逐步增强。然而，新的教育模式中对学习成果而非隐含学习内容的关注，必然要求对国家政策进行积极的调整，这为教育部提供了通过推动这个进程获得更大影响力的机会。因此，随着欧盟在大范围内建立质量保障体系以及在欧洲和其他地区促进标准化和资助流动等方面的努力，丹麦政府的行政权威得到了加强。

（3）荷兰

尽管传统上荷兰的职业教育培训比德国更加依赖于学校培训，1996年职业教育培训体系重构之后学徒制逐步兴起，大约1/3的荷兰年轻人进入学徒制项目学习（Maes，2004）。这种重新强调工作场所培训的做法是对政府资助和监管职业学校批评的回应。为了准确评估欧洲化对当前荷兰职业教育培训体系发展的影响，不可忽视1996年教育法案的重要作用，因为它将注意力转移到基于结果和模块化的资历体系，并且首次从法律上将之前分别由政府和社会合作伙伴承担的技能形成责任整合在一起，特别是整合了以学校为基础的职业教育和企业内以工作场所为基础的职业教育培训（见第四章）。

其他国家层面的发展包括义务教育延长至18周岁，强调获得国家资格证书，以及资助建立知识中心以便于认证技能和承认之前的学习成果。荷兰将职业资格证书种类的数量从600种缩减至300种，目的在于提高灵活性、促进个人职业准备和提高以知识为基础的就业能力，同时保持集体主义技能形成体系"为全面职业做准备"的特征（Brockmann et al.，2008）。正如奥地利和丹麦，荷兰在2002年以前已经开始向欧洲所青睐的技能形成改革方向前进。然而，定义国家资历框架并不意味着与广泛认同或实施基于结果的培训画等号，集体主义技能形成体系国家对能力的理解不是个人在企业的表现，而是更全面地看待既具备理论知识又有实践经验的个人。

截至2005年，荷兰技能形成的欧洲化体现在"欧洲通行证项目"（Europass）的实施。然而，在将欧洲资历框架转化为国家资历框架方面，荷兰将公共部门和私营部门纳入改革过程的进展相对缓慢（Visser，2010）。一些人认为，这是由于"主流观点"强调荷兰根本不需要以欧洲资历框架来取代原有的国家资历框架（Transeqframe，2005）。其他人认为，应批判性地看待欧洲职业教育培训学分系统和欧洲学分转化系统的差异，如果不对欧洲资历框架和它的国家多样性予以重视，就不可能成功地实施欧洲职业教育培训学分系统。由于外部和内部发展具有相似的方向，荷兰在没有遭遇重大冲突的条件下，积极地参与了哥本哈根进程。

在荷兰，"目标的多元化反映在职业教育中利益相关者的多元化方面"（Westerhuis，2007）。从劳工到教育组织再到雇主等利益相关者，都有充分的理由支持欧洲化努力，因为欧洲资历框架被视为比较或匹配技能和确保质量的工具。然而，识别和验证非正规和非正式学习的原则非常具有争议性（Transeqframe，2005）。荷兰教育部的政策是将欧洲资历框架的实施建立在荷兰既有的资历框架之上。迄今为止，这种做法和哥本哈根进程还未引起大的抵制或者忧虑，因为既定目标仍然非常笼统和抽象，而且合法性的依据如此多元化，以至于任何人都能从中受益。

欧盟的职业教育培训政策，特别是欧洲资历框架，已经在一定程度上影响了荷兰近来的发展，但是这些政策尚未得到全面的贯彻，因为内生的利益集团和发展过程更加重要。由于欧洲和荷兰的国家发展目标一致，欧洲化的影响力可能被高估了。荷兰长期为高度全球化的经济提供在国际市场上竞争所需技能，对这个具备二元制职业教育培训体系国家来说，要区分欧洲影响力和国内影响力还需要时间和进一步的研究。

（4）国家间比较

在进行不同国家比较时，究竟哪些因素导致了德国和瑞士在欧盟政策和国家资历框架之间的矛盾与冲突，以及奥地利、丹麦和荷兰在这些举措方面达成的共识？本章提出矛盾或者共识的存在可能在很大程度上依赖于国家层面改革和保守联盟之间的力量对比，以及欧盟政策引入之前独立于欧盟政策的国家改革。①

在存在矛盾和冲突的国家中，力量分配不平衡，国家资历框架的改革遭遇了反对者，职业教育培训的模块化受到了挑战。在瑞士和德国，有些行动者积极支持国家资历框架。德国的支持者包括大型企业、德国雇主协会总会、联邦教育和研究部；瑞士的支持者包括联邦专业教育与技术办公室和部分商业团体，后者主要从国外雇用员工，认为学徒流动性的提升与其利益一致。

这两个国家中，重要的国内参与者都反对引入国家资历框架，包括瑞士工商联合会和德国的行业工会。这一证据表明，在这两个国家中都有行动者明确将国家资历框架视为对传统的集体主义技能形成体系的威胁。瑞士工商联合会和德国行业工会的反对，反映了国家技能形成体系根植于特定政治环境的特征（见第三章和第五章）。瑞士的技能形成体系由企业雇主主导，工会的角色被边缘化。在德国，手工业协会和行业工会在职业培训中起到重要作用，反对意见主要来自技能形成系统中采纳了"私人利益治理"立场的利益相关者。此外，德国案例表明联邦政府和大型企业可以克服工会的阻力，而瑞士联邦专业教育与技术办公室的失败很好地说明了这两个国家政府的不同定位。瑞士联邦政府的权力远远弱于德国联邦政府，而且瑞士没有设置联邦教育部。除此之外，瑞士企业不同的政策立场取决于它们所属的经济部门，这也有助于解释瑞士国家资历框架准备进程缓慢的原因。

相反，在其他集体主义技能形成体系国家，如奥地利、丹麦和荷兰，冲突少得多，达成了更多的共识，这已成为这些国家对技能形成欧洲化过程的标志性反应。本章的案例研究表明，如果权力分布均衡（如在奥地利和丹麦），或者存在明确的主导角色（如在荷兰），那么就更有可能出现共识较多而冲突较少的情况。此外，由于这些国家在 2002 年哥本哈根

---

① 在这里，我们主要遵循特兰普施（Trampusch, 2009）的观点，还要感谢马略斯·布塞梅耶的提示。

进程推出之前的十年就已经开始向整个欧洲推崇的技能形成改革的方向发展，近期欧洲范围内的改革强化了这些国家的改革路径和动态趋势。

五 结论

国际组织角色的强化和教育政策中的多层级治理，共同要求提高对欧洲和各国教育政策制定过程的关注，特别是国际政策如何影响各国的技能形成体系（Powell 和 Solga，2010，Busemeyer 和 Trampusch，2011）。第二次世界大战后，特别是最近十年来，技能形成欧洲化的推进已经在集体主义技能形成体系国家中引起了不同的反应。这些反应取决于各国国内环境，其中既有协作努力和共识，也存在明显且持续的冲突。由此可见，欧洲化的影响尤其是欧盟的影响力远未统一。

以其对资历框架的审议和实施过程的反应来衡量，欧洲层面对各国国内技能形成制度的影响导致集体主义技能形成体系国家出现了不同的反应。如果说瑞士对国家资历框架实施的反对最激烈，那么德国进程也在重要利益集团中引起了迟疑和犹豫。相比之下，奥地利、丹麦和荷兰遭遇的批评较少，特别是考虑到它们在国内改革中取得的进展，以及对欧洲进程持续的尊重。总而言之，技能形成欧洲化在这些国家中存在分歧，在一些国家中欧洲政策得到了接受，甚至通过当下的国内改革进程使其合法化；而在另一些国家，国内利益集团和集体行动者抵制或者激烈地谴责这些外部的压力和国际发展。

本章的案例研究表明，欧洲化的动态演进反映了这 5 个集体主义技能形成体系国家之间的重要差异。在德国和瑞士，因为持有"私人利益治理"立场利益相关者的强烈反对，国家资历框架的形成过程充满了争议和冲突。德国政府的积极角色有助于克服对构建国家资历框架的阻力。而在瑞士，联邦政府的力量较弱，特别是由于它缺乏联邦教育部，这导致其国家资历框架进程陷入僵局。相反，奥地利、丹麦和荷兰采用了更具共识性的发展路径。然而，正如奥地利的案例所示，将高等教育和职业培训的国家资历纳入同一个框架可能在实施阶段引起冲突。至于未来在这些国家会出现更多的共识还是冲突，在很大程度上有赖于国家层面行动者的布局，以及国内改革进程的演化。

在接近实施阶段时，特别是当哥本哈根进程的公共认知程度和对话逐渐接近更加先进的泛欧洲高等教育政策（如博洛尼亚进程）时，当下进程中的多层级治理可能会引起更多的抵制。具有讽刺意味的是，欧洲层面的职业教育培训项目和计划从一开始就是欧盟政策的标志。迄今为止，即使在集体主义技能形成体系国家，高等教育系统已经更加快速和彻底地实施了欧洲标准。如前所述，随着国家资历框架的不断完善，欧洲化的这两个进程已经逐步合流。至于这两个项目的实施是否会对高等教育部门和职业培训部门的关系产生相似的效果，将取决于各国国内改革的动态发展。

尾注

1. 我们要感谢马略斯·布塞梅耶、卢卡斯·格拉夫和安尼亚·贾科比的评论。应访谈伙伴的请求，与领域内的专家和行动者的访谈仅以代码形式引用。这些访谈是在 2008 年至 2010 年进行的。

参考文献

Arbeitskreis Deutscher Qualiikationsrahmen（AKDQR）（2009）. Discussion Proposal for a German Qualiications Framework for Lifelong Learning. Prepared by the German

Qualiications Framework Working Group, http://www.deutscherqualiikationsrah -
men. de (accessed December 2, 2010).

Antonelli Müdespacher, L. (2010). Europäische Zusammenarbeit als Chance für die
Positionierung der höheren Berufsbildung. Berne: BBT, http://www. bbt. admin. ch
(accessed December 2, 2010).

Baethge, M., Solga, H. and Wieck, M. (2007). Berufsbildung im Umbruch. Berlin:
Friedrich-Ebert-Stiftung.

—— Achtenhagen, F. and Arends, L. (2008). "How to Compare the Performance of
VET Systems in Skill Formation. " In K. U. Mayer and H. Solga, eds., *Skill
Formation: Inter - disciplinary and Cross - National Perspectives*. Cambridge:
Cambridge University Press, 230-254.

Balzer, C. and Rusconi, A. (2007). "From the European Commission to the Member
States and Back? A Comparison of the Bologna and Bruges-Copenhagen Processes. "
In K. Martens, A. Rusconi and K. Leuze, eds., *New Arenas of Educational
Governance*. Houndsmills: Palgrave, 57-75.

Bernhard, N., Graf, L. and Powell, J. J. W. (2010). "Wenn sich Bologna und
Kopenhagen treffen. Erhöhte Durchlässigkeit zwischen Berufs-und Hochschulbildung. "
WZB Mitteilungen 130: 26-29.

Bieber, T. (2010). "Europeà la Carte? Swiss Convergence towards European Policy
Models in Higher Education and Vocational Education and Training. " In M. R.
Busemeyer and C. Trampusch, eds., Berufsbildungs - und Hochschulpolitik in der
Schweiz, Österreich und Deutschland. Special issue. *Swiss Political Science Review* 16
(4): 773-800.

Borrás, S. (2009). "The Politics of the Lisbon Strategy: The Changing Role of the
Commission. " *West European Politics* 32(1): 97-118.

Börzel, T. A. (2005). "Europeanization: How the European Union Interacts with its
Member States. " In S. Bulmer and C. Lequesne, eds., *Member States and the
European Union*. Oxford: Oxford University Press, 45-69.

Brockmann, M., Clarke, L. and Winch, C. (2008). "Knowledge, Skills, Competence:
European Divergences in Vocational Education and Training (VET)—The English,
German and Dutch Cases. " *Oxford Review of Education* 34(5): 547-567.

Büchs, M. (2008). "The Open Method of Coordination as a 'Two-Level Game. '" *Policy
& Politics* 36(1): 21-37.

Bundesamt für Berufsbildung und Technologie (BBT) (2009a). Der Kopenhagen -
Prozess—in Kürze. http://www. bbt. admin. ch(accessed December 2, 2010).

—— (2009b). European Credit System for Vocational Education and Training (ECVET)—In Kürze. http://www. bbt. admin. ch (accessed December 2, 2010).

Bundesministerium für Bildung und Forschung (BMBF) (2010). DECVET—Development of a Credit System for Vocational Education and Training in Germany, http://www . decvet. net/en/Home/site_ _ 2 (accessed December 2, 2010).

Busemeyer, M. R. (2009). Wandel trotz Reformstau: Die Politik der beruflichen Bildungseit 1970. Frankfurt a. M. : Campus.

—— Trampusch, C. (2011). "Comparative Political Science and the Study of Education." *British Journal of Political Science* 41(2): 413-433.

Copenhagen Declaration (2002). Declaration of the European Ministers of VET and the EC Convened in Copenhagen on November 29 to 30, 2002, http://ec. europa. eu/education/vocational-education/doc1143_ en. htm (accessed January 17, 2011).

Cort, P. (2009). "The EC Discourse on Vocational Training." *Vocations and Learning* 2 (2): 87-107.

—— (2010a). "Stating the Obvious: The European Qualiications Framework Is Not a Neutral Evidence-Based Policy Tool." *European Educational Research Journal* 9(3): 304-16.

—— (2010b). "Europeanization and Policy Change in the Danish VET System." *Research in Comparative and International Education* 5(3): 331-343.

CRUS, KFH, co-hep (2009). Qualiikationsrahmen fürden schweizerischen Hochschulbereich nqf. ch-HS vom gemeinsamen Leitungsausschuss der drei Rektorenkonferen-zen (la-rkh. ch) z. H. des Staatssekretariats für Bildung und Forschung verabschiedet am 23. November 2009.

Dehnbostel, P. , Neß, H. and Overwien, B. (2009). Der Deutsche Qualifikationsrahmen (DQR)—Positionen, Reflexionen und Optionen: Gutachten im Auftrag der Max - Traeger - Stiftung. Frankfurt: GEW, http://www. gew. de/Binaries/Binary53775/DQR-Gutach-ten. pdf (accessed December 2, 2010).

Deißinger, T. (1994). "The Evolution of the Modern Vocational Training Systems in England and Germany: A Comparative View." *Compare* 24(1): 17-36.

Deutscher Gewerkschaftsbund (2005). Stellungnahme des Deutschen Gewerkschaftsbundes (DGB) zum Konsultationsprozess, http://ec. europa. eu/educa - tion/policies/educ/eqf/results/dgb_ de. pdf (accessed December 2, 2010).

Drexel, I. (2005). Das Duale System in Europa. http://www. igmetall-wap. de/public-download/Gutachten_ Drexel. pdf (accessed December 2, 2010).

Eckstein, H. (1975). "Case Study and Theory in Political Science." In F. Greenstein and

N. Polsby, eds. , *Handbook of Political Science*. Boston: Addison-Wesley, 79-138.

ECVET (2010). European Credit System for Vocational Education and Training. http://www. ecvet. de/c. php/ecvetde/ecvet_ inhalt/info. rsys (accessed December 2, 2010).

European Centre for the Development of Vocational Training (CEDEFOP) (2009, 2010). The Development of National Qualifications Frameworks in Europe. Luxembourg: Publications Ofice of the European Union.

European Council (2000). Presidency Conclusions. http://www. consilium. europa. eu/ue-docs/cms_ data/docs/pressdata/en/ec/00100-r1. en0. htm (accessed December 2, 2010).

—— (2003). Presidency Conclusions. http://www. consilium. europa. eu/uedocs/cms_ data/docs/pressdata/en/ec/75136. pdf (accessed December 2, 2010).

Falkner, G. , Treib, O. , Hartlapp, M. and Leiber, S. (2005). *Complying with Europe*. Cambridge: Cambridge University Press.

Gillingham, J. R. (2003). European Integration, 1950 - 2003. Cambridge: Cambridge University Press.

Hanf, G. and Rein, V. (2006). "Nationaler Qualiikationsrahmen—eine Quadratur des Kreises?" BWPAT 11: 1 - 19. http://www. bwpat. de/ausgabe11/hanf _ rein _ bwpat11. shtml (accessed December 2, 2010).

Kaufmännischer Verband Schweiz (KV-Schweiz) (2005). Stellungnahme des Kaufmännischen Verbandes Schweiz zur Arbeitsunterlage der EU-Kommission "Auf dem Weg zu einem europäischen Qualiikationsrahmen für Lebenslanges Lernen. " http://www. kvschweiz. ch/graphics/Synkron - Library/Allg _ kurzfristiges/Stellungnahme - EQF-KVSchweiz. doc (accessed May 5, 2008).

Kraus, K. (2007). "Die ' berufliche Ordnung' im Spannungsfeld von nationaler Tradition und europäischer Integration. " *Zeitschrift fürPädagogik* 53(3): 382-398.

Kuda, E. and Strauß, J. (2006). "Europäischer Qualiikationsrahmen: Chancen oder Risiken für Arbeitnehmer und ihre berufliche Bildung in Deutschland?" *WSIMittei - lungen* 59(11): 630-637.

Levy, J. S. (2002). "Qualitative Methods in International Relations. " In F. P. Harvey and M. Brecher, eds. , *Evaluating Methodology in International Studies*. Ann Arbor: University of Michigan Press, 432-454.

Linder, W. (2011). "Europe and Switzerland: Europeanization without EU - member - ship. " In C. Trampusch and A. Mach, eds. , *Switzerland in Europe: Continuity and Change in the Swiss Political Economy*. London and New York: Routledge, 43-59.

Longpré, M. (2007). "TransEQFrame: WP3 Intermediate Report—Switzerland. " Berne:

Federal Ofice for Professional Education and Technology, http://www. transeqframe. net/Report_ and_ outcomes/Policy/National%20reports/policy_ nr_ su. pdf (accessed December 2, 2010).

Maes, M. (2004). Vocational Education and Training in the Netherlands: Short descrip‐ tion. Rev. edn. CEDEFOP Panorama series 96. Luxembourg: Ofice for Oficial Pub‐ lications of the European Communities.

Mahoney, J. (2004). "Comparative‐Historical Methodology. " *Annual Review of Sociology* 30: 81‐101.

Mastenbroek, E. and Kaeding, M. (2006). "Europeanization Beyond the Goodness ofFit: Domestic Politics in the Forefront. " *Comparative European Politics* 4(4): 331‐354.

Meyer, S. (2010). "DerKopenhagen‐Prozess in der Schweiz. Konflikte um die Errichtung eines Nationalen Qualiikationsrahmens. " Unpublished manuscript. University of Berne.

Münch, R. (2009). Globale Eliten, lokale Autoritäten: Bildung und Wissenschaft unter dem Regime von PISA, McKinsey & Co. Frankfurt a. M. : Suhrkamp.

Olsen, J. P. (2002). "The Many Faces of Europeanization. " *Journal of Common Market Studies* 40(5): 921‐952.

Pevec Grm, S. and Bjørnåvold, J. (2010a). "Development of National Qualiications Frameworks (NQFs) in Europe. " *EQF Newsletter April*: 9.

—— (2010b). "Development of National Qualiications Frameworks (NQFs) in Europe: Cedefop Overview—June 2010. " EQF Newsletter July: 6‐7.

Powell, J. J. W. and Solga, H. (2010). "Analyzing the Nexus of Higher Education and Vocational Training in Europe: A Comparative‐Institutional Framework. " *Studies in Higher Education* 35(6): 705‐721.

—— ——(2011). "Why Are Participation Rates in Higher Education in Germany So Low? Institutional Barriers to Higher Education Expansion. " *Journal of Education and Work* 24(1): 49‐68.

—— Bernhard, N. and Graf, L. (forthcoming). The Emergent European Model in Skill Formation: Comparing Higher Education and Vocational Training in the Bologna and Copenhagen Processes. Sociology of Education.

Putnam, R. D. (1988). "Diplomacy and Domestic Politics: The Logic of Two‐Level Games. " *International Organization* 42(1): 121‐148.

Radaelli, C. M. (2000). "Whither Europeanization? Concept Stretching and Substantive Change. " European Integration Online Papers 4(8), http://eiop. or. at/eiop/texte/ 2000‐008a. htm (accessed December 15, 2010).

—— (2004). "Europeanization: A Solution or Problem?" European Integration online

Papers 8 (16), http: //eiop. or. at/eiop/pdf/2004 - 016. pdf # search =% 22% 22Europeanization% 3A % 20Solution % 20or% 20Problem% 3F% 22% 22 (accessed December 2, 2010).

Schavan, A. (2008). Der Deutsche Qualiikationsrahmen für Lebenslanges Lernen: Erwartungen und Herausforderungen. http: //www. bmbf. de/pub/mr_ 20080305. pdf (accessed December 2, 2010).

Schläfli, A. (2010). Der EQR und das modulare System. Presentation at the ModuQua conference, Zurich, Switzerland, http: //www. moduqua. ch/images/pdfs/andr% E9_ schl%E4fli_ moduqua 1 4 2010. pdf (accessed December 2, 2010).

Schlenczek, G. (2009). "Kopenhagen-Prozess: Die Zeit drängt. " htr hotel revue 43: 9. http: //www. htr. ch/fokus/kopenhagen - prozess - die - zeit - draengt - 17000. html (accessed December 2, 2010).

Schlögl, P. (2008). "Perspektiven des nationalen Qualiikationsrahmens in Österreich: Vertikale Durchlässigkeit und Anerkennung informellen Lernens. " In H. Neß and T. Kimmig, eds. , Kompendium zu aktuellen Herausforderungen beruflicher Bildung in Deutschland, Polen und Österreich. Frankfurt a. M. : DIPF, 94-7.

Schneider, S. L. , ed. (2008). The International Standard Classification of Education (ISCED - 97): An Evaluation of Content and Criterion Validity for 15 European Countries. Mannheim: Mannheimer Zentrum für Europäische Sozialforschung.

Severing, E. (2005). "Europäische Zertiizierungsstandards in der Berufsbildung. " Zeit- schrift für Berufs-und Wirtschaftspädagogik, Supplement 3(5): 1-22.

Solga, H. (2008). "Lack of Training. " In K. U. Mayer and H. Solga, eds. , *Skill Formation: Interdisciplinary and Cross-National Perspectives*. New York: Cambridge University Press, 173-204.

Stalder, M. (2006). "Der Kopenhagen-Prozess und die Schweiz. " Die Volkswirtschaft. Das Magazin für Wirtschaftspolitik 3: 59-62.

Thelen, K. and Busemeyer, M. R. (2007). From Collectivism toward Segmentalism: Skill Regimes and Trends in German Vocational Training. Paper presented at the SASE conference, Copenhagen, Denmark.

Trampusch, C. (2008). "Jenseits von Anpassungsdruck und Lernen: Die EU-Berufsbil- dungspolitik und die Europäisierung der deutschen Berufsbildungspolitik. " *Zeitschrift für Staats-und Europawissenschaften* 6(4): 577-605.

—— (2009). "Europeanization and Institutional Change in Vocational Education and Training in Germany and Austria. " *Governance* 22(3): 369-395.

—— (2010). "The Politics of Institutional Change: Transformative and Self-Preserving

Change in the Vocational Education and Training System in Switzerland. " *Comparative Politics* 42(2): 187-206.

Transeqframe (Trans-European Qualiications Framework Development) (2005). Coun-try Report WP 3: The Netherlands. http://www. transeqframe. net/Report_ and_ out-comes/Policy/National%20reports/policy_ nr_ nl. pdf (accessed December 2, 2010).

Visser, K. (2010). Overview of the Dutch Vocational Education and Training System. Refer-Net Country Report 8 (Autumn). ' s - Hertogenbosch: ECBO (Centre for Expertise in Vocational Education and Training).

Walkenhorst, H. (2008). "Explaining Change in EU Education Policy. " Journal of European Public Policy 15(4): 567-87.

Westerhuis, A. (2007). "The Role of the State in Vocational Education: A Political Analysis of the History of Vocational Education in the Netherlands. " In L. Clarke and C. Winch, eds. , *Vocational Education: International Approaches, Developments and Systems*. London: Routledge, 21-33.

Wiborg, S. and Cort, P. (2009). "The VET System in Denmark. " In G. Bosch and J. Charest, eds. , *Vocational Training*. London: Routledge, 84-109.

Witte, J. , van der Wende, M. and Huisman, J. (2008). "Blurring Boundaries: How the Bologna Process Changes the Relationship between University and Non - University Higher Education in Germany, the Netherlands and France. " *Studies in Higher Education* 33(3): 217-231.

Woll, C. and Jacquot, S. (2008). Strategic Action in the European Union. Paper pre-sented at the ECPR joint sessions workshop "Does European Integration Theory Need Sociology?" Rennes, France.

Woortmann, G. (2006). "Alte Denkmuster verlassen: Überlegungen zur Entwicklung einer attraktiven und EU - kompatiblen Aus - und Weiterbildung. " *Berufsbildung in Wissenschaft und Praxis* 35(5): 54-57.

结 论

12 技能与政治:通用与专用技能之争

沃尔夫冈·斯特里克

技能和技能形成已经成为当今政治经济学的中心议题。在本章中，笔者将追溯学术争论的核心概念，尤其是通用技能和专用技能的区别，回溯到其在美国第二次世界大战战后的劳动力经济学、比较劳资关系和人力资本理论中的起源。为了说明这些概念如何在不同时间和不同学科间发展演变，笔者将它们与其他对工作技能的二元性划分联系起来讨论，例如理论技能与经验技能、高技能与低技能、广泛技能与狭窄技能、显性技能与隐性技能（Tacit skill）①、非功能性技能与功能性技能、可认证技能与不可认证技能等。本章的目的是阐释这些概念如何被用来作为功能主义与理性选择理论的基础。换言之，这些概念构成了政治经济学福利国家发展的"生产制度"理论（Soskice，1999）、"资本主义多样性"理论（Hall 和 Soskice，2001b）、"资产"理论（Iversen 和 Soskice，2001）以及普遍意义上的资本主义政治理论②。

需要强调的是，之所以存在没有福利制度或者只提供少量福利制度的"自由主义"国家，并不是因为这些国家的工人具备各自经济体特定生产模式需要的通用技能，也不是因为具备这些技能的工人出于合理的经济原因能够欣然接受缺乏社会保障的状况。换言之，笔者认为所谓的"市场经济"（Hall 和 Soskice，2001a）中的"资产理论"（Iversen 和 Soskice，2001；Cusack et al.，2006，2007），既没有现代资本主义的政治历史基础（Korpi，2006），也没有国家技能及技能形成模式与劳动力市场、劳工组织、工会结构、雇主组织和企业战略选择等因素之间相互作用的现实依据。这些理论对技能和技能形成方式存

① 隐性技能或缄默技能，与形式化、编码化或显性技能相反，是难以表达或提取的技能。因此，通过写下来或用言语表达来传递给他人会更加困难。缄默技能包括运动技能、个人智慧、经验、洞察力和直觉。
② 本章将生产制度理论、资本主义多样性理论、资产理论这三个表达用作同义词，因为它们所参照的理论以相同的方式解释技能与政治经济制度之间的关系。

在误解，这种误解源于对人力资本理论不加批判地接受，以及理性主义者对政治和经济关系、对社会结构和经济效率压力关系的误解。

一 熟练和非熟练技能

技能和技能形成从一开始就是英美劳动经济学的核心。最初，劳动经济学是制度经济学的一个分支，并逐渐渗透到劳资关系研究中，后者聚焦集体谈判以及它与劳工组织、劳动力市场和生产安排灵活性之间的关系（Kerr，1954；Kerr et al.，1960；Dunlop，1993）。英美劳动力市场的结构强调，技能的基本区别存在于熟练劳动力和非熟练劳动力之间。在典型的英美模式中，熟练工人组织"手工业者工会"，而非熟练工人最初是无组织的，后来在"第二波工会化"浪潮中进入了独立的"通用性"或"产业"工会。①在英国和美国早期工业化经济体中，手工业者工会或多或少地以中世纪行会的现代继承者的身份出现，它们的功能等同于小型企业协会。例如，最初它们反对集体谈判，倾向于单方面发布"价格"，即"行业"所擅长的不同"工作"的价格，这被其政治和法律对手视为"反对自由贸易的阴谋"。

随着工厂规模的扩大和工业企业的合并，手工业者工会的成员逐渐从分包商变为雇员或者工资工人。在其他诸多方面，手工业者工会仍然保持着类似商业卡特尔的行为方式。在其控制的领域中，工会能够在很多方面对雇主发号施令。它们掌握甚至拥有其成员所擅长的技能，工会渴望在使用这些技能的工作安排中建立类似于产权的制度。工人只能通过工会提供的排他性学徒制获得技能，这使得工会能够控制进入其行业的人数，并由

---

① 类似的观点，参见 Culpepper 和 Thelen（2008）。关于不同国家工会主义历史及工会采取的各种形式的简要概述，参见 Streeck（2005）。一个经典的劳工历史文本来自 Kendall（1975）。

此维持较低的熟练工人供给和较高的熟练工人工资。手工业者工会也组织工作交流，并使雇主遵守工作场所的分工，即标准化的"工作划分"（job demonstration），这种分工符合工会及其成员的技能。如果工会能够成功地将同样的工作划分强加给所有的雇主，就可以确保工会成员在大量工作场所中运用其技能，并使得此类技能可以在雇主间转移，赋予工人在工作条件不尽如人意时辞职的选择权。

手工业者工会取得的最高成就是"封闭车间"（closed shop）。这意味着为获得手工业者工会控制的技能，雇主必须同意仅聘用工会成员，即接受了工会的学徒制培训并获得了"工会卡"的工人。雇主不得通过聘用不属于工会的工人或者改变工作的组织方式（经常是通过引用新技术）来"稀释技能"，从而使工作由非熟练工人来完成。手工业者工会在工作场所非常强大，特别是在英国和美国的部分地区，它们往往在政治上倾向于保守（Markes，1989），它们对政府的要求是通过自由集体谈判来维护自己的权利。因此，英国手工业者工会长期站在自由党一边，未意识到它们需要一个政党来代表劳工的利益。由于它们的成员通常事业成功，工会对公共福利的提供也不感兴趣。在这个问题上，它们倾向于依靠自己的力量，经营互助基金，为处于困境中的成员提供"慈善机构"式的帮助。

19世纪末期，随着"非熟练"或"一般"工人队伍的膨胀和组织化的努力，手工业者工会对新兴的"第二代"产业工会采取了怀疑甚至敌视的态度，因为后者试图代表各行各业不同技能的工人。它们推动了工资的均等化，致力于组织政治行动和呼吁国家干预，并且支持社会主义运动和党派。由于手工业者工会已经奠定了良好的基础，基础更广泛的产业工会很难将熟练工人整合起来，正如美国产业工业联合会（Congress for Industrial Organizations，CIO）与美国劳工联合会（American Federation of

Labor，AFL）的关系一样，产业工会不得不面对手工业者工会对工资差异或"相对性"和"工作领域"强有力的保护，对私有和党派意识根深蒂固的偏好，以及对公共和普遍福利提供的反对。尽管新兴产业工会采用了与其老牌工会类似的运作方式，例如将论资排辈和晋升阶梯作为技能和学徒制的替代品，将工会车间（union shop）作为封闭车间的替代品，依赖于内部而不是外部劳动力市场，但是这两类工会之间的分歧持续存在，且带来了政治后果。

在工业时代的鼎盛时期，英美劳动经济学开始区分手工艺技能和通用技能。一方面，手工艺技能属于高端技能，但是范围狭窄，具有特定性。尽管它们能够在不同工作场所之间迁移，本质上主要是工人们通过集体行动与雇主就工作场所的组织和雇用方式进行角力的成果。另一方面，通用技能的范畴非常广泛，具有非特定性，在任何需要手工和体力劳动的行业中都可以广泛使用。工会要求在内部劳动力市场中提供基于就业岗位和资历的权利，而不是迫使雇主对工作的组织形式进行标准化以提高劳动力在工作场所之间的流动性、以便于避免工会成员按照雇主的意愿在低水平和非特定的工作岗位之间持续流动。无论是手工艺技能还是通用技能，都需要通过一套复杂的制度来划分劳动力市场，确定边界和进入点，规范获得技能资历和就业的途径，以及确定技能的广度和劳动力市场的范围（Kerr，1954）。

最迟在20世纪60年代和70年代，英美两国的技能模式及其分配和生产方式已经反映在形形色色的工会主义、劳动力市场的横向和纵向分割，以及工作场所僵化的工作划分中。在变化的世界经济中，它们逐渐被视为不利于竞争的因素（Flanagan et al.，1983），加速的技术变革导致工作领域纠纷和工资差异冲突的加剧。除非得到异同寻常的高额奖金，否则熟练工人经常拒绝操作新机器，特别是在英国。在美国，非熟练工人缺乏必要的产业能力，转而采取激进的集体工资谈判。这导致英国和美国的工业生产力落后，产品和生产过程的创新受到僵化的工作车间环境的制约。因此，管理层日益希望用自动机器代替劳工。20 世纪上半叶，英美企业开始采用强调劳动效率和工业标准化的泰勒主义，并转向全自动工厂。在日益饱和的国际市场中，保持竞争力的关键在于产品差异化和灵活的小批量生产（Sorge 和 Streeck，1988），但大规模生产持续存在。然而，英美两国普通工人的技能水平不足，熟练工人数量太少，且后者技能过于狭隘和专门化①。手工业者工会传统的培训体系日益退化，这表现在将女性和少数族裔排除在学徒制之外，将学徒制期限延长至 7 年，将培训内容简化成为"工匠的助手"来"节约时间"，将技能从"个体从事挑战性工作的能力"重新定义为"在进行特定活动时被雇用的权利，而一旦被雇用，就拒绝从事任何其他活动"。

二 *广泛和狭隘技能*

20 世纪 70~80 年代，英美劳资关系研究和人力资源管理研究开始采用比较视角，特别关注德国和日本等新兴工业化强国。本章聚焦德国，尽管日本在诸多方面与德国的表现同样出色，但本书主题是集体主义的多雇主技能形成体系，这与日本盛行的以企业为基础的技能培训不同（Streeck 和 Yamamura，2001；Yamamura 和 Streeck，2003）。一般来说，德国产业在吸收技术变革、工业组织和产业重组方面比英美表现得更佳，因而德国熟练工人很快吸引了理论界的注意力（Dertouzos et al.，1989）。这些熟练工人不仅拥有高端和广泛的技能，能够接受开放和由公共部门监管的学徒制

---

① 关于手工业者工会及其"限制性做法"，尤其是在英国，参见 Flanders（1970）。

培训，并且供给充足，有时产业劳动力几乎全部由熟练工人构成。此外，德国内部劳动力市场易于再培训和再安置工人。同时，德国工人具有经过认证的可迁移技能，能在外部劳动力市场中保持很高的流动性。德国不仅比英美拥有更多的熟练工人，而且其专门化程度较低。

这一观察与德国劳资管制的一系列制度特征相关，而后者又与20世纪70年代的自由（新）法团主义有密切的关系（Schmitter，1974；Lehmbruch，1977）。劳资管制的内容包括由包容性的"产业工会"将熟练工人和非熟练工人组织起来；强有力的雇主组织和产业层次的集体谈判缩小了熟练工人和非熟练工人的工资差距；缺少对工作岗位所有权的强调，使得工作场所冲突减少；任务分配的灵活性较高，以及对新技术接纳的加速等。这些因素与利益的代表结构相关，这种结构有效地将工作场所和产业层面对工作条件的规范分开，将工人委员会与工会分开，将工作场所与分配性冲突分开（Streeck，1984）。

德国的职业教育培训系统与集体工资谈判一样，是产业层面联合规制的重要领域，尽管这一点不容易被注意到，从外部也很难理解（Streeck et al.，1987；Streeck和Hilbert，1991）。与工资设定过程类似，工会与雇主一起构造了一个复杂的"规则之网"（Dunlop，1993），国家对其认证和监督。总而言之，德国的政府、工会与雇主合作共同运营并不断更新全国的职业和职业培训规范系统。职业培训规范系统通过公共监督的技能考核和认证，原则上允许工人在全国范围内的行业劳动力市场中无限流动。此外，与英美不同，德国企业显然更愿意对员工技能发展投入大量资金，包括发展广泛的可迁移技能；行业工会不仅容忍通用技能升级，而且不间断地为所有工人呼吁和提供更加广泛和更好的培训。因此，德国企业可以从几乎无限的高技能工人供给和工作场所灵活的劳动力配置中获益。这使得德国企业利用新的微电子技术机遇摒弃大规模生产，以更加复杂、更加适应客户需求的多元化的高质量产品取而代之，而不是消除劳动力对竞争优势的影响（Piore 和 Sobel，1984；Sorge 和 Streeck，1988；Streeck，1991）。

正是在这样的背景中，德国职业培训成为众多比较劳资关系、法团主义和政策研究的灵感来源。在劳资关系研究中，英美与德国的差异和相似之处引发了一系列引人入胜的在理论上成果丰富的研究问题。例如，德国"手工业"和英语"手工艺"的区别，或者说手工艺和岗位技能的差异。英美的劳资关系研究者震惊地注意到技能不一定是稀缺的和精英化的。高技能可以是充足的、内容宽泛的分布广泛的，且与手工业制度下的技能相比，限制性和特定性较低。技能不仅能够提高外部劳动力市场的灵活性和流动性，也能提高内部劳动力市场的灵活性。高工资差距不是吸引工人接受培训的唯一方式，工会可以不通过工作岗位所有权、论资排辈的权力等"限制性实践"有效代表成员的利益（Finegold，1993；Crouch et al.，1999）。

在法团主义研究领域，德国的培训系统成为相信"私人利益治理"能够补充公共政府治理的关键案例（Streeck 和 Schmitter，1985）。有学者相信制度化工会可以代表其成员的利益，对其成员或者社会都有益处。一些研究者认为，"德国模式"中的协作技能提升战略可作为捍卫产业工会力量和政治地位、对抗新自由主义潮流的一种有希望的方式（Streeck，1992；Rogers 和 Streeck，1994）。德国职业培训也成为新兴政治经济学中历史制度主义的关键研究领域。该领域的研究力图解释德国与英美明显不同又相互关联的技能形成模式，如何从共同的前工业化历史中产生却遵循不同的国家制度发展路径，以及这个过程如何受到工业化时机、政治和权力变化以及不同类型政府干预的持久历史影响。这个领域中一个仍然无人匹敌的标志性成果是凯瑟琳·西伦的原创性著作，即《制度是如何演化的》（2004）。

在政策研究领域，德国职业培训迅速成为学者心目中的理想模型。这些研究者认为：为了克服英美国家的"低技能均衡"困境（Finegold 和 Soskice，1988），美英雇主必须更多投资于工作场所的技能形成，而不是为新员工提供几个小时或者几天的"试车"培训。欧盟也仿效德国，力图提出一种共同欧洲职业教育培训模式，努力推动欧洲成为具有全球竞争力的高技能经济体。欧盟为此成立了一个特殊机构，即欧洲职业培训发展中心（CEDEFOP）。事实很快证明，要将一个影响如此深远、触及国家政治经济和集体主义技能形成体系的制度进行跨越国界的移植，是一个乌托邦式的项目。这种制度的有效运行太过于依赖互补性制度，如劳动力市场管制和工作场所的利益代表机制，以及更为一般的支持性的政治、制度和文化环境。实际上，20 世纪 90 年代，美国和英国最终放弃了产业技能升级，也放弃了产业工人阶级。相反，它们采纳了加速向"服务业经济"转型的策略，该策略依赖于完全不同的技能，包括完全放松管制的金融部门需要的技能[1]。

三　通用和专用技能

在英美劳动经济学传统中，专用技能指手工艺技能，其特点是水平高但稀缺且狭隘；仅在明确划分的工作领域、在工会的工作控制条件下具有

---

[1]　在 20 世纪 90 年代初的美国，公众普遍认为，为了重新获得工业领导地位并捍卫其国际竞争力，该国必须采取大规模的国家战略来提升工作技能（其他许多人见 Dertouzos et al.，1989；Hamilton，1990；Thurow，1992；Solmon 和 Levenson，1994）。1993 年 1 月克林顿政府上台时，劳工部部长罗伯特·赖克开始制定全面改革工人培训的计划。尤其是，培训改革被视为消除美国公民之间日益加剧的不平等的总体努力的一部分，这一努力包括可能引入基于法律的劳动力代表制度（Freeman，1994）。所有这一切都随着民主党在 1994 年中期选举中的灾难性失败而突然结束。在随后的几年里，由于社会改革在政治上受到阻碍，克林顿和他的顾问们将经济繁荣的希望寄托在放松金融管制上，这是共和党人乐于支持的政策（斯蒂格利茨，2003）。如今，在以信贷代替培训的策略导致 2008 年及以后的大衰退之后，一些人认为这是一个历史错误，因而再次听到了教育和社会改革的呼声（Rajan，2010）。

流动性；永远冒着在技术上过时的风险。通用技能或者称为"普通劳动力"拥有的技能，通常是水平低且供给充足，具备此种技能的工人可以在广泛的"非熟练"就业岗位中工作。具备通用技能的工人迫切需要法律或者集体协议提供社会保障，但是老牌手工业者工会对自由和开放劳动力市场有着根深蒂固的偏好，且在劳资关系中处于统治地位，具备通用技能的工人很难获得这种保障。相比之下，一方面，德国出现了高水平同时也是非常专门化的技能，不仅分布更广而且在通常情况下内容更加宽泛，比英美手工艺技能更广泛、更具普适性，这降低了工人对工作控制和标准化以及僵硬工作组织的需求。另一方面，由于职业教育培训体系吸收了大量未进入高等教育的德国年轻人，通用技能也即低技能出现的频率并不高。因此，德国劳动力市场的分割程度较低，这不仅表现在横向技能之间，也表现在纵向的熟练工人和非熟练工人之间，工作场所中的工作组织更加灵活。

尽管存在诸多不同，无论在英美还是德国语境中，通用技能和专用技能的区别都涉及工人有实现任务及其多样性的能力。这种能力在英美表现为一种制度化的工作授权，在德国意味着一种简单的、内化的和可认证的能力。非常重要但较少被普遍理解的一点是，区分专用技能和通用技能的方式不应该与另一种分类相混淆，后者依据技能能否在一个或者多个工作场所使用来划分技能类型，这种划分的目的是对培训成本进行有效分配。笔者将后者定义为新古典主义或者人力资本理论的技能和技能形成理念。这种观点最有影响力的代表是经济学家加里·贝克尔（Gary Becker, 1993）。

若技能可以被视为资本、技能形成可以被视为资本的形成，那么贝克尔的发现提供了一些重要的认识。通过这一视角，贝克尔认为技能或"人力资本"存在于个体之中而非企业中，并随着工人转移到自由劳动力市场的竞争企业中。同时他对这种技能流动导致的后果进行了探讨。贝克尔利用理论模型研究了潜在的工人流动对雇主培训和员工学习动力的影响，对工资水平和工资结构的影响，以及对就业稳定性的影响（Becker，1993）。关键问题在于一项给定的工作技能，即工人完成一项具体任务的个人能力，是否能使工人在"除了在提供技能的企业，也能在许多其他企业实现生产力提升"，从而提高其收入水平和对利润的贡献。此外，这种技能能否通过在职培训获得（Becker 1993）。这一陈述有很多不同的意义。若这个结论成立，企业雇主没有任何动力为培训支付经费，这种技能培训必须由工人支付或者其他机构替其支付。

贝克尔认为，工人培训应该以被经济学家称为"激励相容"的方式进行组织，即由受益者承担成本。其关键问题是技能能否在工作场所之间迁移。如果雇主投资于工人可以带走并能在其他地方使用的人力资本，竞争对手可能会节省培训费用，通过提供更高的工资来"挖走"熟练劳动力。在这个意义上的技能是可迁移的，"可以被挖走"，其结果是"理性"的雇主不太可能为培训买单，贝克尔称这种技能为"通用技能"。对雇主来说，如果培训产生的技能在企业之外不具有生产力，导致工人不可能在其他地方使用这些技能，其他机会主义的雇主也不可能以低价购买这些技能，其才会为这些技能付费。贝克尔将这些不能从一个企业带到另一个企业的技能称为"专用技能"。[①]

人力资本理论并未宣称的内容可能对理解技能分工有所帮助。贝克尔从未排除这种可能性，即某些高价值的技能尽管属于通用技能，但最好是在工作场所获得，通用意味着一旦获得以后可以在企业外使用。贝

---

① "完全通用的培训在提供培训的企业中与在其他企业中完全相同地提高了受训者的边际生产率……完全特定的培训可以被定义为对受训者的生产率没有影响的培训，而这些培训在其他企业是有用的。"（Becker，1993）

克尔的阐述常常被认为受到美国模式的束缚，即学校中的普通教育与企业专用的在职培训严格分离。然而，该理论的确允许出现在职的通用性培训（参见 Becker, 1993），只要这种培训是由工人付费的，常常以降低工资的形式来支付。通用性在职培训与特定企业培训之间没有必要等同，理论没有排除在市场失灵情况下公共部门发挥作用的可能性。该理论也没有排除企业和学校在通用性培训方面的合作与协调。事实上，在一篇简短的参考文献中，贝克尔提到了企业联合体运行的联合学徒制度（Becker, 1993）。[①]

就本章而言，更为重要的是贝克尔对通用技能和专用技能的区分与这些技能的本质无关：无论它们是学术性的还是非学术性的，是理论性的还是经验性的，是显性的还是隐性的，或者是功能性的还是非功能性的。如人力资本理论所述，它不排除在特定工作场所获得的隐性知识[②]或者经验性知识在其他工作场所具有价值。同理，超功能性技能如"良好的工作习惯"和准时出勤、与他人合作、在压力下工作等能力也是如此，都是在工作中学习效果最好的重要技能。这意味着贝克尔提出的不是一种技术性视角，而是一种纯粹经济的甚至"企业为中心"的视角，[③] 即技能如果可以在企业之间迁移就属于通用性技能，技能如果是由买家独家垄断的就属于专用技能。

以日本生产体系为例，可以说明正确定义的重要性。尽管日本汽车产业工人以高技能著称，但贝克尔的人力资本理论不必声称这种技能主要是

---

① 然而，企业间可能因公共要求而合作，在集体培训系统中这一点可能难以用新古典经济学解释，后者偏向于自愿主义、自由市场、理性选择。集体培训系统中工作场所培训的内容通常受到规定，目的是限制个别雇主在提供技能种类和允许学徒进行的生产性工作范围上的自由裁量，以确保所获技能尽可能广泛且易于转移，这一点同样适用。

② "隐性知识"是迈克尔·波拉尼权威著作《个人知识》（1958）中的核心概念。Ralf Dahrendorf（1956）提出了"功能外资格"的概念。

③ 使用"资本主义多样性"经济理论中的一个核心概念（Hall 和 Soskice, 2001a）。

通过企业内培训和在职工作经验获得，而不能从一个内部劳动力市场向另一个内部劳动力市场迁移，例如从本田转移到丰田。换言之，人力资本理论没有必要假设日本汽车产业的巨大投资生产的是排他性的专用技能，即这些技能在其他汽车企业不会产生任何效益。对于人力资本理论而言，只要日本汽车企业继续遵守一项默契的"君子协定"，即除了内部劳动力市场中的初级工人，不从竞争对手那里雇用工人，那么这些技能就可以被视为"专用技能"。这种招聘方式再加上陡峭的年龄—收入曲线，确保了工人被牢牢锁定在当前雇主的内部劳动力市场中。这种方式，无论雇主通过培训还是强调以学习的工作组织方式赋予员工何种技能，从经济意义上讲，这些技能都是专用的。也就是说，它们实际上只能在一个工作场所使用。这并非因为它们的实质性内容，而是由日本工业劳动力市场所遵循的特定制度结构，至少是曾经遵循的制度结构所决定的。①

四　学校与工作场所

贝克尔的人力资本形成理论是理解德国式职业教育培训体系性质和运行方式的背景，有助于理解它的历史形态和当今问题，形式化地区分英美与德国的劳动力市场，特别是理解"通用技能"和"专用技能"的定义和显著意义。

传统上，英美与德国的工作场所被广泛用于培训，但不仅局限于传授隐性技能、经验技能和超功能性技能。两个体系都受到政府规范制度的管制，这些制度认为工作场所培训不应完全变成企业专用技能，在一个工作场所获得的技能至少有部分通用性，以便在其他工作场所使用。然而，各

---

① 使用 Kerr 的术语，像大多数劳动市场一样是"制度性的"或"巴尔干化的"（Kerr, 1954）。

国的规范制度在本质上有巨大差异，形成的技能结构也存在天壤之别。在英美，手工业者工会通过在企业中强制性地施加标准化的工作组织形态，使劳动力的流动得到保障。由于工会可以基于其产业权力单方面决定工会成员技能的内容，并且根据技能定义来运行各自的学徒制系统，工会不仅有动力而且有能力狭隘地定义技能框架，并保护其不受变革的影响。德国情况有所不同，技能形成由三方共同管理，以公共测试和认证保证技能具有流动性。特别是 20 世纪 60 年代以来，通过合并相关岗位和急剧减少岗位的总数量（见第三章），德国的职业技能框架不断拓宽。此外，三方参与者都持续施加压力来提升培训标准，包括要求职业学校强化培训的"理论内容"。雇主寻求具有高技能、多元化技能的工人以使得灵活的工作组织形式成为可能。产业工人和工会支持产业变革，工会力图通过在缺乏正式工作授权资格的前提下，通过提高成员个人技能的可迁移性，来最大化成员的就业机会和收入。政府对能够确保高就业率和经济增长的灵活劳动力市场最感兴趣，它认为工作场所培训是公共教育和积极劳动力市场政策的基本互补要素。

至 20 世纪 70 年代，英美的工作技能明显已经过时，工作岗位技能非常狭隘和稀缺，与德国式的工作岗位技能相比处于不利地位。德国的技能供给不仅充足，而且技能水平不断提升。英美系统的缺陷被归结为手工业者工会及其限制性实践以及雇主回应方式的历史后遗症。由于手工业者工会对产业培训的扩张和现代化无动于衷或者持抵触态度，企业雇主从很早就开始采用一种去技能化的策略。有鉴于当时的情况，特别是由于雇主打破了手工业者工会对工作组织的控制，这等同于去工会化（Braverman，1974）。由于英美国家中的工会式微或者被取缔，学徒制逐渐消失，在职培训被降为企业专门培训，应用更为广泛的、可迁移技能的培训被交给了数量巨大的蓬勃发展的专业职业学校和社区大学。这些职业教育机构的一大吸引力在于它们传授的技能更加"学术"，具有更高的社会声望。此外，这种技能的培训费用多数由接受培训者支付，因为企业不愿意为培训付费，许多人用房屋抵押贷款支付培训费用。

20 世纪末，事实证明在新兴培训教室中习得的技能与传统技能相比同样狭隘，具有岗位或者企业专用性。除非根据大规模本地雇主的特定需求而"定制"学校课程大纲，否则学校培训和在职培训的协调极少发生。同时，在工业企业中以及新兴的服务业中，经过数十年布雷弗曼式的概念与执行的分离①，一种去技能化的工作组织主要利用通用技能，即无特定技能；在管理岗位之下的其他岗位中主要依赖德国意义上的普通人技能（Sengenberger，1978）。

雇主在制度中的角色带来了这些差异。值得注意的是，贝克尔提出的人力资本主义理论中自由市场和自愿性的分析框架并未预见这一点。传统上，当英美个人主义企业在面对狭窄领域中专业化的手工业者工会时，极少或者没有受到任何政府干预。在德国，谈判中包括了基础广泛的产业工会、多种公共机构，特别重要的是包括了强有力的雇主协会（Streeck et al.，1987），它们的角色本质上是一种互保博弈的组织者。德国企业尽管同意并确实推动了产业培训的扩张、要求提供学业上更具挑战性的课程、更加频繁地允许学徒到学校去上课等，所有这些措施都提高了企业的培训成本，但雇主协会向参与培训的企业保证，它们能够让企业的主要竞争对手

① 随着资本主义从自由竞争阶段进入垄断时代，布雷弗曼（Harry Braverman）于 1974 年发表了《劳动与垄断资本》（Labor and Monopoly Capitalism），阐释了垄断资本主义的劳动过程和生产关系。他强调管理手段对维持资本运转的重要作用，研究了现代管理技术在机械化和自动化的共同作用下，如何确保工场劳动力真正的从属和"去技术化"（deskilling）。布雷弗曼指出，现代化的机械大规模生产使劳动者遭受"概念与执行的分离"，他们不再像工业革命之前的工匠那样拥有技术和对生产过程的控制，因而被现代化管理和机械生产剥离成了单纯的劳动力。转引自何明洁《劳动与姐妹分化：中国女性农民工个案研究》，清华大学博士学位论文，2007。——译者注

也参与合作。因此，投资于广泛技能的企业可以得到保障，即它们日后不会被竞争对手"挖墙脚"。结果是所有企业都可以从合作中受益，合作产生了大量的可用技能工人，足够整个产业使用；合作提供了大量由工作场所创造但可迁移的技能供给，同时劳动力市场仍然保持了开放与灵活。

德国制度及其传统上规范工作场所技能形成的方式，包括理论和经验培训的关系以及学校和工作场所之间培训的分配，解决了一些问题，但也日益创造出新的问题。随着时间的推移，由雇主协会、工会和政府共同推动的持续技能升级，未能将不同年龄段的劳动者纳入学徒制体系，初等教育和中等教育学校也未帮助学生为日益具有挑战性的培训课程做好准备。同时，经济和社会变化导致更多年轻人进入大学而非寻求学徒制培训，他们追求的是经济机会、社会地位或休闲娱乐。① 此外，雇主协会更加难以控制企业，这侵蚀了雇主协会确保多数企业参与产业培训的能力。部分原因在于竞争压力、中小企业的高更替率以及专业化水平的提高，使得企业更加难以根据更具挑战性的培训课程来培养学徒，也使得培训更加昂贵。当雇主协会提供互保机制的能力衰退时，更多企业从合作式的培训体系中退出。这为政策制定者提出了难题，例如如何防止学校的理论化教学与工作场所的实践经验产生制度性分离、如何保留工作场所作为技能形成基地的优势、如何保障高技能劳动力市场的灵活性、如何保障工人不被内部劳动力市场俘获。

---

① 根据最近的时间预算研究，德国的本科大学生和硕士平均每周只工作 26 小时，远少于学徒。如 2010 年 10 月 11 日《法兰克福汇报》报道的研究证实，大学在许多情况下相当于一段无忧无虑的延长青春期，得益于极低或几乎为零的学费和政府提供的奖学金。职业培训中的年轻人没有这些待遇。

五　通用技能，自由市场？

近来，民主政治和福利国家的修正主义理论利用技能和技能形成的政治经济学分析，来说明当今的资本主义制度是资本和劳工为了谋求联合的经济利益而形成的制度化"合作"。例如，在效益理论框架中，包括社会保障或就业保障在内的市场-包容性制度（market-containing institutions）被解释为雇主与工人合作而共同创造的机制，能提高生产率和竞争力，而不是阶级斗争和阶级政治的结果。该理论提出，资本主义的政治经济制度不是政治力量或公共权威强加的结构，而应被视为理性选择的结果，是在效率最大化的经济体中具有共享利益的代理人自愿协商的结果。虽然制度由国家来设置或维系，但国家不是强制性的权力控制机构，而是追求效益最大化的生产者的"联合管理委员会"。值得注意的是，有两种大致同样切实可行的、竞争性的资本主义制度（Hall 和 Soskice，2001a）或资本主义的"福利生产制度"（Estevez-Abe et al.，2001），发展成为上述共识"市场经济"的不同版本，其中一种是"自由"市场经济，另一种是"协调"市场经济。

政治经济制度和社会结构的理性选择解释需要"微观理论基础"，这种理性主义理论可以驱动个体行为，从而带来社会秩序应具有的效益。在作为效益理论分支的"资本主义多样性"[1] 奠基性文献中，奥利弗·威廉姆森（Oliver Williamson）的交易成本经济学理论承担了这个角色。[2] 正如《资本主义的经济制度》（Williamson，1985）所述，交易成本经济学理论

---

[1]　关于"资本主义多样性"方法的批判性回顾，参见 Streeck（2011）。

[2]　资本主义多样性理论家称之为"新微观经济学"或"组织的新经济学"（Hall 和 Soskice，2001a），另见 Emmenegger（2009）。

将拥有互补性资源或"资产"所有者之间的交易作为基本的分析单位。根据涉及资产的本质，可以将资产划分为两大类：如果它们对大量的潜在使用者有用，资产可以是"通用性的"或非特定的；如果它们只对一个用户或者少数用户具有价值，它们也可以是"专门化的"。一方面，通用性资产的交易不会产生特别问题，可以在现货市场上交易，采用"出清"合同。另一方面，专门化的或者不可重新配置资产的交易，可能产生双向依赖，由此使得双方受到对方"机会主义"的威胁。因此，尽管具有高利润，这种交易却不易出现，市场主体很难投资于交易-专门性资产，除非出现合适的制度来保护各方面不会受到各种"合同风险"的伤害。在此条件下，关系合同代替了现货合同，交易者自己发明出"经济治理"制度，或者由政府替他们创造这些制度，[①] 以保障特定资产的交易不会由于僵局或者对僵局的恐惧而破裂。

根据资产理论（Iversen 和 Soskice，2001），如果资产是通用性的，资本主义下的行动者会诉诸纯粹的市场；如果资产是专门化的，行动者会依赖于复杂的制度。资本主义中最为重要的交易是资本与劳动之间的交易。正是在这个方面，资本主义多样性研究力图排除政治经济学权力资源理论和福利国家理论的影响，将技能引入讨论，并试图超越贝克尔的人力资本理论和威廉姆森的交易成本经济学理论。[②] 自由市场经济的核心观点就是其本身，即主要依赖于市场来进行经济"协调"，只要求存在小规模的福利国家。这些国家中资本与劳动力之间的管制主要是针对通用技能的配置，也就是不具有交易-特定性技能的配置。一方面，自由市场经济国家

---

① 这被称为"公共订购"，与"私人订购"相区分。后者被认为是在前者的"阴影"下进行的。然而，交易成本理论通常优先考虑私人订购，认为它更灵活，能更好地适应特定情况和问题。公共订购理想情况下限于法院的权威裁决。

② 下面是对几个来源的综合性解释，特别是 Iversen 和 Soskice（2001）、Hall 和 Soskice（2001a）、Estévez-Abe 等（2001）以及 Cusack 等（2006，2007）。

工人总是可以向其他利用通用技能的雇主销售技能，他们不需要保险来抵御解雇或者失业的风险。同理，雇主主要利用通用技能组织双方，不需要向工人保证若他们投资于技能形成以后不会遭到敲诈。另一方面，在协调市场经济国家中，工人需求和雇主要求的技能具有"专用性"，或者与雇主经营的专门化生产方式和过程具有"相互-专用性"（co-specific）。[1] 由于技能的可迁移性与它们的专用性成反比（Iversen 和 Soskice，2001），工人和雇主都面临着风险，即两者之间的交换可能会破裂或者根本无法达成。[2] 这就解释了为何在这类国家中，不仅是工人，而且雇主都游说政府实施保护性的、制约市场的制度，以便于通过提供保险使工人发展"专用技能"的行为变得理性，而相关的风险包括雇主的机会主义或者需求的周期性或结构性变化。

这种观点其实包括两个部分（Iverson 和 Soskice，2001）。第一部分是个体对社会政策偏好形成的理论，它声称拥有通用技能的个体，无论其生活在哪里，与拥有专用技能的个体相比都更少地支持再分配性的社会政策。[3] 第二部分是在宏观层面，可用一国居民经由教育系统形成的技能是

[1] 尽管福利生产理论的一些贡献者有时会区分企业专用、行业特定或职业技能（特别见 Estévez-Abe et al.，2001），但在重要时刻这两者都被视为专用技能。尽管职业技能可以在企业之间迁移，但它们的市场显然被认为足够小，以至于出于实际和理论目的，它们被视为企业专用技能。

[2] "我们从……这一观点出发，即投资于特定企业、行业或职业特有的技能会使其所有者面临寻求非市场保护的风险。相比之下，可移植的技能不需要广泛的非市场保护，就像同质商品的交换不需要复杂的非市场治理结构一样"（Iversen 和 Soskice，2001）。这似乎暗示了一种因果关系，在这种关系下，相关资产的性质决定了资本主义生产制度的性质，特别是管理它的制度的性质。然而，在其他地方，因果关系的方向似乎是相反的："自由市场经济的流动市场环境鼓励对可转换资产的投资，而协调市场经济的密集制度网络增强了对特定或共同特定资产投资的吸引力"（Hall 和 Soskice，2001a）。

[3] 这与假设当前的社会政策实际上是由当前的技能模式引发的当前大众政治偏好所解释的情况相关——这反过来意味着社会机构对政治偏好的变化高度敏感。这一点并不特别可信，因为它忽略了政治权力的影响，未能考虑制度的历史惯性，更不用现有偏好可能是由现有制度塑造的，而不是反过来。

专用技能还是通用技能来对国家加以划分。此处的目的是说明若一国的教育系统提供专用技能，那么这些技能会引起一些兴趣和偏好，后者能够转化为对广泛的社会福利国家保护的有效政治需求。一个国家是否拥有一个宽泛的职业教育培训体系体现了一国是否主要具备专用技能（Iverson 和 Soskice，2001）。[①] 采用资产理论的观点，本部分将考察通用技能的概念，这种技能所能引起的政策偏好，及其与社会保护政治的关系。实证分析聚焦自由市场经济国家，在资产理论中这是盎格鲁-撒克逊国家的别称。在下一节中，笔者将考察两类国家的差异，或资本主义多样性，以便于能否用各国劳动力的技能构成差异来解释国家间的差异，这个部分的重点是德国式的协调市场经济。

有鉴于艾弗森和索斯基斯（Iversen 和 Soskice，2001）利用态度调查来衡量政治偏好，关键问题是如何定义和区分通用技能和专用技能。其他研究详细讨论过二类技能的工作定义和数据（Kitschelt 和 Rehm，2006；Tahlin，2008；Emmenegger，2009），这足以让我们将注意力集中在一系列根本性的概念问题上。首先，与人力资本理论不同，他们的技能分类基于通用性或专用性，也就是可迁移或不可迁移，不仅是依赖于劳动力市场的需求结构，特别是对专用技能的需求是否具有垄断性。相反，他们假设技能的可迁移性依赖于技能的内容。有鉴于贝克尔的经济学分析主要关注培训成本的有效配置，而不是福利国家的起源，因此将技能定义为通用技能就足够了，而无需关注技能是高或低、广泛或狭隘、理论性或经验性、显性或隐性等。而艾弗森和索斯基斯认为，技能的可迁移性不在于市场情况，而是它们作为"资产"的内部本质，即它们在内容上是否是宽泛的，是否具有特定性。

---

① Estévez-Abe 等人（2001）提供了一个更为精细的指标。

其次，除了经济上具有可迁移性和内容上较为广泛，艾弗森和索斯基斯将通用技能定义为需要高度的理论性教育。资本主义多样性研究或资产理论采用平行的二分概念，认为专用技能不具有可迁移性，由于具有专门性而被认为是狭隘的，由于需要极少的学术训练而被认为是低水平的，[①]其结果是三个二元划分被融入一对对立的、能产生偏好的工作技能元区分：专用的、非理论性的、不可迁移的技能，具有专门化和低水平的特点；通用的、可迁移的、广泛的和高水平的技能，在大多数情况下包含在理论性专业技能中。

资产理论将专用技能等同于低水平技能、将通用技能等同于高水平技能的做法与英美劳动力市场制度中的非熟练普通工人和专业化能工巧匠的区分正好相反。它与传统的德国式技术工人的专门化岗位技能与不具备经认证职业教育工人的通用性和低水平技能的区分恰好相反。两种概念的比较使我们意识到，资产理论将通用技能定义为可迁移的、广泛的和高水平的学术技能，将专用技能定义为不可迁移的、狭隘的和低水平的岗位技能。该理论忽视了既缺乏专用技能，也缺乏教育文凭的工人。在英美历史上，他们恰恰被称为通用型工人。此外，资产理论与工作技能的阶级理论也不相同。阶级理论强调雇主对工人的依赖，而不是相反的（Goldthorpe，2000）。在这种理论中，企业中的通用技能也就是非专用技能，这些技能一般水平也比较低，很容易被替代；而专用技能难以被替代，这也是高水平技能的特征。与传统的手工业者相比，具备特定技能的

---

① 另见 Kitschelt 和 Rehm（2006）。Iversen 和 Soskice（2001）采用了一个技能特定性指数，该指数综合了职业专业化程度和所需教育水平两个维度，这两者被假设为同向变化。前者基于国际标准职业分类（ISCO）的信息来计算。职业的专业化的程度，是根据其在全部职业中所占比例，相对于在国家劳动力中的比例是否异常高来评定义。Tåhlin（2008）指出，按此方法测量，技能特定性或多或少与特定职业中的就业人数成反比。他还研究了指数中这两个元素如何在实证上相互作用，以预测政治态度。虽然他的结果对理论可能是相当不利的，但为了简洁起见，在这里不予讨论。

工人被认为在劳动力市场中处于强有力位置。表 12-1 总结了政治经济学分析中所提及的五个不同版本的通用技能和专用技能的定义。

表 12-1 部分政治经济学分析中通用技能和专用技能的定义

	通用技能	专用技能
英美劳动力市场制度	非熟练	熟练手工业技能
德国职业教育培训制度	低水平、非认证	高水平、专门化、岗位性
人力资本理论	可迁移	不可迁移
资产理论	可迁移、广泛、高水平：学术技能	不可迁移、狭隘、低水平：岗位技能
阶级理论	容易替代、低水平	难以替代、高水平

为了进一步开展我们对资产理论及其规定的通用技能和自由资本主义制度关系的讨论，有必要展开三重二分法概念的讨论：可迁移=广泛=高水平与不可迁移=特定化=低水平。考虑到经济可迁移性、实质性内容和教育水平独立的变化，我们可以得到复杂的、多维的技能类型划分（见表 12-2）。初始的观察显示资产理论中通用技能内容广泛、具有经济上的可迁移性，且具有理论性而被认为水平高，例如美国金融和信息技术部门中工作的数学家掌握的技能，这是 Estevez-Abe 等人（2001）所举的唯一例子；而专门的、不可迁移的、低水平的岗位技能，例如英美汽车生产流水线工人掌握的技能。这两种划分只是八种可能性中的两种。[①] 我们也注意到，有一些广泛的技能在迁移性方面面临困难，例如在高理论性技能领域中的天体物理学家所掌握的技能，以及在非理论性技能世界中的日本汽车产业工人掌握的技能。反之，也存在一些内容狭隘但迁移性很强的技能，例如脑外科手术，或者在非学术领域的体育领域中，如欧洲足球中路

---

① 另见 Busemeyer（2009a），他观察到技能体制的多样性比自由市场经济体与协调市场经济体之间的二元区分所暗示的更为复杂。

防守技能 。[1] 此外，根据市场或人力资本理论，也存在一些既不广泛也不可迁移的专用技能，这些技能不一定属于低水平和岗位技能，也可以是高水平和理论技能，如早期拜占庭军事史专家掌握的技能。更为重要的是，不只有经过学术培训的专家能掌握内容广泛、具有经济可迁移性的技能；不熟练的普通工人也可以掌握此类技能，"资产理论"从概念上派生出了这种可能性。

表 12-2	通用技能和专用技能的实质性和经济性划分及举例		
		经济定义	
		通用=可迁移	专用=不可迁移
实质性定义	通用=广泛	数学	天体物理学
		办公室清洁	汽车组装技能（日本）
	专用=狭隘	脑外科手术	拜占庭历史
		足球中路防守技能	汽车组装技能（美国）

脱离资产理论对技能和劳动力市场关系激进的、简化的、二元论的属性空间后，可以注意到以下几个要点。

第一，表 12-2 表明技能经济上的可迁移性不是技能实质性广度的首要的或者排他性的功能，一个更具影响力的因素是市场情况。埃斯特维兹-阿贝等人（Estevez-Abe et al.，2001）所提及的聘用经过高度训练的数学通才的部门，在该理论发展阶段恰好也在迅猛扩张。事实上，在这些部门部分的工作中，利用了最抽象也最通用的知识，这些工作不过占据了美国经济的极小部分。在劳动力需求极低且静态的部门，例如天体物理学，该部门的工作者——天体物理学家——尽管具

---

[1] 在这里，通过在雇主之间对工作描述进行标准化，确保了技能的可迁移性。由于统一的"生产技术"取代了工会的工作控制，从而实现了这一点。

备非常广泛的技能，却不易找到工作。同时，范围更加狭隘的专用技能部门，例如脑外科医生，却被众多雇主所追捧，他们的技能具有不同寻常的可迁移性。

第二，技能的可迁移性也受到劳动力市场制度的影响，它可能完全抵消技能实质性广度带来的迁移效果。一个恰当的例子是日本汽车工人，他们的技能比美国的同行广泛得多。然而，由于雇主之间反对工人流动的共识，他们的技能实际上无法迁移。

第三，技能与社会政策偏好的关系可能比资产理论的预期更加复杂，后者认为通用技能会导致雇主和工人对不受保护的、自由市场资本主义偏好的趋同。的确，各种各样的高水平因而也是理论性的技能可能会导致对再分配福利国家的政治需求，但是这并不意味着理论技能的所有者对社会保护不感兴趣。与 19 世纪的手工业者工会相同，他们只是反对再分配。有鉴于此，塔林（Tåhlin，2008）提出教育成就可能是阶级而不是技能的测度指标，① 对于前者，没有迹象表明中产阶级能接受劳动力需求的周期波动或者结构和技术变革而丧失工作或者减少收入。他们也未必希望在全国劳动力市场中无限制地流动，更不用说在全球市场中流动。实际上，虽然接受过高等正规教育的人不偏好再分配性的国家干预，但常常希望政府的经济增长政策能够防止他们的收入损失或者中央银行放松流动性的政策，两者是功能相同、有时成本昂贵的社会政策。②

第四，若进一步分析技能本质如何影响政治需求，我们不禁要问：在缺少福利国家对资产专用性风险保护的条件下，福利生产理论如何能解释对高水平学术技能的投资？例如脑外科医生和拜占庭历史专家的技能，与

---

① 同样，Kitschelt 在 Phelan 等人（2006）的研究中发现，一旦控制了蓝领工人的身份，资产特定性就不再是公民对医疗保健和养老计划偏好的预测因子。

② 最近的经验表明，公共补贴的房贷和宽松的消费信贷政策也是这样。这说明在一个以通用技能为主的自由市场环境下，国家的保护作用仍然至关重要，并且可以呈现多种形态。

资产理论所举的数学家例子相比，这些技能显然更加专门化。为了理解为何脑外科医生和拜占庭专家与数学家和天体物理学家一样，一般不是再分配性的社会政策的忠实支持者。不妨考虑一种可能性，即资产理论认为的通用技能实际上是 19 世纪精英手工业者的当代继承者所具有的专用技能。[①] 实际上，今天多数的理论性职业与以往的手工业者工会有许多共同点，如反对再分配性的社会干预方案和坚定捍卫施加各种各样工作控制的能力。医生、律师、教授等在资产理论简化属性空间中是高度通用技能的拥有者，他们有效控制着市场准入、培训、工作条件甚至收费，远非自信地将自己投入变幻莫测的市场中（Abbott，1988）。今天受过教育的中产阶级的工作和地位保护——正如 19 世纪的熟练工匠——是在福利国家之外的劳动力市场中实现的，无论现在的雇主数量多少，它们能有效鼓励对经济上脆弱的专门技能的投资，有效保护高声望人力资本所有者的市场地位和收入权力。[②]

第五，现在我们转而考察低水平、非理论技能及其会带来的政治利益。一个关键的问题是资产理论在通用技能的定义中删除了英美传统中的普通工人所拥有的技能，即非熟练技能，以区别于高度专门化的"熟练"或"手工艺"从业者。[③] 正因如此，资产理论可以在实证分析中发现通用技能的拥有者反对政府对自由市场的干预，支持政府对歌剧院和环境问题的支出（Iversen 和 Soskice，2001）。考虑到门卫和食物加工人员可以在不同的经济部门中找到工作，正如经过理论培训的数学家一

---

① 所谓的通用技能，其持有者可能会持续面临失业的风险。在市场上，这些技能可能实际上是资产理论中所说的特定技能。

② 在资产理论中，将学术技能与反福利国家政治倾向联系起来的人似乎忽略了学术终身职位这样的市场调节机制，这是他们解决人数有限问题的方式。通过控制终身职位，学者们限制了进入其职业领域的人数，并为自己及少数能够通过一连串严格考试的同行确保了终身就业机会。

③ Emmenegger（2009）指出："将技能划分为专用和通用，这种区分模糊了熟练工人与非熟练工人之间的界限。"他还发现，资产理论并不能适用于那些几乎不具备任何技能的员工。

样，在英美国家中尤其如此，那么将非熟练技能从通用技能中排除就格外令人意外。① 如果普通工人应该包括低技能服务业工人，例如办公室清洁工，那么就很难相信通用技能工人的理性会更加偏好对高端文化的补贴，而不是失业福利、社会资助和积极的劳动力市场政策。

总而言之，除非一种理论完全无视一个明显的事实，即最常出现的非专用技能不是高水平技能，那么它才可以用通用技能占主体的工人的理性偏好来解释为何一个像美国这样的国家没有社会福利国家政策。资产理论忽视了英美的大量工人仅拥有在任何人可胜任的、普通工人技能意义上的通用技能。必须用其他因素来解释英美劳动力市场中社会保障的缺乏，而非用最有效交易规则的集体选择来解释。②

事实上，历史制度主义的推理在这个问题上可以完胜理性选择理论。今日的自由劳动力市场带有 19 世纪的"普通工人"被熟练工人及其雇用者挫败的历史痕迹。正如过去一样，目前高水平技能工人并不反对就业保障，只要他们有权利排他性地独自获得这种保障，他们认为没有必要与他人分享这种保障。英美大量的非熟练工人和低技能工人无法获得社会保障的事实不是由于获得这种保障对于他们而言是非理性的行为，而是由于历史上他们对阶级团结的追求遭遇挫败。英美福利国家的弱点不是由于今日英美劳工力量中通用技能占据了主导地位以及由此种技能带来的对自由市场的偏好，相反，它来源于拥有强势市场地位的精英工人党派利益早期固化，因为他们并不需要一个国家经营的社会保障系统。

当然随着时间的推移，熟练工人曾经为自己赢得的制度保障逐步被雇

---

① 汉堡包厨师的工作不仅局限于食品和餐饮行业，还包括所有设有自助餐厅的企业和机构，比如大学。

② 根据 Goldthorpe 的分类，Emmenegger（2009）发现，从低技能角度出发，具有通用技能的工人更倾向于社会保障。Kitschelt 和 Rehm（2006）的研究也显示，技能的特定性对福利国家的偏好影响不大。

主对抗手工业者工会的去技能化策略所瓦解。中产阶级除支持手工业者工会，同时也成功实施了对自己劳动力市场的工匠般的（craft-like）控制。工会主义失败的一个后果是英美工人队伍岗位技能的历史性消耗；另一个副产品是在生产中概念与执行的分离。这提高了新兴中产阶级的班组长和"一般"经理人与具有"特定"也即低技能的大量工人群体的两极化。恰巧，在美国禁止前者合法工会化。美国社会结构的现实中，艾弗森和索斯基斯所定义的具备理论性、多面手的典型代表不是哈佛大学毕业的华尔街数学家，也不是斯坦福毕业的硅谷数学家，而是赖特定义的中产阶级专家、经理人和管理者，他们的技能可迁移、广泛、因具有理论性而属于高水平技能（Wright，1985）。他们在英美劳动力中的数量远远多于在拥有职业教育培训系统国家劳动力中的数量。他们的存在有助于实现对第一线生产的持续去技能化，因为需要对工人和拥有通用技能管理者收入的日益不平等提供合理化解释。①

　　控制当今劳动力市场的制度主要不受目前偏好的影响，而是受到国家历史关键阶段形成期中权力斗争的影响，包括工作技能的形成和配置。②制度无法立刻建立，也不能随时随地任意处理，需要长时期的建立和打破，制度过去的形态塑造着它们今日的形态和它们未来可能的形态。自由劳动力市场与所有的制度一样，在其自身历史的"阴影"中运行，包括通过"自由集体谈判"实现的手工业者工会自我帮助；手工业者工会阻止"一般性工会"变为包容性的产业工会；工作的去技能化削弱了手工业者工会；以及受教育的中产阶级保留了对工作的控制。当前工人和雇主面对的机会结构（包括当前的经济"资产"和他们鼓励的策略性偏好）

---

① 值得注意的是，所谓的"大学学位溢价"已经持续增长了数十年，这在不断加剧的不平等背景下，为美国经济增添了一层精英主义的外衣。

② Trampusch（2010）的比较分析涵盖了丹麦、荷兰和瑞士，也有类似的发现。

不是今天经济理性决策的结果，而是前工业化时代政治斗争和历史事件的结果。

六 岗位技能：低水平和狭隘？

如前所述，资产理论认为国家拥有强有力的职业教育培训体系意味着该国主导的技能类型属于专用技能而非通用技能。但是，德国职业培训生产的典型技能是否真的比英美体系生产的技能更具专用性，即更为狭隘、低水平、可迁移性较低，且技能的劳动力市场交易必须依赖于广泛的社会保障？从经济层面来看，这种保护在"自由市场经济国家"是否可有可无？因为后者的平均技能水平更高、更广泛、更具可迁移性。

迄今为止，尚未出现类似经合组织"国际学生能力评估计划"（PISA）的调查来考察不同国家工人的职业能力。[①] 然而，经济或者制度上的间接证据表明，从历史上看，德国的职业技能与英美的职业技能相比更不容易受去技能化的影响。追溯到 20 世纪 60 年代德国全国范围内实施的职业注册系统，德国劳动力的技能通过延长现代化过程得到了拓宽和更新。我们有理由相信，正是这个过程在很大程度上维系了比较产业社会学家在德国工作场所发现的典型的扁平化课程和分散化的工作组织（Maurice et al.，1980），德国传统的工人和管理阶层之间较小的收入差距及由此导致的典型的压缩工资结构（Streeck，1997b；Marsden，2000）。

在岗位技能的广泛度方面，特别值得注意的是德国职业教育培训体系由三大主体（政府、雇主组织和工会组织）共同经营。它们不断缩减认证岗位的数量，并在此过程中拓宽了剩余岗位的技能基础

---

① 想要了解德国视角下的研究结果，请参见 http：//www. mpib-berlin. mpg. de/pisa/PISA-2000 _ Overview. pdf。

（Busemeyer，2009b）。更为重要的是，若干产业中标准三年学徒制的第一或前两年的培训课程已经被整合起来，将专业化培训放在第二年或第三年，这样做的目的是在相邻职业岗位中创造更加广泛的共享基本技能①，以便促进岗位间工人的流动和具有相关技能工人之间非等级化的协作。

至于职业岗位培训所生成技能的层次，提升的岗位要求伴随着工作场所中日益严格的培训实践监督。现在，德国的地方行业商会和工会比以往任何时期都更加频繁地实地考察培训质量，检查企业是否满足了更具挑战性课程的要求。这种监督和由此导致的培训成本提高被认为是诸多小企业停止提供培训岗位的另一个原因。

英美职业教育培训看起来更加"学术化"的事实，即更多的年轻人进入学院或者大学学习的现象，② 并不意味着英美职业教育培训体系生产的文凭超过了德国职业教育培训体系生产的文凭。学术界对英美职业教育培训体系持批评态度，包括英美大学、理工学院、社区学院质量的巨大差异。狭窄的、专门化的割裂的课程，几乎不具有可迁移性的"个性化"企业专门培训、分解为极小的可教授单元的培训模块、与真实工作场所工作不相关的课程、工作场所需求和学校课程之间缺乏协调的现实等。若没有工作技能水平和技能分布的可比性数据，仅仅凭借英美大量的高校学生就宣称其劳动力具备更加"通用性"的高技能，可能不过是一种种族中

---

① 按照 Iversen 和 Soskice（2001）的观点，尽可能涵盖国际标准职业分类（ISCO）中一个"主要群体"的多种职业。

② 实际上这并不完全清晰。考虑 Estévez-Abe 等人（2001）对国家技能概况、性质的评分决策。例如，基于13%的24~35岁人群拥有大学学位和76%接受了高中以上教育的数据，英国的技能被分类为"职业/通用"。然而，德国也有13%的大学毕业生和81%的人接受了高中以上教育，却被评为"企业/行业/职业技能"。荷兰有22%的人处于大学类别，仅次于领先的美国4个百分点，比英国高9个百分点，被归类为"行业-职业"技能。而通用技能标签则专门用于英语国家（美国、加拿大、澳大利亚、英国、新西兰和爱尔兰）。

心主义的偏见而已。①

德国专门岗位技能的可迁移性远远高于资产理论的观点，② 甚至在技能框架被拓宽和升级以前就是如此。与英美不同，德国学徒制的完成不是由工会进行认证，而是由三方参与的公共测试委员会负责实施，这使得学徒制证书具有高度的可信性。此外，熟练工人证书意味着除了其所具备的专门技能，一个工人已经具备了真实工作经验带来的缄默技能。与资产理论学者不同，雇主知道相当一部分的缄默技能具有高度的可迁移性。学徒制证书也向雇主表明，工人具有在长时段中完成艰巨工作所需的额外技能。例如，化工部门愿意雇用完成学徒制的面包师作为一线员工，主要是考虑到他们掌握了混合和改变原料的功能性技能，以及他们在旷日持久的生产过程中获得了勤奋和耐心的习惯。这表明工作场所培训带来的缄默技能和额外技能可以迁移到特定岗位或者岗位群之外。

除了种族中心主义的偏见，认为德国岗位技能比它们实际上的情况更为狭隘、低水平和缺乏可迁移性的看法，可能来自对岗位和工艺工作制度差异的忽视。如前所述，英美手工业者工会长期捍卫狭隘的专业化，同时将技能重新定义为在工会强加的标准化分工模式中所获得一种权利，岗位工作系统拥有更加广泛和与时俱进的技能，以便于提高工作场所和劳动力市场的灵活性，跟上技术进步的步伐。德国少量工业化之前的工作领域在手工业部门的小企业中得以保留。作为独立的小企业所有者，德国的手工业者数量比英美更多（Streeck，1989）。学者（Marsden，1999，2000）清晰地指出，与英美社会在前工业化时代就引入工艺工作制度形成了鲜明的

---

① 经济合作与发展组织多次提醒德国政府，德国的大学毕业生数量不足（最新的例子见经济合作与发展组织，2009）。德国的国际竞争力远超美国或英国，其工资和收入结构也比这两个国家更为平等，这一点在这个背景下却鲜少被提及。

② 资产理论将企业特定技能和职业技能并入"特定技能"的同一类别。

对比，德国产业中的工作在早期就围绕由任务、文凭或者能力定义的岗位功能和程序组织起来，而不是作为工作领域或者"交易的工具"，这使得典型的德国工作场所不那么僵化，也不太需要"管理者"的监督，并提升了工人和雇主分享的对持续工作技能发展的兴趣。

另一个不应被忽略的原因是体力劳动或者任何被称为"职业性"工作的低社会地位，在美国尤其如此。在美国，进入大学被视为进入中产阶级的必要出发点，这使任何分享"美国梦"的向上流动者都不得不接受高等教育。实际上，大学首先培养了大量具有美国经济特色的"多面手"和管理专家，这些岗位的出现是对手工业工人成功实施去技能化的结果。今天，一线工人不得不以低工资为大量的高收入管理层的监督工作而付费，这种控制是过去阶级斗争的结果。如前所述，美国工作场所特定的分工方式和与之配套的技能模式不能用功能方面的权宜之计来解释，而只能用政治权力斗争来解释。

在美国，未能进入大学者或者在形形色色的中学后教育机构接受教育者被认为具备"实践才华"，这意味着他们不适合进入中产阶级管理岗位。如果他们继续接受教育，也不得不接受职业学校教育。在美国的大部分地区，职业教育长期以来被视作为非洲裔美国人所准备的教育，这种烙印至今仍然在美国南方及其他地区存在。特定的等级主义和种族主义对"职业性"与"学术性"概念和内涵的看法，也改变了英美对欧洲职业教育培训体系的看法，包括欧洲职业教育培训体系生产技能的广泛性和层次性。特别值得注意的是，这种偏见甚至贯穿于学术概念中，例如专用技能和通用技能的区别。

传统上英美社会对体力劳动缺乏尊重，这体现在英语中专业（professions）和职业（occupations）概念的区别。如前所述，这种区分体现了英美文化中"学术"（也即中产阶级的）、一般和高水平技能与非学术技能的尖锐分歧，后者被认为是低水平的、专门性的、体力劳动者拥有的技能，这些体力劳动者对工作所有权的要求未得到社会法律认可。德国不存在类似的现象，德语中的 beruf（工作）一词同样用来指称专业和职业。一个熟练的德国金属机械工人拥有与外科医生或教授相同的社会地位。这就是为何有时候当德国人用英语来谈论木匠的"专业"时，他们会惹恼英美听众。20 世纪 80 年代，曾有一位研究德国小手工业企业的英国产业社会学家将德国手工业工作中呈现的高能力称为"为人民的工作"（profession for the people）[1]，并以此来表达他的崇敬之意。

如果事实上德国的技能具备广泛性、高水平和可迁移性，平均来说高于英美的技能水平，那么为何在具备高岗位技能的国家（如德国）存在保护性的福利国家制度？正如英美工人具备的通用技能无法解释自由市场经济国家的自由主义本质，经济-功能主义对此问题的解释也彻底失败了。在资产理论的概念框架外，不难理解为何具有其他就业选择的工人无论如何都希望对当前的工作实施保障，因为他们希望继续生活在他们现在生活的地方，而不是被迫迁移到替代性工作所在地。更为一般的情况是，当受到不被解雇的保障时，工人们可能会觉得能辞职更具吸引力。由于工人具备的高技能，即便缺乏法律上的就业保障，雇主一般也不会解雇他们。事实上，这就是长期以来德国技术工人所处的环境，在诸多方面，这种局面堪称他们在劳资关系中居于异乎寻常的强有力地位的基础。[2] 有力的就业保障和高水平的失业保障可能被视为经济不可缺少的制度性强化因素。根据戈尔德索普（Goldthorpe，2000）的看法，工人从高水平的专用技能中获得了这种力量。

---

① 不幸的是，无法找到原始来源了。显然，这个概念来源于 Gerstl 和 Jacobs（1976）。
② 这与日本的情况正好相反，那里的工人因为推迟支付的工资损失和其他雇主拒绝雇用而无法辞职。同时，日本的雇主有权解雇其认为违反职责的工人。

但是，为何雇主会支持一个使其明显处于不利位置的就业和技能体系？同样地，我们无法从效率或者交易成本的理论概念对此加以解释。正如对英美劳动力市场和日本劳动力市场的分析，只有政治解释能够成立。在欧洲福利国家所见的广泛社会保障，不可能是追求效率的企业基于作为"资产"的技能本质所做的理性选择。与其说是对交易成本进行协作来追求经济性的产物，不如说这种社会保障反映了关键历史时期劳资双方的力量分布，有关国家未来社会和制度结构的决策恰恰在这些时刻产生。正如其他具备包容性、政治性工会和党派系统与强有力劳工代表的国家一样，德国历史上有可能向雇主提供一个提高所有工人生活境遇的就业系统，包括已经拥有强有力市场地位的工人。他们没有理由反对通过政治-制度手段来提高其市场地位，这种制度对于资本家来说是次优的选择。过去 20 年中这种制度对全世界范围内战后政治经济体自由化所做的积极贡献说明了这一点。①

七 结论

在对当代资本主义政治经济体的分析中，资产理论是以一国企业在追

---

① 此时，一个问题自然而然地出现：为什么一个明显不是为了盈利而"必需"的且从未有机会成为雇主首选的高保障劳动力市场制度，最终表现出这么高的经济效率，甚至优于那些历史上雇主足够强大以强加自己意愿的国家？这最终引出了技能模式与政治制度之间的因果关系问题。资产理论在此模糊不清，允许技能和制度——不仅包括劳动力市场制度，还包括政治代表制度系统（Cusack 等，2007）——交替塑造技能的投资（关于资产理论的模糊之处，参见 Korpi，2006）。在其他地方（Streeck，2004），笔者解释了这种仅是雇主角度下的次优解决方案的临时经济优势，作为一系列政治冲突和对其结果的经济调整的结果，因为它们迫使企业采用更具挑战性的，可能因此更具竞争力的生产模式（关于类似观点，基于比较数据，参见 Harcourt 和 Wood，2007）。这样一个工业升级过程向社会更可接受的盈利模式发展是否以及如何发生，取决于许多偶然条件，其中一些笔者在早期的工作中讨论过。无论如何，即使资产理论强调制度对技能的因果重要性，它也是以效率理论的方式进行的，将过程解释为就给定的制度禀赋寻找最经济有利的利用方式的共识性搜索（可能的例外是 Iversen 和 Stephens，2008）。相比之下，笔者强调政治经济体寻找其特定生产模式过程的冲突性质，这一过程由阶级之间的权力斗争推动，如通过工业贸易工会增加的工资压减或 Braverman 式的去技能化（类似 Korpi，2006）。

求本国特定生产战略时所用工作技能的本质来解释社会保障的形式出现。如前所述，该理论将技能模式、生产和社会保障从概念上进行组织，成为一致性的、对立概念，与资本主义多样性研究中自由市场经济和协调市场经济之间的经典对立一致。该理论将作为资产的技能分为两类，通用技能＝高水平、学术性＝广泛＝可迁移技能，专用技能＝低水平、非学术性＝狭隘＝不可迁移的岗位技能；将生产分为两类，或者属于大规模生产与后工业化时期利用通用技能的生产，或者属于利用专用技能的多元化生产；社会保障情况也分为两类，或缺乏社会保护（在自由市场经济国家，利用通用技能提供大规模或者服务业生产），或具备社会保护（在协调市场经济国家，利用专用技能提供多元化和工业生产）。资产理论提出两极分化的技能类型、生产模式和社会保障对象之间的异质性或者集群，可以利用经济-功能主义术语加以解释。在缺乏社会保障的国家，资产理论认为这是由于国家生产模式所需的技能不要求保障效率，因此雇主和工人都不需要社会保障。相反，若存在社会保障，这是由于若不存在这种保障，企业需要和员工必须掌握的技能就不会被创造出来或者被交易。

几乎无可否认的是，所有理论的最高目标是使得其不可约的基本元素尽可能简单和稀少，而不必牺牲对单一经验数据的充分呈现（Einstein，1934）。这一说法的简单版本被称为"爱因斯坦的剃刀"，在口语中表达为"尽可能简化事物，但不要简化得太过"。① 当呼吁利用奥卡姆剃刀原理② 时，若导致了引发错误结论的过于简化的解释，应当调用这一原理。如果不是受经济主义意识形态的影响或者为了与"理性选择"的时代精神取得一致，资产理论为了追求简洁而压缩的诸多"经验数据"中包括了如下的

---

① 或者更简短地说："让它简单，但不要太简单。"
② Occam's Razor，也称作"简约法则"。这个原理是由 14 世纪的逻辑学家和哲学家威廉·奥卡姆提出的，它强调在解释事物时，应避免不必要的假设和复杂性，选择最简单的解释。——译者注

事实，即通用技能不必然属于高水平技能，高水平技能不总是广泛的或者可迁移的；专用技能不一定水平低，低水平技能不一定不可迁移；一些国家的岗位技能可能与学术技能一样具备高水平和广泛的特点，而在另一些国家中这些技能远远不是企业专用技能，甚至不是行业专用技能。

资产理论对社会保障政治学理论分析的重构，预先假定技能现实可以被有意义地塞入经过急剧简化的二元化的资产空间。该空间中存在一维的通用技能与专用技能的区分。由于这个空间不够复杂，该理论的核心——以交易成本经济学替代政治——必然失败①。政治分歧、市场情况、一国历史中的关键时点上不同阶级的权力分布重新成为主要的解释因素。因此，英美拥有通用技能、低技能的工人几乎未得到任何社会保障，不是由于他们技能的本质使得社会保障对他们可有可无，而是由于他们从未拥有同盟者和权力去获取这种保障。同理，英美之外拥有岗位技能的工人享有或者在过去享有广泛社会保障带来益处，不是由于他们在劳动力市场中无法流动，实际上他们的流动性非常高。反之，这是由于从具备包容性的政治性工会中，这些工人获得了历史性能力并使资本做出了让步，这种让步超过了资本为了盈利而在功能的妥协程度。

实际上，可以从历史上国家特定的历史约束条件和资本与劳工的机会结构来解释一个国家主导的技能类型，特别是考虑到特定生产时点上工作组织的政治和权威形态绝非交易成本最小化的结果。对英美而言，相关历史因素包括 19 世纪具备高水平但狭隘技能的精英工人成功实施的特殊主义实践；其他具备低技能的工人或无技能的工人为追求普遍社会保障所做的与雇主和手工业者工会的无效斗争；为了与熟练工人在劳动力市场中实

---

① 即使在 Iversen 和 Stephens（2008）的研究中，政治也被邀请出来，允许最初规定的因果方向发生逆转，社会机构塑造企业的技能和生产战略，而不是相反。在任何一种情况下，区分一般技能和特定技能所涉及的内容、水平和可迁移性的三重二分法必然会产生一种过于简单的不可避免的被扭曲的画面。

施的限制性实践进行斗争，雇主成功实施的去技能化策略导致了巨大的工资差距和形成了过分膨胀的中产阶级管理"多面手"群体。相比英美之外的国家，德国对工人群体中精英特殊主义的清除、包容性政治工会的兴起、产业层面集体谈判达成的压缩工资结构和对普适社会权利的成功政治动员，至少在部分国家导致了三方参与的公共政策，提倡了普遍的技能升级，导致了较低的工人群体内部分层、高度的灵活性、生产过程中工人相当大的自主权，这反过来允许雇主专注于高附加值的多元化产品的生产（Streeck，2004）。从政治经济学中剔除阶级和阶级斗争，以永恒的功能主义的、唯意志论的理性选择来取代历史和权力的约束，属于一种意识形态工程，难以在工作技能形成和配置的复杂现实之上建立起来。

参考文献

Abbott, A. (1988). *The System of Professions: An Essay on the Division of Expert Labor*. Chicago: University of Chicago Press.

Becker, G. S. (1993). *Human Capital: A Theoretical and Empirical Analysis with Special Reference to Education*. Chicago: University of Chicago Press.

Braverman, H. (1974). *Labor and Monopoly Capital: The Degradation of Work in the Twentieth Century*. New York: Monthly Review Press.

Busemeyer, M. R. (2009a). "Asset Specificity, Institutional Complementarities and the Variety of Skill Regimes in Coordinated Market Economies." *Socio-Economic Review* 7(3): 375-406.

—— (2009b). Wandel trotz Reformstau: Die Politik der beruflichen Bildung seit 1970. Frankfurt a. M.: Campus.

Crouch, C., Finegold, D. and Sako, M. (1999). Are Skills the Answer? The Political Economy of Skill Creation in Advanced Industrial Countries. Oxford: Oxford University Press.

Culpepper P. D. and Thelen, K. (2008). "Institutions and Collective Actors in the Provision of Training: Historical and Cross-National Comparisons. "In K. U. Mayer and H. Solga, eds. , *Skill Formation: Interdisciplinary and Cross-National Perspectives.* Cambridge: Cambridge University Press, 21-49.

Cusack, T. R. , Iversen, T. and Rehm, P. (2006). "Risks at Work: The Demand and Supply Sides of Government Redistribution. " *Oxford Review of Economic Policy* 22 (3): 365-389.

—— Soskice, D. (2007). "Economic Interests and the Origins of Electoral Systems. " *American Political Science Review* 101(3): 373-391.

Dahrendorf, R. (1956). "Industrielle Fertigkeiten und Soziale Schichtung. " *Kölner Zeit- schrift für Soziologie und Sozialpsychologie* 8(4): 540-568.

Dertouzos, M. L. , Lester, R. K. and Solow, R. M. (1989). *Made in America: Regaining the Productive Edge.* Cambridge, MA: MIT Press.

Dunlop, J. T. (1993) [1958]. *Industrial Relations Systems.* Boston: Harvard Business Press.

Einstein, A. (1934). "On the Method of Theoretical Physics. "The Herbert Spencer Lecture, delivered at Oxford, June 10, 1933. *Philosophy of Science* 1(2): 163-169.

Emmenegger, P. (2009). "Specificity versus Replaceability: The Relationship between Skills and Preferences forJob Security Regulation. "*Socio-Economic Review* 7(3): 407-430.

Estévez-Abe, M. , Iversen, T. and Soskice, D. (2001). "Social Protection and the Forma-tion of Skills: A Reinterpretation of the Welfare State. " In P. Hall and D. Soskice, eds. , *Varieties of Capitalism: The Institutional Foundations of Comparative Advantage.* Oxford: Oxford University Press, 154-183.

Finegold, D. (1993). "Breaking Out of the Low-Skill Equilibrium Education Economics" *Education Economics* 1(1): 77-83.

——(1988). "Britain's Failure to Train: Explanations and Possible Strategies. " *Oxford Review of Economic Policy* 4(3): 21-53.

Flanagan, R. J. , Soskice, D. and Ulman, L. (1983). *Unionism, Economic Stabilization, and Incomes Policies: European Experience.* Washington, DC: Brookings.

Flanders, A. (1970). Management and Unions: The Theory and Reform of Industrial Rela-tions. London: Faber.

Freeman, R. (1994). Working Under Different Rules. New York: Russell Sage Foundation.

Gerstl, J. and Jacobs, G. (1976). Professions for the People. New York: Wiley.

Goldthorpe, J. H. (2000). *On Sociology: Numbers, Narratives, and the Integration of Research and Theory.* Oxford: Oxford University Press.

Hall, P. A. and Soskice, D. (2001a). " An Introduction to Varieties of Capitalism. " In P. A. Hall and D. Soskice, eds. , *Varieties of Capitalism: The Institutional Foundations of*

Comparative Advantage. Oxford: Oxford University Press, 1-68.

—— eds. (2001b). *Varieties of Capitalism: The Institutional Foundations of Compara-tive Advantage.* Oxford: Oxford University Press.

Hamilton, S. F. (1990). *Apprenticeship for Adulthood: Preparing Youth for the Future.* New York: Free Press.

Harcourt, M. and Wood G. (2007). "The Importance of Employment Protection for Skill Development in Coordinated Market Economies. " *European Journal of Industrial Relations* 13(2): 141-159.

Iversen, T. and Soskice, D. (2001). "An Asset Theory of Social Policy Preferences. " *American Political Science Review* 95(4): 875-893.

—— Stephens, J. D. (2008). "Partisan Politics, the Welfare State, and Three Worlds of Human Capital Formation. " *Comparative Political Studies* 4(4/5): 600-637.

Kendall, W. (1975). *The Labour Movement in Europe.* London: Allen Lane.

Kerr, C. (1954). "The Balkanization of Labor Markets. " In E. W. Bakke, ed. , *Labor Mobility and Economic Opportunity.* Cambridge, MA: MIT Press, 92-110.

—— Harbison, F. H. and Myers, C. A. (1960). *Industrialism and Industrial Man: The Problems of Labor and Management in Economic Growth.* Cambridge, MA: Harvard University Press.

Kitschelt, H. and Rehm, P. (2006). "New Social Risks and Political Preferences. " In K. Armingeon and G. Bonoli, eds. , The Politics of Post-Industrial Welfare States: Adapt-ing Post-War Social Policies to New Social Risks. London: Routledge, 53-82.

Korpi, W. (2006). "Power Resources and Employer-Centered Approaches in Explana-tions of Welfare States and Varieties of Capitalism: Protagonists, Consenters and Antagonists. " *World Politics* 58(2): 167-206.

Lehmbruch, G. (1977). "Liberal Corporatism and Party Government. " *Comparative Political Studies* 10(3): 91-126.

Marks, G. (1989). *Unions in Politics: Britain, Germany and the United States in the Nine-teenth and Early Twentieth Centuries.* Princeton, NJ: Princeton University Press.

Marsden, D. (1999). *A Theory of Employment Systems: Micro-Foundations of Societal Diversity.* Oxford: Oxford University Press.

——(2000). "A Theory of Job Regulation, the Employment Relationshop, and the Organization of Labor Institutions. " *Industrielle Beziehungen* 7(4): 320-349.

Maurice, M. , Sorge, A. and Warner, M. (1980). "Societal Differences in Organizing Manufacturing Units: A Comparison of France, West Germany, and Great Britain. " *Organization Studies* 1(1): 59-86.

Organisation for Economic Co-operation and Development (OECD) (2009).Education at a Glance 2009: OECD Indicators. Paris: OECD.

Phelan, C. , Iversen, T. , Kitschelt, H. , Martin, C. J. , Soskice, D. and Stephens, J. D. (2006). "Labor History Symposium: Capitalism, Democracy, and Welfare. " *Labor History* 47 (3): 397-449.

Piore, M. J. and Sabel, C. F. (1984). The Second Industrial Divide: Possibilities for Prosperity. New York: Basic Books.

Polanyi, M. (1958).*Personal Knowledge.* Chicago: University of Chicago Press.

Rajan, R. J. (2010).*Fault Lines: How Hidden Fractures Still Threaten the World Economy.* Princeton, NJ: Princeton University Press.

Rogers, J. and Streeck, W. (1994). "Productive Solidarities: Economic Strategy and Left Politics. "In D. Miliband, ed. , *Reinventing the Left.* Oxford: Polity Press, 128-45.

Schmitter, P. C. (1974). "Still the Century of Corporatism?" *Review of Politics* 36 (1): 85-131.

Sengenberger, W. (1978).Arbeitsmarktstruktur: Ansätze zu einem Modell dessegmentierten Arbeitsmarktes. Frankfurt a. M. : Campus.

Solmon, L. C. and Levenson, A. R. , eds. (1994). *Labor Markets, Employment Policy, JobCreation.* Boulder, CO: Westview.

Sorge, A. and Streeck, W. (1988). "Industrial Relations and Technical Change: The Case for an Extended Perspective. " In R. Hyman and W. Streeck, eds. , *New Technology and Industrial Relations.* Oxford: Basil Blackwell, 19-47.

Soskice, D. (1999). "Divergent Production Regimes: Coordinated and Uncoordinated Market Economies in the 1980s and 1990s. "In H. Kitschelt et al. , eds. , *Continuity and Change in Contemporary Capitalism.* Cambridge: Cambridge University Press, 101-134.

Stiglitz, J. E. (2003). *The Roaring Nineties: A New History of the World's Most Prosperous Decade.* New York and London: W. W. Norton.

Streeck, W. (1984). "Neo-Corporatist Industrial Relations and the Economic Crisis in West Germany. "In J. H. Goldthorpe, ed. , Order and Conflict in *Contemporary Capital-ism: Studies in the Political Economy of West European Nations.* Oxford: Claredon Press, 291-314.

——(1989). "The Territorial Organization of Interests and the Logics of Associative Action: The Case of Handwerk Organization in West Germany. " In W. D. Coleman and H. J. Jacek, eds. , *Regionalism, Business Interests and Public Policy.* London: Sage, 59-94.

——(1991). "On the Institutional Conditions of Diversified Quality Production. " In

E. Matzner and W. Streeck, eds. , *Beyond Keynesianism. The Socio - Economics of Production and Employment.* London: Edward Elgar, 21-61.

——(1992).“Training and the New Industrial Relations: A Strategic Role for Unions?”In M. Regini, ed. , *The Future of Labour Movements.* London: Sage Studies in Interna- tional Sociology, 250-269.

——(1997a).“Beneficial Constraints: On the Economic Limits of Rational Volunta-rism. ” In J. R. Hollingsworth and R. Boyer, eds. , *Contemporary Capitalism: The Embed - dedness of Institutions.* Cambridge: Cambridge University Press, 197-219.

——(1997b).“German Capitalism: Does it Exist?Can it Survive?”*New Political Economy* 2 (2):237-256.

——(2004).“Educating Capitalists: A Rejoinder to Wright and Tsakalatos. ”*Socio - Eco - nomic Review* 2(3):425-483.

——(2005). “The Sociology of Labor Markets and Trade Unions. ” In N. Smelser and R. Swedberg, eds. , *Handbook of Economic Sociology*, 2nd ed. New York: Russell Sage, 254-283.

——(2011). “ E Pluribus Unum? Varieties and Commonalities of Capitalism. ” In M. Granovetter and R. Swedberg, eds. , *The Sociology of Economic Life.* Boulder, CO: Westview, 419-455.

—— Hilbert, J. (1991).“Organised Interests and Vocational Training in the West German Construction Industry. ”In H. Rainbird and G. Syben, eds. , *Restructuring an Traditional Industry: Construction Employment and Skills in Europe.* Oxford: Berg Pub - lishers, 241-260.

—— van Kevelaer, K. -H. , Maier, F. and Weber, H. (1987).The Role of the Social Partners in Vocational Training and Further Training in the Federal Republic of Germany. Berlin: European Centre for the Development of Vocational Training (CEDEFOP).

—— Schmitter, P. C. , eds. (1985). Private Interest Government: Beyond Market and State. London: Sage.

—— Yamamura, K. , eds. (2001). *The Origins of Nonliberal Capitalism: Germany and Japan.* Ithaca, NY: Cornell University Press.

Tåhlin, M. (2008). “Asset Specificity, Labor Market Outcomes, and Policy Preferences”. Unpublished manuscript. Swedish Institute for Social Research (SOFI).

Thelen, K. (2004). *How Institutions Evolve. The Political Economy of Skills in Germany, Britain, the United States, and Japan.* Cambridge: Cambridge University Press.

Thurow, L. C. (1992).*Head to Head: Th Coming Economic Battle Among Japan, Europe, and America.* New York: Warner Books.

Trampusch, C. (2010). "Co‐Evolution of Skills and Welfare in Coordinated Market Economies? A Comparative Historical Analysis of Denmark, the Netherlands and Switzerland."*European Journal of Industrial Relations* 16(3): 197-220.

Williamson, O. (1985). The Economic Institutions of Capitalism: Firms, Markets, Relational Contracting. New York: Free Press.

Wright, E. O. (1985). Classes. London: Verso.

Yamamura, K. and Streeck, W. , eds. (2003). *The End of Diversity? Prospects for German and Japanese Capitalism.* Ithaca, NY: Cornell University Press.

附　录

附录1. 人名翻译对照表

注释：译者在翻译过程中添加的人名翻译对照表。

阿曼德·冯·杜姆莱歇尔	Armand von Dumreicher
格斯塔·艾斯平-安德森	GøstaEsping-Anderson
迈克尔·沃勒斯坦	Michael Wallerstein
安尼特·沙万	Annette Schavan
彼得·蒂尔	Peter Thiele
乔治·凯兴斯泰纳	Georg Kerschensteiner
斯坦·罗坎	Stein Rokkan
博·罗斯坦	Bo Rothstein
沃尔夫-迪特里希·格雷内特	Wolf-Dietrich Greinert
汉斯-彼得·布洛斯费尔德	Hans-Peter Blossfeld
丽莎·林奇	Lisa u. Lynch
罗斯·贝林斯·科利尔	Ruth Berins Collier
大卫·科利尔	David Collier
阿恩特·索尔格	Arndt Sorge
阿希姆·戈尔雷斯	Achim Goerres
安德烈·马赫	André Mach
安尼亚·贾科比	Anja P. Jakobi
彼得·霍尔	Peter Hall
查尔斯·萨贝尔	Charles Sabel

达龙·阿西莫格鲁	Daron Acemoglu
大卫·费恩戈尔德	David Finegold
大卫·克劳奇	David Crouch
大卫·鲁埃达	David Rueda
大卫·索斯基斯	David Soskice
丹尼·奥德·尼赫伊斯	Dennie Oude Nijhuis
迪克·莫拉尔	Dick Moraal
菲利普·戈农	Philipp Gonon
海克·索尔加	Heike Solga
赫伯特·基奇尔特	Herbert Kitschelt
霍斯特·克恩	Horst Kern
贾斯汀·鲍威尔	Justin Powell
卡尔·韦伯	Karl Weber
卡琳·瓦格纳	Karin Wagner
卡斯滕·Q. 施耐德	Carsten Q. Schneider
卡斯滕·詹森	Carsten Jensen
凯伦·安德森	Karen Anderson
凯瑟琳·西伦	Katheleen Thelen
凯西·乔·马丁	Cathie Jo Martin
克劳斯·阿明格恩	Klaus Armingeon
克里斯蒂安·艾伯纳	Christian Ebner
克里斯汀·特兰普施	Christine Trampusch
丽塔·尼古拉	Rita Nikolai
卢卡斯·格拉夫	Lukas Graf
罗纳德·多尔	Ronald Dore
洛伦兹·拉斯尼格	Lorenz Lassnigg
马蒂亚斯·皮尔茨	Matthias Pilz
马尔科姆·华纳	Malcolm Warner
马克斯·普朗克	Max Planck
马库斯·毛雷尔	Markus Maurer
马略斯·R. 布塞梅耶	Marius R. Busemeyer
玛格丽塔·埃斯特维兹-阿贝	Margarita Estévez-Abe

迈克尔·皮奥雷	Michael Piore
迈克尔·舒曼	Michael Schumann
莫伊拉·尼尔森	Moira Nelson
帕特里克·艾门内格尔	Patrick Emmenegger
佩珀·D. 卡尔珀珀	Pepper D. Culpepper
托本·艾弗森	Torben Iversen
维尔纳·艾希霍斯特	Werner Eichhorst
沃尔夫冈·斯特里克	Wolfgang Streeck
西尔维娅·托伊伯	Silvia Teuber
希拉里·斯蒂德曼	Hilary Steedman
约恩-斯特芬·皮施克	Jörn-Steffen Pischke

附录 2. 外文术语翻译*

外文术语列表	中文翻译
Abitur	文理中学毕业考试(德国)
academic drift	学术性漂移
academic secondary education	学术型中等教育
accreditation of prior learning	既往学习成果认证
Act on Secondary Education 1963 (also known as the Mammoth Law)	1963 年中等教育法(也称为"猛犸法案",荷兰)
active labor market policies (ALMP)	积极劳动市力场政策
Advisory Council for Initial Vocational Education and Training	初级职业教育和培训咨询委员会
agricultural sectors	农业部门
ALMP	积极劳动力市场政策
alternance training principle	交替训练原理
American Federation of Labor (AFL)	美国劳工联合会
AMS	公共就业服务
Anglo-Saxon countries	盎格鲁-撒克逊国家
Apprenticeship Act of 1921 (Denmark)	1921 年《学徒法案》(丹麦)
Apprenticeship Act of 1937 (Denmark)	1937 年《学徒法案》(丹麦)
Apprenticeship Law of 1956 (Denmark)	1956 年《学徒法案》(丹麦)

---

* 笔者根据原版中 Abbreviations 翻译，有适当补充。

续表

外文术语列表	中文翻译
Apprenticeship Law of 1978	1978年《学徒法案》
Apprenticeship System Law 1968 (Netherlands)	1968年学徒制法案（荷兰）
apprenticeship systems	学徒制体系
apprenticeships	学徒身份
asset theory	资产理论
assets	资产
Austrian Chamber of Labor (AK)	奥地利劳工协会
Austrian Federal Economic Chamber (WKÖ)	奥地利联邦经商会
Austrian People's Party (ÖVP)	奥地利人民党
Austrian Trade Union Federation (ÖBG)	奥地利工会联合会
basic VET	基础职业教育和培训
beneficial constraints	有益约束
Berufsakademie	职业学院
Berufsbildende Höhere Schule	高等职业学校
Berufsbildende Mittlere Schule	中等职业学校
Berufsmatura	职业学士资格考试
Berufsmaturität	职业学士学位（瑞士）
Berufsoberschule	职业高中
Berufsreifeprüfung	职业资格考试
Betriebsräte	工厂委员会（或企业职工委员会）
BMASK	（奥地利）联邦劳工、社会事务和消费者保护部（现为联邦社会、健康、照护与消费者保护部）
BMBF	（德国）联邦教育和研究部
BMUKK	（奥地利）联邦教育、艺术和文化部
BOL	基于学校的途径的高中教育
bureaucratic model	官僚模型
cantons	州，府（瑞士）
Central Association of Swiss Employers' Organizations	瑞士雇主联合会

外文术语列表	中文翻译
	续表
certificate of competence	能力证书
certification	认证
chambers of industry and commerce	工商会
Christian Democratic Union（Germany）	基督教民主联盟(德国)
cleavages	分歧
collective action	集体行动
collective bargaining	集体谈判
collective skill formation	集体技能形成
collective wage bargaining	集体工资谈判
collectivism	集体主义
complementarity	互补性
compulsory schooling	义务教育
Confederation of German Employer's Associations	德国雇主协会总会
conservatives	保守派
contingency	应急预案
continuing VET	在职职业教育和培训
coordinated market economy	协调市场经济
coordinated wage bargaining	协调集体工资谈判
corporatism	法团主义
costs of training	培训成本
Council for Vocational Adult Education and Training	职业成人教育与培训委员会
craft chambers	手工业协会
craft schools	手工业学校
craft skills	手工艺技能
craft unions	手工业工会
critical junctures	关键节点
Danish Confederation of Trade Unions（LO）	丹麦工会联盟
Danish Employers' Confederation（DA）	丹麦雇主联合会
deindustrialization	去工业化
democratization	民主化

续表

外文术语列表	中文翻译
Denmark	丹麦
design schools	设计学校
Deutscher Ausschuß für Technisches Schulwesen (DATSCH)	德国技术学校委员会
Deutscher Industrie-und Handelskammertag	德国产业联合会
differentiation in training	培训中的差异化
diversification	多元化
double-qualification certificates	双重资格证书
dual apprenticeship	双元学徒制
dual learning	双元学习
dual sector model	双元部门模型
dual systems	二元制
dual training systems	双元培训系统
dualism	二元论
dualization	二元化
Dutch Society for the Promotion of Industry	荷兰工业促进会
economiesuisse	瑞士工商业联合会
Education and Vocational Training Act 1994 (Netherlands)	1994 年教育和职业培训法(荷兰)
education plan	教育规划
education, compulsory	义务教育
educational aspirations	教育抱负
educational organizations	教育组织
employers' associations	雇主协会
Employers' Reimbursement Scheme (AER)	雇主补偿计划
European Center for the Development of Vocational Training (CEDEFOP)	欧洲职业培训发展中心
European Qualifications Framework (EQF)	欧洲资历框架
European Union (EU)	欧洲联盟
Europeanization	欧洲化
Facharbeiter	技术工人

外文术语列表	中文翻译
Fachoberschule	职业高中
Factory Act（Switzerland）	瑞士工厂法
Federal Ministry for Economic, Family, and Youth（BMWFJ）［Austria］	联邦经济、家庭和青少年部（奥地利）
Federal Ministry for Education and Research（Germany）	联邦教育和研究部（德国）
Federal Ministry for Education, the Arts, and Culture（BMUKK）［Austria］	联邦教育、艺术和文化部（奥地利）
Federal Ministry of Education and Research（BMBF）［Germany］	联邦教育和研究部（德国）
Federal Ministry of Labor, Social Affairs, and Consumer Protection（BMASK）［Austria］	联邦劳动、社会事务和消费者保护部（奥地利）
Federal Ministry of Science and Research（BMWF）［Austria］	联邦科学和研究部（奥地利）
Federal Office for Industry, Commerce and Labor	联邦工业、商务和劳动办公室（瑞士）
Federal Vocational Baccalaureate	联邦职业学士学位
federalism	联邦制
Federation of Austrian Industries（IV）	奥地利产业联合会
financing	融资
financing of initial VET	职前职业教育和培训融资
firm involvement in training	企业培训参与
firm-specific skills	企业专用技能
Fordism	福特主义
Freedom of Trade Law	自由贸易法
Freedom Party of Austria（FPÖ）	奥地利自由党
full-time vocational education/schools	全日制职业教育/学校
gender bias	性别偏见
general education	普通教育
general education systems	普通教育系统
general skills	通用技能
General Workers' Union	总工会
German Chambers of Industry and Commerce	德国工商业联合会

续表

外文术语列表	中文翻译
German Confederation of Skilled Crafts	德国中小企业联合总会
Germany unification	德国统一
Germany：collective bargaining	德国:集体谈判
Gewerbe	工商业
Gewerbeverband	工商业联合会
globalization	全球化
guilds	行会
Gymnasien	文理中学(德语)
Handwerk	手工艺
higher education	高等教育
higher education entrance qualification	高等教育入学资格
higher vocational education	高等职业教育
historical institutionalism	历史制度主义
Höhere Fachschule（Switzerland）	高等技术学校(瑞士)
human capital theory	人力资本理论
Industrial Education Act 1919（Netherlands）	1919年产业教育法(荷兰)
industrial relations	劳资关系
industrial revolution	工业革命
industrial unions	产业工会
industrialization	工业化
Industriellenvereinigung	工业协会,见奥地利产业联合会
inequality	不平等
innovation circle（VET）	(职业教育培训)创新圈
institutional change	制度变迁
intermediary associations	中介协会
International Standard Classification of Education	国际教育标准分类法
involvement in training	培训参与
Ischler Conferences（Ischler Tagungen）	艾施勒会议
IV	奥地利产业联合会
Japan	日本

续表

外文术语列表	中文翻译
Jedermannsqualifikationen	人人技能
journeymen	熟练工
Kaufmännische Vereine	商业协会
Knowledge Centers	知识中心
knowledge economy	知识经济
Kultusministerkonferenz（KMK）	各州文教部长联席会（德国）
labor market economists	劳动力市场经济学家
lawyers	律师
layering	分层
Lehre mit Matura	职业资格培训
Lehrstellenbeschluss Ⅰand Ⅱ	（瑞士联邦政府分别于1997年、1999年颁布的）关于学徒制岗位的决议Ⅰ和Ⅱ
liberal market economy（LME）	自由市场经济
Liberal Party（Venstre）	自由党
liberal skill formation system	自由主义技能形成体系
liberals	自由派
LO	丹麦工会联合会
logic of influence	影响逻辑
logic of membership	成员逻辑
low-skill equilibrium	低技能均衡
macrocorporatism	宏观法团主义
macrolevel	宏观层面
matriculation	注册
Matura	普通中学结业考试(奥地利)
modularization	模块化
monitoring	监控
multilevel process	多级过程
multiparty system	多党制
National Association of Manufacturers（NAM）	美国制造业协会
National Qualifications Framework（NQF）	国家资历框架

外文术语列表	中文翻译
National Society for the Promotion of Industrial Education (NSPIE)	全国工业教育促进会(美国)
National Union of Women Workers	全国女工联合会(英国)
neo-institutional labor economics	新制度主义劳动经济学
Netherlands VET	荷兰职业教育培训
neuralgic points of conflict	冲突的痛点
ÖGB	奥地利工会联合会
Occupational profiles	职业框架
ocupational skills	职业技能
on-the-job training	在职培训
open method of coordination (OMC)	开放协调方法
Organization for Economic Co - operation and Development (OECD)	经济合作与发展组织
organizational capacities (of employers)	雇主的组织能力
ÖVP	奥地利人民党
party competition	政党竞争
party systems	政党制度
path dependence	路径依赖
permeability	渗透性
poaching (of skills)	(技能)猎头
political arenas	政治舞台
political institutions	政治制度
political parties	政党
portability: of assets	资产的可迁移性
portability: of skills	技能的可迁移性
prior learning	既往学习
private interest governments	私人利益治理
process tracing	过程追踪
production system	生产系统
Public Employment Service (AMS)	公共就业服务
public investments in VET	对职业教育培训的公共投资

续表

外文术语列表	中文翻译
Regional Training Centers	地区培训中心
referendum	全民公决
Regional Training Centers	地区培训中心
SAV	瑞士雇主联合会
Scandinavian model	北欧模式
school model	学校模型
school-based pathway（BOL）	基于学校的途径
school-based VET	以学校为基础的基础职业教育培训
Schweizerische Gemeinnützige Gesellschaft（SGG）	瑞士公益联盟
Schweizerischer Arbeitgeberverband（SAV）	瑞士雇主联合会
Schweizerischer Gewerbeverband（SGV）	瑞士工商联合会
second chance system	"第二次机会"系统
Secondary Education Act 1863（Netherlands）	1863 年（荷兰）中等教育法
secondary schools	中等学校
sectoral coordination	部门协调
segmentalist skill formation systems	分割主义技能形成体系
Segregation	隔离
self-management	自我管理
September Agreement 1899	1899 年《九月劳资协议》（丹麦）
September Compromise of 1899	1899 年《九月劳资妥协》（丹麦）
service economy	服务经济
skill certification	技能认证
skill formation systems	技能形成体系
skill-biased technological change	技能偏向型技术进步
skilled workers	熟练工人
skills	技能
small and medium enterprises（SME）	中小企业
small-state corporatism	小国法团主义
Smith-Hughes Act of 1917（United States）	1917 年（美国）史密斯-休斯法案
Social Democratic Party of Austria（SPÖ）	奥地利社会民主党
Social Democratic Party of Germany（SPD）	德国社会民主党

续表

外文术语列表	中文翻译
social partnerships	社会合作伙伴关系
soft governance	软治理
solidarism	团结主义
specific skills	专用技能
Southern Europe	南欧
standardization	标准化
Standing Conference of the Ministers of Education and Cultural Affairs of the Länder（KMK）	州教育和文化事务部长常务会议（德国）
statist skill formation system	国家主义技能形成体系
statistical discrimination	统计歧视
stratification	分层
Swiss Conference of Cantonal Ministers of Education	瑞士州教育部长会议
Swiss Federal Office for Professional Education and Technology	瑞士联邦专业教育和技术办公室
Swiss Federation of Trade Unions	瑞士工会联合会
Swiss Union of Small Business and Trade	瑞士小企业和贸易联盟
Taylorism	泰勒主义
technical colleges	技术学院
tertiarization	经济服务业化
tertiary degrees	高等教育学位
trade committees	贸易委员会
trade law	贸易法
Trade Law of 1889	1889年（美国）贸易法
trade self-management	贸易自我管理
trade unions	工会
training guarantee	培训保障
training workshops	培训工作坊
transaction costs	交易成本
transition system	过渡系统
two-party competition	两党竞争

续表

外文术语列表	中文翻译
two-party systems	两党制
typologies	类型学
Union of Small Business and Trade	小企业和贸易联盟（瑞士）
Universities of Applied Sciences Act 1995 (Switzerland)	1995 年（瑞士）应用科学大学法案
unskilled workers	非熟练工人
upper secondary education	高中教育
varieties of capitalism（VoC）	资本主义多样性
venue of training	培训场所
Vertrauensleute	受托人
VET colleges	职业教育培训学院
VMBO（Netherlands）	预备中等职业教育（荷兰）
vocational academies	职业学院
vocational baccalaureate	职业学士学位
vocational baccalaureate（Berufsmaturität）	职业学士学位（Berufsmaturität）
vocational education and training（VET）	职业教育和培训
vocational principle	职业原则
Vocational Training Act（BBiG）1969	1969 年《德国职业教育法》（BBiG）
Vocational Training Act 1930（Switzerland）	1930 年（瑞士）职业培训法案
Vocational Training Act 2002（Switzerland）	2002 年（瑞士）职业培训法案
Vorort	瑞士工商业联合会旧称，见 economiesuisse
wage bargaining	集体工资谈判
wage dispersion	工资差异
Wirtschaftskammer Österreich（WKÖ）	奥地利联邦经济商会
workplace-based apprenticeships	基于工作场所的学徒制
workplace-based pathways	基于工作场所的路径
works councils	工作委员会
World War Ⅰ	第一次世界大战

	续表
外文术语列表	中文翻译
World War Ⅱ	第二次世界大战
youth guidance services	青少年指导服务
youth unemployment	青少年失业
Zentralarbeitgemeinschaft（ZAG）	中央劳工协会（德国）
Zentralverband des Deutschen Handwerks（ZDH）	德国中小企业联合总会

译后记

翻译如为他人作嫁衣，必是为自己心悦之人和心悦之书，才能矢志不渝、佳作频出。朱生豪先生曾提出，以"求于最大可能之范围内，保持原作之神韵"为宗旨来进行翻译。然则他从 1936 年开始翻译莎士比亚全集，在战火频仍之中辗转流徙、贫病交加，仍坚持翻译，一定是凭着对莎翁作品的一腔热爱。眼前这一册《技能与政治：集体主义技能形成的政治经济学》（以下简称《技能与政治》）前后靡费十年之光阴翻译完成，可说是我认为最有价值、最值得与中国读者分享的佳作之一。

《技能与政治》一书由德国马克斯·普朗克社会研究所支持，马略斯·R. 布塞梅耶和克里斯汀·特兰普施主编，汇聚了英美和欧洲比较政治学的顶尖学者，经过多次研讨会讨论，于 2012 年结集出版。此书首次全面分析了集体主义职业培训体系的不同历史渊源及其最新发展。它对德国、奥地利、瑞士、荷兰和丹麦的职业培训进行了深入研究。与之前侧重于不同技能形成制度之间差异的研究不同，此书解释了集体主义技能形成体系内的制度多样性。这种制度的发展被视为一个动态的政治过程，取决于一系列政治斗争的结果，包括关键历史节点的制度设计和转型。

我初次接触此书是 2014 年在荷兰阿姆斯特丹大学访学期间。彼时，我在经济管理学院访问，主要研究方向是教育经济学。阅读了凯瑟琳·西伦教授的《制度是如何演变的》一书后，我发现她参与了《技能与政治》一书的编著工作。此书让我眼前一亮，使得我对国内职业教育的诸多谜题有了新的认知。当时中国职业教育政策与实践脱节，出现了不少怪现象。国内职业院校的校企合作与地方新建本科院校向应用型高校转型方兴未艾，教育部门新政层出不穷，鼓励国内高校学习和借鉴德国的双元学徒制、英国的模块化教学和澳大利亚的职业技术教育学院（Technical and further education，TAFE）的教育模式。在实践中，多数国外职业教育模式在中国"水土不服"，难以推广。国内学者对这种政策学习及其结果莫衷一是，也没有提出有洞察力的解释。

《技能与政治》一书恰恰填补了这一空白，它讨论了以德国为代表的集体主义技能形成体系是如何形成和演化的，把五个国家双元学徒制和以学校为基础的职业培训的历史说得清清楚楚。此书提出一国技能形成体系深深嵌入国家的政治经济制度网络，与本国的政治形态和历史条件息息相关。换言之，欧洲集体主义技能形成国家的最佳职业教育实践很难被移植到其他国家，因为这些最佳实践来自本国的政治历史发展过程，不是国家理性选择的结果。这一点在第十二章斯特里克对福利国家修正主义理论尤其是以理性选择为基础的效益理论的批判中一目了然。

有了《技能与政治》一书的理论透镜，我对国内职业教育发展尤其是借鉴国外最佳实践的困境有了初步的认识，开始翻译此书。回国后，我在因缘巧合下读到了《制度是如何演变的》一书的译者、南开大学王星教授 2014 年的专著《技能形成的社会建构：中国工厂师徒制变迁历程的社会学分析》。他采用历史制度主义分析方法，对中国民国以来工厂师徒制的演变进行了经济社会学的解读，强调中国技能形成制度的关键历史节点和不同群体的利益冲突塑造了师徒制的兴起和衰落。我联系王星教授和北京师范大学的刘云波教授，在北京大学社会调查研究中心的支持下，于2016 年合作开展了"中国制造 2025 与技能短缺治理"的研究，重点关注长三角地区高端制造业发达区域中、高职院校与企业合作培养技能人才的实践。同时，北京大学中国教育财政科学研究所支持我开展了"新兴市场国家的技能形成及财政支持研究"，分析地方政府教育财政投入对校企合作的支持作用。2017 年，我在国家社科基金支持下，又开展了"产业转型升级背景下技能形成与区域协同创新研究"。同期我还参与了俄罗斯自然科学基金会支持的"职业教育中的公私合作伙伴关系：中俄两国企业层级研究"项目。后两个项目的重点都是从区域与企业视角出发，考察本国企业和跨国企业在不同国家参与技能人才培养的方式以及相应的制约条件。

上述项目的开展，使我有机会与埃默里大学政治系主任、哈佛大学政府学院访问教授、知名俄罗斯研究专家雷明顿（Thomas Remington）教授，俄罗斯高等经济研究院马凯（Isreal Marques）博士，南开大学王星教授和北京师范大学刘云波教授合作，持续开展了对中、美、俄三国技能形成体系特征和演变的研究，最终完成了专著《技能形成与区域创新：职业教育校企合作的功能分析》。该书剖析了中国国家技能形成体制的演变，探讨了中央和地方政府在形塑校企合作环境和激励机制方面发挥的作用，并考察了组织和制度要素对企业校企合作选择的影响。该书提出"技能合作创新的中国模式"是技能形成领域的一种社会治理方式，国家技能形成体制是其制度基础，受到区域禀赋调节的地方化产权保护是促成校企合作的关键制度。此书获得学界关注，2021 年获得教育部第六届全国教育科学研究优秀成果奖三等奖，2023 年获得北京市第十七届哲学社会科学优秀成果奖一等奖。王星教授也在多年积累基础之上，出版了专著

《走向技能社会》。他采用国家技能形成体系理论框架，对中国产业工人技能形成体系的历史变迁进行了理论与实证分析，从跨学科的角度与技能形成理论进行对话，从学理上将产业转型升级、产业工人技能形成、产业工人社会融入等议题串联起来，推进了对中国产业工人技能形成体系多元面向的理解。

随着上述书籍的出版，国内对技能形成与职业教育比较研究的兴趣与日俱增，研究领域不断深化，政策影响力逐步形成。在北京大学教育经济研究所和中国教育财政科学研究所的支持下，我多次邀请海外相关领域专家来华交流，包括《技能与政治》作者之一、波士顿大学政治系凯西·乔·马丁教授，埃默里大学雷明顿教授，俄罗斯高等经济研究院马凯博士等。近年来，我与王星教授、刘云波教授和田志磊研究员多次在中国教育财政学年会中组织职业教育分论坛，探讨技能形成与教育发展相关议题。2022年，我与北京大学哈巍教授合作，为中国举办的"首届世界职业技术教育发展大会"撰写了全球职业教育发展白皮书，并应邀为亚洲开发银行撰写了《摸着石头过河：中国和韩国技术和职业教育与培训的替代发展方式》报告，后者致力于探讨中韩两国在加速工业化时期如何因地制宜地发展出适应本国国情的职业教育培训模式，以及为何发达国家的最佳职业教育实践难以转移到发展中国家。在与芬兰坦佩雷大学蔡瑜琢教授的合作中，我与井美莹博士分析了芬兰应用科学大学发展模式对中国地方新建本科院校转型的启示，她的专著《平等而不同：芬兰应用科学大学的科研发展》着重探讨了芬兰应用科学大学如何通过技能形成和科研发展嵌入地方创新体系。

从2014年初稿翻译完成，到2017年联系布塞梅耶教授讨论出版事宜，直到2024年重启翻译项目，十年已经过去了。回顾翻译此书的心路历程，可用苏轼《赤壁赋》中的一段文字来表达。

客亦知夫水与月乎？逝者如斯，而未尝往也；盈虚者如彼，而卒莫消长也。盖将自其变者而观之，则天地曾不能以一瞬；自其不变者而观之，则物与我皆无尽也，而又何羡乎！且夫天地之间，物各有主，苟非吾之所有，虽一毫而莫取。惟江上之清风，与山间之明月，耳得之而为声，目遇之而成色，取之无禁，用之不竭，是造物者之无尽藏也，而吾与子之所共适。

在此，我感谢深圳市人文社科重点研究基地深圳城市职业学院技能型社会研究中心和社会科学文献出版社对此书翻译和出版的支持，特别是深圳城市职业学院罗德超书记、邓元龙校长和出版社郭峰老师持之以恒的帮助。感谢技能型社会研究中心副主任姜琳丽和中国人民大学信息资源管理学院陈洁博士对本书校对所做的贡献。我也要借此机会感谢多年来支持我翻译和研究工作的各位老师、学长、学友和学生，包括埃默里大学雷明顿教授，牛津大学马金森教授，南开大学王星教授，芬兰坦佩雷大学蔡瑜琢教授，北京大学陈洪捷教授、郭建如教授、阎凤桥教授，中国教育财政科学研究所的王蓉教授和田志磊研究员，北京师范大学刘云波教授，北京外国语大学孙善学教授，同济大学李俊教授和王奕俊教授，国家教育行政学院井美莹博士等。最难忘的是中国职业技术教育学会前任副会长陈李翔老师对我的支持和帮助，感谢他分享了对中国技工教育数十年发展历程的反思。

我还要感谢多年来支持我工作的国内中高职院校、教育部、地方政府和企业及其负责人，其中不少是北京大学教育博士项目的优秀毕业生和院友。我的父母、先生和孩子们在此书翻译过程中给予了我无私的支持和爱，谢谢你们！

正如伯尔尼大学沃特教授对《技能与政治》一书的评价："在一个政

治和社会对职业教育和全球技能形成体系重新产生兴趣的时代，对历史、社会基础和制度微妙之处和差异的理解已成为理解集体主义技能形成体系功能和功能障碍的关键。"时光飞逝，此书讨论的议题在今日仍不过时，所倡导的研究方法已经对国内学者产生了潜移默化的影响，拓展了中国职业技术教育研究的新视野，对未来学术研究具有重要的指导意义。我希望此书能为我国职业技术教育政策的完善有所帮助，助力我国与其他国家和地区共享中国职业技术教育的成功经验，促进全球技能型社会的发展。

杨 钋

2024 年 7 月于北京大学燕秀园

图书在版编目（CIP）数据

技能与政治：集体主义技能形成的政治经济学/
（德）马略斯·R. 布塞梅耶（Marius R. Busemeyer），
（德）克里斯汀·特兰普施（Christine Trampusch）主编；
杨钋，姜琳丽译.--北京：社会科学文献出版社，
2024.11（2025.9 重印）.--（技能型社会研究丛书）.--ISBN 978-7
-5228-4093-2

Ⅰ. F0

中国国家版本馆 CIP 数据核字第 2024DT8370 号

技能型社会研究丛书

技能与政治：集体主义技能形成的政治经济学

主　　编／〔德〕马略斯·R. 布塞梅耶（Marius R. Busemeyer）
　　　　　〔德〕克里斯汀·特兰普施（Christine Trampusch）
译　　者／杨　钋　姜琳丽
校　　者／陈　洁

出 版 人／冀祥德
组稿编辑／任文武
责任编辑／郭　峰
责任印制／岳　阳

出　　版／社会科学文献出版社·生态文明分社（010）59367143
　　　　　地址：北京市北三环中路甲 29 号院华龙大厦　邮编：100029
　　　　　网址：www.ssap.com.cn
发　　行／社会科学文献出版社（010）59367028
印　　装／北京联兴盛业印刷股份有限公司

规　　格／开本：787mm×1092mm　1/16
　　　　　印张：30.5　字数：386 千字
版　　次／2024 年 11 月第 1 版　2025 年 9 月第 2 次印刷
书　　号／ISBN 978-7-5228-4093-2
著作权合同
登 记 号／图字 01-2023-4428 号
定　　价／98.00 元

读者服务电话：4008918866